Limits to Growth
The 30-Year Update

成長の限界
人類の選択

ドネラ・H・メドウズ＋デニス・L・メドウズ＋ヨルゲン・ランダース
枝廣淳子✤訳

ダイヤモンド社

LIMITS TO GROWTH

The 30-Year Update

by

Donella Meadows, Jorgen Randers and Dennis Meadows

Original English language edition published by Earthscan
Japanese translation rights arranged with Donella Meadows, Jorgen Randers and Dennis Meadows c/o Sterling Lord Literistic, Inc. through The English Agency (Japan) Ltd.

◆訳者まえがき

「環境問題」と聞いて、あなたは……？

「問題や悩みがあるところにこそ、チャンスがあるもの。環境問題は史上最大のビジネスチャンスだ！」と腕まくりする人もいるでしょう。

「美しい地球を未来に残したかったのに、こんなに川も空気も汚れ、温暖化は進み、もうだめなのかもしれない」と、絶望的な悲しみに押しつぶされそうな人もいるかもしれません。

「温暖化だ、オゾン層の破壊だと、科学者やＮＧＯやマスコミのでっち上げにすぎない。今日の地球は何の問題もなく、経済活動だって盛んじゃないか。環境問題なんて存在しない」と、信じていない人もいるでしょう。

しかし、多くの人は「洪水や台風、異常気象が増えているし、何となくおかしい気がする。これが環境問題なのか、よくわからないけど……」と不安に思ったり、「未来の世代のために、何かしなくてはいけないと思う。でも、何をどう考えたらいいのだろう？　自分に何ができるのだろう？」ととまどったりしているのではないでしょうか。

本書は、「地球の環境問題」にしっかり目を見開いている人、薄目でこわごわのぞこうかどうしようかと迷っている人、そして、目をそむけている人に向けても書かれたものです。

悲観的になっている人には、「まだ間に合う。私たちの前にあるのは、運命の決まっている暗い未来ではなく、選択なのだ」というメッセージが届くでしょう。環境問題の存在を認めようとしない人には、否定しようのないデータとその傾向の構造がわかります。「よくわからないけど不安だ」という人には、「実際に、何がおかしいのか、そしてそれはなぜなのか（ついでに、それはあなたが悪いわけではないということ）」がわかります。「問題に対する考え方や自分がすべきことがわからない」という人には、「問題を大きく全体像とその構造（システム）という考え方でとらえること、そして、その際に個人としてどのようなスタンスや方法を使えばよいのか」がわかります。

環境問題を、あなた自身の問題として考える、その背中を押してくれる本なのです。

本書は、一九七二年に出版された『成長の限界』と一九九二年の『限界を超えて』につづく、同じ著者によるシリーズ第三弾となります。約三〇年前に著者らは、先見の明のある著名な実業家や政治家、科学者からなるローマ・クラブから、「現在の政策は、持続可能な将来につながっているのだろうか？　それとも崩壊につながっているのか？　すべての人に十分なものを提供する人間らしい経済をつくり出すために、どうしたらよいのか？」という問題の研究を委託され、システム・ダイナミクス理論とコンピュータによるモデリングを用いて、世界の人口と物質経済の成長の長期的な原因と結果を分析しました。

一九七二年時点での報告書が『成長の限界』であり、それから二〇年後に再びデータを収集し、シミュレーションを行った結果が『限界を超えて』です。

そして、さらに一〇年たったいま、最新のデータを土台に、「この三〇年間、人間と地球との関係はどうなってきたのか」「いまの地球はどういう状態か」を分析し、「どうすれば崩壊せずに、持続可能な社会に移行できるのか」を、静かに熱く訴える本書が書かれました。

地球の状態を三〇年以上にわたって見つめ続け、一〇年ごとに緻密な分析に基づいた地球再生への提案を続けるというのは、すごいことではないでしょうか。環境問題は原因が生じて問題が表面化するまで、時間的な遅れが発生することが多く、とくに長期的な視点が必要な分野です。三〇年前のシミュレーションと、実際の世界の状況がどう展開したかをつきあわせ、そこからさらに未来のシミュレーションを展開する本書は、冷静な研究者の分析と、人間としての祈りにも近い熱い思いとがあいまって、一気呵成に読ませる迫力を持っています。

『成長の限界』は刊行当時「未来予測」「予言」とも評されましたが、著者は本書で「二一世紀に実際に何が起こるかという予測をするために本書を書いたのではない。二一世紀がどのように展開しうるか、一〇通りの絵を示しているのだ。そうすることで、読者が学び、振り返り、自分自身の選択をしてほしい、と願っている」と述べています。

8章からなる本書は、次のような構成になっており、どこから読んでいただいてもかまわないと思います。いちばん気になるところからお読みください。

［起：第1～2章］　地球環境の危機を招くさまざまな「行き過ぎ」の構造的な原因と、行き過ぎをもたらしている人口と経済の幾何級数的な成長を考える。

［承：第3～4章］　人口と経済にとっての限界——地球が資源を供給し、排出物を吸収する「供給源」と「吸収源」の現状を把握し、「何もしなかった場合」にどうなるかのシミュレーションを見る。

［心の箸休め：第5章］　私たちに希望を抱かせるオゾン層の物語——人間はいかに行き過ぎか

ら引き返したか。

［転：第6章］　「何もしなかった場合」に「市場」と「技術」という人間のすばらしい対応能力が発揮された場合のシミュレーションを見る。市場と技術だけでは「有効だがそれだけでは十分ではない」ことがわかる。

［結：第7～8章］　市場と技術に加えて、世界が子どもの数と物質消費量に「足るを知る」ようになったとき、どうなるかを見る。人間は、崩壊を避けて行き過ぎから戻り、持続可能な社会が実現する！　さらに、農業革命と産業革命につづく「持続可能性革命」が求められている歴史的な必然性と、私たち一人ひとりに必要な「ビジョンを描くこと」「ネットワークをつくること」「真実を語ること」「学ぶこと」「愛すること」について語る。

第3～4章だけを読むと、もしかしたら悲観的な気持ちになるかもしれません。厳然とした事実として、地球の現状に関するデータが次々と出てくるうえ、「もしこのまま何もしなかったら……？」その未来は、私たちの望むものとはかけ離れていることがわかるからです。これらは、私たちがしっかりと見なくてはならない重要な事実です。しかし、個々のデータに一喜一憂するのではなく、「どうしてこの数十年間に、多くの環境問題が出てきたのか？」という構造＝システムを理解し、対処療法ではなく、構造から変える根治療法を考えていく必要があります。ここで著者の理論的枠組みであるシステム思考が大変に役立ちます。

地球の現状を示すデータは、「人類の人口や経済活動は、地球の資源を提供し、排出物を吸収する限界を超えてしまっている」ことを告げていますが、これをシステム思考の用語で「行き過ぎ」と言います。意図してではなく、うっかりと限界を超えてしまうことです。

この行き過ぎが、度重なると回復できずに、崩壊がやってくる可能性があります。地球の人口や物質経済がどんどんと成長している現状は、この「行き過ぎ→崩壊」の可能性をはらんでいるのです。これこそが本書の焦点です。「人口や経済が、地球の支える能力を超えて大きくなってしまった原因は何なのか」「その結果、どうなる可能性があるのか」を、本書ではさまざまな観点から考察しています。

もっとも、行き過ぎた結果、必ずしも崩壊がやってくるとは限りません。「行き過ぎの結果には、二つの可能性がある。何らかの形で崩壊するか、意識的に方向を転換し、過ちを修正し、注意深くスピードを落とすか」です。未来に関する警告は、破滅の予言ではなく、別の道を進めという勧告なのです。

「しかし、近視眼的で利己的な人間や政府や企業に、いまの便利さを捨てて、行き過ぎから引き返すなんてことができるのだろうか?」と思う方は、ぜひ第5章を読んでください。すこし前までオゾン層の破壊がよくニュースになっていたけれど、そういえば、最近あまり聞かなくなったと思いませんか? 第5章は、このオゾン層の物語です。「人間には、先を見通し、限界を察知し、破局を経験する前に引き返す能力があること」がわかり、心に希望の光がともります。実際に人間は、自分たちが「行き過ぎ」てしまったことを知り、努力をして、代償を払って、引き返してきたのですから。

やっとのことで発効した京都議定書のプロセスも、行き過ぎから戻ろうという挑戦の一つですが、ここに示されている「行き過ぎから引き返すために必要なこと」をお手本にしっかり進んでほしいと祈っています。

著者の最後のメッセージは、「世界の現状に関するデータから地球規模のコンピュータ・モデルまで、われわれが見てきたものから、『確かに限界はあり、しかも、すぐそこに迫っている。私たちの現在の人口や活動が、地球の限界を超えてしまっている場合もある。しかし、ぐずぐずしている時間はないが、まだ間に合う。私たちには、持続可能な社会へ移行するための時間もお金も、人間の知恵や長所もあり、そのあいだ、地球は持ちこたえることができる』という考え方が正しいかもしれないことがわかる。正しいのか、間違っているのか——確実に知るには、試してみるしかないのだ」というものです。

著者は一〇年後に再びシリーズ第四弾を書く予定だそうです。一〇年後の本書のグラフの形が、限界に無理やり押さえつけられてではなく、人間の意思と行動によって下向きに変わっていることを信じつつ。

なお、本書の訳文中、引用の箇所に関しては『限界を超えて』(デニス・L・メドウズ他著、松橋隆治、村井昌子訳、茅陽一監訳、一九九二年)を参考にさせていただきました。

二〇〇五年二月

枝廣淳子

序文

本書『成長の限界　人類の選択』は、シリーズの三作目にあたる。第一作の『成長の限界』が刊行されたのは、一九七二年である。[1]九二年に、改訂版『限界を超えて』[2]を刊行し、『成長の限界』で提示したシナリオの最初の二〇年間について、地球規模の展開を議論した。本書では、当初の分析の中核となる部分を示すとともに、この三〇年間に得られたデータとそこから得た洞察について論じている。

『成長の限界』を生み出したプロジェクトは、一九七〇年から七二年まで、マサチューセッツ工科大学（ＭＩＴ）のスローン経営大学院のシステム・ダイナミクス・グループによって行われた。われわれプロジェクト・チームは、システム・ダイナミクス理論とコンピュータによるモデリングを用いて、世界の人口と物質経済の成長の長期的な原因と結果を分析した。「現在の政策は、持続可能な将来につながっているのだろうか？　それとも崩壊につながっているのか？　すべての人に十分なものを提供する経済をつくり出すために、何ができるだろうか？」といった問いを取り上げたのである。

著名な実業家や政治家、科学者からなる非公式な国際的グループであるローマ・クラブから研究を委託され、ドイツのフォルクスワーゲン財団が活動資金を提供してくれた。

当時ＭＩＴの教官であったデニス・メドウズは、次のメンバーからなるプロジェクト・チームを編成し、指揮を執った。このチームが二年間を費やして、当初の研究を行ったのである。

アリスン・A・アンダーソン博士（アメリカ）
イリアス・バイアー（トルコ）
ファラッド・ハキムザデ（イラン）
ジュディス・A・メイチャン（アメリカ）
ドネラ・H・メドウズ博士（アメリカ）
ニルマラ・S・マーシィ（インド）
ヨルゲン・ランダース博士（ノルウェー）
ジョン・A・シーガ博士（アメリカ）
エーリッヒ・K・O・ツァーン博士（ドイツ）
ジェイ・M・アンダーソン博士（アメリカ）
ウィリアム・W・ベアランズ三世（アメリカ）
ステファン・ハーバッド博士（ドイツ）
ピーター・ミリング博士（ドイツ）
ロジャー・F・ネイル博士（アメリカ）
ステファン・シャーンチス（アメリカ）
マリリン・ウィリアムズ（アメリカ）

プロジェクトの礎となったのは、「ワールド3」コンピュータ・モデルだ。成長に関するデータや理論を統合するために構築したコンピュータ・モデルである。[3]このモデルを用いて、世界の発展に関する一貫性のあるシナリオをつくり出すことができる。『成長の限界』では、ワールド3を用いて、一九〇〇年から二一〇〇年にかけての二〇〇年の世界の発展を示す一二のシナリオを分析し、発表した。『限界を超えて』では、ワールド3を若干バージョンアップしたものを用い、一四のシナリオを示した。

『成長の限界』は、数カ国でベストセラーとなり、約三〇もの言語に翻訳されている。『成長を超えて』も多くの言語で出版され、大学の教科書等として広く使われている。

地球の物理的な限界を示唆した『成長の限界』

『成長の限界』では、地球の生態系における資源消費と汚染排出にかかわる制約が、二一世紀の世界の発展に多大な影響を与えることになるだろうと述べた。そして、人類はこうした制約に対応するために、多くの資本や人的資源を振り向けなくてはならず、その量があまりに莫大であるため、二一世紀のある時期に、平均的な生活の質は低下してしまうかもしれないと警告を発した。われわれは、どの資源の不足や何の排出が、過大な資本を必要とすることで成長に終止符を打つことになるか、正確には特定していない。この世界をつくり上げている巨大で複雑に絡み合った「人口—経済—環境システム」のなかで、そこまで詳細な予測を科学的な根拠に基づいて行うことは不可能だからである。

『成長の限界』は、人類が環境や生態系に与える影響度や破壊度である〝エコロジカル・フットプリント〟が地球の扶養力を超えて増大しないよう、技術や文化、制度などの根本的な革新を先手を打って行うべきだと訴えている。「世界が直面している課題はきわめて大きい」と言及してはいるものの、『成長の限界』の論調は基本的には楽観的なものであり、「早く行動すれば、地球の生態学の限界に近づく（もしくは超えてしまう）ことによるダメージをこれだけ減らせる」ということが繰り返し述べられている。

『成長の限界』に示されているワールド3がつくり出した一二のシナリオを見ると、人口増加と自然資源の消費量の増加がさまざまな限界とどのように関連しているかがわかる。実際のところ、成長の限界は、さまざまな形で現れる。われわれの分析では、主に地球の物理的な限界に焦点を当て、枯渇性の自然資源と、工業や農業からの排出を吸収する有限の排出吸収力を調べた。その結果、ワールド

3の現実的なシナリオはすべて、二一世紀のある時点で、こうした限界によって物理的な成長は終焉を迎えることを示していた。

われわれは、ある日突然に、限界が降ってくるというような事態は予測していなかった。シナリオでは、まず、人口と物理的な資本が増大する。すると、さまざまな制約の組み合わせから生じる問題に対応するための資本が増えていく。最後には、必要とされる資本があまりにも大きくなるために、工業生産の成長を続けることができなくなる。そして産業が衰退すると、社会は、食糧やサービス、その他の消費財などの生産も増やし続けることができなくなるのである。かくして、こうした分野が成長を止めると、人口の伸びも止まる。

成長は、さまざまな形で終焉を迎えうる。人口も生活の豊かさも、制御不能な形で衰退してしまう、という崩壊も起こりうる。ワールド3のシナリオでは、さまざまな原因からこうした崩壊が示される。あるいは、人類のエコロジカル・フットプリントをスムーズに地球の扶養力にあわせることで、成長が終わる可能性もある。ワールド3は、現在の政策を具体的に大きく変えることで、秩序ある形で成長に終止符を打ち、その後、比較的高い豊かさの水準が長期間にわたって続くというシナリオを生み出すこともできるのだ。

成長、行き過ぎ、そして崩壊

成長がどのような形で終焉を迎えるにしても、一九七二年の時点では、「成長が終わる」ことははるか遠い将来のことに思えた。『成長の限界』に示されたワールド3のシナリオはどれも、二〇〇〇年以降も、人口も経済も成長しつづける様子を示していた。最も悲観的なシナリオを見ても、物質的な意味での生活水準は、二〇一五年までは成長を続けていた。したがって、『成長の限界』では、「成長が終焉を迎えるのは、本書が刊行されてから五〇年ほど先のことだ」としていた。これだけの時間があれば、たとえ地球規模であっても、議論し、選択し、修正のための行動をとることができると思われた。

われわれは『成長の限界』を執筆しながら、社会が崩壊の可能性を減らすためにこうした議論を行い、修正のための行動をとることになるだろう、と願っていた。崩壊は、魅力的な未来の姿ではない。地球の自然システムが支えられる水準にまで、急激に人口が減り、経済が衰退する事態となったら、間違いなく人々の健康状態は悪化し、紛争や環境の荒廃が起こり、ひどく不公正な状況が生じるだろう。人類のエコロジカル・フットプリントが制御不能な形で崩壊するということは、死亡率が跳ね上がり、消費が急減するということなのだ。適切な選択をし、行動すれば、そうした制御不能な衰退を避けることができる。行き過ぎた結果、限界を超えてしまうのではなく、意識的な努力によって、地球に対する人間の要求を減らしていくことができるのだ。出生率を下げる努力が実り、持続可能なペースでの物質消費をより公平に分配することによって、エコロジカル・フットプリントを徐々に減らし、調整していくことができる。

繰り返しになるが、成長が必ず崩壊につながるわけではない。成長ののちに崩壊がやってくるのは、その成長が行き過ぎの状態に達したときだけである。すなわち、地球の供給源（ソース）や吸収源（シンク）に対する需要が増加し、持続できるレベルを超えてしまったときである。一九七二年の時点では、人口も経済も、問題なく地球の扶養力の範囲内にあるようだった。長期的な選択肢を考えつつ、安全に成長する余地がまだあるとわれわれは考えた。これは七二年時点では真実だったかもしれない。だが、九二年には、もはや真実ではなくなっていた。

人類が持続可能でない領域に進み始めた証拠

一九九二年にわれわれは、当初の研究に二〇年後の最新情報をインプットし、その結果を『限界を超えて』として発表した。『限界を超えて』では、一九七〇年から九〇年までの地球規模での展開を調べ、その情報を用いて、『成長の限界』と「ワールド3」コンピュータ・モデルを更新した。こうして発表した『限界を超えて』は、『成長の限界』のメッセージを繰り返すことになった。しかし、九二年の『限界を超えて』では、新たな重大な発見も示している。「人類はすでに、地球の能力の限界を超えてしまった」と述べたのである。

一九九〇年代初めにはすでに、「人類が持続可能ではない領域に進んでいる」ことを示す証拠があちこちから出ていた。たとえば、熱帯雨林が持続可能ではないペースで伐採されている、という報告が出され、穀物生産量はもはや人口増加についていけないのではないか、という推測もあった。気候が温暖化している、と考えている人たちもいたし、成層圏にオゾンホールが現れ始めたことに対する懸念もあった。しかし、ほとんどの人たちは、だからといってこれらが「人類が地球環境の扶養力を超えてしまった」証拠であるとは考えていなかった。

しかし、われわれの意見は異なっていた。九〇年代初めの段階で、賢明な政策によっても行き過ぎを避けることはもはや不可能だというのが、われわれの見地だったのだ。行き過ぎはすでに現実のものだった。われわれのなすべきことは、世界を持続可能な領域に「引き戻す」ことだった。それでも、『限界を超えて』の論調は引き続き楽観的なものだった。さまざまなシナリオで、地球規模で賢明な政策をとり、技術や制度、政治の目標や個人の望むものを変えることで、行き過ぎのもたらすダメージは減らせることを示していた。

『限界を超えて』が刊行された一九九二年に、リオ・デジャネイロで「環境と開発に関する国連会議」が開催された。このような地球サミットの開催自体が、国際社会がついに重要な環境問題に真剣に取り組む決意をした証左であると思われた。しかし、いまでは、リオ・サミットの目標は達成できなかったことがわかっている。二〇〇二年にヨハネスブルクで行われたリオ・プラス10の会議では、さらに成果が少なかった。さまざまなイデオロギーや経済をめぐる論争によって、また、自分たちさえよければよいと、自らの国益や会社の利益を守ろうとする動きによって、ヨハネスブルク・サミットはほとんど機能できなかったのだ(4)。

増大する人類のエコロジカル・フットプリント

この三〇年を振り返ると、前向きな展開も数多く見られる。拡大の一途を続ける人類のエコロジカル・フットプリントに対して、新しい技術が用いられるようになり、消費者は自らの購買習慣を変え、新しい制度がつくられ、多国間条約が結ばれている。地域によっては、食糧やエネルギー、工業生産高が人口増加をはるかに上回る勢いで拡大し、多くの人々が以前より豊かになった。そして、所得水準の上昇につれて、人口増加率は低下している。今日の環境問題への意識は、一九七〇年よりもはるかに高い。多くの国に環境行政に携わる省庁が置かれ、環境教育がごくふつうに行われるようになっている。先進国の工場の煙突や排水管からはほとんどの汚染物質が除去され、先進的な企業はこれまでになく高い環境効率を追求し、成功を収めている。

一見して物事は順調に進んでいるようだったので、一九九〇年ころに行き過ぎの問題について語るのは難しかった。基本的なデータもなく、行き過ぎに関する初歩的な語彙すらなかったために、いっそう議論しにくかった。二〇年以上かかってようやく、国内総生産（ＧＤＰ）の伸びとエコロジカル・フットプリントの伸びを区別するといった概念的な枠組みが発展してきて、知的な議論ができるようになったのである。そして、世界はいまなお、「持続可能性」という概念を理解しようと努力している。「持続可能性」という言葉は、ブルントラント委員会がつくり出してから一六年もたっているというのに、いまも曖昧なままで、広く誤用されている。[5]

『限界を超えて』で、われわれは「世界は行き過ぎの段階に入っている」と述べたが、この一〇年間にその主張を立証するデータが数多く出てきた。たとえば、世界の人口一人当たりの穀物生産量は、一九八〇年代半ばにピークに達したようである。海洋漁獲高をさらに大きく増やすことはもはや考えられない。自然災害のコストが増大している。みな先を争って淡水や化石燃料を求めており、その割り当てをめぐって緊張が高まり、衝突さえ生じている。人間活動が地球の気候を変えつつあることは、科学者のあいだに異論はなく、気象データを見ても明らかであるにもかかわらず、アメリカをはじめとする主要国は、温室効果ガスの排出量を増やしつづけている。一方、すでに経済の衰退に歯止めがかからなくなっている地域があちこちに出てきた。たとえば、世界人口の一二パーセントを抱える五四カ国では、一九九〇年から二〇〇一年までの一〇年ほどの間に、一人当たりのＧＤＰが減少しているのだ。[6]

一方、この一〇年間に、行き過ぎを議論するための新しい語彙や、新しい尺度も出てきた。たとえば、マーティス・ワクナゲルらは、人類のエコロジカル・フットプリントを測り、それを地球の「扶養力」と比べた。[7] 彼らのエコロジカル・フットプリントの定義とは、世界が必要とする資源（穀物・飼料・木材・魚および都市部の土地）を提供し、二酸化炭素の排出を吸収するために必要な土地の面

図1　人類のエコロジカル・フットプリントと地球の扶養力

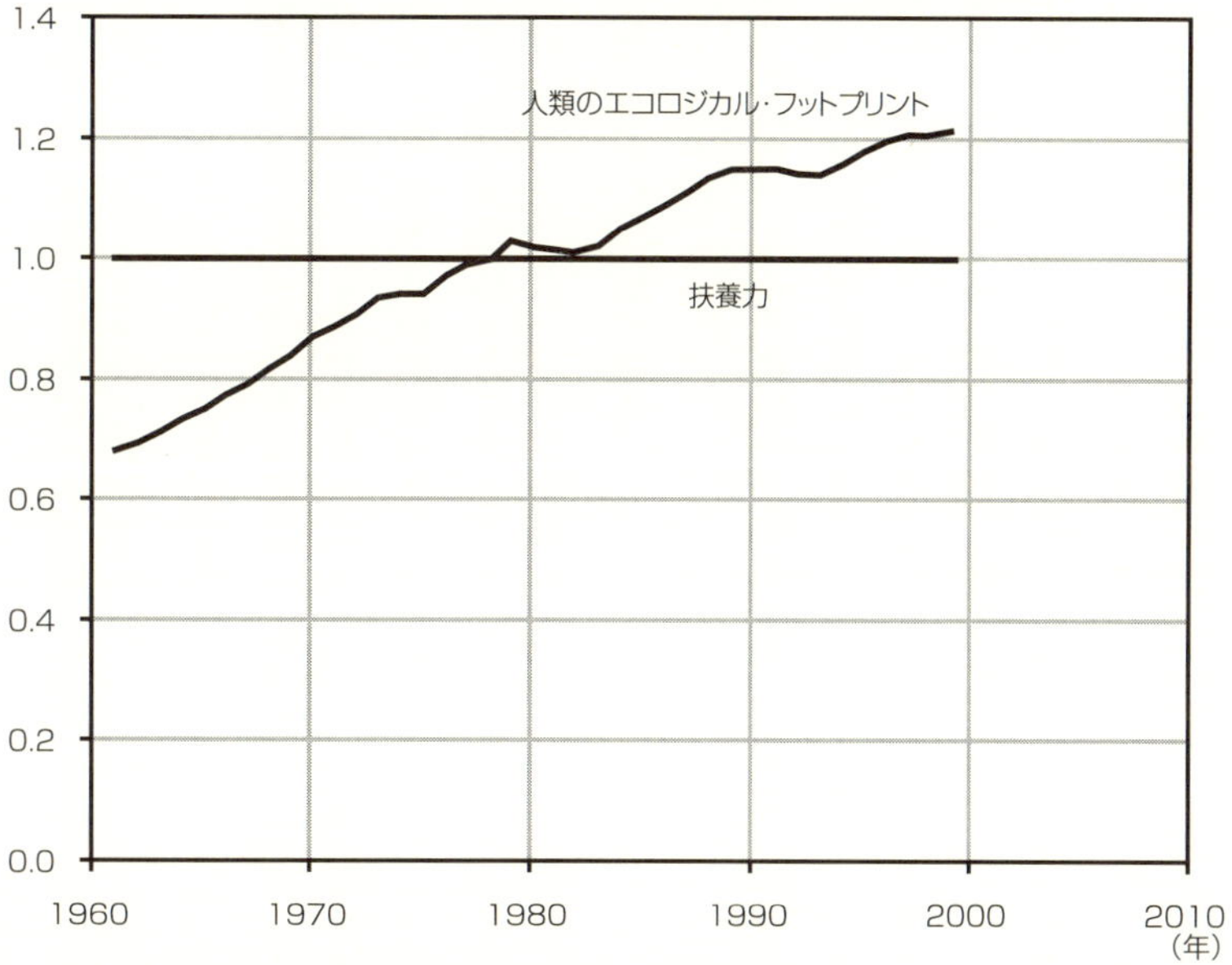

このグラフは、人類が消費する資源を提供し、その排出を吸収するために、いくつの地球が必要かを、1960年から年次で示したものである。この人間の要求量と、地球から入手可能な供給量とを比較している。人間が要求している量は、1980年代からつねに自然が供給できる量を上回っていることがわかる。1999年には、約20%の行き過ぎとなっている。
（出所:M.Wackernagel et al.）

積である。「実際に利用可能な土地の面積と比べた結果、人間の現在の資源消費量は、地球の扶養力を約二〇パーセント上回っている」というのが結論であった（図1）。図を見ると、人類が最後に持続可能なレベルだったのは一九八〇年代だ。そしていまでは、約二〇パーセント行き過ぎてしまっている。

悲しいことに、技術や制度の進歩にもかかわらず、人類のエコロジカル・フットプリントはいまなお増大を続けている。これは以前にも増して深刻である。人類はすでに持続可能ではない領域にいるからだ。しかし、絶望的と思えるほど、この苦境は意識されていない。エコロジカル・フットプリントを地球の長期的な扶養力の枠内に戻すには、個人の価値観や公共政策を変える必要があるが、そのために必要な政治的支持を得るには長い時間がかかるだろう。

楽観できない地球の未来

地球が直面している課題は、次のように簡潔に述べることができる。持続可能な社会を実現するためには、人間は世界の貧しい人たちの消費水準を上げると同時に、人類全体のエコロジカル・フットプリントを減らさなくてはならない、ということだ。そのためには、技術を進歩させ、一人ひとりが変化し、長期的な視点で計画を立案する必要がある。政治的な境界にこだわらず、より大きな敬意、配慮、そして共有が必要だ。これらを達成するには何十年もかかるだろう。現在の政党はどれ一つとして、少なくとも、豊かで力のある人たちのあいだに、こうしたプログラムに対する幅広い支持を取りつけていない。豊かで影響力を持つ人たちは、自らのエコロジカル・フットプリントを減らすことによって、貧しい人たちが成長できる余地をつくり出せるのだが……。その一方で、地球規模のエコロジカル・フットプリントは日一日と大きくなっている。

結果として、われわれは、地球の将来に関して一九七二年の時点よりもずっと悲観的である。人間は、地球の生態系の問題に関する不毛な議論や、善意ではあっても本気ではない対応に、この三〇年のほとんどを無駄に費やしてしまったのだ。これは悲しい事実である。次の三〇年も手をこまねいていることはできない。この行き過ぎが二一世紀の間に崩壊を引き起こさないようにするには、多くのことを変えなくてはならない。

二〇〇一年の初め、われわれのメンバーの一人であったドネラ・メドウズが亡くなる前に、われわれは、彼女がこよなく愛した本の〝三〇年後〟を完成させると約束した。しかし、その過程で、三人の著者の抱いている希望や期待に大きな違いがあることを再び思い起こすことになった。

ドネラは、どんなときも楽観的だった。思いやりにあふれる彼女は、人間を信じていた。自分が正しい情報を十分に人々に届けることができれば、人々は最後に賢明な方向へ、つまり、長期的に考え、人間的な解決策へと向かっていくだろう——この場合でいえば、行き過ぎを回避する地球規模での政策をとるだろう——と信じて、すべての仕事をしていた。ドネラはこの理想のために、その生涯をかけたのだ。

ヨルゲンは、シニカルなものの見方をする。人間とは、消費、雇用、財務上の安全性を増すという短期的な目標を追求するものであって、危機のシグナルがしだいに明らかに、また強くなってきても、手遅れになるまで目をつぶり、結局苦い結末を迎えるだろうと考えている。社会が、本当なら可能であったであろうすばらしい世界を自ら捨てることになると思うと、ヨルゲンは悲しい気持ちになる。

デニスは、ふたりの中間に位置している。地球の崩壊という最悪の可能性を避けるために、最終的には行動がとられるだろうと考えている。世界は最後には持続可能な未来を選ぶことになるだろうが、それは、地球規模での深刻な危機が起こり、遅れに遅れた行動をとらざるをえなくなってからだろうと思っている。そして、早めに行動した場合に比べると、その結果は喜ばしいものではないだろう。それまでに、地球のすばらしい生態系の多くの宝物が破壊されるだろう。魅力的な政治的・経済的な選択肢の多くは失われてしまうだろう。大きな不平等が根強く残り、各国の軍事化が進み、紛争があちこちに広がるだろう。

このような三人の異なる考え方を、地球の未来に関する共通見解にまとめることは不可能だ。しかし、われわれが「こうなってほしい」と願っていることは一致している。われわれの望んでいる変化は、ドネラが『限界を超えて』に書いた希望に満ちた最終章を若干書き直した第8章で述べる。そこに込められたメッセージは、もし私たちが一生懸命に伝え、教える努力を続けるなら、世界の人々は、現在のそして未来の生きとし生けるすべてのものへの愛情と尊敬の念から、しだいに正しい道を選ぶようになるだろう、というものだ。間に合うあいだにそうなってほしい。われわれは、そう熱く願っている。

『成長の限界』は正しかったのか?

われわれはよく、「『成長の限界』の予言は正しかったのか?」という質問を受ける。言っておくが、これはマスメディアの言葉であって、われわれの言葉ではない! われわれはいまでも、自分たちの研究は起こりうるさまざまな未来を見出す取り組みであると考えている。未来を予言しようとしているのではないのだ。二一〇〇年に向かって、人類のさまざまなシナリオをスケッチしているのである。しかしそれでも、この三〇年の教訓を振り返ることは役に立つだろう。一九七二年三月に、ワシントンDCの無名の出版社から、薄いペーパーバックの『成長の限界』が刊行されてから、何が起こったのだろうか？

まず、ほとんどの経済学者や、多くの実業家、政治家、途上国の擁護者たちが、「成長の限界」という考え方そのものに対して怒りの声を上げた。しかし、やがて、「地球には生態系の制約がある」という考え方はばかげたものではないことがわかってきた。物理的な成長には限界があるのは間違いない。そして、その限界は、われわれが目標追求のために選ぶ政策の成否に大きな影響を与えている。歴史を振り返れば、社会がそのような限界に直面したとき、賢明で長期的かつ利他的な方策で対応しようとしても、当事者たちにとって短期的にはマイナスになるとしたら、そうした施策をとることは難しいということがよくわかる。

一九七二年以来、資源や排出の制約から多くの危機が生まれ、マスメディアが騒ぎ立て、人々の注目を集め、政治家たちをあおることになった。主要国での石油生産量の減少、成層圏のオゾン層の枯渇、地球の気温の上昇、広がる慢性的な飢餓、有害廃棄物の処理場の立地をめぐる議論の衝突、地下水位の低下、種の絶滅、森林の消失。これらは、大規模な研究や国際会議、国際条約などを生み出した問題のごく一部にすぎない。すべてが、「物理的な成長の制約は、二一世紀の世界政治の重要な側面である」というわれわれの根本的な結論を支持している。

ワールド3の高度に統合されたシナリオは、三〇年たったいまもなお、驚くほど正確であるといえる。二〇〇〇年の世界人口は、一九七二年にワールド3で行った標準シミュレーションの予測数字（約六〇億人――一九七二年の三九億人から増加）と同じである。[8] さらに世界の食糧増産（穀物換算で、一九七二年の年間一八億トンから二〇〇〇年の三〇億トンへ）も、実際の歴史にほぼぴったり合っていた。[9] 歴史どおりだったということは、われわれのモデルが正しかったという証明だろうか？

いや、もちろんそうではない。しかし少なくとも、ワールド3がまったくばかげたものではなかったと言うことはできるだろう。その仮定やわれわれの結論は、今日なお熟考に値するのだ。

忘れてはならないのは、ワールド3をコンピュータに入れなくても、その基本的な結論は理解できる、ということだ。崩壊の可能性に関するわれわれの最も重要なメッセージは、ワールド3のつくり出した曲線を妄信して出てきたものではなく、三つの特徴が生み出す地球システムのダイナミックな行動パターンを理解することから出てきたにすぎない。その三つの特徴とは、衰退する可能性のある限界、止むことのない成長の追求、そして、近づく限界に対する社会の反応の遅れである。この三つの特徴が顕著なシステムは、どのようなものであっても、行き過ぎて崩壊する傾向がある。ワールド3の中核をなす前提は、限界と成長と遅れを生み出す因果関係のメカニズムからなっている。実際の世界にも間違いなくこうしたメカニズムがあることを考えると、世界が『成長の限界』に描かれたシナリオどおりの道筋をたどっているとしても、驚くには値しない。

人類は行き過ぎてしまった

これまでの二冊と基本的には同じことを伝えるのだとしたら、なぜわざわざ本書を出すのだろうか？　われわれが目指しているのは、この数十年間に出てきたあらゆるデータや事例をもとに、より理解しやすい形で、われわれが一九七二年に出した主張を再度強調することである。

われわれが本書を執筆する理由はほかにもある。繰り返しになるが、われわれの望んでいるのは、次のようなことである。

● 人類は行き過ぎてしまっていること、そして、その結果生じる被害や苦しみは、賢明な政策によって大きく減らせることを強調すること。
● 政治の世界では「二一世紀に向かって人類は正しい方向に向かっている」と広言されているが、その主張と相反するデータや分析を提供すること。
● 世界の人々に、自分たちの行動や選択が長期的にどのような結果をもたらすかを考え、行き過ぎのもたらすダメージを減らす行動を政治的に支持するよう、呼びかけること。
● 新しい世代の読者や学生、研究者たちに、ワールド3のコンピュータ・モデルに注目してもらうこと。
● 成長の長期的な原因や結果について、一九七二年以来どのように理解が進んできたのかを示すこと。

現実を見つめるためのシナリオ

われわれは、二一世紀に実際に何が起こるかという予測を発表するために本書を書いたのではない。「このような未来になるだろう」と予言しているのではなく、幅広いさまざまなシナリオを提示しているにすぎない。二一世紀がどのように展開しうるか、一〇通りの絵を示しているのだ。そうすることで、読者が学び、振り返り、自分自身の選択をしてほしい、と願っている。

手に入るデータや理論から、今世紀の世界に何が起こるかを正確に予測することはできないと思っている。しかし、現在の知識があれば、「このような未来は現実的ではない」と選択肢から外すことはできるだろう。いくつかの事実を見れば、多くの人々が暗黙のうちに期待している「将来もずっと成長してゆく」ことはすでにありえないことがわかる。その期待は、希望的観測にすぎず、魅力的だが間違っており、都合のよいものだが役に立たない。われわれの分析によって、世界の人々が自分たちの将来を大きく左右する地球の物理的な限界について、もう一度考え直し、より学び、尊重するようになれば、われわれの分析は役に立ったといえよう。

持続可能な社会への移行

持続可能な発展をしようと必死に取り組むときに、書籍というのは無力な手段に見えるかもしれない。しかし、『成長の限界』が刊行され、何百万部も売れたことで、幅広い議論が巻き起こり、『限界を超えて』は議論に再び火をつけた。われわれの書籍は、環境保護運動が始まった初期に、環境問題に関する意識や関心を高める役割を担った。『成長の限界』を読んだ学生の多くが、自らの職業や経歴に新しい目標を持つようになり、環境や持続可能な発展に関する研究を行うようになった。どれも有益なことである。

しかし、われわれの活動には、多くの点で足りないところがあった。『成長の限界』と『限界を超えて』でわれわれが目指したのは、地球上の行き過ぎの現象に注意を向け、さまざまな問題に対する万能薬として「成長」を追求することは正しいのだろうか?と、社会に問題提起することだった。実際、「成長の限界」という言葉は、広く使われるようになった。しかし、この言葉はしばしば誤解されており、今日では極端に単純化されて用いられている。批判的な人々の多くは、「著者たちは化石燃料などの資源がまもなく枯渇すると思って、限界について心配しているのだろう」と考えている。実際、われわれが心配しているのは、もっと微妙な点である。現在の政策では、地球の限界を予期し、対応するための効果的な取り組みができない。そのために、地球規模で行き過ぎが起こって崩壊してしまうことが心配なのである。人間の経済は現在、重大な限界を超えつつあり、この行き過ぎは今後数十年間に非常に大きくなるだろうと考えているのだ。われわれは、前書でこの懸念をわかりやすく伝えることができなかった。「行き過ぎという概念はたしかにもっともな懸念であり、広く議論すべきだ」と受け入れてもらうことにまったく失敗してしまったのだ。

「自由貿易」という概念を三〇年にわたって推し進めてきたグループ（主に経済学者から成る）と比べてみるとよくわかる。われわれと違って、彼らはその概念を一般の家庭でも使う言葉にすることができた。数多くの政治家に「自由貿易のために闘わなくてはならない」と確信させることができた。しかしそんな彼らも問題に直面している。自由貿易政策が、失業という直接的な犠牲を伴うときには、根本的なレベルでそれに納得し、従おうという気持ちが失われてしまうのが常だからだ。また、自由貿易を目標に据えた場合、そのコストと便益の全体像については、多くの誤解がある。われわれから見れば、二一世紀において「地球の限界を超えたこと」は「自由貿易」よりもずっと重要な概念である。しかし、人々の注目や尊重を得る戦いにおいては、ずっと後れをとっている。本書は、その溝を埋めるための新しい試みである。

「行き過ぎて崩壊する」シナリオの実現性

社会の行き過ぎとその結果としての衰退は、社会が将来に対する準備を十分にしていないときに起こる。たとえば、減少する石油埋蔵量、数が減っていく魚類、再生に費用のかかる熱帯雨林などの代わりが用意できていないときに、このような資源の減少が始まれば、生活の豊かさが失われてしまうだろう。さらに、資源の基盤が衰退しやすいもので、行き過ぎている間に破壊されてしまうと、問題はいっそう悪化する。そのとき社会は、崩壊を経験することになるかもしれない。

地球規模での行き過ぎと崩壊の鮮明な一例が、今世紀にさしかかるころに実際に起こっている。世界の株式市場での「ドットコム・バブル」である。これは金融界での出来事であって、物理的な資源の話ではないが、本書が関心を寄せるダイナミクスがよくわかる。この事例での衰退しやすい資源とは、投資家の信頼であった。

ことの顛末を手短に説明しよう。一九九二年から二〇〇〇年の三月にかけて、株価は目を見張る勢いで上昇した。いまになって考えると、まったく持続不可能なピークに達したのである。そして、このピークから株価はまる三年間下落を続け、二〇〇三年三月に底値に達した。

人間が資源や排出の限界を超えるときと同じように、株価の長期的な上昇に、ほとんど苦難は伴わなかった。それどころか、株価が新しい高値をつけるたびに、熱狂が広がったのである。最も注目すべきことは、この熱狂が、株価が持続可能ではない領域に達したあとでも続いていたことだ。いまから考えれば、一九九八年にはすでにその領域に達していたのである。ピークを過ぎ、崩壊の段階に入って何年かしてはじめて、投資家たちは「バブル」（彼らの言葉で言う「行き過ぎ」）があったことを認め始めた。そして、いったん崩壊が始まると、誰もその下落を止めることはできなかった。三年間下落しつづける間、多くの人たちは「いったい底があるのだろうか？」と不安に思った。投資家の信頼は完全に衰退し、失われた。

悲しいことに、時間軸はもっと長いものの、この世界は、ドットコム・バブルとほとんど同じように、地球の資源消費と排出の行き過ぎと崩壊を経験するだろうとわれわれは考えている。成長は、持続可能ではない領域に入ったあともずっと歓迎され、祝福されるだろう（これはすでに起こっているので、そう言えるのだ）。そして、崩壊が突然起こり、人々は愕然とするだろう。やがて、何年か崩壊が続いてからやっと、崩壊前の状況はまったく持続可能ではなかったことが明らかになる。さらに何年間も減退が続き、「永久に減退しつづけるのではないか」と多くの人が不安を持ち、再び十分なエネルギーが存在し、魚の数が豊かになるなど、ほとんどの人には信じられなくなるだろう。願わくは、その不安が杞憂であってくれるとよいのだが。

未来に向けて人類ができること

かつて、成長の限界は遠い将来の話だった。ところが、現在では、成長の限界はあちこちで明らかになりつつある。かつて、崩壊という概念は考えられないものだった。いまでは、まだ仮説的な学術的概念としてではあるが、人々の会話のなかにも登場しつつある。行き過ぎの結果が誰の目にも明らかになるにはもう一〇年かかるだろうし、行き過ぎたという事実が一般的に認められるには二〇年かかるだろう。本書のシナリオを見ると、二一世紀の最初の一〇年はまだ成長の時代である。これは、三〇年前の『成長の限界』でのシナリオと同じだ。つまり、一九七〇年から二〇一〇年にかけてのわれわれの予想は、われわれを批判している人々の予想とそれほど異なっていないのだ。いずれの理解がより正しかったのかを結論づける証拠は、もう一〇年待たなくては出てこないのである。

われわれは、『成長の限界』から四〇年後の二〇一二年に、改めて本書の最新版を出すつもりだ。そのときまでには、現実の行き過ぎを示すデータが豊富に出ていて、「われわれの見解は正しかった」という証拠を引用できるだろう。もしくは、「技術や市場の力で地球の限界は大きく引き上げられ、人間社会の要求は問題なく満たせている」というデータを認めることになるかもしれない。人口や経済の衰退が切迫した問題となっているか？　または、世界はさらに何十年にもわたる成長の準備をしているか？　二〇一二年にその報告が準備できるまで、読者の一人ひとりが、人類のエコロジカル・フットプリントの増大の原因とその結果について、自分自身の考えをつくり上げていかなくてはならない。本書に盛り込んだ情報がその有用な基盤となることを願っている。

二〇〇四年一月

デニス・L・メドウズ（アメリカ、ニューハンプシャー州ダーラム）
ヨルゲン・ランダース（ノルウェー、オスロ）

成長の限界 人類の選択 ―― 目次

◆**DATA**

第3章 地球の再生が不可能になる供給源と吸収源の危機

◆――DATA

第4章 成長のダイナミクスを知る ワールド3の特徴

第5章 オゾン層の物語に学ぶ 限界を超えてから引き返す知恵

◆―DATA

第7章
持続可能なシステムへ思考と行動をどう変えるか

第8章 いま、私たちができること 持続可能性への5つのツール

第1章

地球を破滅に導く人類の「行き過ぎ」

未来はもはや……人類が頭脳と機会をもっと有効に活用する術を心得ていれば出現していたであろう世界ではない。しかし、それでもまだ、理にかなった現実的な希望に沿う未来を築くことは可能である。

――アウレリオ・ペッチェイ　一九八一年

「行き過ぎ」とは、意図してではなく、うっかりと限界を超えてしまうことだ。誰もが毎日のように行き過ぎを経験している。大急ぎで椅子から立ち上がろうとすると、一瞬バランスを失ってしまうだろう。シャワーのお湯の栓を回しすぎると、やけどをするかもしれない。凍結した路上では、スリップして停止線を越えてしまうこともあるだろう。酒を飲みすぎると、翌朝ズキズキと痛む頭を抱えることになる。建設会社が需要以上にマンションを建てれば、原価割れで販売せざるをえなくなり、破産の危機に瀕することもある。漁船を過剰に造りすぎれば、過剰に魚を獲ることになり、魚の数が減る。結果として、漁船は漁に出られなくなってしまう。化学会社は、空が吸収できる以上に塩素化学物質を生産している。その結果、何十年もの間、成層圏のオゾン層は危険なほど破壊されるだろう。

「行き過ぎ」を招く三つの要因

「行き過ぎ」は、個人にも地球規模でも起こるが、その根底には三つの要因がある。第一に、成長し、加速し、その結果急激な「変化」が起こること。第二に、それを超えると、動いているシステムが安全に進めなくなる恐れのある何らかの「限界」や壁があること。第三に、そのシステムが限界を超えないようにするために作用する認識や反応に「遅れ」や過ちがあること。この三つである。

「行き過ぎ」はありとあらゆる形で起こる。第一の「変化」には、石油消費量の増加といった物理的な変化もあるし、部下の数が増えるといった組織的な変化もある。個人消費の目標が高くなるという心理的な変化もあるだろう。財務面での変化もあれば、生物学的変化、政治的変化など、さまざまな形で起こりうる。

同様に、「限界」もさまざまである。空間的な広がりが決まっているという限界もあれば、時間的な限界もあるだろう。システムに固有の物理的、生物学的、政治的、心理的な制約条件から出てくる限界もある。

「遅れ」もさまざまな形で起こりうる。不注意、誤ったデータ、情報の遅れ、反応のもたつきが遅れを生じさせる。難癖ばかりつける厄介な官僚主義や、システムの反応に関する誤った理論も遅れの原因となる。また、懸命に止めようと努力しても、システムに勢いがついてしまっているために歯止めがかからないこともある。たとえば、運転手が、凍結した道路ではどれくらいブレーキの効きが悪くなるかをわかっていないと、遅れが生じる。建設会社は、現在の価格を根拠にビジネスの意思決定を行うが、市場に影響が出てくるのは二～三年たってからである。漁船の持ち主は、魚の今後の繁殖率ではなく、現在の水揚げ量を見て、漁獲量を決める。化学物質はその使用場所から何年もかかって生態系へ出て行き、そこで深刻な害を与える。

もっとも、多くの場合、行き過ぎても実害はほとんどない。限界を超えたからといって、深刻な被害を及ぼすことはそれほどないのだ。実際には、行き過ぎをよく経験しているので、危ないと思ったら、避けたり被害を最小限に抑えようとすることが多い。シャワーを浴びる前には、手で水温を確かめるだろう。深夜まで飲んでいた翌朝は、寝坊しようとするだろう。

しかし、時折、行き過ぎて破局がやってくることがある。地球の人口や物質経済の成長は、この可能性を人類に突きつけているのだ。これこそが本書の焦点である。

人口や経済が、支えてくれる地球の能力を超えて大きくなった原因は何なのだろうか？　その結果、どうなるのだろうか？　本書では、こうしたことを理解し、説明するという難題に取り組む。かかわっている問題は多岐にわたりかつ複雑であり、重要なデータも質の点で頼りにならないばかりか、そろっていないデータも多い。現在の科学は、科学者のあいだでさえ合意に達していない。まして、政治家のあいだの合意はほど遠い。それでも、「人類が地球に対して要求しているもの」と「地球が提供できる能力」との関係を示す言葉が必要である。このため、「エコロジカル・フットプリント」という用語を用いる。

「エコロジカル・フットプリント」という用語は、一九九七年にアース・カウンシルのためにマーティス・ワクナゲルたちの行った研究をきっかけに、広く知られるようになった。ワクナゲルは、「さまざまな国の国民が消費する自然の資源を提供し、汚染の排出を吸収するためにどれほどの面積の土地が必要か？」を計算した。[1] これが、エコロジカル・フットプリントである。その後、世界自然基金（WWF）がワクナゲルの用語と数学的手法を採り入れ、一五〇カ国以上のエコロジカル・フットプリントを計算し、「リビング・プラネット・レポート」として発表している。[2] このデータによると、人間は一九八〇年代後半から、毎年、その年に地球が再生できる以上の資源を使うようになった。つまり、世界のエコロジカル・フットプリントは、地球が提供できる能力を超えてしまっている、ということなのだ。第3章で詳述するが、この結論を実証する情報はたくさんある。

こうして行き過ぎてしまった結果、われわれはきわめて危険な状況のなかに生きている。人類は、これまで経験したことのないさまざまな課題を地球規模で突きつけられているのだ。ところが、われわれは、それに対応するための考えも、文化規範、習慣、制度も持っていない。行き過ぎから生じる打撃や被害から回復するには、何百年も何千年もかかるだろう。

ただし、行き過ぎの結果、必ずしも破局がやってくるとは限らない。行き過ぎの結果には、二つの可能性がある。何らかの形で崩壊するか、意識的に方向を転換し、過ちを修正し、注意深くスピードを落とすか、である。この二つの可能性を人間社会とそれを支える地球に当てはめるとどうなるかを、本書で考察していこう。われわれは、いまからでも軌道修正は可能だと考えている。そうすることで、地球のすべての人たちが望ましく、十分に足りている持続可能な未来を生きられると信じている。しかし同時に、根本的な修正をすぐに行わなければ、私たちが生きている間に、何らかの崩壊が起こるだろうとも思っている。

これはかなり強烈な主張だが、われわれはどのように、こうした結論に達したのだろうか？　この三〇年間、われわれは多くの同僚とともに、人口と人類のエコロジカル・フットプリントが増大する原因と、その長期的な結果を理解しようと研究を重ねてきた。その際、四通りの方法で、この問題に取り組んできた。ちょうど顕微鏡と望遠鏡ではレンズをのぞいたときに見えるものが違うように、四つの〝レンズ〟を通してデータを見たのである。そのうち三つは、①地球システムに関する一般的な科学的理論や経済的理論、②世界の資源や環境に関するデータ、③情報を統合し、その意味を映し出す一助となるコンピュータ・モデルである。この三つは、よく使われる見方であり、説明もしやすい。

四つ目のレンズは、われわれの「世界観」である。世界観とは、自分のなかで一貫している信念や態度、価値観、パラダイムであり、「基本的に現実をどう見るか」である。誰もが世界観を持っており、その世界観によって、どこに何を見るかが違ってくる。言ってみれば、フィルターのようなものだ。「世界はこういうものだ」という自分の期待（潜在意識レベルであることが多い）と一致する情報は取り入れるし、一方で、その期待を否定したり疑義を唱えるような情報は無視される。サングラスをかけて外を見るとき、ふつうはフィルター〝そのもの〟を見るのではなく、フィルターを〝通して〟見ることになる。世界観も同じである。世界観は、すでに同じように持っている人には説明する必要はないし、持っていない人には説明しようがない。しかし、本にしろ、コンピュータ・モデルにしろ、人前での発言にしろ、〝客観的な〟データや分析と同じかまたはそれ以上に、本人の世界観が影響を及ぼしていることを忘れてはならない。

地球をシステムとしてとらえる

われわれももちろん、自分たちの世界観の影響から逃れられないが、その本質的な特徴をできるかぎり説明することはできる。われわれの世界観は、生まれ育った西洋の産業社会、科学分野や経済分野での訓練、そして世界各地での仕事などによってはぐくまれてきた。しかし、われわれの世界観のなかでもとくに重要で、しかもほとんどの人々は持っていないものがある。それはシステム思考である。

丘の頂上に立つと、ほかの場所からは見えなかったものが見えるだろう。同じように、システム思考で物事を見ることで、それまで見えなかったものが見えたり、逆に、それまで見えていたものが見えなくなることもある。われわれは、ダイナミックなシステムに関する訓練を集中的に受けてきた。ダイナミックなシステムとは、時間の経過とともに変化していく、相互に関連した物質的・非物質的要素の集合である。そしてわれわれは、世界を「成長、減退、振れ、行き過ぎなどが展開する行動パターンの集合」として見るよう、訓練を受けた。また、システムの各部分ではなく、そのつながりに注目するよう教えられた。したがって、われわれは、人口の動き、経済、環境の多くの要素を、無数の相互作用を持つ「一つの地球システム」として考えている。その相互関連のなかにストックやフロー、フィードバックや閾値があり、そのすべてがシステムの将来の行動パターンに影響を与え、その行動パターンを変えるためにわれわれがとりうる行動にも影響を与えると考える。

世界を見るうえで、システム思考だけが有用な方法だというわけではないが、システム思考を通して、多くの情報が得られ、新しいやり方で問題に取り組めるようになり、思いもよらなかった選択肢

図1−1　急激に増加する世界の人口

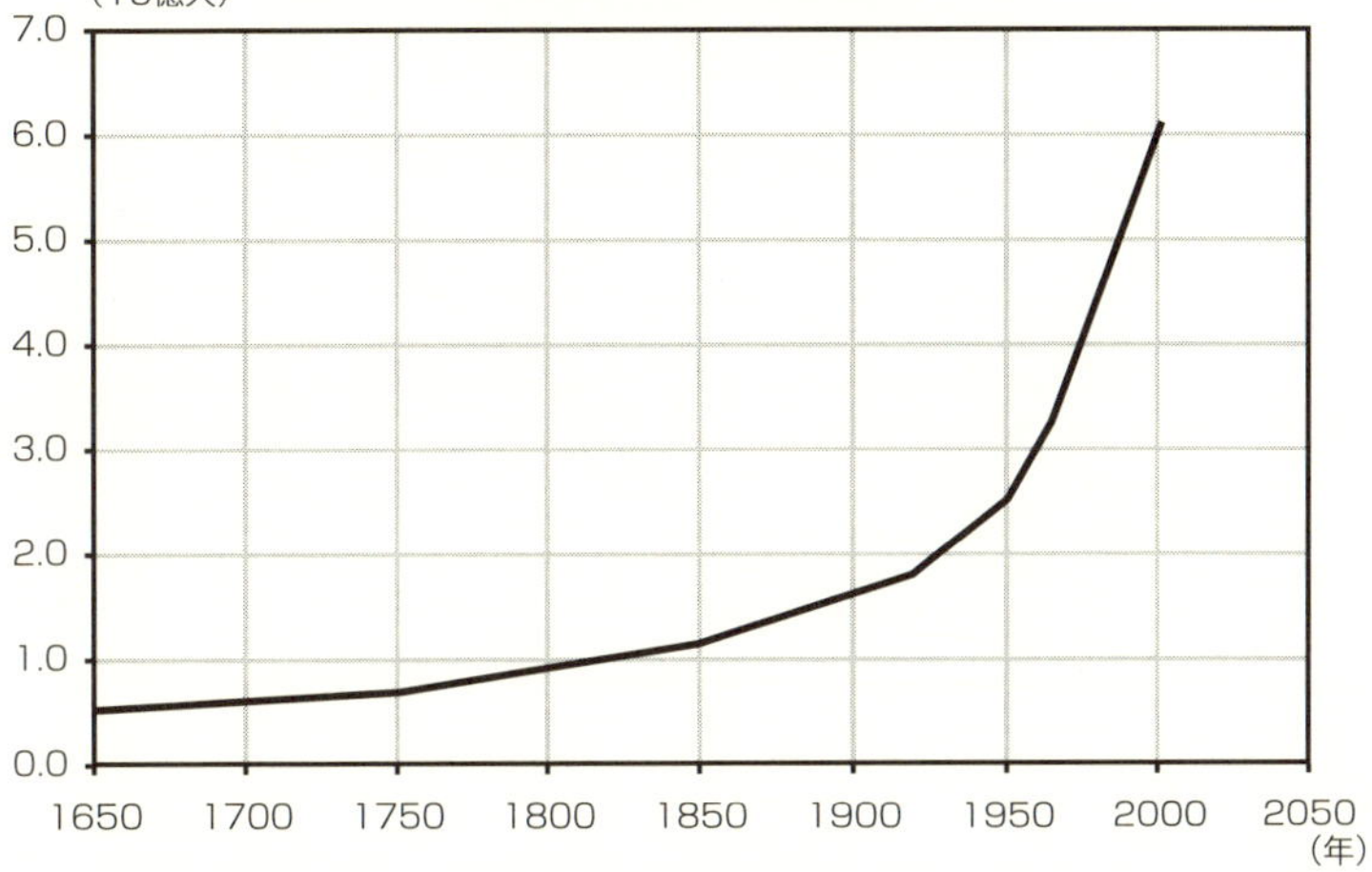

世界の人口は、産業革命が始まって以来、幾何級数的に増加している。時間の経過とともに変わっていく曲線の形や変化の増加幅に注目してほしい。これが幾何級数的な増加の典型例なのだ。増加率はいまでは減ってきているが、曲線の傾きが緩やかになっている様子は、ほとんどわからない。2001年の世界の人口増加率は年率1.3%であり、倍増期間は55年になる。
（出所:PRB; UN;D.Bogue）

を発見することができる。ここでは、その主な概念について説明しよう。そうすれば、読者の皆さんにもわれわれに見えているものが見え、世界の現状と未来へ向けての選択に関する結論を導き出せるだろう。

本書の構成は、われわれが地球システムを分析する際の論理の展開に沿っている。すでに、行き過ぎとは、①急激な変化、②その変化に対する限界、③限界を認識し、変化を抑制する際の過ちや遅れの組み合わせで生じる、という基本について述べた。この順に地球の状況を見ていこう。まず、地球規模で急激な変化をもたらしている原動力について取り上げ、次に、地球の限界について考える。それから、人間社会が限界を知り、その限界に対応するプロセスを見る。

まず次章で、変化の現象について見る。現在、地球規模で進んでいる変化の速度

図1−2　世界の工業生産

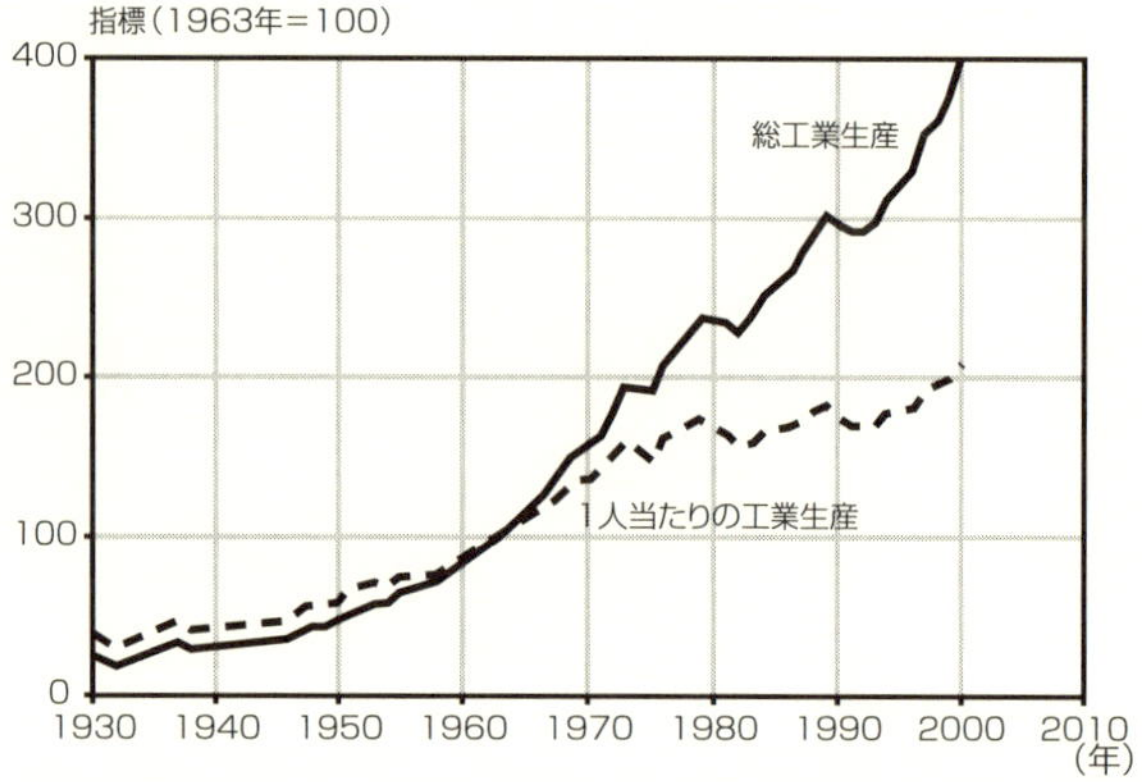

世界の工業生産高は、石油危機や金融不況による変動はあるものの、基準年の1963年から、明らかに幾何級数的に増加している。この25年間の平均成長率は2.9%で、倍増期間は25年である。しかし、人口が増加しているため、1人当たりの成長率は小さく、1.3%で、倍増期間は55年である。
(出所:UN;PRB)

図1−3　大気中の二酸化炭素濃度

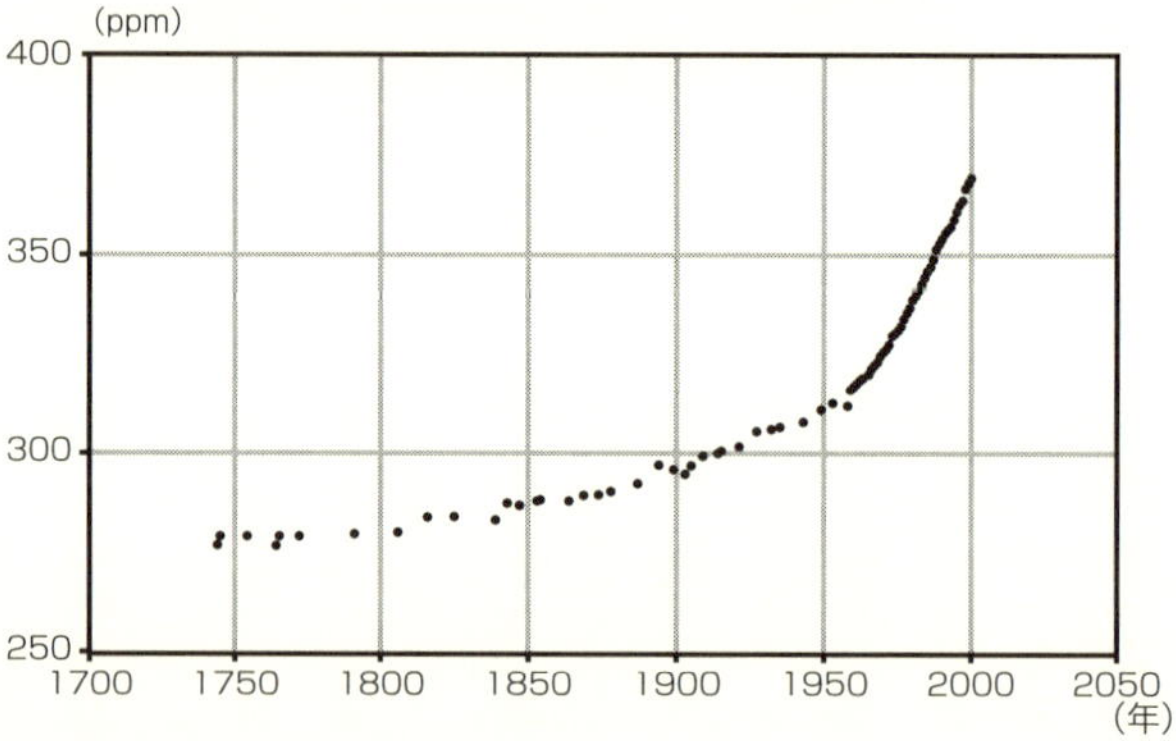

大気中の二酸化炭素濃度は、約270ppmから370ppm以上へと増加し、いまなお上昇を続けている。二酸化炭素が蓄積する原因は、主に人間の化石燃料の燃焼や森林破壊であり、結果として地球の気候変動が起こる。
(出所:UNEP;U.S.DoE)

表1−1　人間の活動や製品に見られる世界的な成長（1950〜2000年）

	1950年	25年間の変化	1975年	25年間の変化	2000年
人口（100万人）	2,520	160%	4,077	150%	6,067
自動車登録台数（100万台）	70	470%	328	220%	723
石油の年間消費量（100万バレル）	3,800	540%	20,512	130%	27,635
天然ガスの年間消費量（兆立方フィート）	6.5	680%	44.4	210%	94.5
石炭の年間消費量（100万トン）	1,400	230%	3,300	150%	5,100
発電容量（100万キロワット）	154	1040%	1,606	200%	3,240
トウモロコシの年間生産量（100万トン）	131	260%	342	170%	594
小麦の年間生産量（100万トン）	143	250%	356	160%	584
米の年間生産量（100万トン）	150	240%	357	170%	598
綿花の年間生産量（100万トン）	5.4	230%	12	150%	18
木材パルプの年間生産量（100万トン）	12	830%	102	170%	171
鉄の年間生産量（100万トン）	134	350%	468	120%	580
鉄鋼の年間生産量（100万トン）	185	350%	651	120%	788
アルミニウムの年間生産量（100万トン）	1.5	800%	12	190%	23

（出所:PRB; American Automobile Manufactures Association; Ward's Motor Vehicle Facts & Figures; U.S. DoE ; UN; FAO; CRB）

は、人類の歴史上かつてなかったほど大きい。この急激な変化の原動力となっているのは、人口と物質経済の幾何級数的な成長である。この二〇〇年以上にわたって、世界の社会経済システムのどこを見ても、「成長」パターンが見出せる。たとえば、世界人口の増加を示す図1―1を見ると、出生率は下がっているにもかかわらず、人口はいまなお急増していることがわかる。図1―2は工業生産を表しているが、石油危機やテロ、疫病などの短期的影響から一時的な減少は見られるものの、やはり増大の一途である。工業生産は人口増加を上回る速度で伸びているので、人々の平均的な生活水準は上昇している。

人口と産業が成長した結果、地球システムにさまざまな変化が起こっている。多くの汚染レベルが上がっているのもその一つだ。図1―3は、そのなかでも重要な大気中の二酸化炭素濃度を示している。温室効果ガスが蓄積してきた主な原因は、人間による化石燃料の燃焼と森林伐採である。

ほかにも、食糧生産量や都市人口、エネルギー消費量、物質消費量の伸びなどを示すグラフから、地球上での人間の活動が物理的に成長していることがわかる。しかし、必ずしもすべてのものが同じ速度で同じように成長しているわけではない。表1―1からわかるように、成長率には大きな幅がある。成長率が減少しつつあるものもあるが、それでも、毎年大きく増加していることには変わりない。たとえ成長率が減っても、その絶対量は増加しつづけることが多い。乗数が小さくなっても、もともとの量が大きいからだ。表1―1の一四項目のうち、八項目がこうした例である。この五〇年間、人間は人口や物的な所有物、消費する物質やエネルギーの流れ（フロー）を二倍、四倍、一〇倍、そしてそれ以上に増やしてきた。そして、今後もっと増やしたいと思っているのである。

人々は、成長志向の政策を支持する。成長すればより幸せになれると思っているからだ。政府は、成長こそがあらゆる問題への処方箋だと信じている。豊かな国は、雇用の拡大や地位の向上、技術の進歩のためには成長が必須であると考え、改善するのに必要な資源を提供するためにも成長が必要だと考えている。環境を守り、他方、貧しい世界は、貧困から抜け出すには成長するしかないと思っている。環境を守り、改善するのに必要な資源を提供するためにも成長が必要だと考えている人も多い。政府も企業のリーダーたちも、さらなる成長を生み出すために最大限に尽力している。かくして、成長は「祝福すべきこと」だと考えられるようになってきた。「成長」の同意語をいくつか考えてみればそれがわかるだろう。たとえば、発展、進捗、進歩、獲得、向上、繁栄、そして成功。

以上は、成長を求める心理的・制度的な理由であるが、そのほかにも、システム思考の研究者が「構造的理由」と呼ぶものが、人口―経済システムの各要素のつながりのなかに織り込まれている。

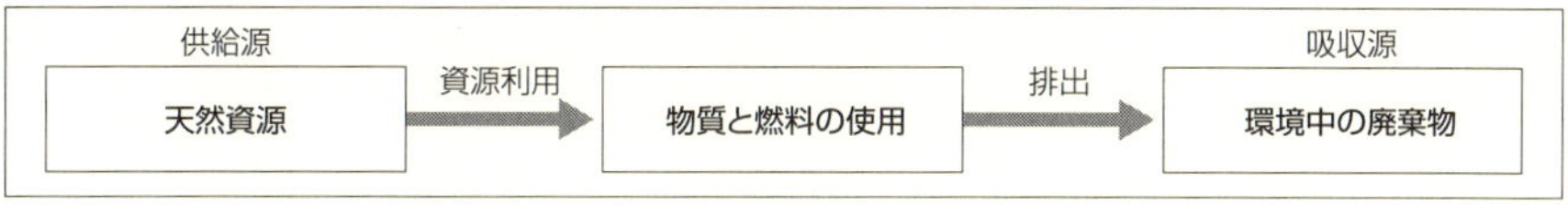

第2章では、こうした成長の構造的な原因とその意味を取り上げよう。そして、世界システムのなかで成長がこれほど支配的な行動パターンになっている理由を説明する。

たしかに、成長することで解決できる問題もある。しかし、成長することで生じる問題もあるのだ。それは限界が存在するからである。これが第3章のテーマである。地球は有限である。人口でも、自動車、建物、工場でも、何であっても、物理的なものは永久に成長しつづけることはできない。といっても、成長の限界とは（少なくとも直接的には）、人口や自動車、建物や工場の数の限界ではない。重要なのは「スループット」の限界である。つまり、人や自動車、建物や工場が機能しつづけるのに必要なエネルギーや物質の絶えざるフローの限界なのである。人間が、地球の生産能力や吸収能力を超えることなく、作物や牧草、木材、魚などの資源を取り出し、温室効果ガスや有害物質などの廃棄物を排出できるペースの限界なのだ。

人口も経済も、地球から得る空気、水、食糧、物質、化石燃料などに依存し、その一方で、廃棄物や汚染を排出し、地球に戻している。鉱床や帯水層、土中の養分などが供給源にあたり、大気や地表水、埋め立て地などが吸収源である。成長の物理的な限界とは、物質やエネルギーを提供する地球の供給源の能力の限界であり、汚染や廃棄物を吸収する地球の吸収能力の限界なのである。

第3章では、この地球の供給源と吸収源の現状について考察する。ここで示すデータには、二つの重要なこと——悪い知らせと良い知らせ——がある。

悪い知らせとは、重要な供給源の多くが空っぽになりつつあるか、劣化しており、一方で、吸収源の多くはいっぱいになりつつあるか、すでにあふれ出している、ということだ。経済が現在のペースでつくり出しているスループットのフローは、それほど長くは維持できないだろう。供給源や吸収源のなかには、すでに大きな圧力を受けて、コストの上昇や汚染負担の増加、死亡率の上昇などをもたらし、成長を制約しはじめているものもある。

良い知らせとは、これほど大きなスループットがなくても、全世界の人々にそこそこの質の生活を提供することは可能だ、ということだ。人口を減らし、消費行動を変え、資源効率の高い技術を用いることで、エコロジカル・フットプリントは減らすことができる。こうした変化は可能なのだ。適切なレベルの財やサービスを保ちつつ、地球への負担を大きく減らすにはどうしたらよいか、人間にはわかっている。エコロジカル・フットプリントをその限界以下に引き戻せる方法はたくさんあるのだ。

しかし、理論的にそうだからといって、何もせずに実践されるわけではない。現時点で、「エコロジカル・フットプリントを減らす」という変化や選択は行われていない。少なくとも、増大の一途をたどる供給源や吸収源への負担を減らせるほどのペースでは行われていない。それは、「そうしなければならない」という直接的な圧力が存在しておらず、また、実施には長い時間がかかるからである。これが第4章のテーマである。第4章では、行き過ぎの兆候から人間社会に警鐘を鳴らすシグナルと、人々や制度がどれくらいの時間でそのシグナルに対応できるかについて考える。

第4章では、コンピュータ・モデルのワールド3を用いる。このモデルのおかげで、多くのデータや理論を集め、成長・限界・反応の遅れを、一貫した一つの全体像として示すことができる。現在わかっていることから、未来の結果を予測する一つの手段が得られるのである。もし、問題が決定的になる前に、シグナルの改善や問題の解決を進めず、未来を見通すための特別な努力もしなかったら、システムはどう展開するだろうか？　この可能性について、コンピュータのシミュレーション結果を示す。

こうしたシミュレーションを行うと、その結果出てくるほとんどのシナリオが、「地球の経済と人口が行き過ぎて崩壊する」となる。

しかし、すべてのシナリオが崩壊を示すわけではない。第5章では、人間には、先を見通し、限界を察知し、破局を経験する前に引き返す能力があることを教えてくれる、われわれの知りうるかぎりで最高の事例を紹介する。これは、一九八〇年代に出た成層圏のオゾン層が枯渇しつつあるという情報に対して、世界がどう対応したかという事例である。この事例は、二つの意味で重要だ。まず、「人間も政府も企業も、先見性や自己規律を要する地球規模の問題解決に協力するなんてありえない」という、広く見られる懐疑的な見方に、「そうではない」と力強く反論できる例だからである。さらに、この事例から、行き過ぎが起こる必要条件——急速な成長、限界、科学と政治の両方における反応の遅れ——が具体的にわかる。

成層圏のオゾン層が枯渇しはじめたとき、人間はどう対応したのかというこの物語は、現時点では成功物語に思われる。しかし、さらに数十年たたないと本当の結論はわからない。したがって、これは警告の物語でもある。この事例は、地球の複雑なシステムのなかで、しかも、事態の理解が十分ではなく、シグナルは遅れ、システムには大きく勢いがついている状況で、持続可能な社会へ向かわせるべく複雑な人類の取り組みを導いていくことが、どれほど大変なことかを示している。

第6章で、コンピュータをその本来の目的のために用いる。つまり、現在の政策に基づく結果を予測するのではなく、さまざまな変数を変化させたら何が起こりうるかを見るのだ。ワールド3のモデルには、新しくつくり出したり工夫したりする人間の能力についても、いくつかの仮説が織り込んである。問題解決のメカニズムのなかでも、多くの人が絶大なる信頼を寄せている「技術」と「市場」を取り上げよう。技術と市場という驚くべき人間の対応能力の特徴は、すでにワールド3のなかに含まれているが、ここではそれをさらに強めてみる。「もし国際社会が、汚染除去や土地の保全、人間の健康、物質のリサイクル、資源利用効率の改善に、本気で資源を割り当て始めたら、どうなるか?」を見てみるのだ。

分析結果から、技術と市場は問題解決にかなり効果的であることがわかる。しかし、それだけでは十分ではない。技術と市場だけでは足りないのだ。なぜなら、技術─市場の反応そのものが遅れを伴っており、不完全だからである。時間も資本もかかり、物質やエネルギーのフローを要する。また、人口や経済成長に押しつぶされてしまう可能性もある。崩壊を避け、持続可能な世界にするために、技術の進歩や市場の持つ柔軟性は必要である。しかし、それは必要条件ではあっても十分条件ではなく、ほかにも必要なものがあるのだ。それが第7章のテーマである。

第7章では、ワールド3を使って、世界がその方法だけではなく「何をすべきか」の知恵も得たらどうなるかを見てみよう。世界が、物質の消費量と子どもの数を「十分」と定義し、それに基づいて行動しはじめると仮定する。第6章で想定した技術の変化に加えて、こうした変化を組み込むと、八〇億人程度の世界人口を持続可能な形でシミュレーションすることができる。この八〇億人はすべて、現在のヨーロッパの中所得国ほどの水準の豊かさを手に入れることができる。さらに、市場の効率改善と技術の進歩が適度に進むと仮定すると、このシミュレーション上の世界は、地球が永続的に支えられるレベルの物質とエネルギーのスループットで十分に成り立つのである。この章では、行き過ぎの速度を緩め、持続可能な範囲に戻れることを示す。

成長一辺倒の現在の文化にとって、「持続可能性」はあまりにも異質の概念なので、第7章では、その定義を示し、「持続可能な社会とはどのようなものか」、および「どのようなものではないか」を論じよう。持続可能な世界になったら、貧しい暮らしを強いられる人がいるということではまったくない。それどころか逆に、持続可能な世界は、すべての人に必要な物質を提供できるはずだとわれわれは考えている。また、持続可能な社会が、停滞して退屈で、画一的で硬直した社会である必要もない。中央統制型社会や全体主義的社会である必要もないし、おそらくそうではありえないだろう。持続可能な世界とは、自らの過ちを正し、革新を進め、地球の生態系の生産能力を守るための時間や資源、意思を持った世界だろう。脇目もふらずに物質消費や物理的な資本ストックの拡大に夢中になるのではなく、慎重に生活の質の向上に注力する社会だろう。

最終章である第8章では、データやコンピュータ・モデルより、われわれのメンタルモデルから導き出されたものを論じる。われわれが「いま何をすべきか」を理解しようとした結果である。ワールド3のシミュレーション結果を見ると、未来に対して悲観的にも楽観的にもなれる。そして、この点については、われわれ著者のあいだでも意見が大きく異なる。デニスとヨルゲンは、平均的な生活水準の低下はもはや避けられず、おそらく世界人口も経済も減退を強いられることになるだろうと考えている。一方、ドネラは、人間は魅力的な持続可能な社会をつくり出すために必要な洞察や制度、倫理をはぐくむことができると、最後まで信じていた。しかしながら、このような見解の相違はあっても、この難題にどのように取り組むべきかについての三人の意見は一致しており、第8章ではこれについて取り上げる。

第8章の前半では、どう行動したら、地球や社会へのダメージを最小限に抑えることができるのか、その優先事項を示す。後半では、国際社会が持続可能な社会へ向かううえで有効な五つのツールについて説明する。

未来がどう展開するにしても、その主な特徴はこの二〇年間に見えてくるだろう。世界経済はすでに持続可能なレベルを大きく超えてしまっているので、「無限の地球」という空想を描いていられる時間はほとんど残っていない。調整をはかることが、途方もない大仕事であることもわかっている。農業革命や産業革命に匹敵するほどの革命が必要となるだろう。世界はこれまで、貧困や雇用といった問題には、「成長」という希望しかない、と考えてきた。たしかに、成長以外の解決策は見つけにくいかもしれない。しかし、成長に頼ることが誤った希望であることもわかっている。なぜなら、そうした成長を続けることは不可能だからだ。有限の世界で物理的な成長をやみくもに追い求めることは、結局は問題を悪化させてしまう。われわれの抱える現実の問題に対して、より良い解決策を見出すことは可能なのである。

「可能な未来」への進路

三〇年前に『成長の限界』に書いたことの多くが、いまでも真実である。しかし、この三〇年間に、科学も社会も進化してきた。われわれはみな、多くを学び、新しい見方を身につけてきた。データやコンピュータを見ても、われわれ自身の経験を考えても、可能な未来への進路は、一九七二年に「成長の限界」をはじめて取り上げたときから、狭まっていることがわかる。世界中の人々に持続可能な形で提供できたであろう豊かさの水準は、もはや手の届かないものになってしまった。保全できたであろう生態系も、消えてしまった。未来世代に富を与えたであろう資源も、使い尽くされてしまっている。しかし、まだ多くの選択肢があり、それらは重要な鍵を握っている。図1―4を見ると、われわれがいまなお可能だと考えているシナリオには、大きな幅があることがわかるだろう。この図は、本書の後半で示す九つのコンピュータ・シナリオがつくり出した、「人口」と「人間の生活の豊かさ」を示す曲線を重ね合わせたものである(3)。

図1−4　「世界人口」と「人間の豊かさ」のさまざまなシナリオ

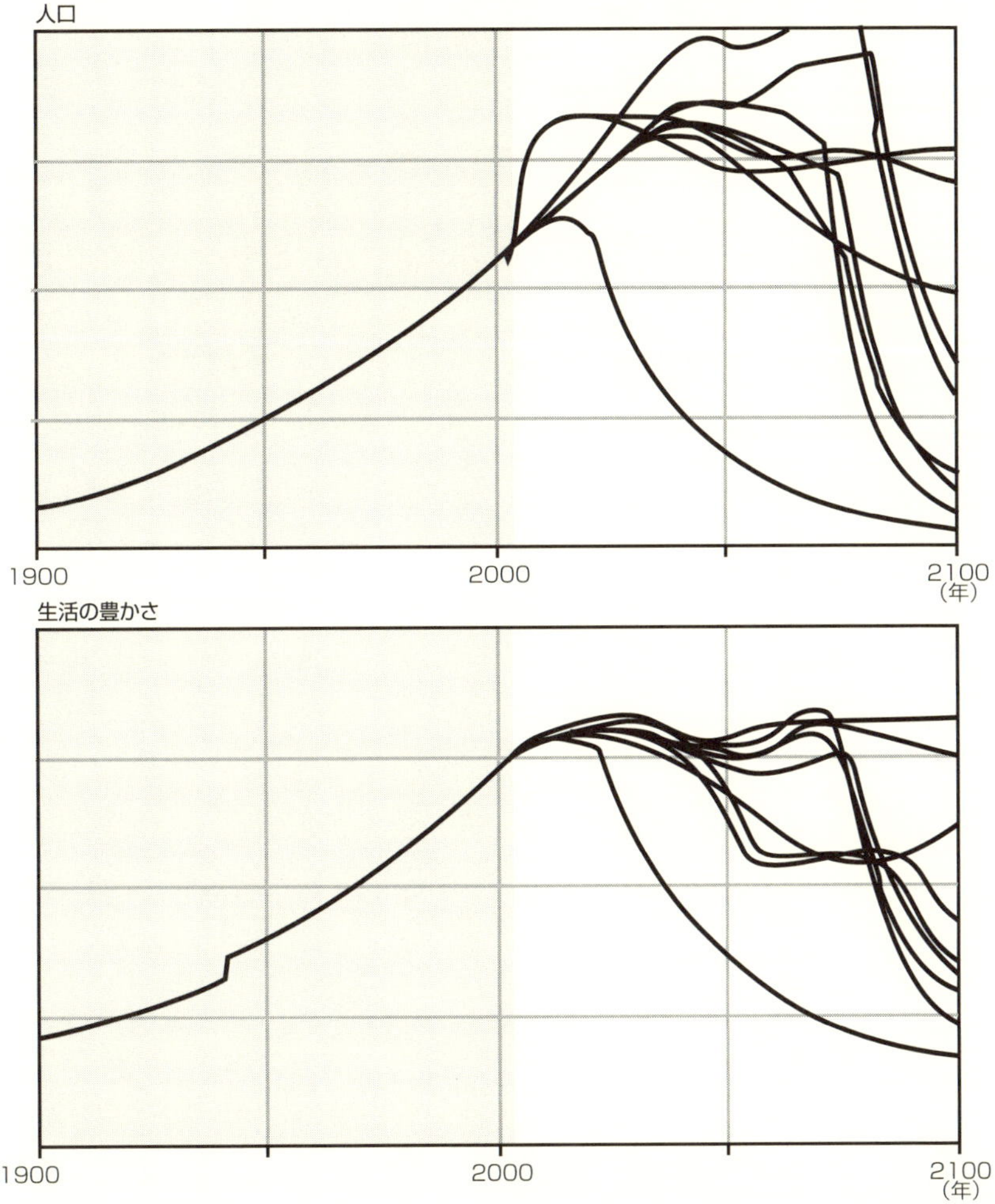

この図は、本書中のワールド3のすべてのシナリオを重ね合わせたものであり、人口と平均的な人間の生活の豊かさ（1人当たりの所得やそのほかの生活の豊かさに関する指標を組み合わせたもので測られている）という重要な2つの変数は、幅広い進路をとりうることを示している。ほとんどのシナリオが減退を示すが、安定した人口と高くかつ持続可能な水準での生活の豊かさを達成した社会を示すシナリオもある。

「可能な未来」にはさまざまな進路がある。突如崩壊が起こるかもしれないし、スムーズに持続可能な世界に移行することもできよう。しかし、このまま物理的なスループットが無限に増大するという「可能な未来」はありえない。有限の地球では、そのような選択肢はないのだ。現実的な唯一の選択は、人間活動を支えているスループットを、人間自身の選択や技術、制度によって持続可能な水準にまで引き下げるか、さもなければ、自然からの圧力によって、食糧やエネルギー、物質の不足や環境の悪化を強いられるか、である。

一九七二年に著した『成長の限界』の冒頭に、当時の国連事務総長ウ・タント氏の言葉を引用した。

劇的効果をあおっているとは思われたくないが、国連事務総長として入手できる情報からは、次のように結論せざるをえない。国連加盟国が、古くからの争いを差し控え、軍拡競争の抑制、人間の生活環境の改善、人口の爆発的増加の緩和、そして開発に必要な力の提供などを目指して地球規模の協力を開始するのに残された時間は、おそらく一〇年くらいのものだろう。もしこうした地球規模の協力体制が一〇年の間に整わなければ、先に述べたような問題は、抑制不可能なレベルにまで悪化するだろう。[4]

それから三〇年以上たったが、地球規模の協力体制は、いまだに見えていない。しかし、「人類は制御不能な問題に陥っている」という見方に同意する人が増えている。そして、多くのデータや新しい研究が、ウ・タント元事務総長の警告が正しいことを示している。

一九九二年に、一〇二人のノーベル賞受賞者を含む七〇カ国の一六〇〇人以上の科学者が署名をした「世界の科学者たちから人類への警告」という報告書が出されたが、ここでもウ・タント氏の述べた懸念が繰り返されている。

人類は、自然界との正面衝突への道を進んでいる。人間活動は環境と重要な資源に、取り返しのつかない大きなダメージを与えている。もしいまの私たちのやり方を抑制しなければ、人間のみならず、動物や植物の世界の未来をも深刻な危機にさらすことになる。そして、いまのような形では生命を維持しつづけることができないほど、世界を変えてしまうだろう。このまま突き進んで衝突するのを避けるには、根本的な変化がただちに必要である。[5]

また、世界銀行内で二〇〇一年に書かれた報告書でさえ、この警告を支持している。

……恐ろしいほどのスピードで環境劣化が進んでおり、加速しつつある事例もある……。発展途上国のどこを見ても、環境問題が深刻な人的・経済的・社会的コストを課し、成長や究極的には生き残りを左右する基盤を脅かしている。[6]

ウ・タント元事務総長は正しかったのだろうか？　現在の世界の問題は、もう誰にも制御できないものになっているのだろうか？　それとも、ウ・タント氏は先走りすぎていたのだろうか？　環境と開発に関する世界委員会（ＷＣＥＤ）が一九八七年に、自信を込めて出した宣言文が正しかったのだろうか？

人間には、持続可能な開発、すなわち未来世代がそのニーズを満たすための能力を損なうことなく、現世代のニーズを確実に満たすような開発を行う能力がある(7)。

一〇〇パーセントの確信を持ってこうした問いに答えられる人はいない。しかし、一人ひとりがこれらの問いに対して、十分に考え、答えを出していくことは焦眉の急である。その答えは、今後展開していく出来事を理解し、毎日の自分の行動や選択の指南役として、必要なのだ。

三〇年以上にわたってわれわれが蓄積してきたデータや分析、洞察の議論をぜひ読んでいただきたい。そうすれば、地球の未来に関する自分なりの結論に到達し、自分自身の人生や生活を導く選択や決定のための土台が得られるだろう。

第2章

経済に埋め込まれた幾何級数的成長の原動力

自分がいかに幾何級数について無知であったかに気づき、われながらぞっとした……。生物多様性の損失、熱帯雨林の減少、北半球に見られる森林の立ち枯れ、そして気候変動など、相互に関連のある問題が幾何級数的に増大していることには気づいていた。しかし、それがいかに急速に脅威を増しているか、心底理解できたのは今年になってからのことである。

——トーマス・E・ラブジョイ　一九八八年

行き過ぎの第一の原因は、成長、加速、急激な変化である。一〇〇年以上にわたって、地球システムのさまざまな要素が急成長してきた。人口、食糧生産、工業生産、資源消費、汚染のすべてが増大しており、しかもその成長速度は加速していることが多い。この増大は、数学者が「幾何級数的成長」と呼ぶパターンである。

この増大パターンは、地球上のどこにでもある。図2—1と図2—2は、毎年生産される大豆の生産量と、発展途上地域の都市人口という、まったく異なるグラフである。極端な天候や経済変動、技術の変化、疫病、内乱などによって、曲線は多少でこぼこしてはいるものの、産業革命以降の人間の社会経済システムに最もよく見られるパターンを示しており、それは概して幾何級数的成長であるといえる。

この種の成長は、驚くべき特性を有しているので、管理や統制がきわめて難しい。したがって、長期的な選択肢について分析する前に、幾何級数的成長を定義し、その原因を説明し、その軌跡を左右する要因について論じよう。地球上での物理的な成長は、いずれは終わらなくてはならない。しかし、いつその成長が終わるのだろうか？　どのような要因によって減退するのだろうか？　成長が終わったあとの人類と地球の生態系はどういう状況なのだろうか？　これらの問いに答えるためにはまず、人口や経済を絶えず成長に向かって推進しているシステムの構造を理解しなくてはならない。このシステムこそがワールド3モデルの中核であり、この世界の決定的な特徴でもある。

倍増を続ける幾何級数的成長の行方

大きな一片の布を持ってきて、半分に折ってみよう。厚さは二倍になったはずだ。もう一度半分に

図2−1　世界の大豆生産量

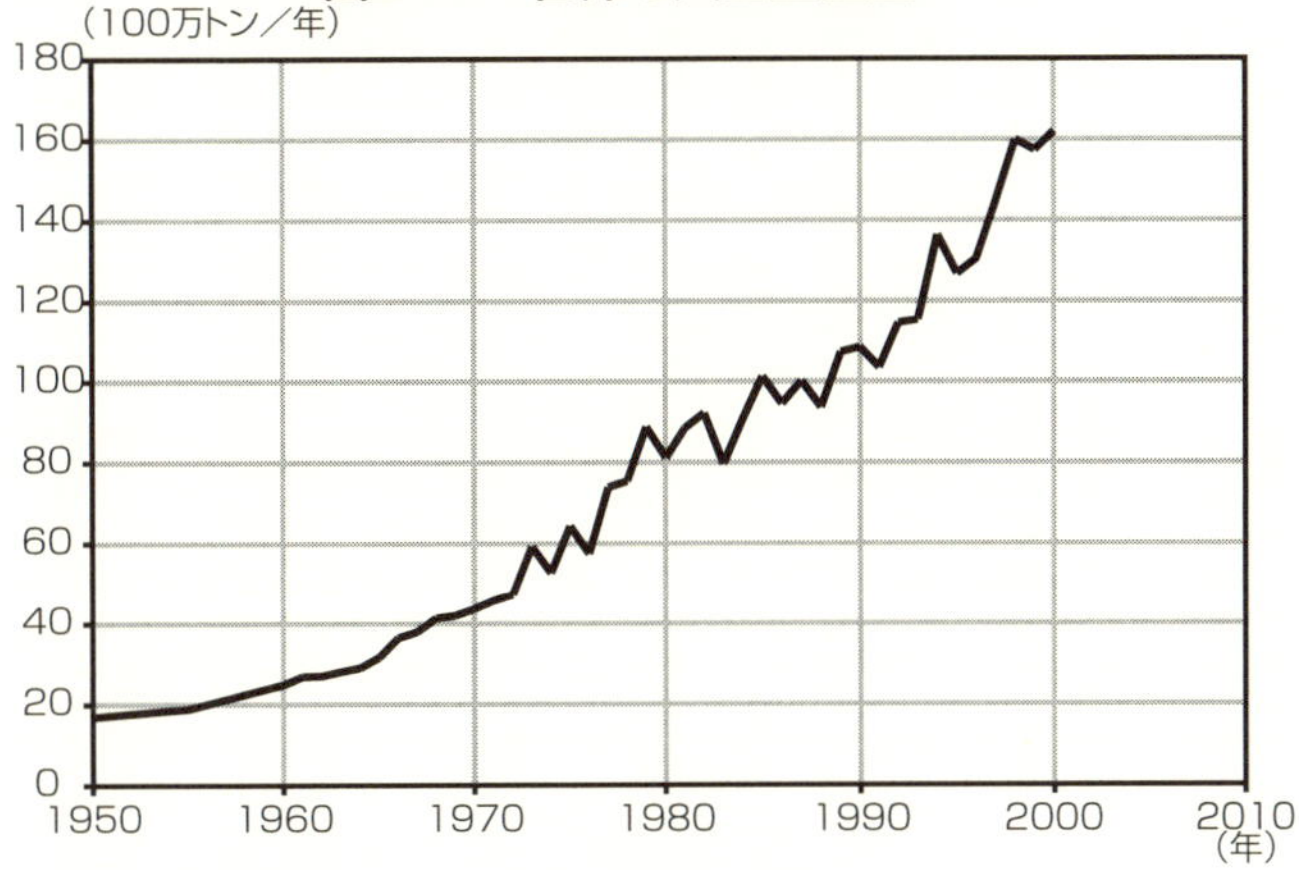

世界の大豆生産量は、1950年から、16年の倍増期間で増加している。
(出所:Worldwatch Institute; FAO)

図2−2　世界の都市人口

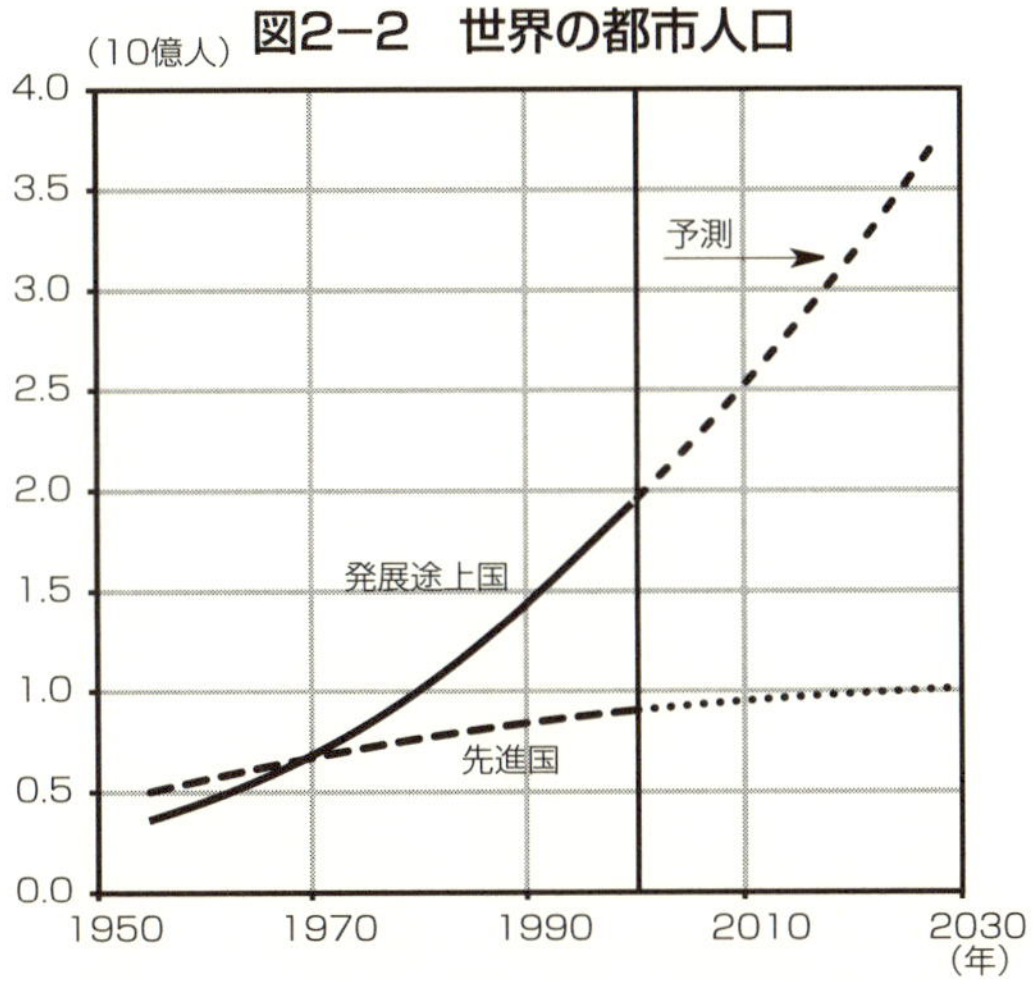

この50年以上にわたって、都市人口は、発展途上国では幾何級数的に増加しているが、先進国ではほぼ線型の成長になっている。途上国の都市人口の平均倍増期間は19年である。この傾向は、今後数十年間続くと予想されている。
(出所:UN)

折ると、厚さはもとの四倍になる。もう一度半分に折ってみよう。そうして四回繰り返して半分に折ってみる。すると、厚さはもとの布の一六倍になっている。一センチぐらいだろうか。

こうしてあと二九回、合計三三回布を折るとしよう。どのくらいの厚さになるだろう？

三〇センチぐらいだろうか？　三〇センチから三メートルぐらい？　それとも、三メートルから一五〇〇メートル？

もちろん現実には、一片の布を三三回も半分に折ることはできない。しかし、もしそれができたとしたら、その厚さは、ボストン―フランクフルト間の距離に相当する約五四〇〇キロメートルになるのである！[1]

倍増を繰り返す幾何級数的成長は、驚くべきものである。ほとんどの人は、成長とは直線的なプロセスだと思っているので、あっという間に非常に大きな数になる幾何級数的成長に惑わされてしまう。「一定期間に一定量ずつ増加する」場合、その量の成長は「線型」となる。たとえば、建設会社の作業員が毎週一キロメートルずつ高速道路を敷設するとしたら、道路の長さは線型に伸びていく。あるいは子どもが、毎年一〇〇〇円ずつ貯金箱の中に入れていくとしたら、貯金箱の中身は線型に増える。新しく敷設されるアスファルトの量は、建設済みの道路の長さには関係ないし、子どもが貯金箱に入れるお金も、すでに貯金箱に入っているお金の額によって変わることはない。線型の成長の場合、「一定期間に増加する量はつねに一定」であり、すでに存在している蓄積量によって左右されない。

一方、「あるものの量が、すでに存在している量に比例して増えていく」場合、それは「幾何級数的」に成長することになる。たとえば、酵母菌のかたまりがあったとしよう。それぞれの細胞が一〇分ごとに二分割するとしたら、酵母菌の数は幾何級数的に増えることになる。一個の細胞が、一〇分後には二個になり、さらに一〇分たてば四個になり、八個になり、一六個になり……と増えていく。

図2−3　貯金額の線型的増加と幾何級数的増加

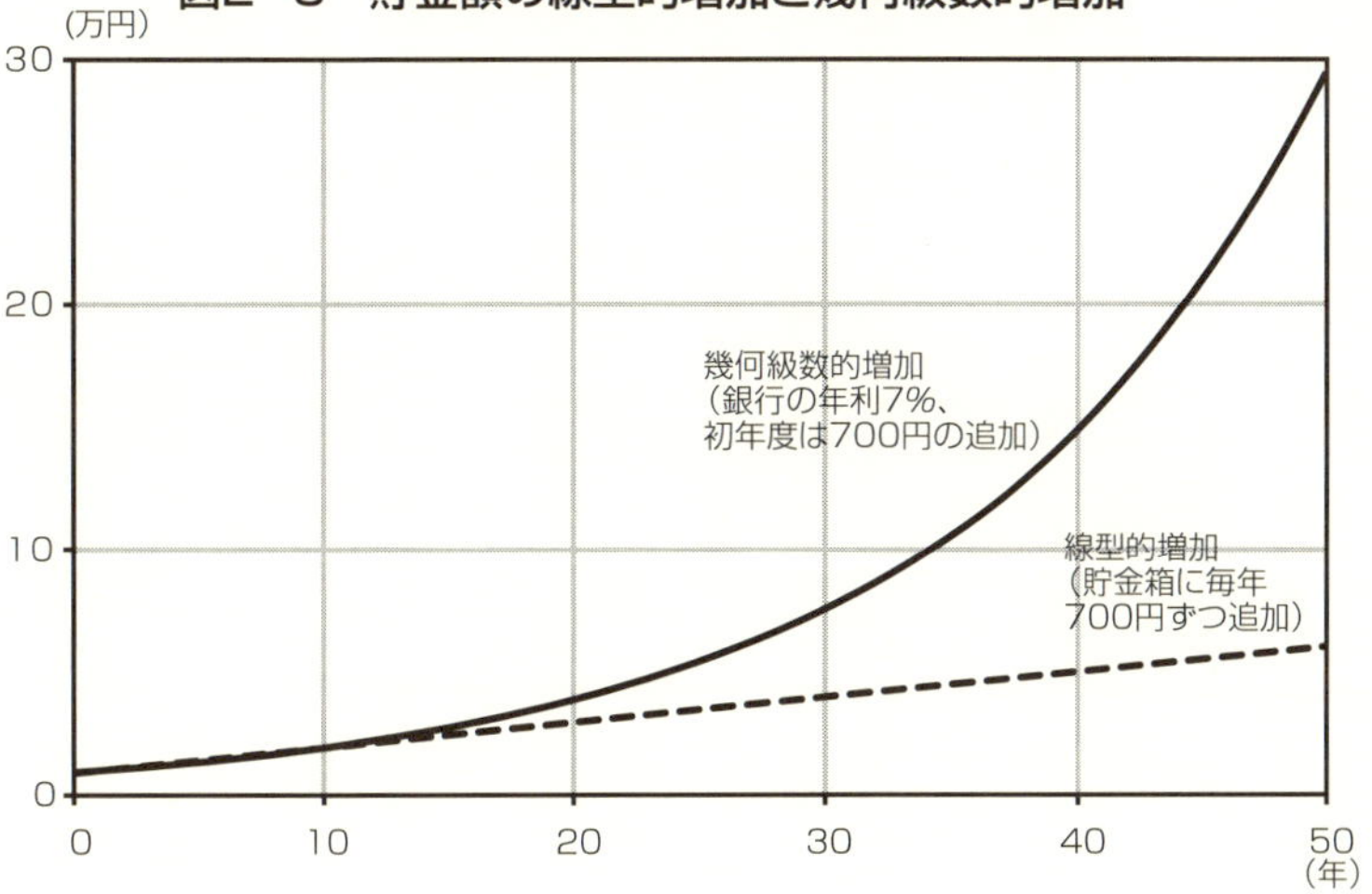

ある人が1万円を貯金箱に入れ、毎年700円ずつ足していくとすると、点線で示されるように、貯金額は線型的に増えていく。1万円を年利7%で銀行に預けると、1万円は幾何級数的に増加することになる。倍増期間は約10年である。

この場合、もとの酵母菌が多ければ多いほど、一〇分ごとに新しく生まれる細胞も多くなる。毎年ある割合で売上高を増やす企業は、幾何級数的に成長することになる。あるものが幾何級数的に成長するとき、その増加量は期間ごとに増えていく。もともとの量が増えると、増加量も増えるからだ。

線型の成長と幾何級数的成長がどれほど違うものかを知るために、一万円を元手に増やす方法を二通り考えてみよう。一万円を銀行に預けて、利子を増やすこともできるし、一万円を貯金箱に入れて、定額を毎年貯金箱に加えていくこともできる。もし一万円を銀行に預け、年に七パーセントの複利を受け取って元本に組み込んでいくとすると、預金は幾何級数的に増える。毎年すでにある額に追加されることになるが、その追加の割合は年七パーセントと定率でも、追加される絶対額は増えていく。一年目の最後には、一万円の七パーセントで七〇〇円が追加される。二年目の利息は、一万七〇〇円に対する七パーセントなので、七四九円となる。三年目の最初の合計額は一万一四四九円である。次の一年の利息は八〇一円、合計額は一万二二五〇円となる。一〇年目の最後の合計額は、一万九六七二円である。

一方、最初の一万円を貯金箱に入れ、毎年七〇〇円ずつ貯金箱に入れていくと、貯金額の伸びは線型になる。一年目の最後に貯金箱に一万七〇〇円入っているのは、銀行預金の場合と変わらない。しかし、一〇年目の最後の時点で、貯金箱の中身は一万七〇〇〇円である。といっても、たしかに銀行預金よりも少ないが、それほど大きく違うわけではない。

最初のうちは、どちらの貯金戦略でもそう違わない結果であるように思われる。しかし、幾何級数的に増え続けた場合の爆発的な効果が、そのうち明らかになってくる（図2—3）。二〇年後、貯金箱の中身は二万四〇〇〇円だが、銀行口座には約四万円近く貯まっている。三〇年後、貯金箱の中身は、線型成長の結果、三万一〇〇〇円になっている。一方、年利七パーセントの銀行口座の残高は七万六一〇〇円を超えている。つまり、最初はまったく同じ元手だったのが、年利七パーセントの幾何級数的成長は、三〇年後には、線型成長の二倍以上を生み出すことになるのだ。五〇年たつと、銀行口座は貯金箱の六・五倍、約二五万円以上も多い金額になっている！

幾何級数的成長のもたらす思いがけない結果は、昔から人々を魅了してきた。ペルシャの伝説に、このような話がある。ある賢い廷臣が美しいチェス盤を王に献上した。何か褒美を、と言う王に、「米をください。チェス盤の最初のマス目に一粒、二番目のマス目に二粒、三番目のマス目に四粒という具合にいただきたい」と申し出た。

王は快諾すると、倉庫から米を持ってくるように命じた。チェス盤の四つ目のマス目には八粒の米が置かれ、一〇番目のマス目には五一二粒、一五番目のマス目には一万六三八四粒、二〇一番目のマス目には一〇〇万粒以上の米が置かれた。四一番目のマス目には、一兆粒の米が必要になった。とうてい最後の六四番目のマス目まで続けることはできなかった。世界中の米粒をかき集めても足りなかっただろう！

フランスにも、幾何級数的成長の別の面を示すなぞなぞがある。幾何級数的に成長する数量が、いかにあっという間にある定まった限界に近づくかがよくわかる。「あるところに池がありました。ある日、池にスイレンが一本生えていることに気づきました。これはまことに不思議なスイレンで、毎日大きさが二倍になるのです。もし、スイレンをそのままにしておくと、三〇日で池を覆い尽くしてしまい、池に住むほかの生物を窒息死させてしまいます。しかし最初のうちは、スイレンはほんの少しにしか見えなかったので、気にしないことにしました。池の半分を覆うほどになったら何とかしよう、と思ったのです。さて、池の半分までスイレンが増えてきました。そのとき、池が死滅しないよう手を打つために、どのくらいの時間が残っているでしょう？」

答えは、たった一日である！　二九日目に、池の半分が覆われている。そして、もう一度倍増して、翌日になったとき、池はスイレンに覆い尽くされているのだ。最初のうち、「池の半分が覆われたら何とかしよう」と、すぐに行動しないのももっともなことに思える。二一日目にスイレンが覆っている池の面積は〇・二パーセントにすぎない。二五日目になってもせいぜい三パーセントである。しかし、繰り返すが、そうした対応では、いざ池を守ろうと思っても、たった一日しか時間がなくなってしまうのだ。(2)

幾何級数的に成長しているうえ、反応が遅れると、行き過ぎが起こる様子がわかるだろう。ずっと長い間、たいして成長しているようには見えない。何も問題はないように思える。ところが突然、変化が加速し、最後に一度か二度倍増すると、対応するための時間はまったくなくなってしまう。スイ

表2−1　倍増に要する時間

成長率（%／年）	おおよその倍増期間（年）
0.1	720
0.5	144
1.0	72
2.0	36
3.0	24
4.0	18
5.0	14
6.0	12
7.0	10
10.0	7

レンの池が最後の日に危機に陥ったのは、根本的なプロセスが変わったためではない。スイレンの増加率自体は、この一カ月間一定なのである。それでも、幾何級数的に成長しつづけると、突然問題は手に負えなくなるのだ。

このように、「たいしたことはない」状態が突如、「行き過ぎ」になってしまうことは、身に覚えがあるかもしれない。たとえば、一カ月の最初の日にピーナッツを一粒食べ、二日目には二つ、三日目には四つ、と食べていくことにしよう。最初のうちは、買って食べるピーナッツの量はたいしたことはない。しかし、月末を待たずに、財布も健康も恐ろしいことになる。一〇日目に食べるピーナッツは、四五〇グラム弱である。しかし、その調子で続けていくと、月末には、五〇〇トン以上ものピーナッツを買って食べなくてはならなくなる！

あるものの量が、幾何級数的成長の方程式に従って増えるとすると、一定期間ごとに二倍になる。酵母菌の場合、倍増期間は一〇分だった。年利七パーセントの銀行に預けたお金は、一〇年ごとに二倍になる。スイレンとピーナッツ実験でいえば、倍増期間はどちらもきっかり一日だった。パーセンテージで表す成長率と、その量が二倍になるのにかかる時間の間には、単純な関係が成り立っている。表2—1に示すように、「七二」をパーセントで示す成長率で割った数字が、倍増期間にほぼ等しくなる。[3]

表2−2　ナイジェリアの人口増加（推定）

年	人口（100万人）
2000	125
2029	250
2058	500
2087	1,000

倍増が続くとどうなるかを示すために、ナイジェリアの例を挙げよう。ナイジェリアの人口は、一九五〇年には約三六〇〇万人だったが、二〇〇〇年には約一億二五〇〇万人になっていた。つまり、二〇世紀後半の五〇年間に、ナイジェリアの人口は四倍近くに増えたのである。二〇〇〇年の人口増加率は年率二・五パーセントと報告されている。[4] とすると、倍増期間は「七二」を二・五で割った約二九年である。もし、この人口増加率がそのまま続くとすると、ナイジェリアの人口は、表2―2に示されたパターンをたどることになる。

二〇〇〇年に生まれたナイジェリアの子どもは、一九五〇年の人口の四倍の人口に加わることになる。同国の人口が二〇〇〇年以降も同じように増加するとしたら、八七歳になったその子は、一生の間に自国の人口が八倍に増えるのを目の当たりにすることになる。二一世紀の終わり近くには、二〇〇〇年の八倍、一九五〇年の二八倍のナイジェリア人がいることになる。一〇億人以上がナイジェリアに住んでいることになるのだ！

ナイジェリアはほかの多くの国と同様、すでに飢餓と環境劣化を経験している国である。明らかに、人口をさらに八倍に増やすことはできない。表2―2のような計算をしたのは、倍増期間の計算を示し、有限の資源しかない有限の空間において、幾何級数的成長はそれほど長くは続けられないことを示すためである。

ではなぜ、現在この世界では、その幾何級数的成長が続いているのだろうか？そして、いったい何がそれを止めることになるのだろうか？

酵母菌の増加のフィードバック・ループ

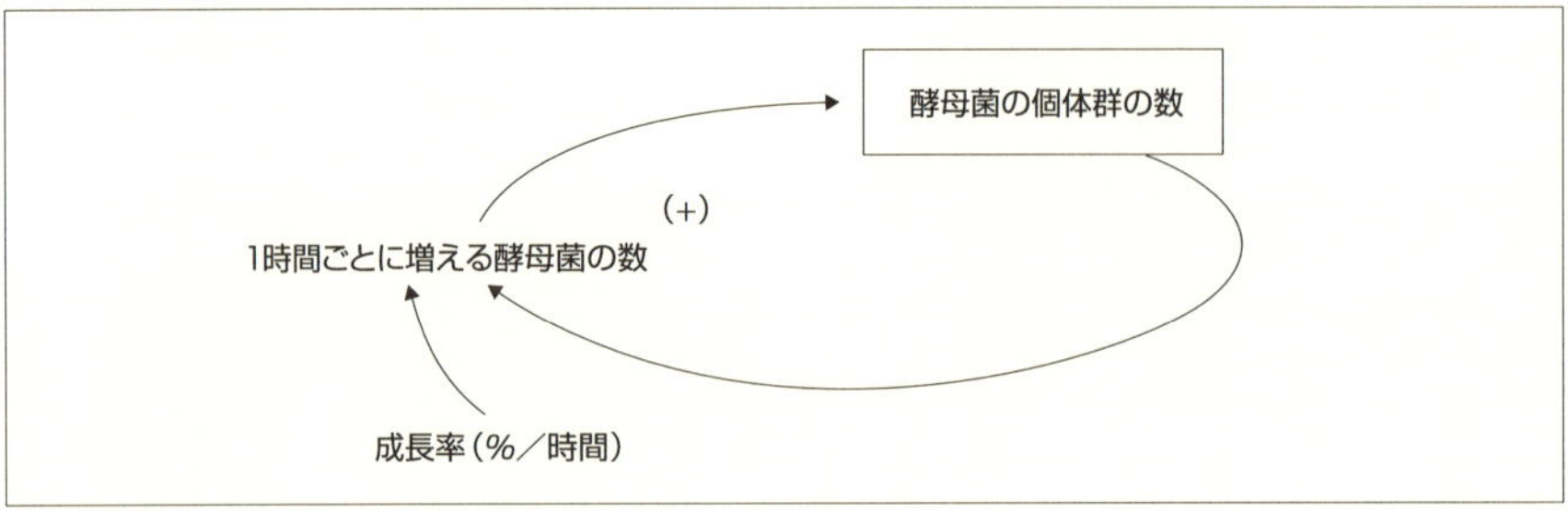

幾何級数的成長の原動力になる人口と資本

幾何級数的な成長が起きるには、二つの理由がある。まず、それ自身が自己増殖するものなら、幾何級数的に増加することになる。また、幾何級数的に増加する何かに突き動かされて成長する場合もある。

バクテリアから人間まで、生物はすべて前者に当てはまる。すでに存在する生物から新たな生物が生まれる。この自己増殖型の個体群のシステム構造を図式化すると、「酵母菌の増加のフィードバック・ループ」の図のようになる。

この図は、「システム・ダイナミクス」というわれわれの学問分野から持ってきたものだが、まさに一目瞭然であろう。酵母菌の個体群の数が枠に入っているのは、これまでに蓄積された「ストック」であることを示すためである。ストックとは、これまで酵母菌が増えたり減ったりしてきた結果、現在実質的に蓄積されている量である。矢印は、さまざまな形で出てくる因果関係や影響を示す。この図で上の矢印は、物質的なフローの影響を示している。新しい酵母菌が増えて、ストックである酵母菌の個体群が増える。下の矢印は、情報の影響を示す。ストックの大きさが、新しい酵母菌が生まれる数を左右するのだ。何らかの要因によって増加率が変わらないかぎり、ストックが大きければ大きいほど、新しく生まれる酵母菌も多くなる（もちろん、増加率が変わることもあるのだが、複雑にならないよう、この図には入れていない。これについては後ほど説明する）。

ループの中央にある（＋）の印は、上下の二つの矢印が組み合わさって「正のフィードバック・ループ」ができていることを示している。正のフィードバック・ループとは、「強化型のフィードバック・ループ」とも呼ぶが、それ自体で閉じた因果関係の連鎖であり、自己強化型の変化をもたらすものである。つまり、このループ上の何らかの要素に変化が生じると、因果関係の連鎖をまわりまわって、最後には、もとの要素を同じ方向にさらに変化させることになる。増加はさらなる増加につながり、減少はさらなる減少をもたらすことになる。

「正のフィードバック・ループ」といっても、必ずしもそのループから望ましい結果が出てくるという意味ではない。単に、ループの因果の影響が「強化」の方向に働いているという意味である。後に「負のフィードバック・ループ」が出てくるが、これも同様で、望ましくない結果を生み出すという意味ではない。実際には、負のフィードバック・ループは安定をもたらすことが多い。ここでの「負」とは、ループの因果関係の影響を「打ち消す」、または「逆転させる」「バランスをとる」という意味である。

正のフィードバック・ループは、その結果生まれる成長が望まれているか否かによって、「良循環」にも「悪循環」にもなる。正のフィードバック・ループがあるからこそ、パンのなかで酵母菌は幾何級数的に成長し、利子のついた銀行口座の預金も幾何級数的に増える。これはうれしいものだが、同じように正のフィードバック・ループによって、農作物の害虫が大発生し、風邪のウィルスが増殖するかもしれない。こちらはありがたくはない。

システムのストックが正のフィードバック・ループのなかにある場合は、つねにストックは幾何級数的に成長する可能性がある。しかし、だからといって、必ず幾何級数的に成長するということではない。制約がかからなければ、幾何級数的に成長しうる、という意味だ。実際の成長にはさまざまな制約がかかる。たとえば、酵母菌の場合なら養分不足、害虫の場合なら低気温や他の生物の存在などである。人口なら、出産にかかわる行動を促す要因や抑制する要因、子どもの数に関する目標、目的、災害、病気、願望などである。成長率は、時と場所によってさまざまである。しかし、何らかの制約がかからなければ、酵母菌も害虫も、そして人口も、幾何級数的に成長するものなのだ。

工業資本のストックも、もともと幾何級数的に成長するものである。機械や工場が集まると、ほかの機械や工場をつくることができる。製鉄所がつくる鉄鋼によって、別の製鉄所がつくられる。部品工場がつくるボルトやナットを使って、新しい機械ができ、その機械が新しいボルトやナットをつくる。黒字の企業は、投資資金が得られるので、さらに事業を拡大できる。自己増殖型で成長志向の産業経済では、物理的・金銭的な資本があれば、さらに多くの資本が生み出されることになる。

すると当然のごとく、産業界は、経済が毎年三パーセントなり、ある割合で成長することを期待するようになる。この数世紀の間、資本がさらなる資本を生み出すという経験をしてきたためだ。「蓄えて将来のために投資する」こと、つまり、生産全体の一部を取り分けておいて、将来もっと多くの生産をつくり出すために投資しようと考えるのは、ごく当たり前のことになっている。消費者の要求や労働力、原材料、エネルギー、投資資金といった、複雑な産業システムの成長に歯止めをかけうるさまざまな要因が資本の自己増殖を制約しなければ、経済は幾何級数的に成長する。人口と同様に、資本にも、幾何級数的な成長という行動パターンを生み出すシステム構造（正のフィードバック・ループ）があるのだ。もちろん、人口同様、経済がつねに成長するとは限らない。しかし、その構造は成長するようにつくられており、実際に成長が起こると、幾何級数的に成長することになる。

われわれの社会には、幾何級数的に成長する可能性のあるものがほかにもいろいろある。暴力も、もともと幾何級数的なものかもしれない。汚職も、汚職に汚職を重ねて増えていくようだ。気候変動にも、さまざまなフィードバック・ループがかかわっている。たとえば、大気中に温室効果ガスが排出されることで気温が上がる。気温が上がると、北極地方のツンドラの溶解が加速する。ツンドラの氷が溶けると、そこに閉じ込められていたメタンガスが放出される。メタンは強力な温室効果ガスなので、地球の気温をさらに上げてしまう、という具合である。ワールド3にもいくつかの正のフィードバック・ループが入っている。第7章で説明するように、土地の生産力に影響を与える力についてモデル化を行ったのだが、さまざまな技術も幾何級数的に伸びるようだ。しかし、われわれは、世界をその限界を超えるまで推し進めてきた主要な力は、人口と工業に影響を与える成長プロセスだと考えているので、この二つに焦点を当てることにする。

人口と生産資本は、人間社会の幾何級数的な成長の原動力となる。食糧生産量や資源消費量、汚染なども幾何級数的に増加する傾向があるが、それはそれ自体が増えるからではなく、人口や資本の増加によって増加を強いられるからである。地下水にしみこんだ農薬から新たな農薬がつくり出されるとか、地下にある石炭が繁殖して自ら増えるといった自己増殖や、正のフィードバック・ループは存在しない。一ヘクタール当たり小麦が六トン生産できたという物理的・生物学的な結果があったとしても、それを簡単にヘクタール当たり一二トンに増やせるわけではない。実際、食糧生産量や鉱物産出量は、ある段階で限界に達すると、そこからの倍増は以前より難しくなってくる。

したがって、食糧生産量、物質やエネルギーの消費量が幾何級数的に成長している場合（実際にそうなっているが）、それは、それ自体の構造上の性質によってそうなっているわけではなく、幾何級数的に成長している人口や経済が必要とする食糧や物質、エネルギーが増えてきたためであり、またこれまでのところ、その需要を満たすだけ生産することが可能だったためなのだ。同様に、汚染や廃棄物の増加も、それ自体に正のフィードバック構造があるからではなく、経済のなかで動く物質の量やエネルギー消費量の増加によるものなのである。

ワールド3モデルの中核的前提は、人口と資本は構造的に幾何級数的に成長しうる、というものである。これは何も恣意的な前提ではない。地球の社会経済的システムの特徴を見れば、あるいは、これまでの歴史における変化のパターンを見れば、この前提は支持されるだろう。消費志向が大きく変わるか、または資源消費の効率が劇的に改善しないかぎり（もしくはそうなるまでは）、人口や資本の増加に伴い、人類のエコロジカル・フットプリントは増大する。しかし、消費志向の変化も資源消費の劇的な効率改善も、まだ起こってはいない。少なくともこの一〇〇年間、人口と資本設備、およびそれを支えるエネルギーや物質のフローは、幾何級数的に増大してきたのである（もちろん、上下の変動もあり、他のフィードバック・ループの強い影響を受けた複雑な形ではあるが）。世界はもっと複雑である。そして、後で見るように、ワールド3モデルも同様に複雑である。

三五〇年前、世界の人口は五億人だった

一六五〇年の世界人口は、およそ五億人だった。当時の年間増加率は〇・三パーセントほどで、倍増期間は約二四〇年だった。

一九〇〇年の時点では、人口は一六億人に達し、年間増加率は〇・七〜〇・八パーセント、倍増期間は約一〇〇年であった。

一九六五年の人口は、三三億人になっていた。年間増加率は二パーセントに増加しており、倍増期

図2−4　世界の人口動態的遷移

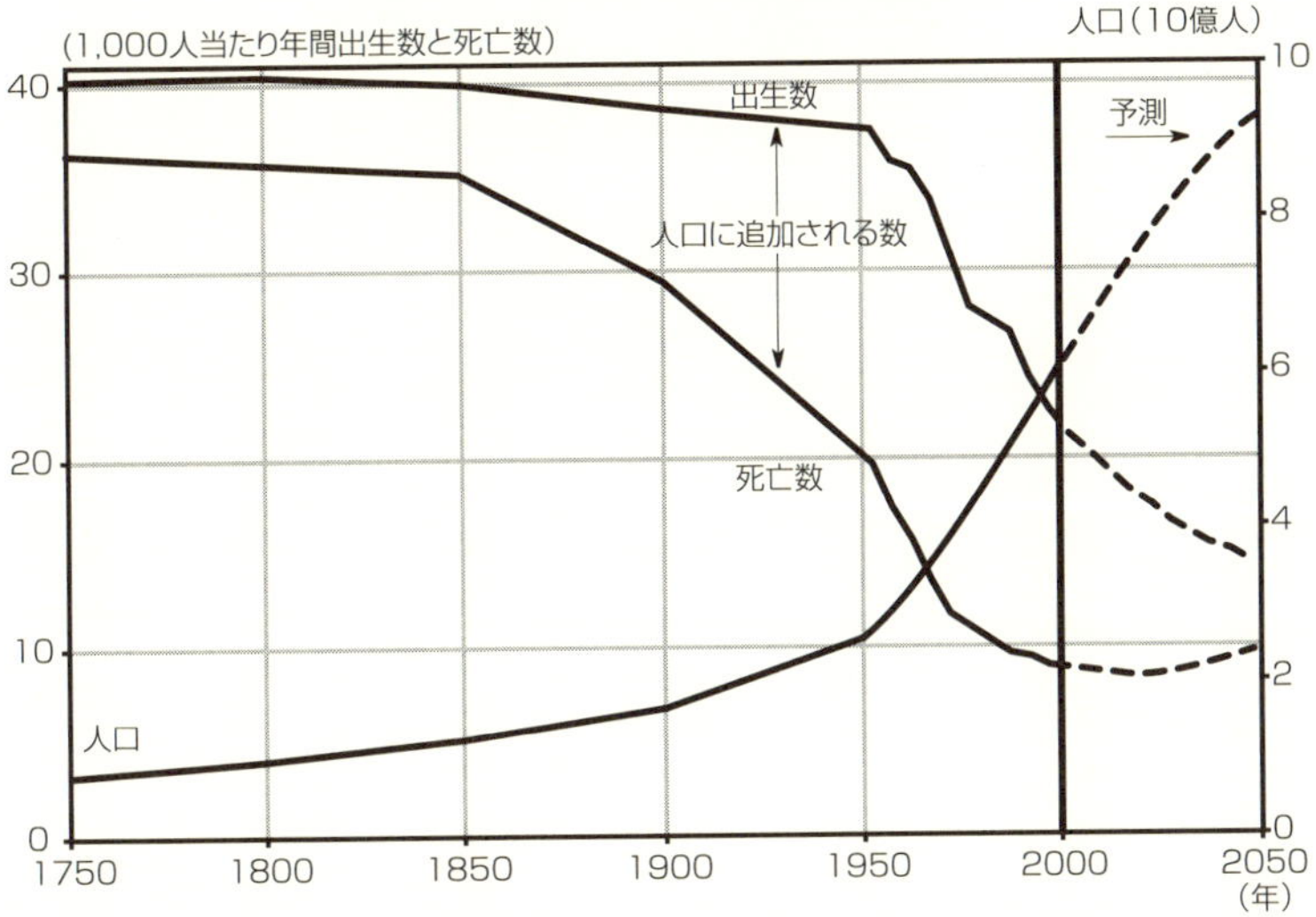

出生数と死亡数の差から、人口増加率が決まってくる。1965年までは、平均死亡率が出生率を上回る速度で低下したため、人口増加率が高くなった。1965年以降、平均出生率は死亡率よりも速く低下しており、そのため人口増加率は大きく減少した。しかしそれでも、人口の増加そのものは幾何級数的に続いている。
（出所:UN）

間は約三六年である。つまり、一六五〇年から人口が幾何級数的に増加しただけではなく、増加率そのものが増加していたという意味で、実際には超幾何級数的に増えたのだった。この増加の理由は、死亡率の低下という、喜ばしいものである。出生率も低下していたが、死亡率の低下より緩やかだったため、人口は急増したのである。

一九六五年以降、死亡率は引き続き低下しているが、平均すると出生率のほうが死亡率よりも低下の速度が速かった（図2―4）。人口が三三億人から二〇〇〇年の六〇億人強に増えていく間に、増加率は年二パーセントから一・二パーセントに低下している[5]。

上昇の一途だった人口増加率が低下に転じたのは、驚くべき方向転換

表2−3　世界人口の年間増加数

年	人口（100万人／年）	×	増加率（%／年）	=	人口増加数（100万人／年）
1965	3,330	×	2.03	=	68
1970	3,690	×	1.93	=	71
1975	4,070	×	1.71	=	70
1980	4,430	×	1.70	=	75
1985	4,820	×	1.71	=	82
1990	5,250	×	1.49	=	78
1995	5,660	×	1.35	=	76
2000	6,060	×	1.23	=	75

（出所:UN）

である。人々が家族の規模を選ぶ際の文化的要因や、それを実行に移すための技術的要因に大きな変化があったことがわかる。女性一人当たりが産む子どもの数は、世界全体の平均で、一九五〇年代の五人から九〇年代の二・七人に低下した。二一世紀の幕が開けたとき、ヨーロッパの家族の規模は、夫婦当たり平均一・四人の子どもで、人口を維持するために必要な数をかなり下回っていた[6]。ヨーロッパの人口は、一九九八年の七億二八〇〇万人から二〇二五年の七億一五〇〇万人へとゆっくりと減少すると予測されている[7]。

しかし、出生率が低下したからといって、世界全体の人口の増加が止まったわけではなく、また、幾何級数的な増加が止まったという意味でもない。単に、倍増期間が長くなったということであり（年間増加率二パーセントなら三六年だが、一・二パーセントなら六〇年となる）、倍増期間がさらに長くなるかもしれないということである。増加率は低下していたのにもかかわらず、実際には、地球に生まれてくる人間の絶対数は、一九六五年よりも二〇〇〇年のほうが多かった。表2―3を見ると、その理由がわかる。二〇〇〇年の増加率は低いものの、もともとの人口基盤が大きくなっていたのである。

世界人口の年間増加数は、一九八〇年代後半にやっとその伸びが止まった。しかし、二〇〇〇年に七五〇〇万人の人口が増加したということは、毎週ニューヨーク市九つ分に当たる人口が増えたということなのだ。

正確にいえば、人口増加のほとんどは発展途上国で起こっているので、毎年フィリピンの全人口——または北京一〇個分か、カルカッタ六個分——に相当する人口が増えているということなのだ。楽観的に出生率はさらに下がるだろうと予測しても、人口は、とくに発展途上国においては、これからもさらに大きく増えていくことになる（図2—5）。

「出生のフィードバック・ループと死亡のフィードバック・ループ」の図に示すのは、人口システムを統制している中心的なフィードバック構造である。

図の左側にあるのが、幾何級数的な成長を生み出す正のフィードバック・ループである。もともとの人口が多ければ多いほど、毎年生まれる子どもの数も多くなる。図の右側にあるのは、負のフィードバック・ループである。正のループが手に負えない成長を生み出すのに対して、負のループは成長を抑制し、許容できる範囲内にシステムを保とうとするか、または、システムのストックがある時間だいたい一定の値になるよう、安定した状態にシステムを戻そうとする傾向がある。負のフィードバック・ループでは、ループのある要素が変化すると、まわりまわって、その要素をもとの変化の逆方向に変化させることになる。

毎年の死亡数は、総人口×平均死亡率（死ぬ平均確率）である。同様に、出生数は、総人口×平均出生率である。人口の増加率は、（出生率－死亡率）に等しい。もちろん、出生率も死亡率も一定ではなく、所得、教育、保健、避妊技術、宗教、汚染レベル、年齢別人口構成といった、さまざまな経済や環境、人口動態上の要因によって変わってくる。

出生率と死亡率の変化や、世界人口の増加率が減少している理由について説明するうえで最もよく知られた理論は、「人口動態的遷移」と呼ばれるもので、ワールド3モデルにもこれが組み込まれている。この理論によると、産業革命以前の社会では、出生率も死亡率も高く、人口増加は緩やかであ

図2−5　世界人口の増加のシミュレーション

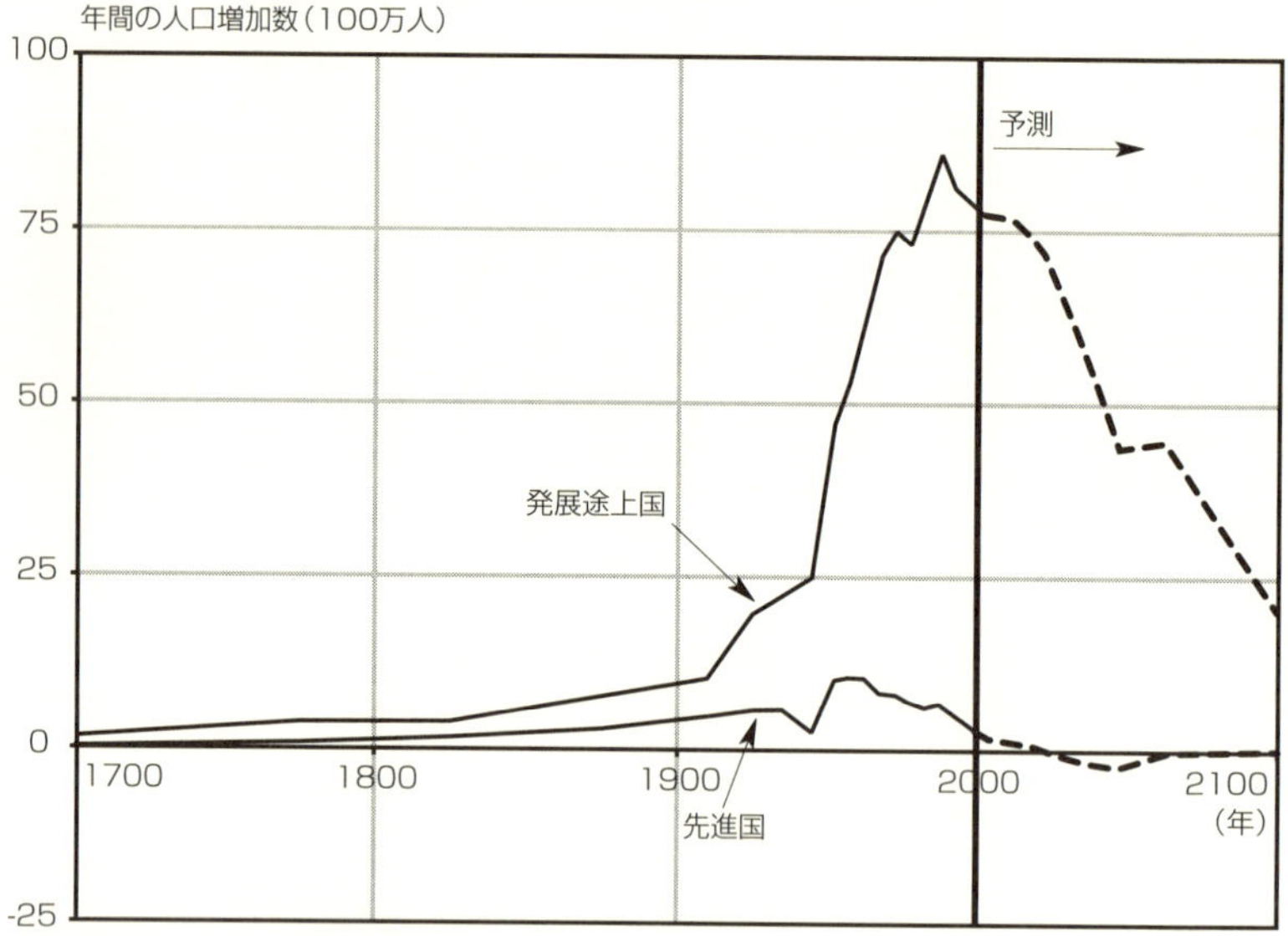

最近まで、世界人口の年間増加数は増加していたが、国連では、年間増加数は、間もなく大きく減少すると予測している。この予測は、途上国で出生率が激減するという推定に基づいている。
（出所:UN; D.Bogue）

出生のフィードバック・ループと死亡のフィードバック・ループ

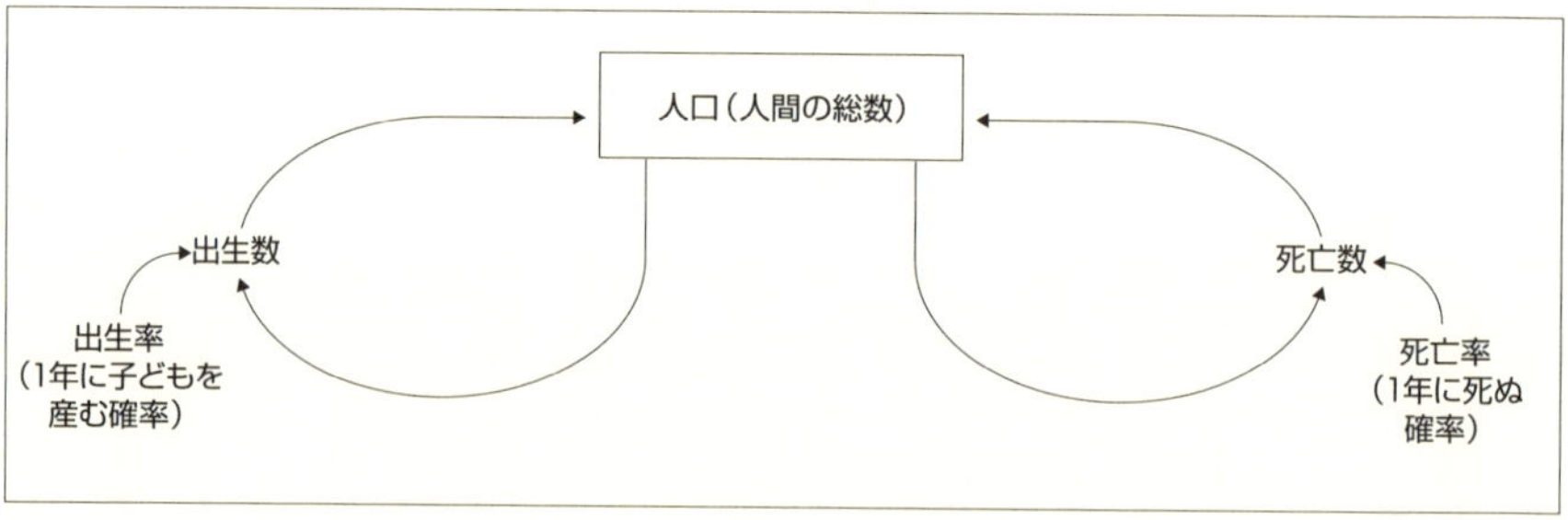

った。やがて、栄養や保健サービスの改善に伴い、死亡率が下がってくる。それから一世代から二世代遅れてそれが反映してくるため、出生率と死亡率の間に差が生じ、人口は急増する。そして最終的に、人々の生活やライフスタイルが完全に先進国型になると、出生率も減少し、人口増加率は緩やかになる。

図2―6には、六カ国の実際の人口推移が示されている。スウェーデンのように、早くから工業化が進んだ国では、出生率も死亡率もゆっくりと下降していることがわかる。出生率と死亡率の差は、どの時点でもそれほど大きくなく、人口増加率が年二パーセントを超えたことはない。人口推移を見ても、ほとんどの先進国では、人口増加が一倍から最大五倍の間である。二〇〇〇年の時点で、出生率が人口置き換え率を超えている先進国はほとんどない。つまり、ほとんどの国では今後人口が減少していくことになる。いまなお人口が増加している国もあるが、その理由は、移民による増加か、人口動態上の勢い（出産年齢層に入ってくる若年者のほうが、その年齢層から出ていく年長者よりも多い）か、またはその両方である。

一方、発展途上国では、死亡率が低下しはじめたのはかなり後になってからだが、急激に下がっている。そこで、死亡率と出生率の間に大きな差が生まれている。先進国（ヨーロッパからの多くの移民を受け入れていた時期の北米を除く）に比べ、発展途上国はずっと大きな人口増加率に対応しなくてはならない。発展途上国の多くでは、人口がすでに一〇倍に膨れ上がり、さらに増加中である。こうした国では、人口動態的遷移は当分終わりそうにない。

人口学者のあいだでは、人口動態的遷移を工業化に関連づけて議論しているが、遷移を進める原動力は、単なる所得増加よりも入り組んでいる。たとえば図2―7は、さまざまな国の一人当たりの所得（一人当たりの国民総所得(8)〈GNI〉）と出生率の関係を示している。たしかに、所得が高いと出

図2−6　先進国（A）と発展途上国（B）における人口動態的遷移

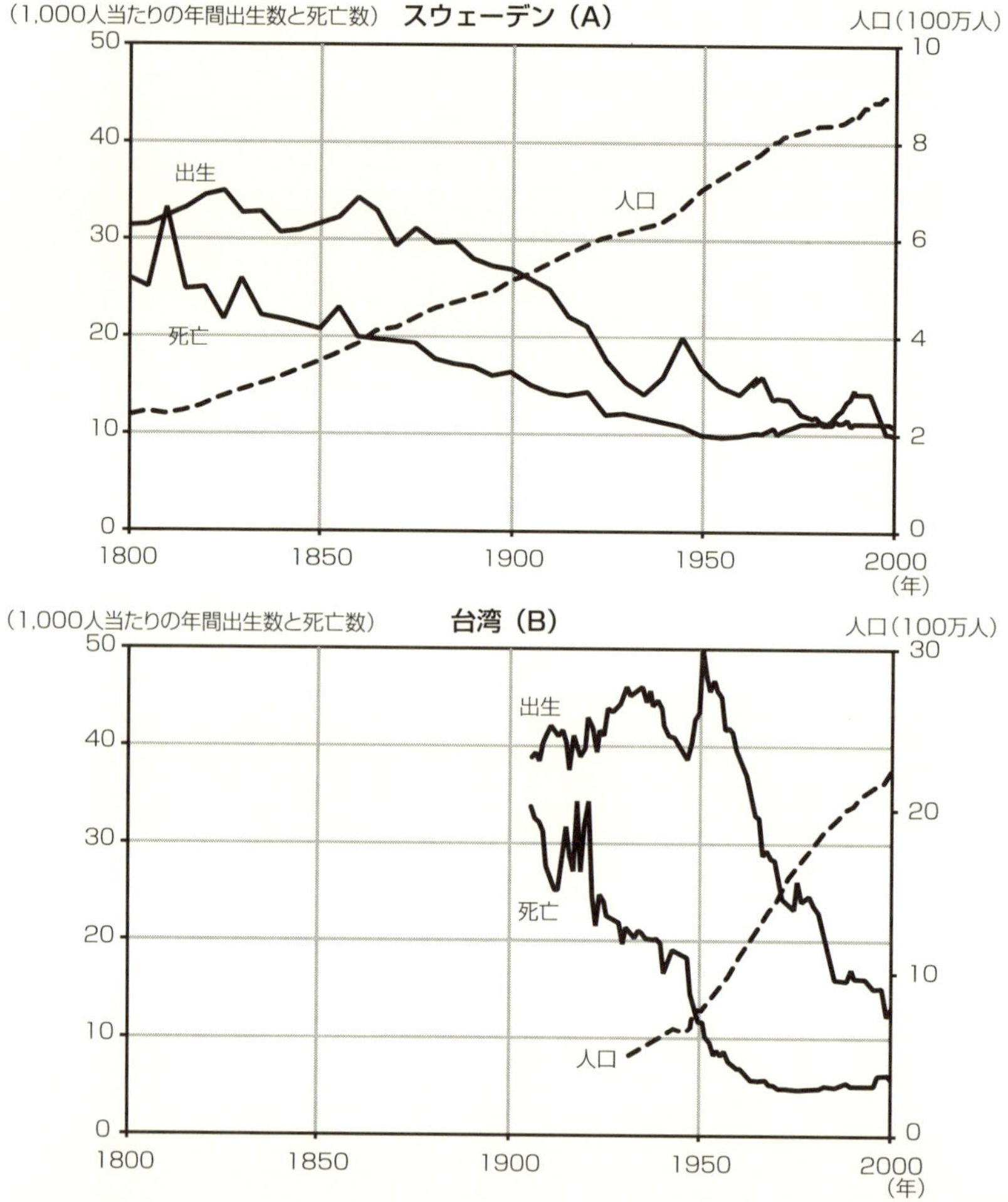

人口動態的遷移の過程では、まず死亡率が下がり、それから出生率が下がる。スウェーデンでは、出生率は死亡率にかなり接近した状態のまま、約200年かかって人口動態的遷移が進行した。この間のスウェーデンの人口増加は5倍弱であった。日本は100年かけずにこの人口遷移を行った国の一例である。1900年代後半の発展途上国は、現在の先進国に比べ、出生率と死亡率の差がずっと大きい。
(出所:N.Keyfitz and W.Flieger; J.Chesnais; UN; PRB;UK ONS; Republic of China)

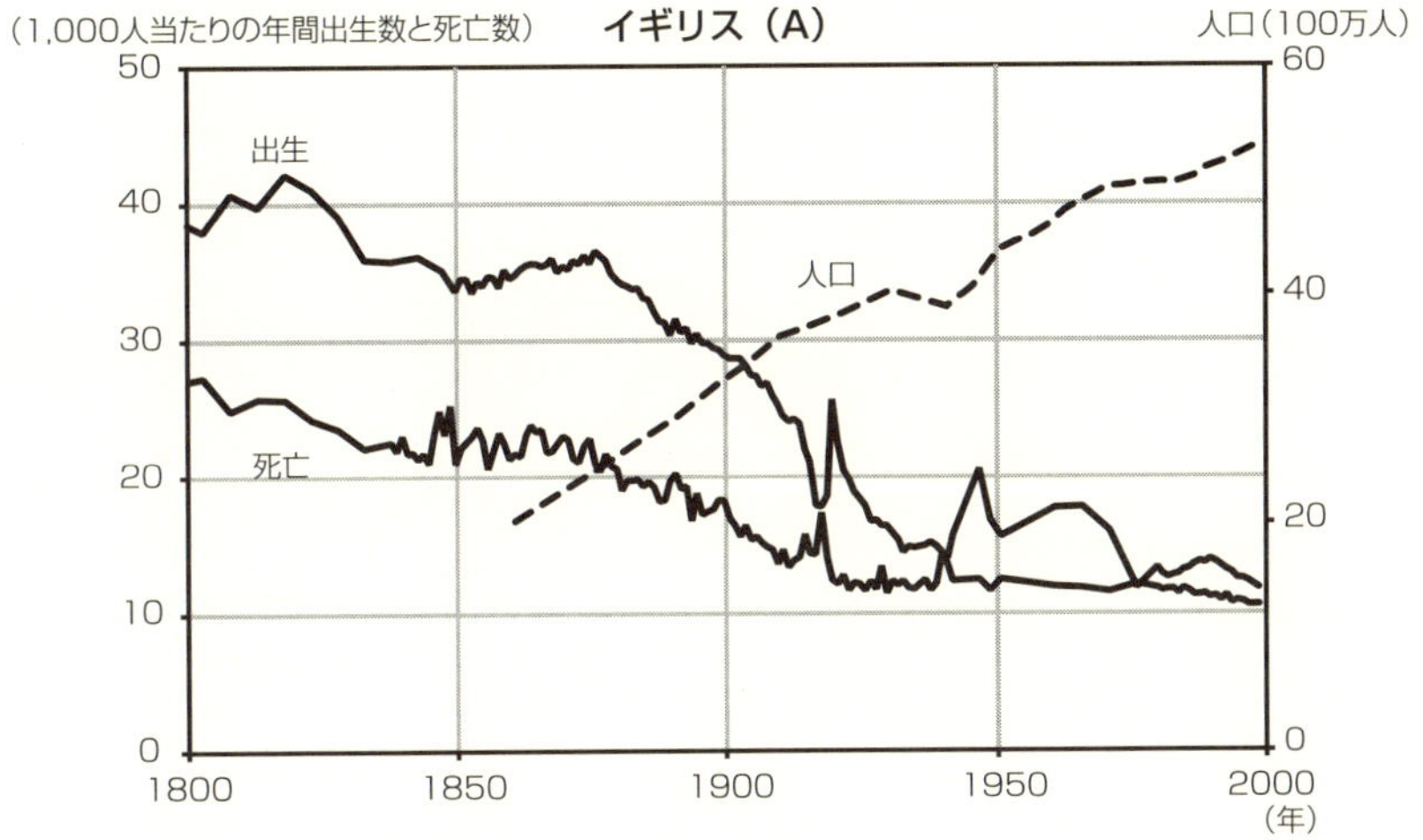
（1,000人当たりの年間出生数と死亡数）
イギリス（A）
人口（100万人）
出生
死亡
人口
50
40
30
20
10
0
60
40
20
0
1800
1850
1900
1950
2000
（年）

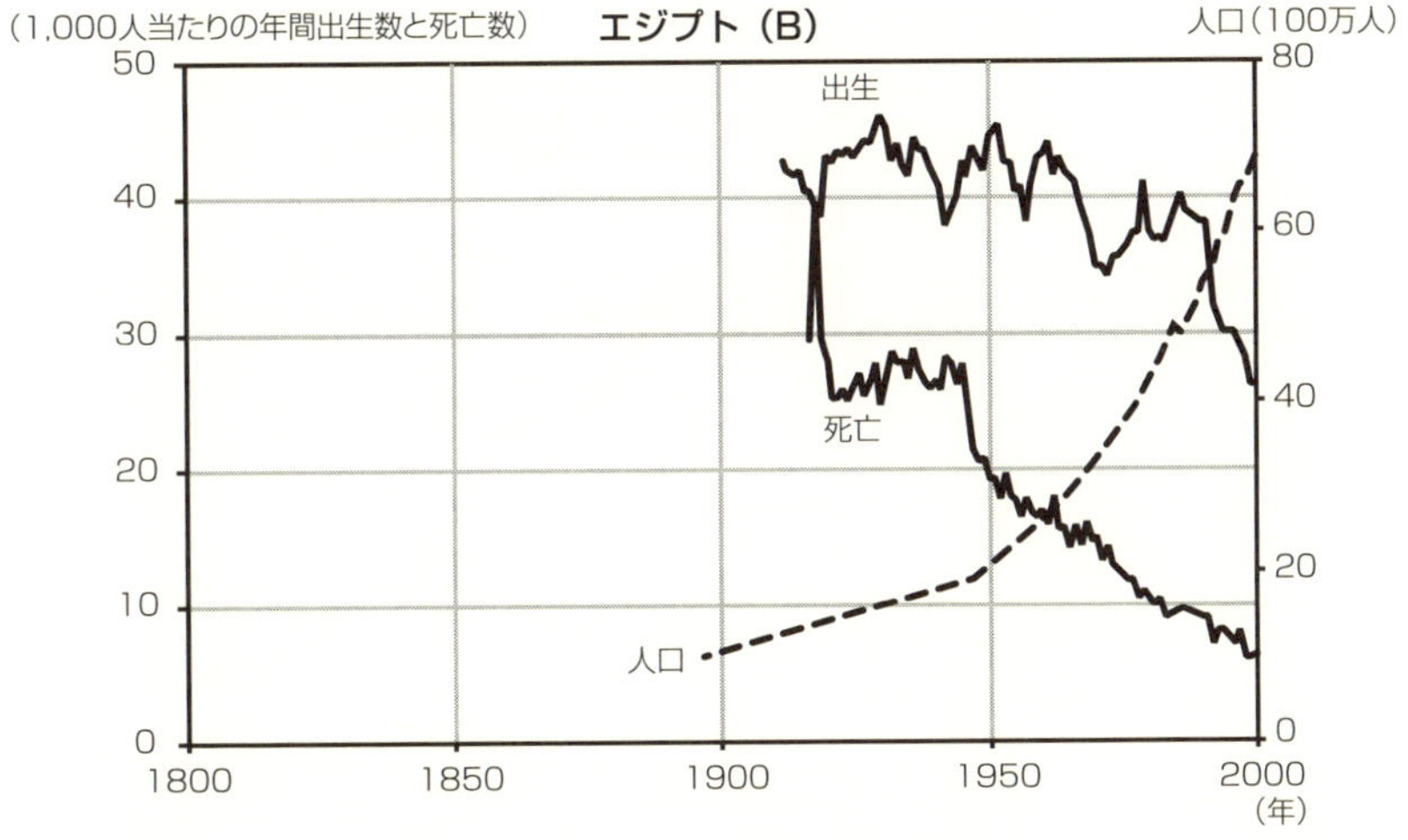
（1,000人当たりの年間出生数と死亡数）
エジプト（B）
人口（100万人）
出生
死亡
人口
50
40
30
20
10
0
80
60
40
20
0
1800
1850
1900
1950
2000
（年）

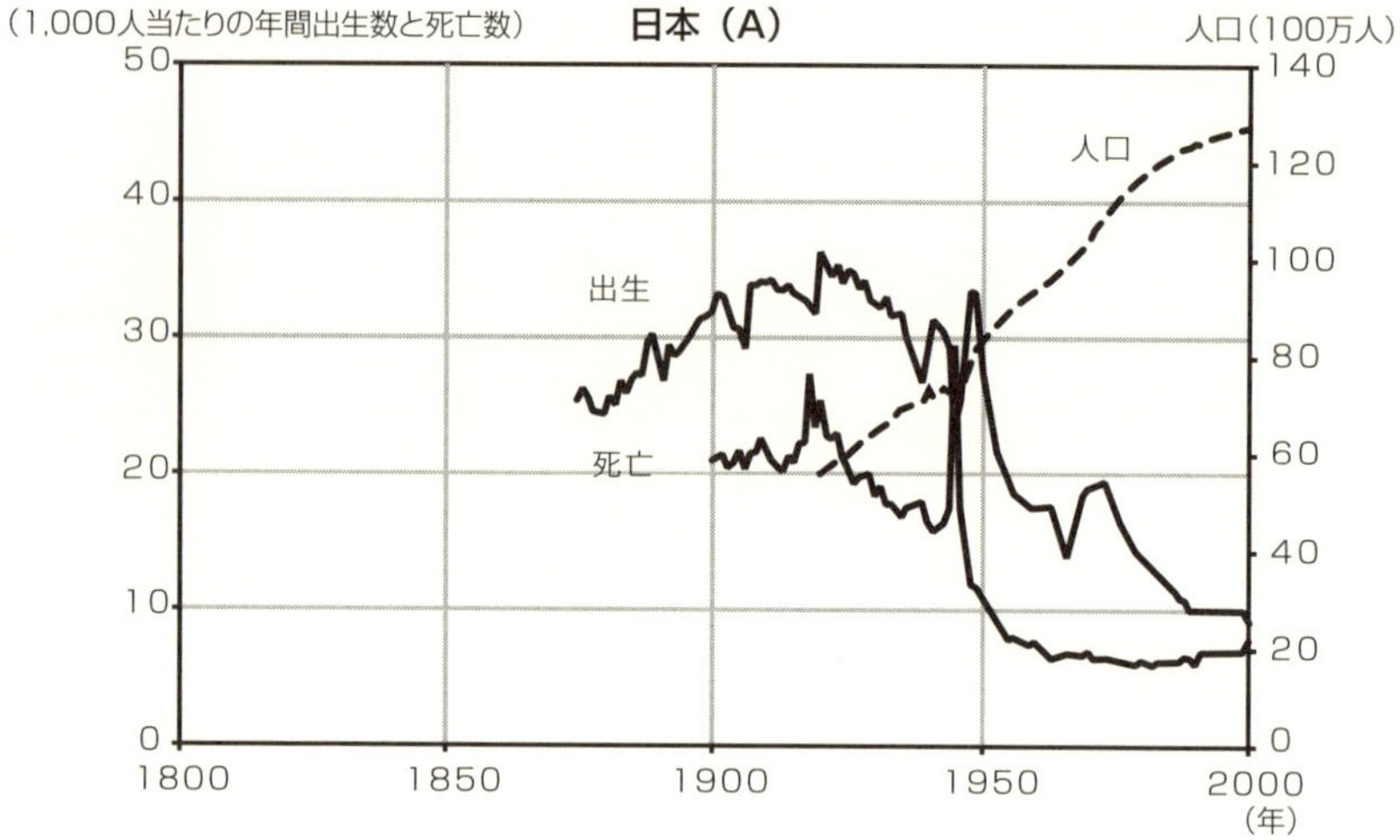

（1,000人当たりの年間出生数と死亡数）
日本（A）
人口（100万人）
人口
出生
死亡
50
40
30
20
10
0
140
120
100
80
60
40
20
0
1800
1850
1900
1950
2000
（年）

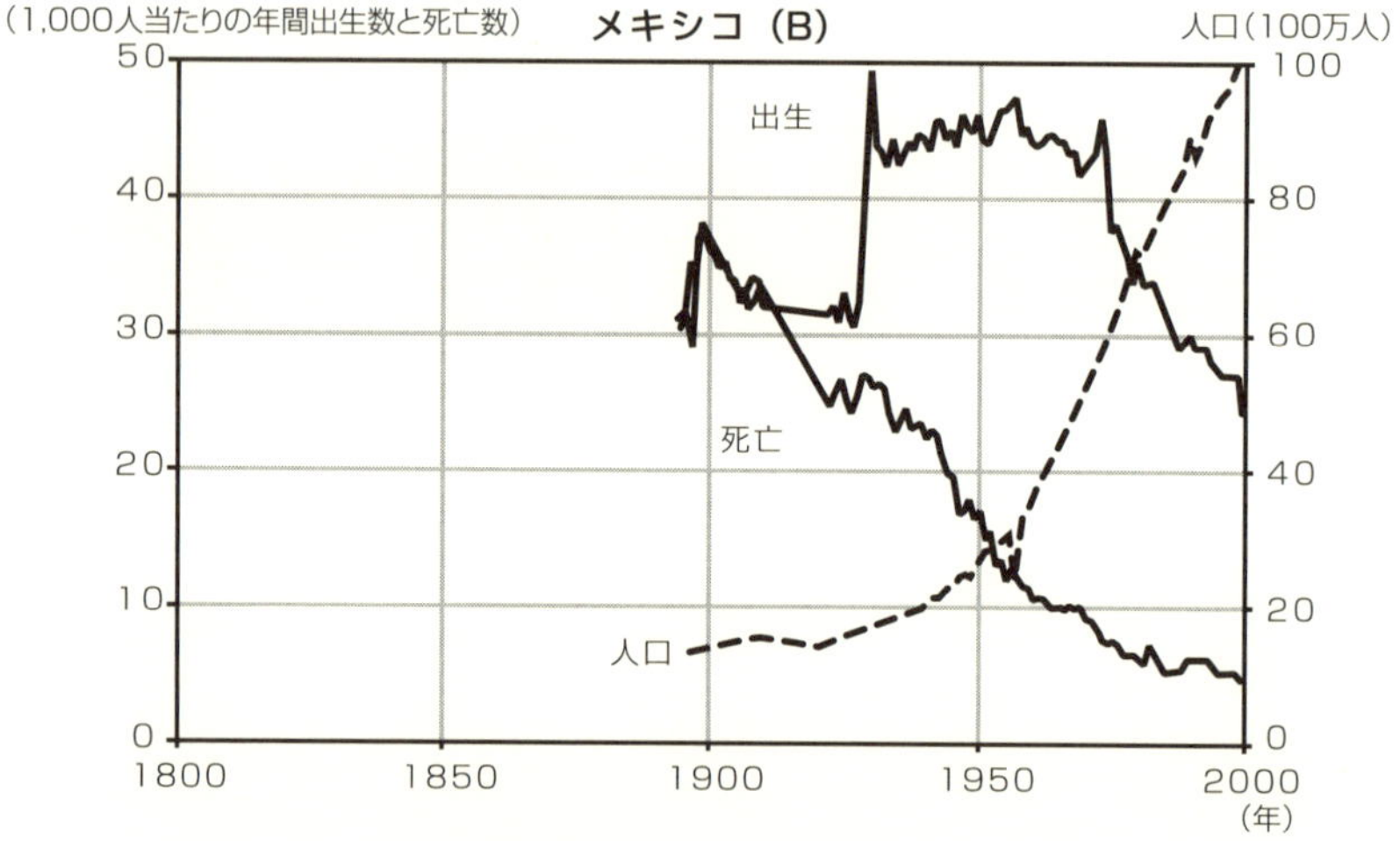

（1,000人当たりの年間出生数と死亡数）
メキシコ（B）
人口（100万人）
出生
死亡
人口
50
40
30
20
10
0
100
80
60
40
20
0
1800
1850
1900
1950
2000
（年）

図2-7 出生率と1人当たりの国民総所得（2001年）

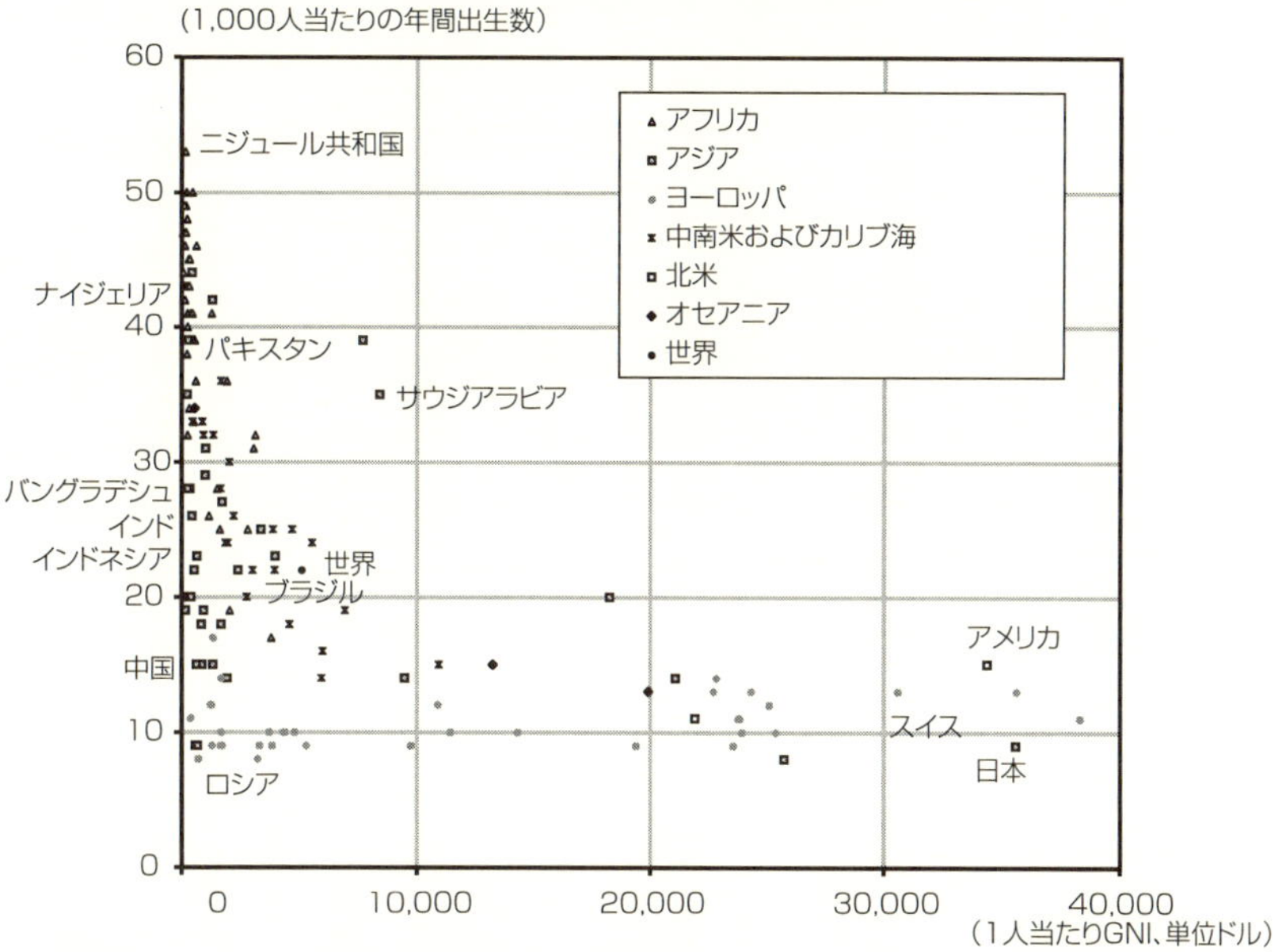

社会が豊かになると、その国の出生率は減少する傾向がある。最貧国の人口1,000人当たりの年間出生数は20～50人以上にも上る。最富裕国の年間出生率は、いずれも1,000人当たり20人以下である。
（出所:PRB; World Bank）

生率は低いという強い相関はあるものの、とくに所得が低い場合、驚くような例外があることも明らかである。たとえば中国は、所得水準のわりに、例外的に出生率が低い。逆に、中東やアフリカには、所得水準に対して驚くほど出生率が高いところがいくつかある。

出生率低下に最も直接的に重要だと考えられているのは、経済規模や豊かさよりむしろ、その経済の向上が家族の実際の生活にどの程度直接的な影響を及ぼすか、とくに女性の生活をどれくらい変えるか、である。一人当たりのGNIよりも重要な予測要因は、教育、雇用（とくに女性）、避妊技術、乳幼児の死亡率の低さ、所得や機会の比較的平等な分配などである。[9] 中国、スリランカ、コスタリカ、シンガポール、タイ、マレーシアといった国を見ると、ほとんどの家族が、字が読め、基本的な保健サービスを受けられ、避妊技術を使えるようになれば、所得水準が中程度であったとしても、出生率が下がることがわかる。

ワールド3モデルには、出生率を抑えるさまざまな要因が入っている。豊かな経済なら、より良い栄養や保健サービスを提供できるので死亡率が下がり、また、避妊技術を改善し、乳幼児死亡率も低減できるので、出生率も下がると仮定している。工業化が進めば、子どもの養育費が上がり、子どもを持つことが親に直接的な経済的メリットをもたらしにくくなる。すると、遅れを伴った形になるが、長期的には望ましい家族の規模は小さくなる。短期的に所得が増えると、家族は（望む子どもの数の範囲で）子どもの数を増やせるし、短期的に所得が停滞すると、その逆の影響が出ると仮定している。[10]

つまり、このモデルでは、所得の増減に対して生じる小さな短期的反応によって調節された、長期的な人口動態的遷移を仮定しているのである。シミュレーションの結果、そのような移行がみられる。モデルのなかで、人口が幾何級数的に増大する傾向は、圧力、機会、技術、産業革命の規範によって、まず強められ、次に抑えられる。

二一世紀初めの「現実の世界」では、人口増加率の低下にもかかわらず、人口はいまなお幾何級数的に増大している。この現象の背景には、一人当たりの所得にとどまらない、より複雑な要因がある。経済が成長したからといって、必ずしも人がより幸せになれるとか、女性の選択の自由が増えるとか、出生率が下がるとは限らない。しかし、経済成長はたしかにそのような目標を達成する手助けにはなる。いくつか顕著な例外はあるものの、世界の傾向として、人口増加率の低い国は豊かな国である。だとすれば、ワールド3モデルと世界における経済成長の原因と結果を理解することが、二重の意味で重要になってくる。

急拡大した世界の工業経済

経済に関する世の中の議論は、混乱に満ちている。混乱の多くは、お金と、そのお金が表している実際の物を区別していないところから生まれている。ここでは、注意深くその区別をしなくてはならない。図2―8は、ワールド3のなかで、われわれがどのように経済を表し、それを本書でどう説明するかを示している。[11] 自然の限界が近づきつつあるときに、経済について考えることの重要性がわかるだろう。われわれが重視しているのは、物質的な経済である。つまり、実際に地球の限界が当てはまるものであって、貨幣経済ではない。貨幣経済とは、社会的につくり出されたもので、地球の物理法則による制約を受けない。

ここでいう「工業資本」とは、実際のハードウェアのことで、製品をつくり出す機械や工場である(もちろん、労働力やエネルギー、原材料、土地、水、技術、資金、管理、自然の生態系の機能、地球の生物地球化学的フローの助けを借りて生産が成り立つのであるが、こうした生産の共通要因につ

図2−8　ワールド3の経済における物理的資本のフロー

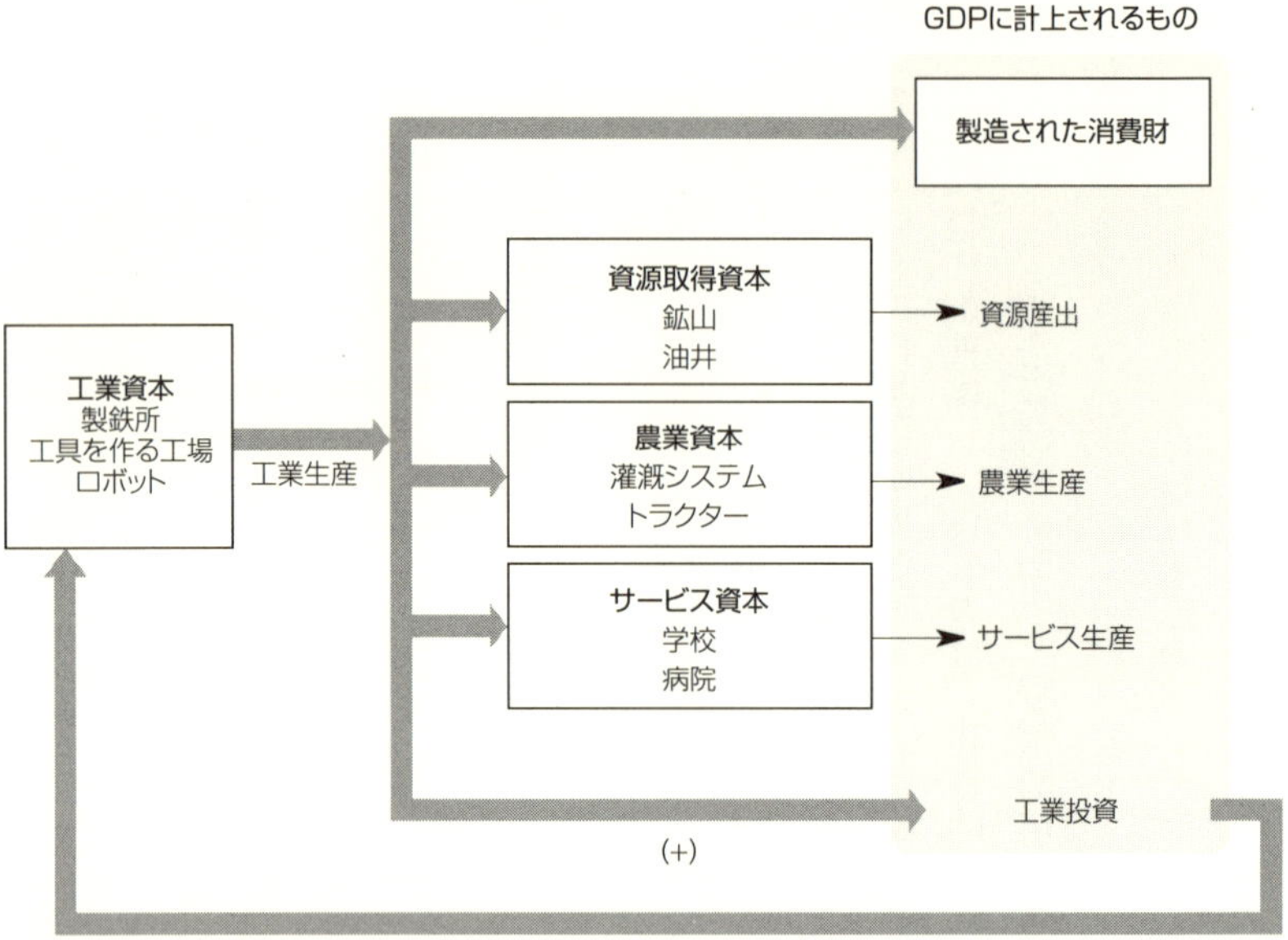

工業生産とその分配は、ワールド3のシミュレーション経済の行動パターンの中心的要素である。工業資本の規模によって、毎年の工業生産量が決まり、その工業生産は、その国の目標やニーズに従って、5つの部門に分配される。消費される工業生産、資源部門へ分配され資源の獲得のために使われる工業生産、土地開発や土地収穫率向上のために農業部門に振り向けられる工業生産、社会サービスに投資される工業生産がある。そして、残った工業生産が減耗を補い、工業資本ストックをさらに拡充するために、工業部門に投資される。

工業資本のフィードバック・ループ構造

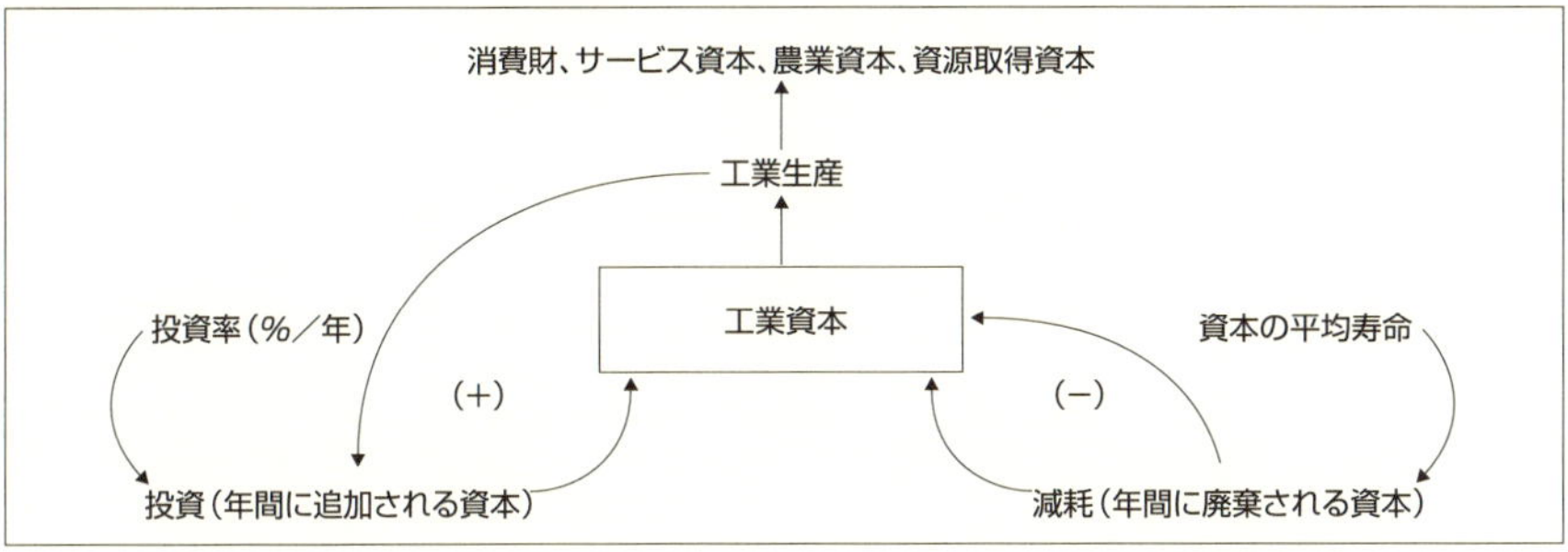

いては次章で述べる)。工業資本によってつくり出される実際の物(消費財や投資財)の流れを「工業生産」と呼ぶ。

工業生産の一部は、設備や、病院や学校、銀行、小売店といった建物の形をとる。これを「サービス資本」と呼ぶ。サービス資本は、保健システムや教育など、それ自体は物ではないが実質的な価値を有する生産のフローを生み出す。

また、「農業資本」という工業生産もある。トラクターや倉庫、灌漑システム、刈り入れ機など、主に食糧と繊維という農業生産を生み出すものである。

削岩機や油井、採掘機械、パイプライン、ポンプ、タンカー、精製所、精錬所などの形をとる工業生産もある。これらはすべて、「資源獲得のための資本(資源取得資本)」であり、ほかの種類の資本が機能するために必要な原材料やエネルギーのフローをつくり出す。

衣類、自動車、ラジオ、冷蔵庫、住宅など、「消費財」と分類される工業生産もある。人口一人当たりの消費財の量は、その国民の物質的な豊かさの重要な指標である。

最後に、「工業資本」として生産されるものもある。製鉄所や発電機、旋盤、その他の機械などで、「投資」と呼ばれる。工業資本のストックの減耗を補い、ストックを増やすことで、将来的に生産拡大が可能になる。

ここまで挙げたものはすべて、物理的な物であって、お金ではない。「現実の世界」でのお金の役割は、その物の相対的なコストと価値（生産者と市場で力を持つ消費者のあいだで決められる）に関する情報を伝えることである。お金は、物理的な資本や製品の流れを仲介したり、促したりする。図2―8は、一年間に生産された最終財やサービスすべてを貨幣価値で示したものだが、これを国内総生産（ＧＤＰ）と呼ぶ。

これからさまざまな図表でＧＤＰに言及することになる。世界の経済データのほとんどは、物理的な物ではなく、貨幣の観点から示されているからだ。しかし、われわれの関心は、ＧＤＰによって「表されているもの」、つまり、実際の資本ストック、生産財、サービス、資源、農産物、消費財である。経済や社会が機能しているのは、お金ではなく、このような実際の物のおかげである。そして、お金ではなく、このような物が、地球から取り出され、土壌や大気、水へ排出され、最終的には地球に戻っていくのだ。

さきに、「工業資本がそれ自体の自己増殖によって幾何級数的に成長しうる」と述べた。その自己増殖型フィードバック構造は、人口システムと似ている。

一定量の工業資本（工場、トラック、コンピュータ、発電所など）は、その他に必要なものが十分に投入できるかぎり、毎年一定量の生産を生み出せる。毎年の生産高の一部は、紡織機、モーター、ベルトコンベア、鉄鋼、セメントといった投資として、資本ストックを増やすために使われ、将来の生産能力を拡大することになる。これは、言ってみれば、資本の「出生率」にあたる。人間の出生率と同様、投資に回される割合も、意思や欲求、制約などによって変動する。ただし、道路や発電所、精製所といった大規模な資本設備を計画し、資金を調達し、建設するには、何年どころか何十年もかかることがあるため、この正のフィードバック・ループには遅れが生じる。

人口と同じように、資本にも「死亡のループ」と「出生のループ」がある。機械や工場が減耗したり技術的に時代遅れになると、停止され、解体され、リサイクルされ、廃棄される。資本の減耗率は、人口システムでいう死亡率にあたる。資本が多ければ多いほど、毎年減耗する量も多くなる。したがって、減耗した資本にとってかわる新しい投資の流れが十分にないかぎり、翌年の資本は減ることになる。

産業化が進むと人口動態が遷移していくように、経済の資本ストックも広く見られる成長と変化のパターンをたどる。産業革命以前の経済は、主に農業およびサービス経済であった。資本の成長ループが始まると、すべての経済部門が成長するが、当初は工業分野の成長が最も速い。のちに、産業基盤が構築されると、それからは主にサービス分野が成長する（図2―9）。ワールド3モデルでは、ほかの可能性を調べるために意図的に設定を変えないかぎり、この遷移が経済成長の事実上の標準となっている(12)。

高度に発達した経済は、サービス経済と呼ばれることもあるが、それでも実際には、やはりかなりの農業基盤や工業基盤が必要である。病院、学校、銀行、商店、レストラン、ホテルなどはすべてサービス分野である。そういう場所に、配達トラックが食べ物や紙、燃料、備品などを運び込み、ゴミ収集車が廃棄物を運び出していく様子を見てほしい。その排水パイプから何が出ているか、その煙突から何が出ているのかを測れば、サービス分野の企業だといっても、地球の供給源から取り出し、地球の吸収源へ戻している大きな物理的なスループットのフローなしには成り立たないことがわかるだろう。工業分野だけではなく、サービス分野も人類のエコロジカル・フットプリントの大きな割合を占めているのだ。

製鉄所や鉱山は、情報経済のオフィスからはほど遠い場所に立地しているかもしれないし、使用す

図2−9　アメリカの部門別国民総所得

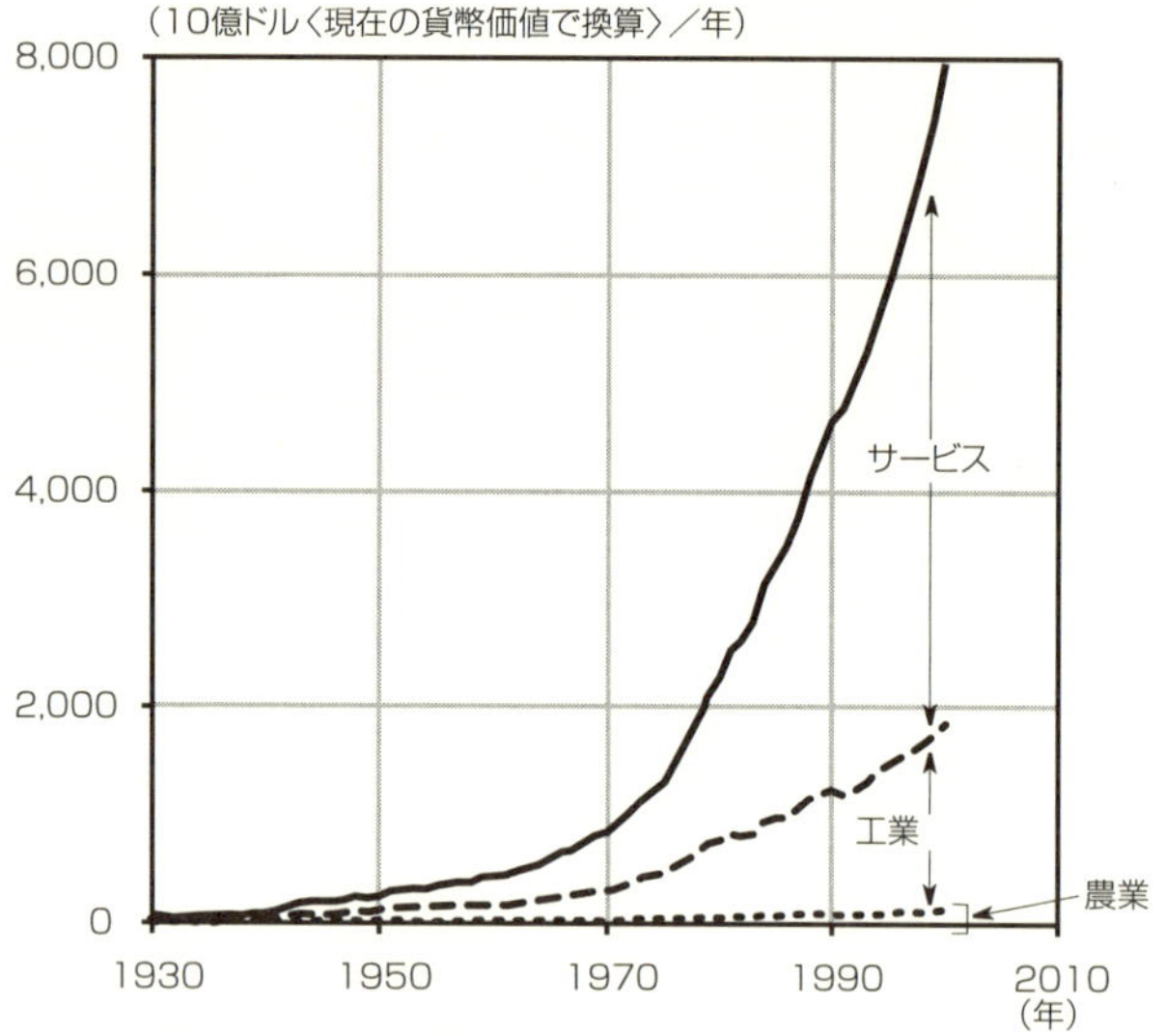

アメリカの経済生産額が、サービス、工業、農業の各部門でどのように配分されてきたかを見ると、サービス経済への移行がわかる。サービス部門は経済のなかで最も大きな割合を占めてはいるものの、工業部門と農業部門の絶対値も伸び続けていることに留意してほしい。
（出所:U.S. Bureau of Economic Analysis）

る原材料の重量は、そこから生み出される貨幣価値ほどのペースでは増えていかないかもしれない。それでも、図2―9に明らかなように、「産業革命後」の経済であっても、工業基盤は減ってはいないのだ。情報とは、すばらしくて価値ある「実体を持たない」商品だが、ふつうはデスクトップ・コンピュータに保存されている。一九九七年時点で、一台のデスクトップ・コンピュータは、約二五キログラムのプラッスチックや金属、ガラス、シリコンからできており、一五〇ワットの電気を使っている。それをつくるための製造工程では、六二キログラムの廃棄物が出る[13]。情報を生産し、処理し、利用する人たちは、食べ物を食べるだけではなく、車を運転し、住宅に住み、冷暖房の効いた建物で仕事をする。

そして、電子コミュニケーションの時代とはいっても、大量の紙を使い、捨てている。

世界の資本システムを成長させている正のフィードバック・ループは、人口増加をしのぐ勢いで工業を成長させてきた。一九三〇年から二〇〇〇年の間に、貨幣で測った世界の工業生産は、一四倍の大きさになっている（図1―2に示されている）。この期間、人口が一定だったとすると、物質的な生活水準は一四倍向上したことになる。しかし、人口も増えていたため、一人当たりの平均生産高は五倍の伸びであった。一九七五年から二〇〇〇年の間に、工業経済の規模は約二倍になったが、一人当たりの生産高は約三〇パーセントの伸びだった。

人口が増え、貧困が増し、人口がさらに増える

「貧困に終止符を打つためには成長が必要である」これは明らかなように思える。ただ、そう信じる人たちの多くにとっても、それほど明らかに思えない理由は、現在の経済システムが成長しても、貧困に終止符を打てないという事実である。それどころか、現在の成長パターンでは、貧困は永遠に続き、貧富の差はさらに拡大する。一九九八年には、世界人口の四五パーセント以上が一日二ドル以下の所得で生活せざるをえなかった。多くの人たちにとっては驚くほど所得が増えた一〇年だったというのに、一九九〇年よりも貧しい人は増えていたのだ[14]。一九三〇年以来、世界の工業生産は一四倍に伸び、一部の人たちは大変豊かになったものの、貧困が終わることはなかった。最も成長を必要としている人々が成長できるように、世界全体でシステムを再構築しないかぎり、さらに一四倍伸びたとしても（地球の限界のなかでそれが可能だとして）、貧困の根絶は期待できない。

現在のシステムでは、経済成長の大部分はすでに豊かな国々で起こり、そのなかでもとくに豊かな

図2−10　人口の多い上位10カ国と欧州通貨統合における1人当たりの国民総所得

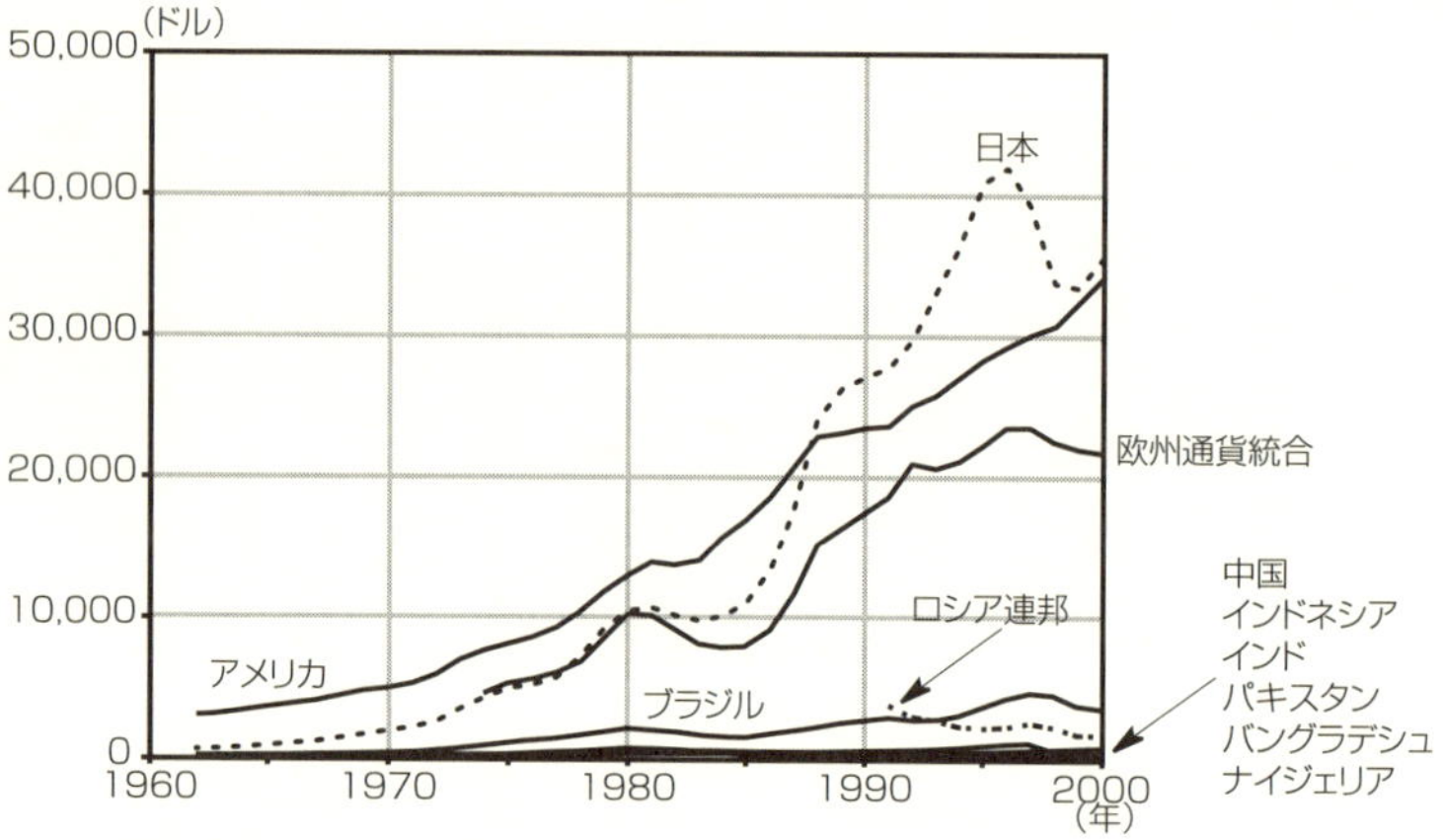

経済成長は主に、すでに豊かになっている国で起こる。インドネシア、中国、パキスタン、インド、バングラデシュ、ナイジェリアの6カ国を合わせると、世界の人口のほぼ半分に達する。しかし、これら6カ国の1人当たりのGNIを、豊かな国々のものと並べてグラフに示すと、ほとんど横軸に平行な線となる。
（出所:World Bank）

図2−11　世界における格差

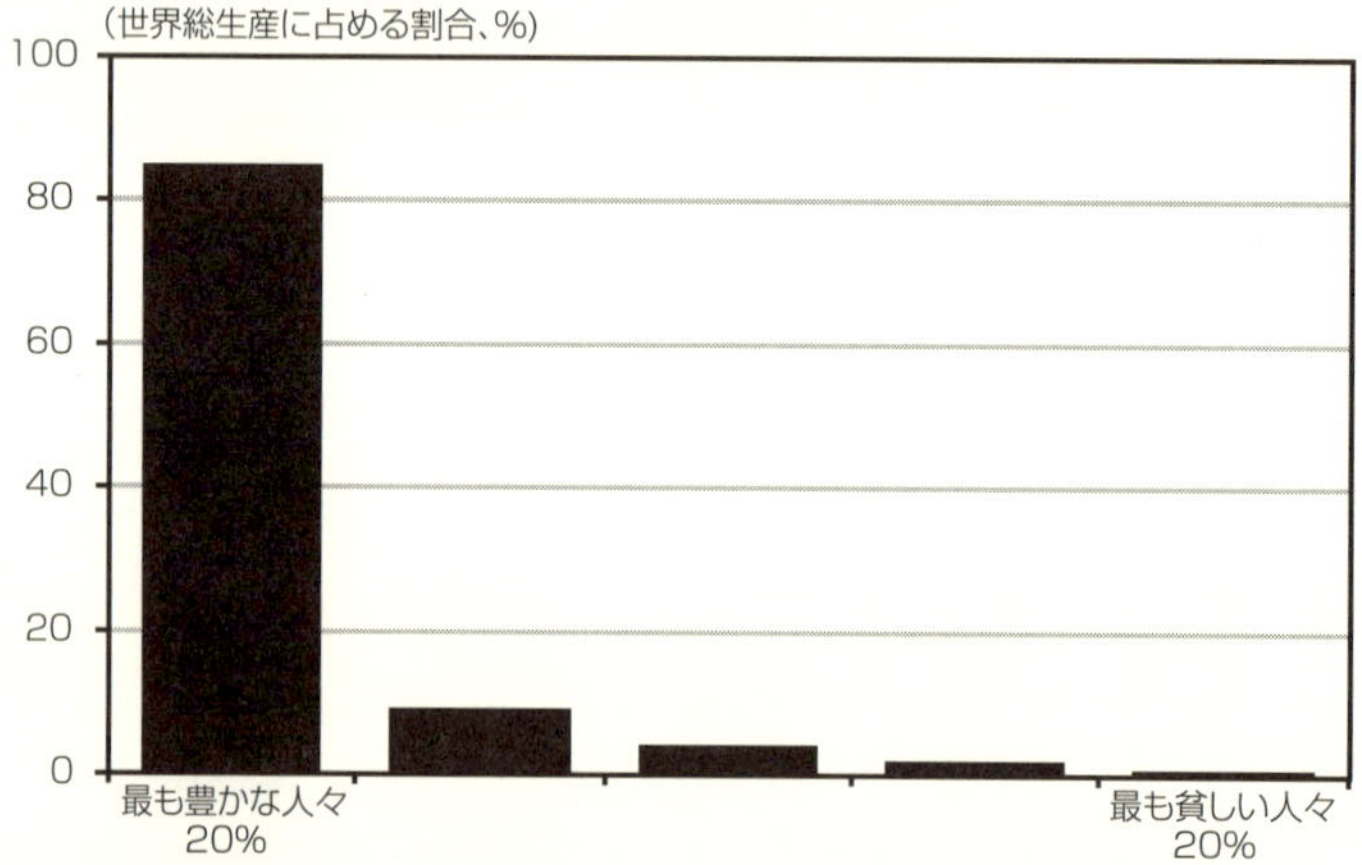

世界での富や機会の分配はきわめてゆがんだ形をしている。世界の人口のうち、最も豊かな20%が世界総生産の80%以上を手にし、世界の商用エネルギーの60%近くを使っている。
（出所:World Bank）

人々を潤すことになる。図2―10は、世界の人口最多国一〇カ国とEUの一人当たりのGNIの成長曲線である。これを見ると、数十年間の成長によって、豊かな国と貧しい国の格差が一貫して拡大してきたことがわかる。

国連開発計画（UNDP）が、世界人口のうち、最も豊かな国に住む二〇パーセントと、最も貧しい国に住む二〇パーセントの一人当たりの所得を比べた数字がある。一九六〇年、その差は三〇倍だったが、九五年には八二倍になっていた。ブラジルでは、国民のうち貧しい五〇パーセントの人々が得た国民所得は、一九六〇年には全体の一八パーセントだったが、九五年には一二パーセントに減っている。逆に、最も豊かな一〇パーセントの人々が得た所得の割合は、一九六〇年の五四パーセントから、九五年には六三パーセントに増えている。[15] アフリカの平均的な世帯の消費は、一九七二年から九七年の間に二〇パーセント減っている。[16]「経済成長の世紀」の後に残されたものは、貧富の差がより大きくなった世界だったのだ。図2―11は、このことを示す二つの指標として、所得グループ間の国民総生産（GNP）の割合およびエネルギー消費量の割合を示している。

われわれシステム・ダイナミクスの研究者は、あるシステムに長期間にわたって一貫したパターンがあちこちに見られる場合、システムのフィードバック・ループ構造に原因が埋め込まれていると考える。その構造を変えないかぎり、そのシステムをどれほど必死に加速しても、そのパターンは変わらない。これまで、成長することで貧富の差はさらに広がってきたのである。同じように成長を続けても、その差を縮めることはできないだろう。システムの構造、つまり、因果関係のつながりを変えることでしか、その差を縮める方法はないのである。

経済が大きく成長しているというのに、それでも貧富の差が広がり続ける構造とは何だろうか？通常よく見られる構造が二つ、作用していることがわかる。一つは社会的な取り決め（多くの文化に共通するものもあれば、ある文化に固有のものもある）に関するもので、「特権階級に対して、さらに特権階級になるための力と資源を与え続ける」というものだ。たとえば、公然または暗黙の人種差別もそうであるし、金持ちのための税制の抜け穴も然り、貧しい国の子どもたちは栄養も足りていないのに、豊かな国の子どもたちには優れた学校制度が用意されていることもその例である。民主主義であるはずなのに、金の力で政治を左右することも、必要なお金を欠いている人たちから必要以上のお金を持っている人たちへ、利子の支払いという形でお金が流れ続けているという単純な事実もそうである。

システム思考では、このような構造を「成功者をさらに成功させる」フィードバック・ループと呼ぶ[17]。すでに成功している者たちに、より成功するための手段を与える正のループである。そのような不平等が起きないよう、是正する構造をきちんと意識して実行していない社会では、このループが生じる（是正構造の例には、差別を禁ずる法律や、累進課税、義務教育、保健サービスの基準、困窮者を支えるセーフティネット、富裕税、政治をお金の影響から独立させる民主的プロセスなどがある）。

このような「成功者をさらに成功させる」ループは、ワールド3モデルでは明白な形では存在していない。ワールド3は、所得や富、権力の分配に関する動的モデルではなく、世界経済とその成長の限界の全体的な関係に焦点を当てるものだからだ[18]。そこで、ワールド3では、現在の分配パターンが続くと仮定している。

しかし、ワールド3には、本章で説明した人口と資本システムの関連を反映する構造が一つ入っている。この構造があるために、貧困や人口増加が続き、世界システムがその限界を超えて行き過ぎる傾向が永遠に続くのだ。後の章に示すように、持続可能な世界をつくり出すためには、これを変えなくてはならない。

貧困と人口

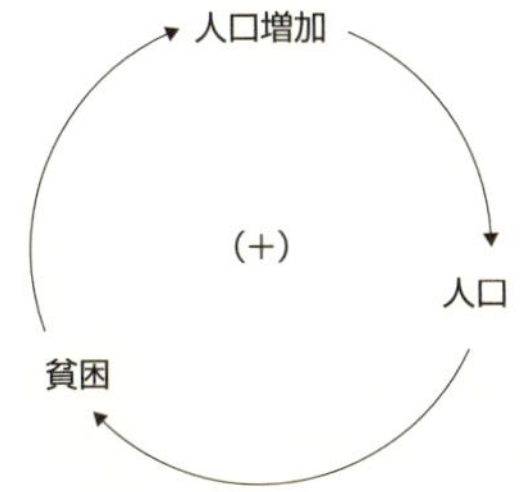

いつまでも貧困が続く構造が生じるのは、貧しい人たちに比べ、豊かな人たちが蓄財し、投資し、資本を増やしていくのは簡単だからである。豊かな人たちが、市況を左右し、新しい技術を購入し、資源を用いる力が大きいからというだけでなく、過去何世紀にもわたる成長によって、自己増殖しうる大きな資本のストックが築かれているからだ。基本的なニーズはほとんど満たされているので、現世代のニーズを満たしつつ、比較的高い割合で資本を投資にまわすことができる。さらに、豊かな国では、人口増加率が低いので、急増する人口の健康や教育ニーズを満たすために必要な投資が少なくてすみ、生産の多くをさらなる経済成長のためにまわすことができる。

対照的に、貧しい国では、資本の増加が人口増加になかなか追いつかない。豊かな国なら再投資にまわせるであろう生産も、貧しい国では学校や病院を建設したり、最低限必要な消費ニーズを満たすために使われる。当面必要なものが大きいために、工業へ投資できる分がほとんど残らず、したがって、経済はゆっくりとしか成長しない。人口動態的遷移でいうと、出生率と死亡率の差が大きい真ん中の局面から動けないのだ。女性にとって、子育てに代わる魅力的な教育や経済的な手段がなければ、自分にできる投資は「子ども」ぐらいしかなくなる。かくして、豊かになることなく、人口ばかりが増えていく。「富む者は富を得、貧しい者は子どもを得る」という古いことわざのとおりになる。

図2−12　地域別食糧生産量

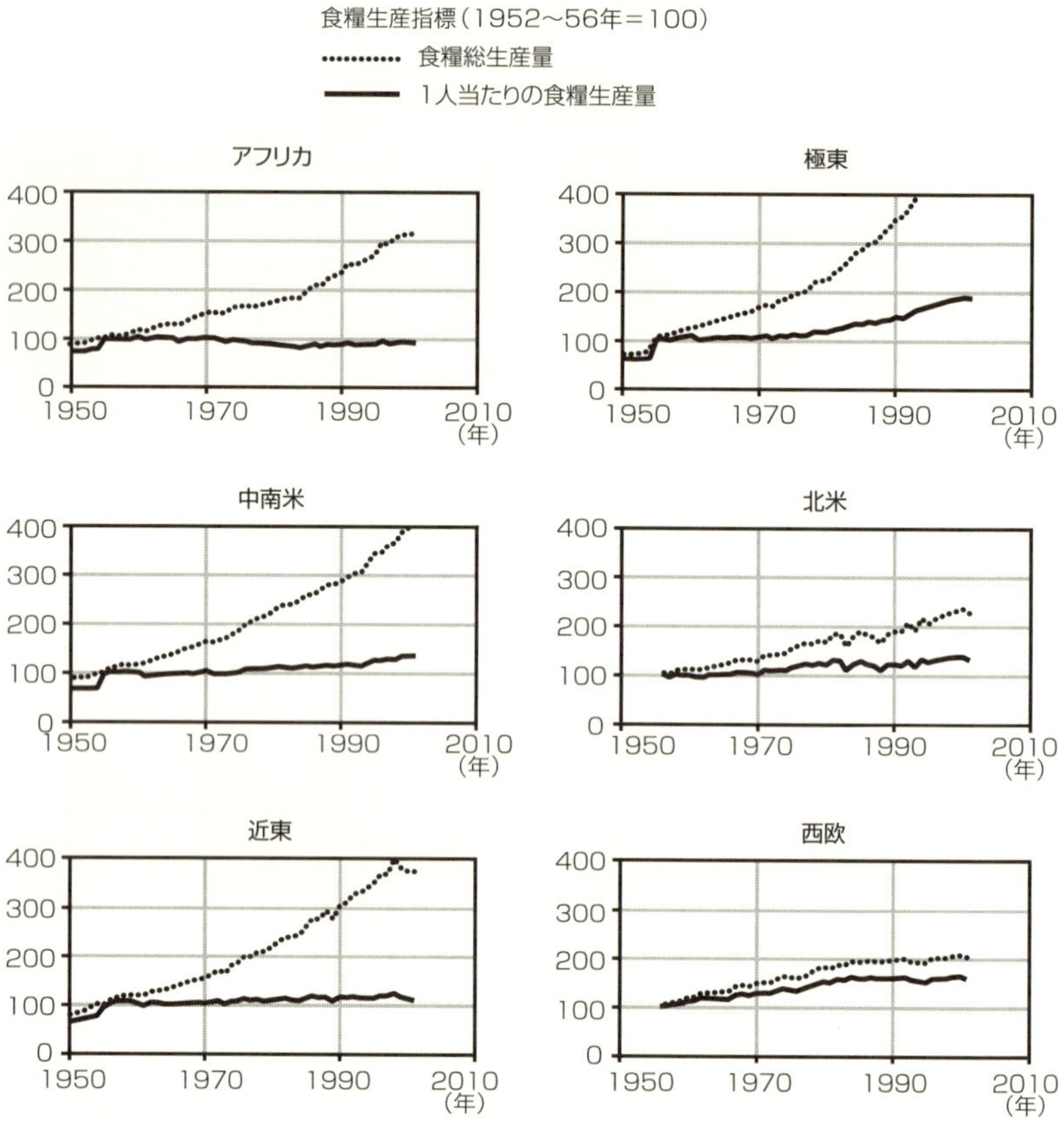

食糧生産指標(1952〜56年＝100)は、過去50年間で、世界でも飢餓が最も蔓延している地域で2倍ないし3倍に増えている。しかし、人口もほぼ同じ速度で増えているため、こうした地域での1人当たりの食糧生産指数は、ほとんど変わっていない。アフリカでは、1996年から2000年の間に、1人当たりの食糧生産量は9%減少している。
(出典:FAO)

「貧困のせいで人口が増えるのか？　それとも、人口が増えるから貧しくなるのか？」——つまり、「貧困と人口」の図が示すフィードバック・ループの二つの矢印のうち、どちらがより重要なのか？　国際会合は、激烈な議論に動きがとれなくなってしまうかもしれない。

しかし実際には、この正のフィードバック・ループのすべての部分が貧しい人々の行動を大きく左右しているのだ。「システムのワナ」、つまり「もともと成功していない人たちは成功できない」というループができているのである。貧しい人は貧困から抜け出せず、人口は増えていく。人口が増えると、生産は投資ではなく消費にまわされるので、資本の成長が鈍くなる。すると、人々は、教育も保健サービスも受けられず、避妊技術も選択肢も、力も持つことができず、「子どもがいれば収入が増えるだろう、家の労働を手伝ってもらえるだろう」と期待するしかないという状況に置かれる。こうして、今度は貧困のせいで人口が増え続けることになるのである。

このワナに陥るとどうなるかの一例が、図2—12に示されている。この二〇年間、途上国のあらゆる地域で、食糧生産が大幅に増加し、ほとんどの地域で二〜三倍にもなっている。しかし、人口も急増しているため、一人当たりの食糧生産量はほとんど改善しておらず、アフリカではむしろ徐々に減少している。食糧生産量が明らかに人口増加をしのぐ勢いで増えているのは、ヨーロッパと極東地域だけである。

図2—12のグラフは、二重の悲劇を示している。最初の悲劇は人間の悲劇だ。農業の大成功によって食糧生産は大きく増加したが、その増産分のほとんどは、「人々に十分な食糧」を提供するためではなく、人口が増えたために「より多くの人々に不十分な食糧」を提供するだけになってしまっている。二つ目の悲劇は、環境の悲劇である。食糧が増産できたのは、土壌や水、森林、生態系を傷つけるやり方をしたためだったのだ。その代償として、今後の食糧増産はますます困難になるだろう。

しかしながら、あるシステムを下向きにどんどん推し進める正のフィードバック・ループでも、ぐるりと方向転換して、システムを反対方向に動かすことはできる。貧困から、人口が増え、さらに貧困が広がるということは、貧困が減れば、人口増加が遅くなり、さらに貧困が減る、ということである。十分な期間にわたって十分な投資を行い、製品や労働に対して公正な価格づけをし、貧しい人たちに直接まわす生産を増やし、とくに教育や女性の雇用、避妊技術への割り当て分を増やすことによって、「人口―貧困ループ」の影響を逆転できる。社会が改善されれば、人口増加率は下がる。そうすると、工業資本への投資を増やして、財やサービスの生産を増やせる。財やサービスの消費が増えれば、人口増加をさらに抑えることができる。

世界のなかでも、国民全体、とくに貧しい人々の生活の豊かさに注意深く気を配っている地域では、この逆転が実際に起こりつつある。だからこそ、世界の人口増加率は減少し、人口動態的遷移が進行しているのである。

しかし、不公正がはびこっている地域、国民の豊かさのために投資する資源や意思が欠けている地域、または、財政的な失敗によって「構造改革」を余儀なくされ、教育や保健制度への投資が行われない地域では、多くの国民の暮らしは改善していない。貧困から抜け出せず、いまなお人口が急増しているこうした国々は、出生率の低下ではなく、死亡率の上昇によって人口増加率が低下するという大きな危険に直面している。実際、ジンバブエ、ボツワナ、ナミビア、ザンビア、スワジランドでは、エイズによる青少年の死亡という悲しい理由で、二一世紀初めには、人口増加率がゼロになると予測されている[19]。

人口と工業生産の幾何級数的な成長は、「現実の世界」の社会経済システムの自己増殖型構造の中に組み込まれている。しかし、その組み込まれ方が複雑なので、人口増加が鈍化し、工業成長は加速している地域もあれば、工業成長が鈍化し、人口増加が加速している地域もある。いずれにしても、人口と物理的な資本は増加の一途をたどっている。

現実問題として、この物理的な成長が永久に続くことはありうるのだろうか？　われわれの答えは「ありえない！」である。そうならないための対策が実を結ばないかぎり、人口や資本が増えると、地球の生態系に人類がかける負担であるエコロジカル・フットプリントは増加する。理論的には、技術などの力によって人間活動単位当たりのエコロジカル・フットプリントを急減させ、人口や工業資本の成長を続けることは可能である。しかし、実際問題として、これは不可能であるとわれわれは考えている。今日の世界各地の現状を見ても、十分な削減は起こっていない。エコロジカル・フットプリントは、経済成長ほどのペースではないものの、やはり増加しているのだ（序文　図1参照）。

いったん、エコロジカル・フットプリントが持続可能なレベルを超えてしまうと（現在すでにそうなっているが）、最終的には減らさざるをえない。そして、その減り方には二つある。環境効率を大きく改善するなど、意識して統制するプロセスの結果減るか、または、森林がなくなってしまったので木材の消費量が減るといった自然の手による調整での減り方である。エコロジカル・フットプリントの増大が止まるか否かに関しては疑問の余地はない。唯一残る問いは、それがいつ、どのような理由で止まるのか、である。

基本的には、人口増加は止まる。出生率がさらに低下するか、死亡率が上昇しはじめるか、またはその両方が起こるからだ。工業の成長も、基本的に止まる。投資率が減るか、減耗が増え始めるか、またはその両方が起こるからだ。このような傾向を予期するのなら、いくぶんでも理性的に考えて統制できるだろう。われわれは、自分たちにとって可能な最善の策を選ぶことができる。しかし、もし目をつぶり続けていれば、自然システムが、人類の幸福のことなど何も考えずに、結果をもたらすことになるだろう。

出生率と死亡率、投資率と減耗率は、いずれ均衡状態に落ち着くが、それは、人間が選択した結果か、もしくは、過剰な圧力にさらされた地球の供給源や吸収源からのフィードバックの結果である。いずれにしても、幾何級数的な成長曲線は緩やかになり、方向を変え、平らになるか、または下向きになるだろう。しかし、この時点の人間社会や地球の状況は、目を覆うものであるかもしれない。

物事を「悪いこと」と「良いこと」に分類し、その分類を固定したままにしておくのは、あまりに安直である。何世代もの間、人口増加も資本の増大も、まぎれもなく「良いこと」だとされていた。資源が十分にあり、人口も少なかった時代には、そのような肯定的な評価ももっともである。しかし、いまは、生態学的な限界に気づきつつあるので、逆に、すべての成長を「悪いこと」と分類したくなるかもしれない。

われわれは、限界の時代に何とかやっていこうとしているのだが、そのためには、もっと注意深く、細かく分類する必要がある。食べ物や住む場所、物質的なものを死にものぐるいで求めている人もいる。(違う意味だが)同じように必死に、物質的な成長を通して、他人に受け入れてもらうこと、自尊心、コミュニティ、アイデンティティといった、現実のものではあるが、非物質的なニーズを満たそうとしている人もいる。したがって、成長に「無条件に賛成」とか「無条件に反対」というのは意味がない。そうではなく、問うべきは、「何の成長か?　誰のための成長か?　どのような犠牲を伴うのか?　誰がその代償を払うのか?　その真のニーズは何なのか?　そのニーズを最も直接的かつ効率的に満たす方法は何なのか?　どれくらいあれば十分なのか?　分担すべき義務は何か?」である。

こうした問いについて考えることから、充足し、かつ公正な社会への道が見えてくるだろう。また、持続可能な社会への道を示してくれる問いもあるだろう。たとえば、「あるエコロジカル・フットプリントの範囲内で、あるスループットで、何人の人間を養うことができるのか？　どのくらいの物質消費レベルで？　どのくらいの期間養えるのか？　人口や経済、人間以外のすべての生命を支えている物理的なシステムは、どれほどのストレス下にあるのか？　この維持システムは、どのような種類の、どのくらいの量のストレスに対して、どれほどの回復力を持っているのか？　どれぐらいを超えると多すぎることになるのか？」

こうした問いに答えるためには、成長の原因から、今度は成長の限界に目を転じなくてはならない。これが第3章のテーマである。

第3章

地球の再生が不可能になる 供給源と吸収源の危機

資源を得るためのコストを一定に保つ、または下げるために私たちが採用した技術は、直接的、間接的に使用する燃料の量をつねに増やし続けなくてはならないものが多い。……この贅沢な技術は、コストのかかる必需品となり、同じ量の資源を供給するために、国民所得から資源加工部門へ振り向ける割合を増やし続けなくてはならなくなる。

――環境と開発に関する世界委員会　一九八七年

われわれは、「世界が地球のエネルギーや天然資源のストックを使い果たしてしまうから、崩壊する」と心配しているわけではない。ワールド3のつくり出すシナリオを見れば、どれも、二一〇〇年の世界は、一九〇〇年にあった資源のかなりの部分をまだ有している。ワールド3の予測を分析するなかでわれわれが懸念を持つようになったのは、「地球の供給源と吸収源にかかわるコストが増大していく」ことであった。

こうしたコストに関するデータは十分にそろっていないし、さまざまな議論もある。しかし、われわれが導き出した結論は、こうである。再生可能な資源の消費が増え、再生不可能な資源が枯渇し、一方で、吸収源がいっぱいになることから、徐々にではあるが情け容赦なく、経済が必要とする物質フローの質や量を維持するために必要なエネルギーや資本が増えていく。こうしたコストは、物理的要因、環境的要因、社会的要因が合わさって生じる。最後には、このコストが高くなりすぎて、工業は成長しつづけることができなくなる。そのとき、物質経済の拡大をもたらしてきた正のフィードバック・ループがその向きを変える。そして、経済は収縮しはじめる。

われわれには、この主張を実証することはできない。われわれにできるのは、この主張を説得力をもって提示し、建設的な対応を提案することだ。そのため、本章では供給源と吸収源に関するさまざまな情報を示す。そのなかで、現状をかいつまんで説明し、今世紀の世界経済と人口増加を維持するために必要な諸資源の見通しについてまとめよう。経済や人口を維持するにはさまざまな投入物が必要であるが、大きく二つに分類することができる。

一つは、すべての生物学的活動や工業活動を支える「物理的に必要なもの」である。たとえば、肥沃な土地、鉱物、金属、エネルギーや廃棄物を吸収し、気候を安定させる地球の生態学的システムなどである。基本的には、具体的に目に見えるものであり、耕作可能な土地や森林の面積（ヘクタール）、淡水量（トン）、金属重量（トン）、石油量（一〇億バレル）など、数字で表すことができる。しかし、実際の数字を出すのは大変困難である。まず、その全体量が確かではない。また、あるものを別のもので代替できる一方、あるものを生産すると他のものが入手しにくくなるなどの相互影響がある。加えて、「資源」「埋蔵量」「消費量」「生産量」といった用語に関しても、一貫した定義がない。科学は不完全であり、官僚は自らの政治的・経済的な目的のために数字をゆがめたり隠したりすることも多い。そして、物理的な現実に関する情報は通常、価格などの経済指標で表されていることも、量の把握をいっそう困難にする。価格を決定するのは市場だが、そもそも市場とは、物理的な資源を左右するルールとはまったく異なるルールで動いているからだ。こうした問題はあるものの、本章ではこれらの「物理的に必要なもの」について取り上げよう。

もう一つ成長に必要なのは、「社会的に必要なもの」である。たとえ、地球の物理的なシステムが、工業的に発展した多くの人口を支えることができたとしても、その経済や人口が実際にどれほど成長するかは、平和、社会の安定、公正さ、個人の安全、正直で先見の明のある指導者、教育、新しい考えに対するオープンさ、過ちを認めること、進んで試してみること、技術が着実に適切に進歩できる制度や基盤などの要因によって変わってくるだろう。

こうした社会的な要因を評価することは難しく、実際に役立つ精度をもって予測することはおそらく不可能だろう。本書もワールド3も、こうした社会的な要因は詳しく取り上げていない。

人々や工場が使う物質やエネルギーは、どこからともなく現れるわけではなく、地球から取り出される。そして、経済的な使用が終われば、消えてしまうわけではなく、物質ならリサイクルされるか、廃棄物や汚染物質になるし、エネルギーなら廃熱として放散される。物質やエネルギーは、地球の「供給源」から、「経済というサブシステム」を通って、最終的には、廃棄物や汚染物質の終着点であ

図3−1　地球の生態系のなかの人口と資本

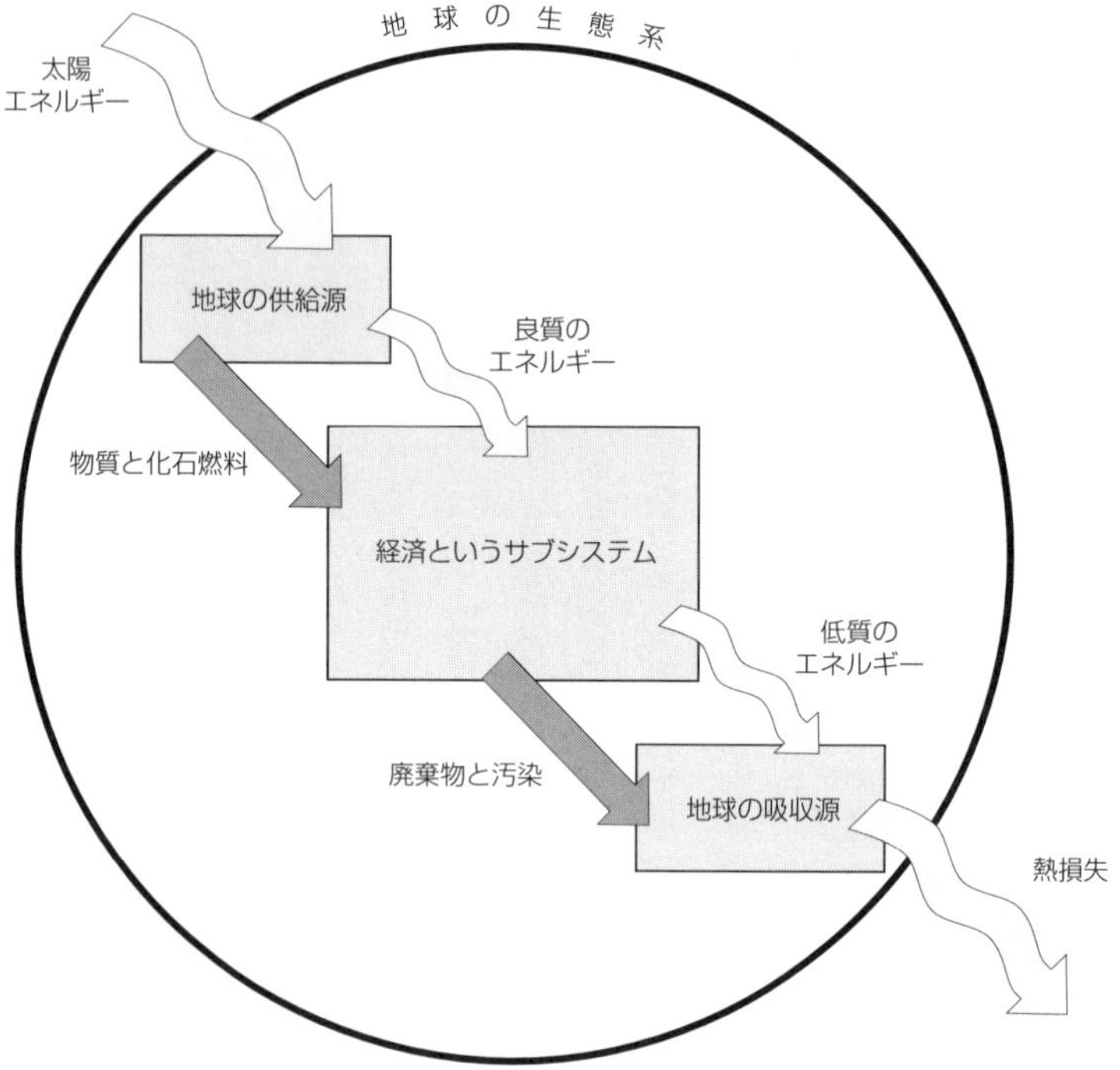

人口と資本は、地球からの燃料や再生不可能な資源のフローによって支えられ、同時に熱や廃棄物を放出し、地球の大気や水、土壌を汚染する。
（出所:R.Goodland, H.Daly, S. El Serafy）

る地球の「吸収源」へと流れていく（図3―1）。リサイクルやクリーンな生産を進めることで、消費単位当たりの廃棄物や汚染物質は大きく減らせるが、ゼロにはできない。人間は成長し、健全な体を保ち、生産的な暮らしを送り、資本や次世代の人間を生み出すために、食べ物や水、清浄な空気、住まいなどさまざまな物質をつねに必要とする。機械や建物が財やサービスを生み出すためにも、その機械や建物の修理や新たな建造のためにも、エネルギー、水、空気のほか、さまざまな金属や化学物質、生物素材がつねに必要である。しかし、人間や経済、地球の再生・調節のプロセスを害することなく、供給源が生み出し、吸収源が吸収できるペースには限界が存在するのだ。

供給源も吸収源も、それ自体が地球の生物地球化学的循環によって維持されている相互に関連した動的システムの一部であるため、その限界の性質は複雑である。短期的な限界（貯蔵タンクに蓄えられている精製済み石油の量など）もあれば、長期的な限界（地下の採掘可能な石油埋蔵量）もある。供給源と吸収源は相互に影響を与え合うし、同じ自然システムが供給源でもあり吸収源である場合もある。たとえば、ある土地は、食糧生産の供給源であるとともに、大気汚染による酸性雨の吸収源でもある。一方の機能をどれぐらい果たしているかによって、もう一方の機能をどれぐらい果たせるかが変わってくるかもしれない。

経済学者のハーマン・デイリーは、物質とエネルギーのスループットの持続可能な限界を定義するために、三つの簡潔な規則を示している(1)。

- 土壌、水、森林、魚など「再生可能な資源」の持続可能な利用の速度は、その供給源の再生速度を超えてはならない（たとえば漁獲の場合、魚を獲る速度が、残りの魚が繁殖して数が増える速度を超えていれば、持続可能ではない）。

●化石燃料、高品位の鉱石、化石地下水など、「再生不可能な資源」の持続可能な利用の速度は、持続可能なペースで利用する再生可能な資源へ転換する速度を超えてはならない（たとえば、石油を持続可能なペースで利用しようとするなら、石油使用による利益の一部を風力発電、太陽光発電、植林に投資しつづけ、埋蔵量を使い果たしたあとも同等量の再生可能エネルギーを利用できるようにしておく）。

●「汚染物質」の持続可能な排出速度は、環境がそうした汚染物質を循環し、吸収し、無害化できる速度を超えてはならない（たとえば、持続可能な形で下水を川や湖、地下の帯水層に流すには、バクテリアなどの有機体が、水生生態系を圧倒したり不安定にしたりすることなく、下水の栄養分を吸収できる速度を超えてはならない）。

再生可能な資源のストックを減らしたり、汚染の吸収源をいっぱいにしたり、再生可能な代替資源に置き換えることなく再生不可能な資源のストックを減らす活動は、持続できない。遅かれ早かれ、そうした活動は減少を余儀なくされる。デイリーの提唱する規則についてはさまざまな議論があるが、学会であれ、産業界であれ、政府であれ、一般の人々であれ、この規則自体に異議を唱える声は聞いたことがない（しかし、真剣にこの規則を行動規範にしようとしている人にもほとんどお目にかかったことはない）。持続可能性の基本原則というものがあるならば、こうした規則が含まれることは間違いない。考えるべきことは、「この規則は正しいのだろうか？」ではなく、「地球経済はこの規則を順守しているか？　順守しなかったら何が起こるか？」である。

デイリーのこの三つの規則を基準にして、経済が用いているさまざまな供給源と吸収源を調べてみよう。まず、再生可能な資源に関しては、「現在の利用速度は再生速度を超えていないか？」を問う。

再生不可能な資源については、その定義からも、ストック自体は減っていくが、「高品位の物質の利用ペースはどれぐらいか？　それを提供するために必要なエネルギーや資本の真のコストはどうなっていくか？」を論じる。最後に、汚染物質と廃棄物について、「十分なペースで無害化されているか？　それとも、環境中に蓄積しているか？」を考える。

こうした問いには、ワールド3モデルではなく、一つひとつの供給源や吸収源ごとに、存在するかぎりの地球規模のこれまでのデータを見ながら答えていくことになる（本章にはワールド3モデルによる事例はない）[2]。たとえば、食糧を増産するにはさらにエネルギーが必要になるが、エネルギーの増産から排出される汚染が気候を変え、ひいては農業の収穫量に影響を与えるかもしれないなど、供給源も吸収源も、ほかの供給源や吸収源とさまざまな相互作用を持っているが、本章ではそのなかからいくつかだけを説明する。

われわれが本章で取り上げる限界は、世界の科学者がたまたま現在知っている限界であって、実際に最も重要な限界であるという保証はない。将来、悲喜こもごも、驚くべき展開が起こるだろう。また、本書で言及する技術が、将来改善されることも間違いなかろう。しかし逆に、現在まったく認識されていない新しい問題も明らかになるだろう。

地球にとって「物理的に必要なもの」の現状と見通しについて、ある程度詳細に見ていこう。われわれの分析から、「人類は現在、成長の限界に対してどこにいるか」について、明確でわかりやすい答えが出てくるわけではないが、その分析によって、限界の現実と現在の政策がその限界に与える影響がわかってくるだろう。現在、人間は限界についてすべてを理解できていないことを考慮しても、本章に示す証拠から、次の四つの結論は説得力のあるものだろうと考えている。

●現在の経済が多くの重要な資源を消費し、廃棄物を排出しているペースは持続可能ではない。供給源は枯渇し、吸収源は満杯になりつつあり、あふれ出している場合もある。多くのスループットを現在のペースで長期的に持続することはできないし、ましてや、これ以上のペースで持続することは不可能である。われわれは、多くのスループットが今世紀中にピークに達し、それから減退するだろうと考えている。

●いまほどのスループットは必要ない。技術や分配方法、制度を変えることで、世界の人々の平均的な生活の質を維持または改善しながら、スループットを大きく減らすことは可能である。

●環境に対して人間がかけている重荷は、すでに持続可能なレベルを超えており、あと一～二世代以上維持することはできない。その結果、人間の健康や経済に対するさまざまな悪影響がすでに明らかになっている。

●物質の真のコストが増大している。

「環境に対して人間がかけている重荷」という概念は大変複雑で、量として示すのは難しい。現在提唱されている考え方のなかで最も優れているのは「エコロジカル・フットプリント」という概念で、われわれもこれを用いることにする。「エコロジカル・フットプリント」は、「自然に対する人間の影響の総量」であり、資源の採掘や汚染の排出、エネルギーの消費、生物多様性の破壊、都市化、そのほかの物理的な成長の結果の影響をすべて合計したものである。測定しにくい概念であるが、この一〇年間に大きく進歩しており、今後も発展していくことだろう。

序文でもふれたように、有効な一つの考え方は、地球の生態系に対する人間の影響すべてを、その「生態系の機能」を永久に持続するためには、何ヘクタールの土地が必要か？に変換する方法である。

地球上の土地面積（ヘクタール）は有限の数字である。この方法によって、「人間は入手可能な資源の供給量を超えているか？」という問いに対して、一つの答えを出すことができる。「序文」の図1は、その答えが「超えている」であることを示している。エコロジカル・フットプリントをこの方法で計算すると、二〇〇〇年時点で、人間は地球上で実際に使える土地の一・二倍もの土地を必要としていた。つまり、人類は地球の限界を二〇パーセント超えていたのである。しかし、幸いなことに、この重荷を軽くし、限界の範囲内に戻し、人間のニーズや希望をいまよりもずっと持続可能な形で満たす方法はたくさんある。そうしたさまざまな方法についても見ていこう。[3]

食糧・土壌・水・森林の限界

◆食糧・土地・土壌

> 質の高い農地の大部分はすでに生産に使われており、残っている森林や草地、湿地を耕地に転用する場合に生じる環境コストは十分に認識されている。……残っている土地のほとんどは、生産性が低いか脆弱な土地である。……地球規模で土壌浸食を分析したある研究では、現在、地域によっては、新しく土壌が形成される速度の一六〜三〇〇倍もの速度で表土が失われていると推定している。
>
> ――世界資源研究所　一九九八年

一九五〇年から二〇〇〇年にかけて、世界の年間穀物生産量は、五億九〇〇〇万トンから二〇億トン以上へ、三倍以上増加した。一九五〇年から七五年までの穀物生産量の平均年間増加率は三・三パ

図3−2　世界の穀物生産量

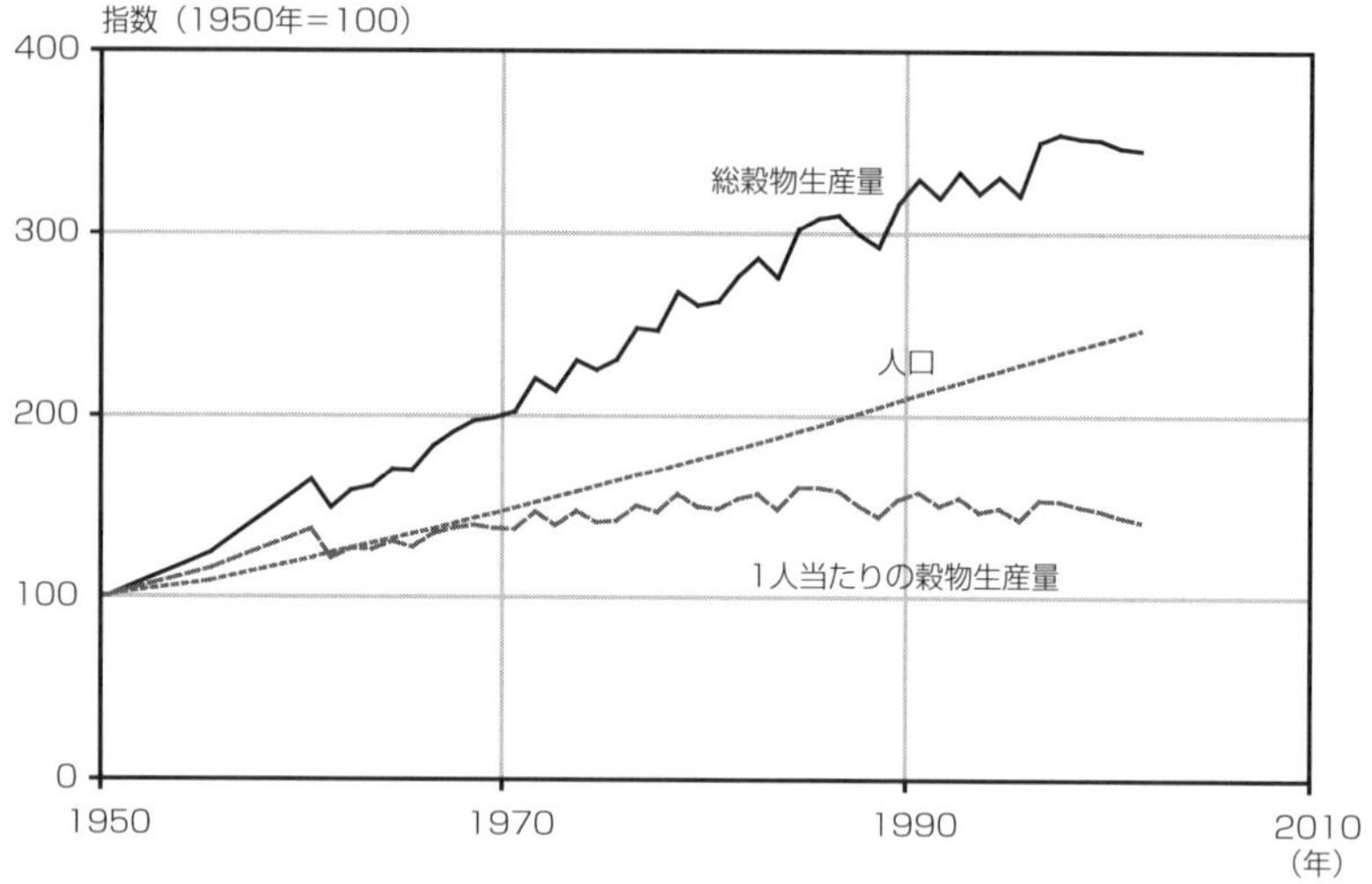

2000年には1950年時点の3倍もの穀物が生産されている。しかし、人口が増えているため、1人当たりの穀物生産量は、1980年代半ばにピークに達し、以来、やや減少している。それでも、1人当たりの穀物生産量は、1950年に比べて40%多い。
（出典:FAO;PRB）

ーセントで、一・九パーセントだった同時期の人口増加率を超えている（図3—2）。しかし、この二〇〜三〇年の間、穀物増産の速度は緩やかになり、ついには人口増加率を下回るようになった。一人当たりの穀物生産量は、一九八五年あたりでピークに達し、以後少しずつ減っている[4]。

それでも、少なくとも理論上は、現在の食糧の量があれば、すべての人に適切に供給することができる。二〇〇〇年に世界中で生産された穀物の総量を、家畜飼料にまわさず、収穫から消費までの間に害虫にやられたり傷まないと仮定し、均等に分配すれば、生存できる最低水準で八〇億人を養える。穀物はカロリー換算で、世界の農業産出のほぼ半分を占めている。穀物に、ジャガイモなどの塊茎、野菜、果物、魚、それに穀物飼料での飼育ではなく放牧で育てる動物性食品を加えると、二〇〇〇年の六〇億人という人口に、バラエティ豊かで健全な食生活を提供できるだけの量があったのだ[5]。

実際には、収穫後に損失する割合は、作物や場所によって異なり、一〇～四〇パーセントの幅がある[6]。食糧の分配は公平というにはほど遠く、人の口に入らずに家畜の飼料に使われている穀物が大量にある。というわけで、理論上は食糧は十分にあるにもかかわらず、実際には飢餓がなくならないのだ。国連の食糧農業機関（FAO）では、慢性的に必要量以下の食事しかとっていない人が約八億五〇〇〇万人いると推計している[7]。

お腹をすかせた人のほとんどが、女性と子どもたちだ。発展途上国では、子どもの三人に一人が栄養不良である[8]。インドでは約二億人、アフリカでは二億人以上、バングラデシュでは四〇〇〇万人、アフガニスタンでは一五〇〇万人が慢性的な飢餓状態にある[9]。毎年およそ九〇〇万人が飢餓に関連する原因で死亡している。つまり、一日平均二万五〇〇〇人が飢えで死んでいるのだ。

これまでのところ、人口が増加しても飢えている人の数はほとんど変わっていない。飢餓による年間死亡者数の推定値は少しずつ下がっている。これはすばらしいことである。人口が増え、限界に達しているというのに、飢餓状況は悪化はしていないのだ。しかし、まだあちこちに絶望的な飢えが存在しており、慢性的に栄養不良の地域が広く存在している。

世界に飢餓がはびこるのは、地球の物理的な限界のせいではない（少なくともいまのところは）。食糧の増産は可能である。図3―3は、いくつかの国の穀物収穫量の趨勢を示している。土壌や気候が異なるので、すべての土地で、最も好条件の場所での最高水準の収穫量をあげることは期待できない。しかし、多くの場所で、すでによく知られ、広く使われている技術を使うだけで、生産量を増やせることは間違いない。

図3−3　各国の穀物収穫量

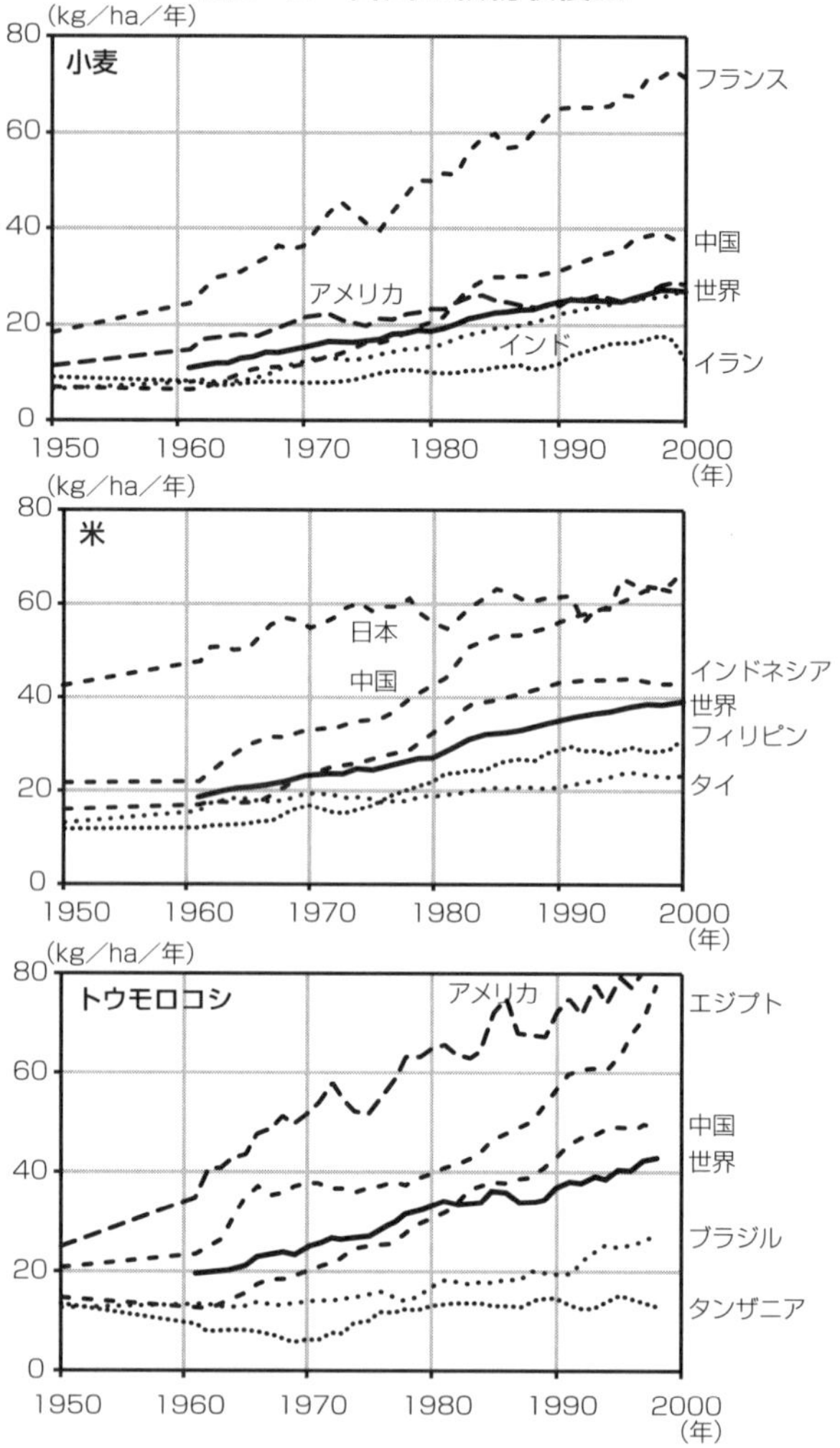

小麦、米、トウモロコシの収穫量は先進国で高く、中国、エジプト、インドネシアなど、一部の途上国でも急増している。それ以外の途上国では、収穫量はまだ低い水準にあり、改善の余地が大きい（年によって天候が違うため、グラフの収穫量は3年間の平均値で示されている）。
（出所:FAO）

ＦＡＯでは、中南米、アフリカ、アジアの一一七カ国の土壌と気候を徹底的に調査した結果、耕作可能な土地をすべて利用し、技術的に可能な最高水準の収穫量をあげると仮定した場合、自国の土地で生産した食糧で二〇〇〇年時点の人口を養えない国は、一九カ国しかないと推定した。この調査によると、もしすべての耕作可能な土地を食糧生産に用い、土壌浸食による損失もなく、天候も申し分なく、管理も万全であり、農業投入物をまったく制約なく使えるとしたら、調査対象となった一一七カ国の食糧生産高を一六倍にできるという[10]。

もちろん、こうした前提はあまり現実的ではない。実際の天候や農法、食糧生産以外のために必要な土地（森林や牧草地、人間の居住地、流域保護、生物多様性の保護など）、肥料や殺虫剤の流出の問題を考えれば、食糧生産の実際の限界は、この理論上の限界をはるかに下回ることになる。実際、さきほどふれたとおり、一人当たりの穀物生産量は一九八五年以来減少している。

第二次世界大戦以降、発展途上国での農業生産高や生産性は目を見張るほどの勢いで伸びている。多くの農地では、この伸びは持続可能であるように思われるが、持続可能ではないプロセスで生産性の向上を実現してきている地域もある。一つは、生産可能性が低い土地や脆弱な土地の開墾であり、もう一つは、採鉱もしくは土壌資源基盤の破壊による生産強化である[11]。

限界の最たるものは土地である[12]。何をもって「耕作可能」とするかによるが、地球の耕作可能な土地は、二〇～四〇億ヘクタールと推定される。そのうち、およそ一五億ヘクタールではすでに作付けが行われており、この面積は三〇年間、ほとんど変わっていない。食糧増産分のほとんどは、農地の実質的な拡大ではなく、収穫率の向上によるものである。だからといって、耕地が維持されているということではない。絶えず新たな耕地が生産に使われるようになる一方で、かつて生産力のあった土地が浸食や塩害、都市化、砂漠化などによって失われている。これまでのところ、新しい耕地と失われた土地はほぼ同じである。もっとも、それは「面積」で測れば、ということであって、「質」が同じとは限らない。一般的に、農業に最適の土地がまず開発されるので、もともとは生産性の高かった土壌が劣化し、より限界に近い土地が生産にまわされるようになっている[13]。

国連環境計画（ＵＮＥＰ）は一九八六年に、人間は過去一〇〇〇年間に、約二〇億ヘクタールの生産力の高い耕地を不毛な地に変えてきたと推計した[14]。この面積は、今日のすべての耕地の合計面積を上回る。約一億ヘクタールの灌漑地が塩害によって失われ、約一億一〇〇〇万ヘクタールの土地では生産力が落ちている。作物の生育に適する腐植土の年間損失速度は、産業革命以前には二五〇〇万トンだったが、この数百年の間に三億トンに増え、この五〇年間は七億六〇〇〇万トンへと増加している[15]。腐植土が失われると、土壌がやせてしまうだけではなく、大気中に蓄積される二酸化炭素が増える。

一九九四年に、数百人の地域の専門家による比較研究をもとに、「地球全体でどれほどの土壌が失われているか」に関するはじめての評価結果が発表された。劣化の度合いは、「軽度」から「深刻」までさまざまであるが、現在利用されている農地の三八パーセント（五億六二〇〇万ヘクタール）が劣化している、という結論であった（加えて、永年牧草地の二一パーセントと森林地の一八パーセント）[16]。

地球全体で、どれほどの農地が道路や人間の居住地用に転用されたかという数字を見つけることはできなかったが、この損失もかなりの大きさに違いない。ジャカルタ市は、年に二万ヘクタールずつ耕地をつぶして拡大していると推計されている。ベトナムでは、都市開発のために毎年二万ヘクタールの田んぼが姿を消している。タイでは、一九八九年から九四年の間に、三万四〇〇〇ヘクタールの農地がゴルフコースに変わった。中国は、一九八七年から九二年の間に、耕作可能な六五〇万ヘクタールを失ったが、同時に、三八〇万ヘクタールの森林や牧草地を耕地に変えている。アメリカでは、毎年約一七万ヘクタールの耕地が舗装されている[17]。

こうした展開によって、二つの再生可能な供給源が減っている。一つは、耕地の土壌の質（深さ・腐植土の含有量・生産力）である。この損失が食糧生産量に目に見える形で影響を与えるのはずっと先になるだろう。土壌の養分が足りなくなれば、化学肥料を代わりに使うことができるからだ[18]。化学肥料を使えば、土壌が傷んでいる兆候は見えなくなるだろう。しかし、永久に隠しておくことはできない。化学肥料はそれ自体、農業システムへの持続不可能な投入物であって、土地がやせてきているというシグナルを遅らせてしまう。これは、行き過ぎをもたらす構造的な特徴の一つである。

もう一つ、持続可能ではない使われ方をしている供給源は、土地そのものである。何百万ヘクタールもの土地が劣化し、捨てられているというのに、耕作面積はほとんど変わっていないのだとすれば、それはつまり、耕地に転換しうる土地の面積（ほとんどが森林。本章の後半で取り上げる）が縮小し、一方で、不毛の荒れ地が増えているということである。人々の命を支える食糧の流れを生み出す土地は、つねに新しい土地へ新しい土地へと移動し、その後には使い果たされ、塩害にやられ、浸食され、舗装された地面が累々と残っているのだ。このようなやり方を永遠に続けられないことは明らかである。

人口が幾何級数的に増える一方で、耕作面積はほぼ一定だとすると、一人当たりの耕作面積は減少しているはずだ。実際、一人当たりの耕作面積は、一九五〇年の〇・六ヘクタールから二〇〇〇年には〇・二五ヘクタールへと減っている。これまで、一人当たりの耕作地が減っているにもかかわらず、増え続ける人口に食糧を供給できたのは、収穫率の向上による。米のヘクタール当たりの平均収穫率は、六〇年には二トンだったが、九五年では三・六トンに増えており、実験場では最高一〇トンという数字も得られている。アメリカのトウモロコシの収穫率は、六七年にはヘクタール当たり平均五トンだったのが、九七年には八トンを超えており、豊作の年に最高に出来のよかった農家では二〇トンを記録している。

驚くべきパターンだ。平均的には着実に増加しつづけているが、いちばん上の最高のところを見ると、大豆の収穫量は二五年間変わっていないようだ。大豆の平均収穫量は、ヘクタール当たり九〇キログラムまで順調に伸び続けているが、同時に大豆の品種改良研究への投資は、四倍に増えている。先へ進むのが一歩ずつ難しくなるとき、それが投資の見返りが減っていく兆候だ。

ケネス・S・キャスマン　一九九九年

今後五〇年間、どうやって収穫量を増やすことができるのか、自分自身に説得力のある説明をすることができない。

バーノン・ラッタン　一九九九年

米の最大収穫量は、三〇年間ずっと変わっていない。バイオマス量で頭打ちになっているのだが、これに対する簡単な答えはない。

ロバート・ルーミス　一九九九年

こうしたデータをすべて並べたときに、今後起こりうる農地不足について何がわかるだろうか？図3―4は、今後一〇〇年間の土地に関するいくつかのシナリオで、総耕作面積、人口増加、平均収穫率、標準的な食生活の相互関係を示している。

図3−4　将来の農地の可能性

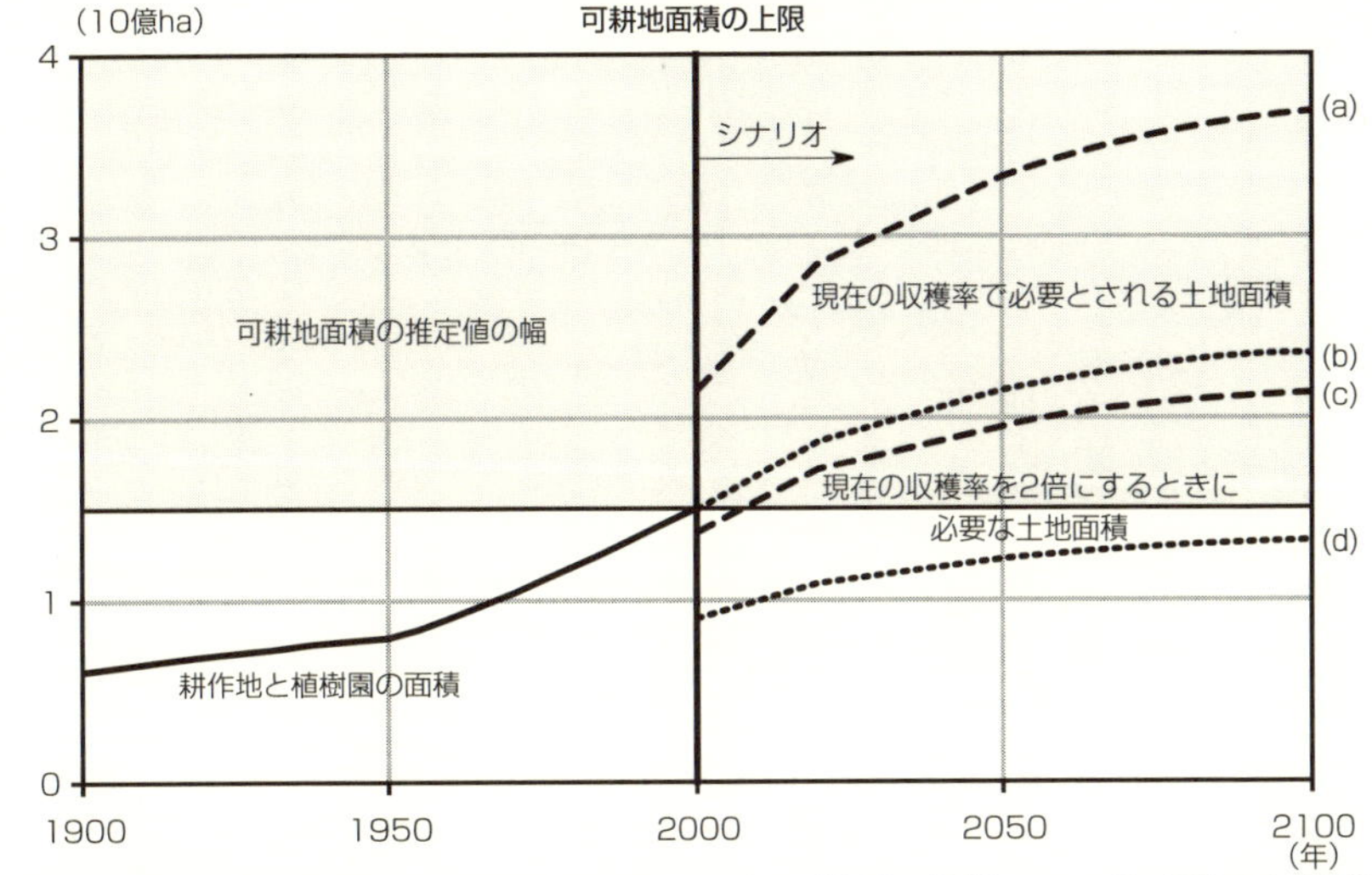

21世紀の耕作可能な土地は、15〜40億ヘクタールだろう（陰影の部分）。ここでは、国連の中位予測に従って人口が増加すると仮定する。2000年以降のシナリオは、現在のヘクタール当たりの収穫率を維持する場合と収穫率を現在の2倍とする場合について、現在の食生活の水準を維持する場合と世界中の人が2000年の平均的ヨーロッパ人の栄養を得る場合について、食糧生産に必要な土地面積の幅を示している。
（出所:UN, FRB, FAO, G.M.Higgins et al.）

図の陰影部分は、耕作可能な土地面積を示している。現在の一五億ヘクタールから、理論上の上限値四〇億ヘクタールまで幅がある。陰影部分の上部の土地は、下部の土地に比べると、生産性がずっと低い。もちろん耕地の総面積が減る可能性もあるが、この図では、耕地はこれ以上減らないと仮定している。そして、すべてのシナリオを通して、世界人口は国連の中位予測に従って増えると仮定している。

土地の収穫率は鈍化し、その向上はより高くつくものになってくることは明らかだ。アメリカには、一九九九年にすでに、「収穫率の頭打ち」を心配していた農業専門家もいた[19]。土壌浸食や気候変動、コストのかかる化石燃料、地下水位の低下などの要因によって、収穫率は現在の水準よりもいっそう下がるかもしれない。しかし図3―4の仮定では、収穫率はこの一〇〇年間変わらない、または二倍になるとしている。

収穫率が現在と同じだったとして、（a）の線は、二〇〇〇年の西欧の平均水準の食糧を提供するために必要な土地面積の予測である。（b）の線は、今後一〇〇年間にわたって、現在の不十分な食生活を世界の人々に提供する場合に必要な土地面積である。次に、収穫率が二倍になると仮定して、（c）の線は、地球の人々に二〇〇〇年の西欧の平均水準の食糧を提供するために必要な土地面積であり、（d）の線は、今後一〇〇年間にわたって、現在の不十分な食生活を世界の人々に提供する場合に必要な土地面積である。

図3―4を見れば、人口が幾何級数的に増加すると、「土地が十分にある世界」があっという間に「土地の足りない世界」になることがわかるだろう。

しかし図3―4を見ると、資源基盤の回復力と、人間の技術的・社会的柔軟性しだいで、さまざまな対応がありうることもわかる。土地がこれ以上失われず、世界中で収穫率が二倍になり、劣化した土地が回復すれば、現在の世界人口の六〇億人すべてが十分な食べ物を得ることができるし、二一世紀半ばに予測されている九〇億人近くの人口でも十分に養えるだろう。しかし、土壌浸食が増加し、灌漑率が維持できず、土地の開墾や回復にあまりに費用がかかりすぎる、あるいは、世界中で平均収穫率を二倍にすることが困難だったり、環境的に危険だったり、もしくは、人口増加が国連の予測どおりに頭打ちにならなければ、食糧は、一部の地域だけではなく世界規模で、しかもあっという間に、深刻なレベルまで制限されてしまうだろう。その食糧不足の状態は、突然やってきたように見えるかもしれないが、幾何級数的な成長を続けてきた結果以外の何ものでもない。

農業資源基盤が持続可能ではないやり方で使われる原因には、貧困、絶望、人間の居住地の拡大、過放牧、過耕作、無知、あるいは、長期的な土地の保全より短期的な生産に経済的な見返りがあること、生態系（とくに土壌の生態系）のことをほとんどわかっていない管理者の存在など、さまざまなものがある。

土壌や土地のほかにも、食糧生産の限界がある。すぐ後に取り上げる水もそうであるし、エネルギー、農薬の供給源と吸収源などもそうだ。[20] 世界には、こうした限界をすでに超えてしまった地域もある。そういう場所では、土壌は浸食され、灌漑のために地下水位は低下し、農地からの流出水が地表水や地下水を汚染している。世界の大きな水域には、主に肥料と土壌浸食によって養分が流入し、ありとあらゆる水生生命が死に絶えた「死のゾーン」が、大きいものだけ数えても六一もある。そのなかには、年中「死のゾーン」である場所もあれば、春の流出水が上流の農地の残留肥料を流し込むので、夏にだけ「死のゾーン」が出現する場所もある。ミシシッピー川の死のゾーンは、マサチューセッツ州の面積に匹敵する二万一〇〇〇平方キロメートルにも及ぶ。[21] これほどまでに生態系を大混乱させる農業のやり方は、持続可能ではないし、必要でもない。

実際に、土壌浸食もなく、土地を捨てる必要もなく、農薬による土壌や水の汚染もない状態で、農業を行っている地域もたくさんあるのだ。段々畑や等高線式耕作、たい肥化、間作物栽培、多品種栽培、輪作といった、土壌を守り、地力を高める農法が何世紀にもわたって用いられている。ほかにも、列植栽培やアグロフォレストリー（農林複合経営）など、とくに熱帯地方に適した農法が、農業試験場や農地で実地試験されている。[22] 温帯でも熱帯でも、化学肥料や殺虫剤を大量に散布しなくても（場合によってはまったく用いなくても）高い収穫率を持続的に達成しているところがある。

ここで「高い収穫率」と書いたことに留意してほしい。数ある成果を見ても、「有機」農法を遅れたものと考える必要はなく、一〇〇年前の生産性の低い農法に戻る必要もない。有機農業の多くは、高収穫量品種を使い、機械を使って省力化し、高度な生態学的手法で施肥や害虫防除を行っている。化学肥料や農薬を用いている近隣農家に負けない収穫量をあげ、より大きな利益を得ている場合が多い。[23]化学的な投入物や遺伝子組み換え技術に向けられている研究のほんの一部でも、有機的な生産方法に向けることができれば、有機農業の生産性はさらに上がるだろう。

従来型の集約的な農法に比べ、「有機」農法は、土壌を肥やすもので、環境への悪影響が少なくてすむ。このような代替農法によって、従来型の農法に匹敵する穀物収穫量をあげることができる。[24]

持続可能な農業をすでに実施している地域もある。世界各地で何百万もの農家が、生態系にとって健全な農業を行い、その結果、土地の劣化が止まり、収穫量が増加しつづけることに気づいている。消費者（少なくとも豊かな世界の消費者）が、このような方法で生産される食糧を求める気持ちは強まっており、高くても喜んでお金を払おうとする。アメリカやヨーロッパの有機農作物市場は、一九九〇年代から年二〇～三〇パーセントで拡大し、九八年の世界の主要市場での有機飲食料品の売り上げは、合計一三〇億ドルに達している。[25]

われわれはここまで、遺伝子組み換え作物の可能性については言及してこなかった。それは、この技術に対する判断がまだ下されていないからである。実際には、賛否両論がいまだに渦巻いている状態だ。遺伝子工学がなければ、世界の人々に食糧を供給することができないのか？　それは持続可能なのか？　こうした点は明らかではない。飢えている人がいるのは、売っている食糧が少なすぎるからではなく、買うお金がないからである。コストのかかる食糧を大量に生産しても、そうした人々を救うことにはならない。たしかに、遺伝子工学を使えば収穫量が上がるかもしれない。しかし、ハイテク（よって通常の農家には使えない）で、生態系にリスクのある遺伝子技術を使わなくても、まだ使われていない増産方法はたくさんある。バイオテクノロジーで作物を生産しようと急ぐ動きは、すでに生態系への問題や農業問題を引き起こし、消費者の反発を招いている[26]。

現在の生産量で、すべての人が十分に栄養をとることができる。そして、汚染も、必要な耕地面積も、化石エネルギーの消費量も減らしつつ、食糧を増産することもできる。何百万ヘクタールもの耕地を、自然に戻したり、繊維や牧草、エネルギー生産にまわすことができる。こうしたことを、世界の人々に食糧を提供している農家に十分な報酬を与えながら行うことができる。しかし、これまでのところ、このような成果を達成しようという政治的な意思はほとんど見られない。現実には、世界の各地で、食糧生産のための土壌、土地、土壌養分がやせ細り、農業経済や地域社会も減退している。そうした地域では、現在のやり方では農業生産は多くの限界を超えてしまっているのだ。一刻も早く事態を変えていかないかぎり（変えることはまったく問題なく可能である）、増加する一途の人口を、衰えつつある農家や農業資源基盤で養いつづけなくてはならなくなる。

◆水

> 発展途上国でも先進国でも、多くの国の現在の水の使い方は、持続可能でないことが多い。……世界の水の量および質の問題は、局地的にも地域的にも、どんどんと悪化している。……水資源の制約や水の劣化は、人間社会を支えている資源基盤の一つを弱体化している。
>
> ――国連、淡水資源の包括的アセスメント　一九九七年

図3−5　淡水資源

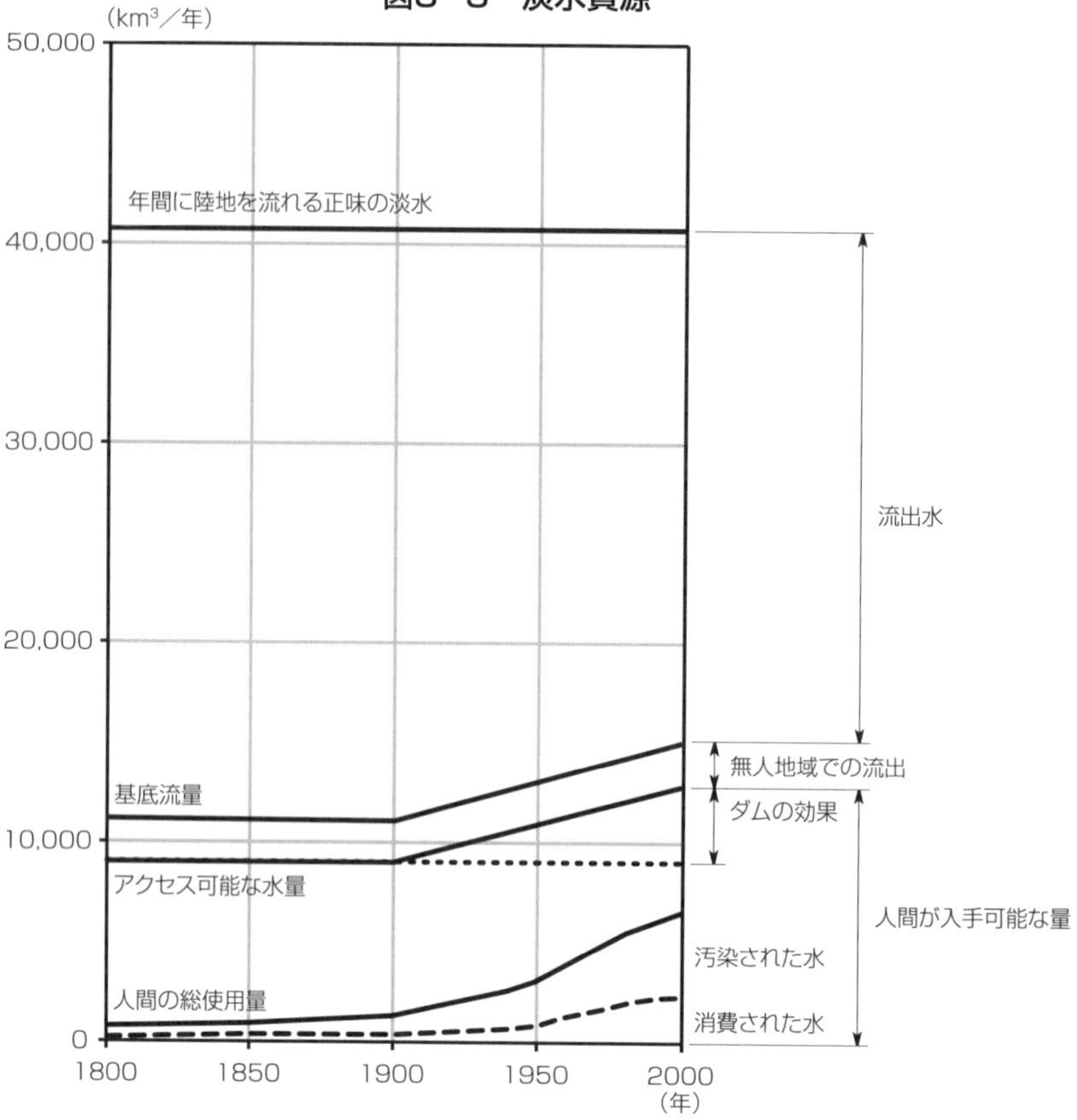

地球の淡水の供給量と使用量のグラフから、消費量や汚染の増加がいかに急速に入手可能な水量に近づいてしまうか、そして、これまでダム建設が供給の安定化のためにどれほど重要であったかがわかる。(出所:P.Glick, S. L. Postel et al,; D. J. Bogue; UN)

淡水は、地域的な資源であり、世界規模の資源ではない。ある特定の水域で使えるものであり、限界といってもその形はさまざまである。乾期を過ごせるだけの水を蓄えられるかによって、季節的に限界が生じる水域もあれば、地下水の再補給や溶雪、森林の土壌の保水力などによって限界が決まってくる地域もある。また、水は供給源であるばかりでなく、吸収源でもある。したがって、上流や地下水の汚染度によって、その使用に限界が出てくる場合もあるかもしれない。

水はもともと地域的な性格を有しているものの、もちろん水について地球規模で語ることもできる。そして、そうした発言には、深い懸念の色が反映されるようになってきた。水は、代替不可能な最も重要な資源である。水の限界は、食糧、エネルギー、魚、野生生命など、その他の必要なスループットにも限界を突きつける。食糧、鉱物、林産物その他を採取するなかで、水の量や質がますます制約を受ける。世界には、間違いなく限界を超えてしまった水域が増えている。最貧国にも富裕国にも、環境問題やコストの増大、水不足などによって、一人当たりの取水量が減りつつあるところがあるのだ。

図3—5は、多くの水域を地球規模でまとめた一例である。しかし、地域の水域ごとに同様の図をつくっても、この図と同じ全般的な特徴が見られるだろう。つまり、限界があり、その限界を押し広げようとする要因があり、限界を狭めようとする要因があり、そして、限界へ向かっての成長（地域によっては限界を超えた成長）がある。

図のいちばん上にあるのは、人間が使える水の物理的な上限である。世界中の河川の年間流量の合計で、すべての地下帯水層の再補給量も含んでいる。これは、再生可能な資源であり、経済へ投入される淡水がほとんどどこから取り出されることになる。その量は、年間四万七〇〇〇立方キロメートルという膨大なもので、北米にある五大湖を四カ月ごとに満杯にできるほどだ。一方、現在の人間の取水量は、年間四四三〇立方キロメートルと、この数字の一〇分の一強にすぎない。そうすると、限界は現実にははるか遠くにあるように思えるだろう[27]。

しかし、実際には、流出する淡水のすべてを用いることはできない。その大部分は季節的なものであり、年間二万九〇〇〇立方キロメートルの水はそのまま海に流れ出ている。したがって、年間を通しての資源として計算できるのは、一万一〇〇〇立方キロメートルとなり、これが基本的な河川や地下水を再補給する流量の合計となる。

図3―5を見ると、人間は流れる水をせき止めるダムを築くことで、限界量を引き上げていることがわかる。二〇世紀末までに、ダムのおかげで給水量は年間約三五〇〇立方キロメートル増えてきた[28]（いうまでもなく、ダムは土地を水面下に沈める。水没するのは主要な農地であることが多い。また、ダムは発電をする。河川流域からの水の蒸発を増やし、実質流出量を減らし、流域や水生の生態系を変えてしまう。早晩沈泥が蓄積して、役に立たなくなる。したがって、持続可能な流れの供給源ではない。また、限界からのフィードバックに非常に長期的な遅れをもたらす。これには多くのプラスおよびマイナスの副作用がある）。

ダムのほかにも、海水の淡水化や遠隔地からの水の輸送など、水の限界量を引き上げる方法がある。こうした方法は局地的には重要かもしれないが、エネルギー集約度が高く、コストも高くつく。これまでのところは、小規模な取り組みしか行われていないので、地球規模のグラフにはその変化は表れていない[29]。

また、持続可能な水のすべてが、人々の住んでいる場所にあるわけではない。アマゾン川流域は、地球全体の流出量の一五％を占めているが、流域に住んでいる人口は世界の〇・四パーセントにすぎない。北米やユーラシアの極北にある川には、年間一八〇〇立方キロメートルもの流量があるが、そこにはほとんど人が住んでいない。このように人間が簡単にアクセスできない場所に流れている安定した流量は、年約二一〇〇立方キロメートルにも及ぶ。

持続可能な流量は一万一〇〇〇立方キロメートルあり、そこにダムに貯水する三五〇〇立方キロメートルを加え、人間がアクセスできない流量の二一〇〇立方キロメートルを引くと、アクセスできる持続可能な流量は、年間一万二四〇〇立方キロメートルとなる。これが、人間に使える再生可能な淡水供給量の予測上限値である[30]。

人間が取水し消費している量（取水した水のうち、蒸発したり穀物や製品に取り込まれたりしたために、川や地下水に戻らない分）は、年間二二九〇立方キロメートルにのぼる。そのほかに、四四九〇立方キロメートルの水が、汚染を希釈し、除去するために使われている。この両方の水を合計すると、年間六七八〇立方キロメートルとなり、持続可能な淡水流出総量の半分以上となる。

ということは、水の使用量を倍増する余地があるのだろうか？　水使用量が再び倍増することはありうるのだろうか？

一人当たりの平均水需要量が同じで、人口は国連の現在の予測のとおり、二〇五〇年には九〇億人まで増えるとしたら、人間は年間に一万二〇〇立方キロメートルの水を取水する計算になる。これは、地球全体の持続可能な淡水流出量の八二パーセントに当たる。もし、人口だけではなく、一人当たりの水需要も増大すれば、二一〇〇年を迎えるはるか前に、地球規模で深刻な水の限界がやってくるだろう。二〇世紀、取水量は人口増加の約二倍のペースで増えた[31]。しかし、しだいに水が不足してくるため、一人当たりの水使用量は、頭打ちになるか、減少する可能性すらある。すでに、取水量の曲線は明らかに鈍化しはじめており、場所によっては下向きに方向転換しているところもある。現在の世界全体の水使用量は、三〇年前に当時の幾何級数的成長曲線をそのまま伸ばして予測した量のたった

図3-6　アメリカの取水量

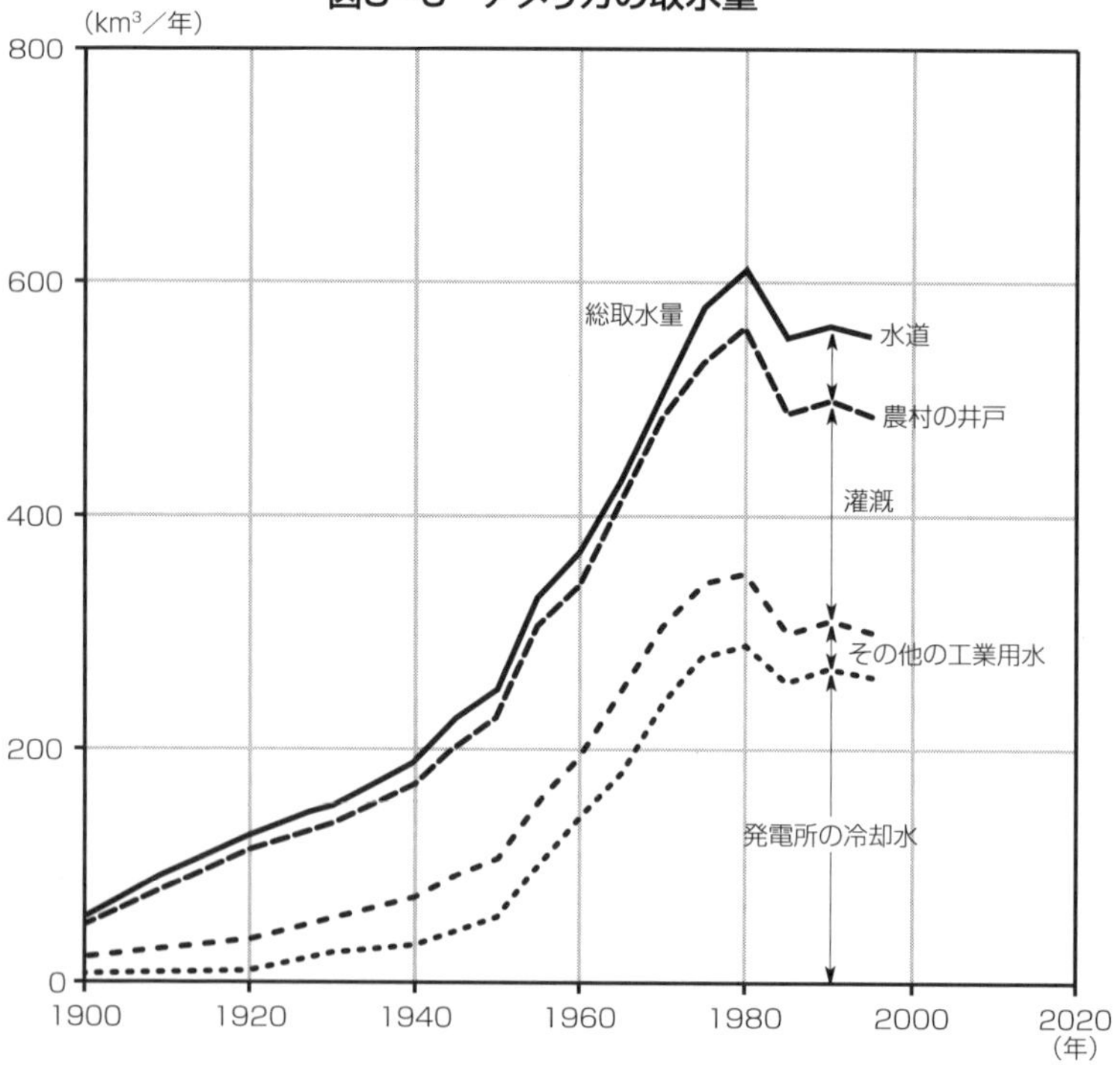

アメリカでの取水量は、20世紀の初めから1980年代まで、平均して年3%で増加した。その後、若干減った後、横ばいとなっている。
(出所:P. Gleick)

半分なのである。[32]

アメリカの取水量は、二〇世紀の間じゅう、二〇年ごとに倍増してきたが、一九八〇年ごろにピークに達し、それ以降は約一〇パーセント減少している（図3―6）。この減少には、さまざまな理由があるが、そのすべてが「経済が水の限界に直面しはじめたらどうなるか？」にかかわっている。工業用水は四〇パーセント減少した。重工業を世界の他地域に移転したことが減少の一つの理由だが、水質規制もその理由である。水質が規制されたことで、水の利用効率を改善したり、排水前にリサイクルや処理を行うことが、経済的にも魅力的で、法的にも必要になったのである。一方、灌漑用水が減っているのは、水の利用効率の改善によるものであり、また、自治体が農家から買い上げる水の量が増えているためでもある（このような地域では、水なしに集約的な農業はできないため、食糧生産ができなくなる土地が増えることになる）。生活用水の使用量は増えているが、この増加は人口増加によるものだ。一人当たりの使用量は減っている。とくにアメリカのなかでも乾燥地帯でその傾向が顕著である。水の料金が高くなるに従って、効率よく水を使う機器が増えてきたからだ。[33]

アメリカの一人当たりの取水量は、減少してきたとはいえ、それでもまだ、年間一五〇〇立方メートルというきわめて高い水準にある。発展途上国の国民の平均取水量は、そのたった三分の一であり、サハラ砂漠以南のアフリカに住む人々に限れば、アメリカの一〇分の一にすぎない。[34]およそ一〇億人が、いまなお安全な飲料水を入手できないし、世界人口の半分は基本的な衛生施設を持っていない。[35]そうした人々の水需要は、おそらく増えていくであろうし、増えていくべきである。しかし、残念なことに、こうした人々は、世界でも最も水不足の深刻な地域に住んでいるのである。

世界人口の約三分の一は、人口の増大や活動の拡大に伴って水の需要が増加するなど、水の逼迫度合いが「中程度」から「高い」国に住んでいる。二〇二五年までには、世界人口の三分の二に当たる人々が、水の逼迫した状況に置かれるだろう。水不足と水質汚濁は、公衆衛生問題を蔓延させ、経済や農業の発展を制約し、いたるところで生態系を傷つけている。地球規模での食糧供給を危うくし、世界の多くの地域で経済の停滞をもたらすことになるかもしれない[36]。

コロラド川、黄河、ナイル川、ガンジス川、インダス川、チャオ・プラヤ川、シルダリア川、アムダリア川などは、灌漑用水や都市用水として引水される量があまりにも多いため、一年中あるいはある時期に断流が起きている。インドのパンジャブ州やハリヤナ州などの農業地帯では、地下水位が年に〇・五メートルずつ低下している。中国北部で汲み上げすぎている地下水の量は、年間三〇立方キロメートルに及ぶ（黄河の断流の原因の一つとなっている）。オガララ帯水層は、アメリカの灌漑農地の五分の一に水を供給しているが、年に一二立方キロメートルも過剰な汲み上げを行っている。その結果、この帯水層は枯渇し、これまでに一〇〇万ヘクタールの農地で灌漑ができなくなった。アメリカの果物や野菜の半分を栽培しているカリフォルニア州のセントラル・バレーでは、年に約一立方キロメートルの地下水を過剰に汲み上げている。北アフリカから中東のすべての地域では、砂漠帯水層から水を汲み上げているが、この帯水層に再補給される水はまったくないか、またはほとんどない[37]。

地下水の過剰な汲み上げが加速している。南極を除くすべての大陸で、持続可能ではない形で地下水が使われている。

ピーター・グリック『世界の水一九九八〜一九九九年』

地下水を再補給のペースを上回る速度で汲み上げることは、持続可能ではない。そうした水に依存している人間活動は、再生可能な再補給が続けられるペースにまで減らさなくてはならない。さもなければ、汲み上げすぎによる塩水流入や地盤沈下のせいで、帯水層がだめになってしまい、活動自体がまったくできなくなってしまうだろう。初期において、こうした水不足に対する対応は、主に「その地域」だけに影響を及ぼす。しかし、水不足に対応をせざるをえない国が増えてくれば、その影響は国境を超えて感じられるようになる。その最初の兆候はおそらく、穀物価格の上昇だろう。

ある国で水が不足してくると、都市用水や工業用水の需要の伸びを、灌漑用水を転用することで満たし、その結果失われる農業生産を補うために、穀物を輸入するようになる。一〇〇〇トンの水を使うと、穀物を一トン生産できる。したがって、水を輸入するよりも、穀物を輸入するほうがより効率的な方法なのだ。……水をめぐって軍事紛争が起こる可能性はつねにあるが、今後の水をめぐる争いは、世界の穀物市場を舞台に展開するだろう。……イランやエジプトは、これまで世界最大の輸入国であった日本以上に小麦を輸入している。両国ともに、穀物消費量のうち四〇パーセント以上を輸入でまかなっている。……水不足に悩むその他多くの国も、大量の穀物を輸入している。モロッコでは穀物の半分を輸入しており、アルジェリアやサウジアラビアの輸入率は七〇パーセントを超える。イエメンは八〇パーセント近く、イスラエルは九〇パーセント以上だ。……中国もまもなく、世界の穀物市場に頼らざるをえなくなるだろう(38)。

ある国が水の限界を超えてしまったら、どうなるのだろうか？　その結果は、その国が豊かなのか貧しいのか、近隣諸国に余剰な水があるか、近隣諸国との関係がよいかどうかによって違ってくる。豊かな国なら、穀物を輸入することができる。また、南カリフォルニアのように、近隣地域が快く水を提供してくれる場合は、運河やパイプライン、ポンプを建設して、水を輸入することができる（もっとも、このような状況で、隣国が水を返してくれと言い始めているところもあるが）。サウジアラビアのように、膨大な石油を持つ豊かな国なら、化石燃料のエネルギーを使って海水を淡水化することができる（化石燃料が続くかぎり）。一方、イスラエルのように、水を提供してくれる近隣国もなく豊富な石油資源も持っていないが豊かである国は、水の一滴一滴を最大の効率で活かしきる独創的な技術を考え、水への依存度の低い経済に移行させることができよう。国によっては、軍事力を行使して近隣諸国の水資源を取り上げたり、自分たちにも使わせるように強要するかもしれない。そして、こうした強みを一つも持たない国は、厳しい配給制や節水策をつくらざるをえない。もしくは、飢饉や水をめぐる紛争に直面することになろう[39]。

食糧の場合と同じく、水を持続可能に使うための取り組みはさまざまにある。大事なことは、つくり出す水の量を増やそうとするのではなく、使う水の量を減らし、利用効率を上げることだ。いくつか可能性のある方法を挙げよう[40]。

- 用途にあわせて水質を設定する。たとえば、水洗トイレや芝生の水やりに使うのなら、水道水ではなく、台所排水を処理した中水を使う。
- 点滴灌漑を行う。水の使用量を三〇〜七〇パーセント減らし、かつ収穫量を二〇〜九〇パーセント上げることができる。
- 節水型の水道栓やトイレ、洗濯機を設置する。アメリカの平均的家庭では、一人一日〇・三立方メートルの水を使っているが、水効率のよい機器を使えば、この量は半減できる。なお、こうした節水型機器はすでに発売されており、価格も手頃である。

●漏水を直す。多くの自治体は、水の供給量を増やすためにお金をつぎ込んでいるが、その一部を使って漏水を直せば、増やしたい量の水を得られる。これは驚くべきことである。アメリカの平均的な都市では、水道管を流れる水の約四分の一が漏水して失われている。

●気候に合った作物を栽培する。たとえば、砂漠地方では、アルファルファやトウモロコシといった水を大量に要する作物ではなく、水やりの必要のない自生種植物を栽培する。

●水を循環利用する。とくに水不足の厳しいカリフォルニアなどでは、水を回収・浄化し、再利用するための効率的でコスト効果の高い先進技術を有している企業がある。

●都市部で雨水を集める。屋根からの雨水を集水・貯水するタンクやシステムがあれば、大規模ダムと同量ほどの流出水をずっと低いコストで溜め、使うことができる。

このような優れた方法を実践に移すためには、水への補助金をやめることが最も効果的だろう。たとえ部分的であっても、水を提供するための金銭的・社会的・環境的コストのすべてを水の価格に反映しはじめれば、誰も何も言われなくても、考えて水を使うようになるだろう。デンバーやニューヨークでは、都市用水にメーターを取り付け、使用量に応じた水の価格を設定しただけで、家庭の水使用量を三〇〜四〇パーセント減らすことができた。

また、気候変動の問題もある（これについては後述する）。人間が気候変動の進展に手をこまねいていると、地球上のあらゆる場所で、水循環、海流、降雨、流出のパターンや、ダムや灌漑システムといった貯水・配水資本の有効性が変わってくる。水の持続可能性は、気候の持続可能性なしにはありえず、ひいては、エネルギーの持続可能性があってこそのものである。人類が相手にしているのは、相互につながった一つの大きなシステムなのである。

◆森林

地球全体で、森林を大量に失う方向に向かっているのは間違いない。……現在の趨勢を見ると、森林消失は加速しており、残っている原生林は姿を消しつつあり、まだ残っている森林の質は劣化しつつある。……現在残っている森林の多くはやせ細っており、あらゆる森林が脅威に直面している。

——森林と持続可能な開発に関する世界委員会　一九九九年

森林の木立は、それ自体が資源であり、経済尺度では測れない重要な機能を果たしている。森林は、気候を調節し、洪水を抑え、干ばつに備えて水を蓄える。降雨の浸食作用を和らげ、斜面に土壌を形成し保持する。また、川や海岸、灌漑用水やダムを沈泥の堆積から守る役割も果たしている。森林は、多くの種の生物の隠れ家となり、その生命を支えている。地表の七パーセントを覆っているにすぎない熱帯林に、地上の種の少なくとも五〇パーセントが生育していると考えられている。蔓植物のラタンからキノコ、医薬品や染料、食品の原料まで、こうした種の多くには商業的価値があり、その生育地を形成し、守っている木々なしには存在することができない。

森林は、大量の炭素を取り込み、保持している。このおかげで、大気中の二酸化炭素の蓄積量のバランスがとれ、温室効果と地球温暖化が和らいでいる。そして、人手の入っていない森林は美しく、レクリエーションの場としても、心を取り戻す癒しの場としても、みなに愛されている。

人類が農耕を始める前の地球には、六〇～七〇億ヘクタールの森林があった。いまでは、植林した二億ヘクタールを含めても、三九億ヘクタールしか存在しない。世界の天然林の消失の半分以上は、一九五〇年以降に起こっている。一九九〇～二〇〇〇年の間に、天然林のうち、約四パーセントに当たる一億六〇〇〇万ヘクタールが姿を消した。[41] このころに失われたのは、ほとんどが熱帯の森林である。温帯林は、九〇年よりはるか前、ヨーロッパと北米が産業化を進めた時代に破壊されたのだった。森林消失は、再生可能な資源のストックが減っているという、一目で明らかな持続不可能な兆候である。しかし、他の場合と同様、森林の場合も、地球規模の趨勢は明白であっても、詳しく見ると、地域による違いが複雑に入り組んでいる。

森林資源の測り方には二種類あって、きちんと区別する必要がある。一つは面積を測るもので、もう一つは質を測るものだ。同じ一ヘクタールの森林といっても、樹齢数百年の木々の生えている手つかずの森林と、皆伐後に苗木を植えた場所で、五〇年は経済的価値のある木も育たなければ、もう二度と天然林のような生態学的な多様性を取り戻せないであろう森林では、天と地ほどの違いがある。しかし、多くの国が発表している森林面積データでは、この違いを区別していない。

森林の質は、面積に比べて、測定するのが難しい。森林の質に関する明白なデータは、実は、一度も伐採されたことのない森林（原生林、原生老齢樹林と呼ばれている）の面積データである。こうした価値ある森林が、みるみるうちに価値の低い森林に転換されていることは疑う余地がない。

現在、比較的手つかずのまま、天然林がまとまって残っているのは、もともと地表を覆っていた森林の五分の一（一三億ヘクタール）にすぎない。[42] その半分は、ロシア、カナダ、アラスカに広がる寒帯林で、残りのほとんどはアマゾンの熱帯雨林だ。伐採権や鉱山、農業のための皆伐など、人間活動の脅威にさらされている森林は膨大な面積にのぼる。公式に保護されている森林は、約三億ヘクタールしかない（さらに、保護とは書類上だけという場所もあり、そうした森林の多くでは、組織ぐるみで木材の伐採や野生生物の密猟が行われている）。

図3−7　残っている原生林

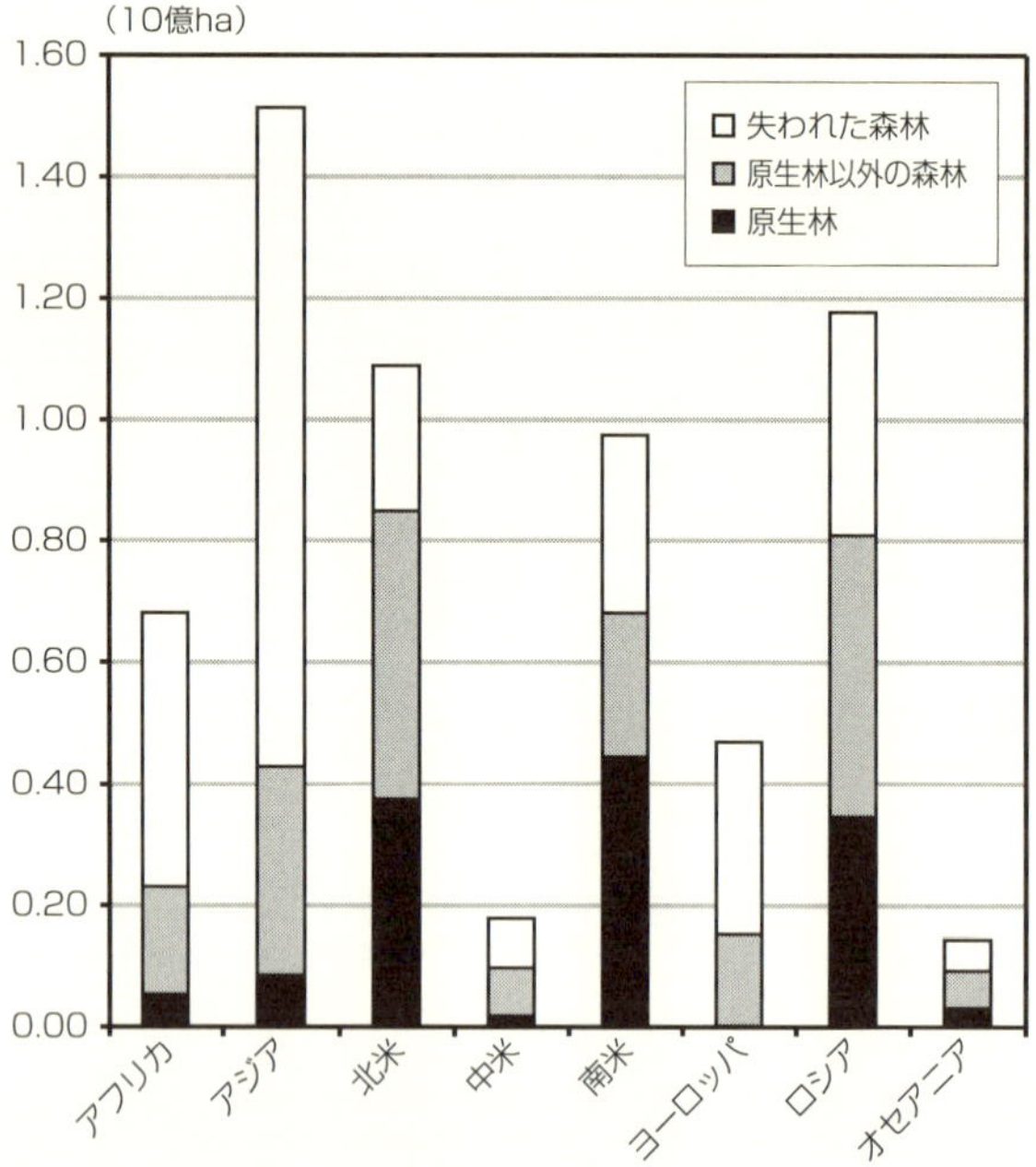

1997年時点で、手つかずの原生林として残っているのは、当初の地球の森林被覆のごく一部となっている。
（出所:WRI）

アメリカ（アラスカを除く）は、もともと国土を覆っていた森林の九五パーセントを失っており、ヨーロッパには、基本的には原生林は残っていない。中国も森林の四分の三を失い、原生林はほとんど残っていない（図3―7）。伐採後に植林された二次林としての温帯林は、面積は若干増加しているものの、土壌養分や樹種構成、樹径、木材の質、成長率などは劣化しているものが多い。持続可能な形で管理されていないのである。

残っている天然林の半分弱は温帯にあり（一六億ヘクタール）、残りは熱帯にある（二一億ヘクタール）。温帯にある天然林の面積は、一九九〇年から二〇〇〇年にかけて、若干減少した。消失面積は約九〇〇万ヘクタールで、この一〇年間に失われた森林面積の約〇・六パーセントに当たる。その半分は、紙や木材を供給するための集約管理型の植林に転換され、ほぼ同じ面積の再植林が行われた。温帯林の面積は基本的には変わっていないものの、熱帯林の面積は急減している。FAOの報告によると、一九九〇年から二〇〇〇年の間に、メキシコの国土面積に等しい一億五〇〇〇万ヘクタールを超える原生熱帯林が、ほかの用途に転用された。つまり、九〇年代を通して、毎年約一五〇〇万ヘクタールの森林が消え、この一〇年間で七パーセント減少したのである。

これは公式の数字であるが、熱帯林が伐り拓かれている正確な速度については、誰も確かなことはわからない。出される数字は毎年変わるうえ、どの数字が正しいのか、結論が出ていないのだ。このこと自体、つまり、資源の消失速度がわかっていないという事実そのものが、行き過ぎの構造的な原因の一つである。

熱帯林の消失速度を見極めようという信頼できる最初の試みは、一九八〇年にFAOが行ったもので、その結果、年間一一四〇万ヘクタールという数字が出された。八〇年代半ばには、その推定消失速度は、年間二〇〇〇万ヘクタールを超えた。その後、とくにブラジルなどで、政策の一部が変更さ

図3−8　熱帯林消失のいくつかの可能性

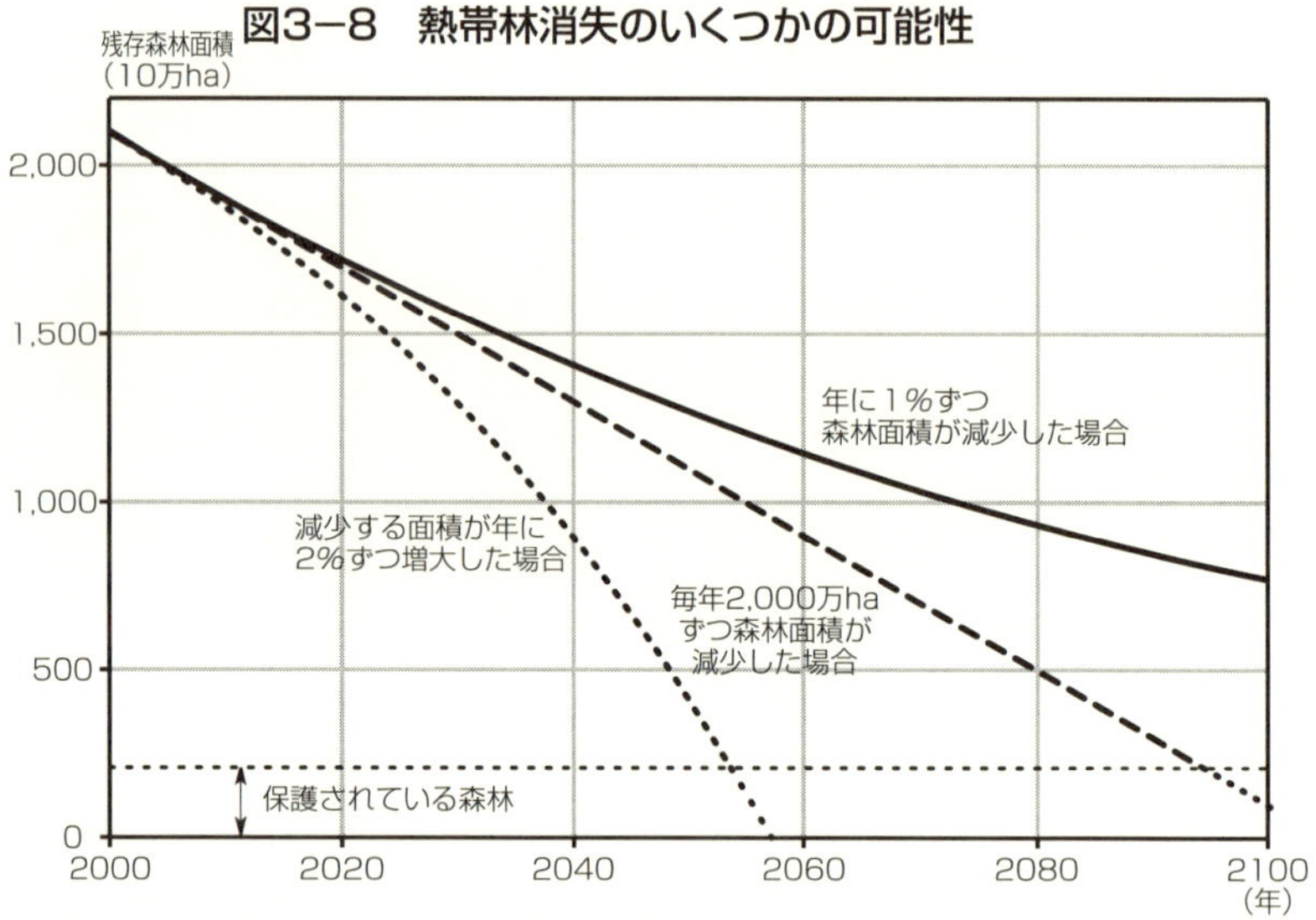

今後の熱帯林の減少の推定は、人口、法的措置、経済動向などの変化の仮定によって異なる。このグラフには、3つのシナリオが示されている。1990年代には年に約2,000万ヘクタールの森林が消失していたが、この減少する面積が年2％ずつ増えていくとすると、保護されていない森林は2050年にはなくなってしまう。減少面積が年2,000万ヘクタールで一定だった場合、保護されていない森林は2094年ごろに姿を消す。残存の保護されていない森林の1％ずつが毎年失われるとしたら、森林面積は72年ごとに半減していく。

れ、九〇年までの消失速度は、年間一四〇〇万ヘクタールあたりまで、明らかに下がってきた。九九年に出されたＦＡＯの新しい評価によると、森林の年間消失速度（そのほとんどすべてが熱帯である）は、年間一一三〇万ヘクタールであり、先述したように、この一〇年間の最終的な推定値として、年間一五二〇万ヘクタールという数字が出されている。

この数字に含まれているのは、ほかの用途（主に農業と放牧。次に道路や人間の居住用）に土地利用を永久に転換した森林だけで、伐採された森林は入っていない（伐採された森林も森林として計上される）。また、山火事で燃えた森林も入っていない。一九九七年から九八年にかけて、ブラジルとインドネシアでは二〇〇万ヘクタール、メキシコと中米では一五〇万ヘクタールの森林が焼けたが、焼けた森林の地面は森林として分類されている。熱帯林と分類される場所から木がなくなっている実質的な速度を加えると、消失面積の合計は年間一五〇〇万ヘクタールを超えるのは間違いないだろう。とすると、毎年森林面積の一パーセント近くを失っているかもしれない。

データは不確実であるものの、おおよその数字を使うことで、「現在のシステムを何も変えなかったら、原生熱帯林はどのような運命をたどりそうか?」を知ることはできる。二一億ヘクタールという二〇〇〇年時点の熱帯林面積の推測値を前提として、いくつかの可能性を示したのが、図3―8である。山火事や持続可能ではない伐採、過小報告などを考えに入れて、ここではFAOの公式の数字よりも高めに、現在の消失速度を年二〇〇〇万ヘクタールと仮定しよう。グラフの横軸は、現在の熱帯林の一〇パーセントがずっと保護されている場合の森林消失の限界を示す(この一〇パーセントという数字は、現在何らかの形で保護されている熱帯林の割合とほぼ同じである)[43]。

森林消失速度が年間二〇〇〇万ヘクタールで変わらないとすると、図3―8の真ん中の直線が示すように、保護されていない一次林は九五年で消滅する。今後一〇〇年間、森林破壊を引き起こしている勢力が強まることもなければ弱まることもない場合のシナリオである。

森林消失速度が、たとえば熱帯地方の国々の人口増加率に等しい年間約二パーセントで幾何級数的に増大したら、保護されていない森林は、約五〇年で姿を消す。人口増加と林業の成長によって、森林消失速度が幾何級数的に増大する場合のシナリオである。

森林消失速度が残存する森林に対して一定の割合とすると（たとえば毎年一パーセントずつ消失する）、残存する森林が年々減っていくため、消失面積も年々やや減っていく。この状況が続くと、熱帯林の半分は七二年で消失する。この曲線は、ある年の消失によって翌年の消失面積が減るという状況を示している。おそらくその理由は、いちばん手近にある最も価値の高い森林から伐採されるからだろう。

実際には、おそらくこの三つの可能性の組み合わせが起こることになるだろう。人口が増え、経済が成長することで、林産物や伐採して拓かれた土地への需要が大きくなるにつれ、遠くのしかも低質な森林しか残っていないという状況になり、伐採コストが上がっていくだろう。同時に、「残っている森林を守れ」「林産物の生産を収穫量の多いプランテーションへ移行せよ」といった環境面からの圧力や政治的な圧力がおそらく強まるだろう。このような拮抗する勢力が最終的にどう決着するかは別として、避けようのない結論が一つある。つまり、原生熱帯林――経済には何の負担もかけずに、大自然が植えて育ててきた森林であり、価値のある大木を育てる時間のあった森林――から、現在のように産物を次から次へと取り出すことは持続可能ではない、ということである。

熱帯地域の土壌や気候、生態系は、温帯地域とはかなり異なっている。熱帯林のほうが、樹種も豊富で、成長が早いが、脆弱でもある。たった一度の皆伐や山火事で、土壌や生態系が深刻に損なわれ、生き延びられないかもしれない。熱帯林の再生を促そうと、択伐や列状伐採などの手法が実験されてはいるものの、現在、ほとんどの場合は、熱帯林――とくに選択的に伐採する最も価値のある樹種――を再生不可能な資源であるかのように伐採している。(44)

熱帯林が消えつつある理由は、国によってさまざまである。木材や紙を扱う多国籍企業がより大きな売り上げを目指して、という場合もあれば、政府が対外債務を支払うために木材輸出を増やそうとする場合もある。牧場主や農家は森林を農地や放牧地に転用し、土地を持たない人々は、先を争って薪や食物を栽培するための土地を手に入れようとする。こうした当事者たちが協調して行動することも多い。政府が企業を招致し、企業が木を伐採し、貧しい人々が木材搬出用の道路を伝って住む場所を求めて入ってくる、という具合だ。

温帯でも熱帯でも、持続可能ではない森林利用を推し進めている別の要因がある。高品質の木材が消えつつある世界では、一本の原生老齢樹の木に一万ドル以上の値がつくことがあるのだ。これは非常に大きな誘惑となる。公有林の資源を私利のために使ったり、伐採許可を秘密裏に売ったり、虚偽の計算をしたり、樹種や伐採量、伐採面積を偽って認証したり、規定の施行が不十分だったり、談合をしたり、リベートを与えたり……このような慣行が横行しているのは、熱帯だけではない。

委員会は、森林部門でいちばん最初にわかる――最も横行しており、このうえなくあくどい――問題であるのに、これまで最も議論されてこなかった問題は、汚職や腐敗の慣行であることを見出した[45]。

汚職や腐敗がきわめて少なく、これ以上ないほど森林のことを深く気にしている熱帯の国々でさえ、その森林面積は縮小している。しかも、その消失速度がなかなかわからないのだ。一九九二年に刊行した『限界を超えて』では、コスタリカという小さな国の森林消失の地図を掲載したのだが、今回この新しい数字を知りたいと思って、コスタリカ大学の「持続可能な開発研究センター」に連絡したところ、測定技術が改善したために、以前のデータも修正せざるをえなかった、ということしかわから

図3−9　世界の木材消費量

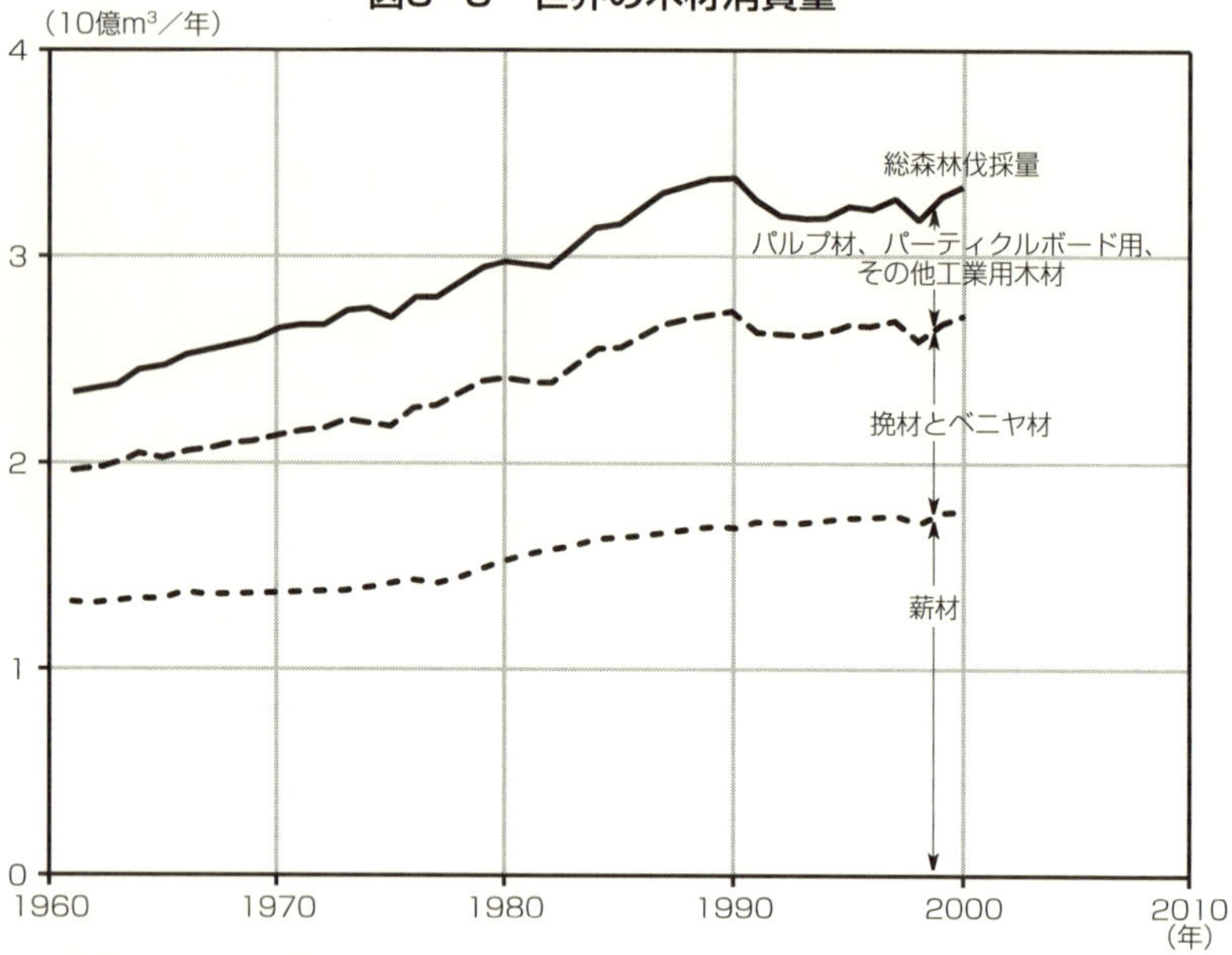

木材の消費量は、その割合は以前よりは緩やかとはいえ、いまでも増大している。世界の森林から伐採される木材の約半分が燃料用である。
(出所:FAO)

なかった。

　森林消失に輪をかけるように、林産物の需要が増大している。一九五〇年から九六年にかけて、世界の紙消費量は六倍に増えた。FAOは、二〇一〇年には二億八〇〇〇万〜四億トンに増大するだろうと推定している。[46] アメリカでは、一人当たり平均年間三三〇キログラムの紙を使用している。その他の工業国では、一人当たりの年間紙消費量は平均一六〇キログラムであり、途上国ではたったの一七キログラムである。紙のリサイクルが増えてはいるものの、パルプ用のバージン木材の消費量は年一〜二パーセントで増え続けている。

　建設用木材・紙製品・薪材などすべての用途を合わせた木材消費は、その増加率は鈍化しているが、消費量自体は増えている（図3―9）。一九九〇年代に木材消費量の増加率が鈍化した理由の一つは、アジア経済とロシア経済の減退であるようだ。とすると、丸材の消費量が頭打ちになっているのは、一時的な現象かもしれない。もし世界中の人々が、工業国と同じレベルで木材を使うようになると、世界の木材消費量は二倍以上になる。[47]

しかし、リサイクルや林産物の利用効率の改善など、木材需要が減っていく傾向も見られる。こうした傾向が強まれば、世界は森林からのずっと小さなスループットで、林産物の需要を問題なく満たすことができるようになるだろう。

たとえば、次のようなことが考えられる。

- 紙のリサイクル――アメリカで生産されている紙の半分以上は古紙を原料としている。日本でも古紙原料率は五〇パーセントを超えており、オランダでは九六パーセントである。世界全体で、紙と板紙の四一パーセントがリサイクルされている。[48] 世界がオランダに倣えば、紙のリサイクル率は二倍以上に引き上げることができる。
- 製材所の効率化――近代的な製材所では、山から伐り出す丸太の四〇～五〇パーセントを販売できる材木にする（残りは、燃料や製紙原料、チップを接着剤で固めた合成材などになる）。とくに発展途上国にあるような効率の悪い製材所では、丸太の二五～三〇パーセントしか使っていない。こうした効率の悪い製材所を最新型にできれば、伐採した一本の木から生産できる木材を二倍に増やすことができる。[49]
- 燃料の効率改善――森林から伐り出される木の半分以上は、貧しい人々が調理用や暖房用、または小規模工業（レンガ焼成、アルコール醸造、タバコ乾燥仕上げなど）で使っているが、直火で使ったり、きわめて効率の悪い薪ストーブを使っていることが多い。ストーブの効率を改善したり別の燃料に切り替えることで、森林をそれほど消費せず、大気汚染も減らし、薪を集めにいく手間も減らしながら、人々の需要を満たすことができるだろう。

●紙使用の効率改善――世界で生産される紙や板紙の半分は、包装用や広告用に使われる。アメリカの平均的な家庭には、年間五五〇通もの頼みもしない「くずかごへ直行」の郵便物が届き、そのほとんどは、開封もされずに捨てられている。電子化の時代であるにもかかわらず（もしくはおそらくそのために）、アメリカの一人当たりの紙消費量は、一九六五年から九五年にかけて二倍になっている。くずかご行きの郵便物や過剰包装は、なくすことができるだろう。片面印刷しかできないレーザープリンタやファクス機など、無駄を生み出す技術の多くを改善できるだろう。

●コストをすべて反映した価格設定――伐採に対して直接・間接に出されている政府の補助金をなくし、立木の失われた価値を反映する伐採税を課すことによって、木材製品の価格がより現実的になり、実際のコストが伝わるようになるだろう。

工業国でこうした面での進捗があれば、生活の質をほとんど犠牲にせずに、森林からの木材の流れのスループットと、最後に出てくる廃棄物の流れを、少なくとも半分に減らすことができるだろう。同時に、ダメージを大きく減らしつつ、森林から価値ある繊維を生産することもできる。皆伐（とくに斜面での皆伐）ではなく、択伐や列状伐採を行えばよい。川に沿った部分を伐採せずに緩衝地帯として残しておけば、土壌の浸食を減らし、有害な太陽光線から水生生態系を守ることもできる。立木でも倒木でも、枯れ木の一部は生物の住みかとして残しておくことができよう。

「グリーン認証」へ向かう動きが大きくなっている。認証の仕組みがあれば、消費者にも、注意深く管理され、伐採、生産された林産物がわかる。二〇〇二年末までに、森林管理協議会（ＦＳＣ）は、三〇〇〇万ヘクタールの森林を「持続可能に管理されている」と認証している。まだわずかな面積だが、認証林の面積は急伸しており、市場の力（この場合は認証された木材を求める消費者の力）の強さがわかる。

すでに皆伐された土地や限界耕地には、収穫率の高い森林プランテーションを広げることができるだろう。プランテーションを行うことで、ヘクタール当たりから生産できる木材量を驚くほど増やすことができる。そうすることで、天然林を伐採の圧力から守れるだろう。

極端な例だが、収穫率の高い熱帯雨林プランテーションは（少なくとも当面の間は）ヘクタール当たり年間一〇〇立方メートルもの木材を生産できる。原生温帯林の平均成長率は年約二・五立方メートルなので、なんと四〇倍である。これほどの成長率があれば、三四〇〇万ヘクタール（マレーシアの国土面積にほぼ等しい）のプランテーションだけで、世界が現在使っているバージンパルプや建設用木材、薪材の需要すべてを満たせる。生産性がその半分、つまり年間五〇立方メートルだったとしても、六八〇〇万ヘクタール（ソマリアの国土面積）あれば、現在の世界の需要を満たすことができる。熱帯雨林プランテーションのすばらしい生産性を持続可能に維持するには、さまざまな樹種の木を植えたり、輪作したり、現在より自然で環境に害を与えない肥料や害虫防除法を用いるなど、より「有機的な」プランテーション林業へ進化する必要があろう。

森林伐採の速度を持続可能な限界以下に引き戻す方法はたくさんある。どれも実行可能なもので、すでに世界のどこかで実際に行われている。しかし、世界中で実践されているわけではないために、森林は減少しつづけているのだ。

地球規模の森林消失の影響に対する人々の意識は近年高まっているものの、まだ森林消失の速度を目に見えるほど鈍化させるまでではない[50]。

リビング・プラネット・インデックスは、世界の自然生態系の現状を示す指標である。森林や淡水、海洋生物種の豊かさを測るものだが、この指標を見ると、一九七〇〜二〇〇〇年の間に、全体として約三七パーセントも劣化していることがわかる。

――世界自然基金(WWF) 二〇〇二年

◆種と生態系の機能

人間が生命や経済を維持するスループットとして、土壌や水、森林といった資源に依存していることは誰の目にも明らかだが、そのほかにも、重要度ではひけをとらないものの、見えにくい供給源のグループがある。見えにくいのは、これまで経済が「値札」を付けたことがなかったためだ。たとえば、商品として商業化されていない自然の生物種や、そうした生物種が形成している生態系やその維持機能といったものだ。生きとし生けるすべてのものに必要なエネルギーや物質を捕捉し、移動させ、循環している働きである。

こうした生物資源は、来る日も来る日も計り知れないほど価値ある貢献をしてくれているが、それに対して「生態系の機能」という言葉が使われるようになってきている。

たとえば、次のようなものである。

- 大気や水の浄化
- 水の吸収と保水——干ばつや洪水の緩和
- 廃棄物の分解、無害化、隔離
- 土壌養分の再生と、土壌構造の形成
- 受粉
- 害虫防除
- 種や養分の散布
- 激しい風や温度の緩和、部分的な気候の安定化
- 多岐にわたる農業、医薬、工業品の提供
- 生物遺伝子のプールおよびここに挙げたあらゆる機能を果たす生物多様性の進化と維持
- 三〇億年にわたって実証してきたサバイバル、回復、進化、多様化戦略の教訓
- 比類のない美的、精神的、知的な高揚(51)

こうした機能の価値はとうてい測れるものではないが、それでも測定しようという試みがある。自然の機能を貨幣価値で測ろうとすると、どのような計算をしても、人間経済の生産高をはるかに超える、年間何兆ドルという推定値が出てくる(52)。

先に引用した世界自然基金(WWF)の測定値によると、世界はこの三〇年間に、生態系の果たしている機能の大部分を失っている。しかし、その「量」を数字として表すのは非常に難しい。最もよくあるやり方は(あまり意味のある方法ではないが)、生物種の数とその絶滅速度を数値化する方法である。

しかし、驚くことに、これすらできないのである。存在している生物種の数の推定値は、三〇〇万から三〇〇〇万とまちまちであり、科学者ですら一〇倍もの幅を持たせないと答えられないのだ[53]。名前をつけられ、分類されている種は、約一五〇万しかない。主に、大型で目につきやすい種が多く、緑色植物やほ乳類、鳥類、魚類、爬虫類などである。種の種類は膨大にあるものの、昆虫に関する科学はそれほど発達しておらず、微生物についてはなおさら知られていない。

そもそも存在している生物種の数がわからないので、どのくらいの生物種が姿を消しているかも正確にはわからない。しかしながら、生物種の数が急減していることは間違いない。躊躇することなく、現在「大量絶滅」が進行中であると言う生物学者も多く[54]、六五〇〇万年前の白亜紀末の恐竜の絶滅以来、これほど絶滅種が増えたことはなかったと言う生態学者もいる。

学者たちがこうした結論を出す根拠は、主に生育地の消失速度である。

たとえば、次のようなものだ。

- マダガスカルは、生命の宝庫である。東部の森林には、既知のものだけでも一万二〇〇〇種の植物と一九万種の動物が生息しており、しかも、そのうち少なくとも六〇パーセントは、この地にしか見られない生物種である。しかし、その森林の九〇パーセント以上が、主に農業用地のために伐採されている。
- 西エクアドルにはかつて、八〇〇〇～一万種の植物が生息し、うち約半分はその地にしかいない種であった。一つひとつの植物種は一〇～三〇種の動物を支えている。一九六〇年以降、西エクアドルの森林のほぼ全域が、バナナ・プランテーション、油井、人間の居住地に変えられてしまった。

熱帯林、珊瑚礁、湿地といった種の豊富な場所で、絶滅の多くが起こっている。世界中の珊瑚礁のうち、少なくとも三〇パーセントは危険な状態にある。一九九七年に世界中で調査された珊瑚礁のうち九五パーセントは劣化し、種の喪失が報告された[55]。湿地は、さらに大きな危機に瀕している。湿地は、さまざまな魚類の繁殖地であり、生物活動が盛んな場所なのだ。地球の地表のうち、湿地が占める割合はたった六パーセントである。いや、「であった」というべきかもしれない。湿地の約半分が、浚渫、埋め立て、排水、水路などによって失われているからだ。しかも、ここには水質汚濁で劣化している湿地は入っていない。

地球規模の種の絶滅速度を推定するには、まず、生育地の消失度合いを調べることになる。生育地の消失に関するデータはかなり正確である。それから、その失われた生育地にどれぐらいの種が生息していたかを推定するが、この推定はどうしても不確かなものとなる。そして、生育地の消失と種の喪失との関係を想定する。生育地の九〇パーセントが失われても種の五〇パーセントは残っている、というのがだいたいの目安である。

このような計算にはさまざまな議論がある[56]。しかし、本章で取り上げているほかの数値と同じく、その全体的な方向は明らかである。科学者は、比較的よく調査されている大型動物について、現在世界に生息する四七〇〇種のほ乳類の二四パーセント、二万五〇〇〇種の魚類の三〇パーセント、一万種近い鳥類の一二パーセントが絶滅の危機に瀕していると推定している[57]（そして、二七万種の既知の植物のうち、三万四〇〇〇種も同様である[58]）。現在の推定される絶滅速度は、人間の影響がなかった場合の一〇〇〇倍である[59]。

種の喪失は、生物圏の持続可能性を測る尺度としてはとうてい満足できるものではない。限界がどこにあるか、誰にもわからないからだ。何種類のどの種が生態系から姿を消したときに、生態系そのものが崩壊してしまうのだろうか？　この状況はまるで、「飛行機に乗り込み、『いくつネジを抜いたら飛行機は止まってしまうだろうか』と、機体を留めているネジを一つずつ抜いていくようなものだ」と言われる。飛行機の場合は少なくとも、ネジ同士はつながっていない。しかし、生態系では種はつながっているのだ。一つが消えれば、ほかのものにも順々に影響を与え、他の種も消えていくかもしれない。

地球上の生物種の数の減少速度を測るのは難しいということで、ＷＷＦのリビング・プラネット・インデックスでは、生物学的な豊かさの減少を量として示す別の方法を用いている。生物種の数の減少ではなく、さまざまな種の個体数を追跡しているのだ。多くの種の個体数の傾向を平均化して、「典型的な」種の個体数がある期間でどのように変わったかを定量的に推定する。ＷＷＦはこの手法に基づき、「一九七〇年以来、平均的な種の個体数は三分の一以上も減っている」との結論を出している[60]。つまり、動物も植物も魚類も、その数が急減しているのだ。生態系の機能を提供している源が持続可能ではない形で用いられていることは明らかである。このことは、一九九二年に、科学分野のノーベル賞受賞者の多くを含む世界の第一線の科学者約一七〇〇人が出した「世界の科学者たちから人類への警告」でも強調されている。

世界の絡み合った生命の網の目をわれわれが大規模にいじっていることから、森林消失や、種の喪失、気候変動などによる環境へのダメージとともに、広範な悪影響の引き金を引いてしまう可能性がある。われわれがまだ不完全にしか理解していない相互作用やダイナミクスを持つ重要な生物システムが、予測できないかたちで崩壊する可能性もある。影響を被る範囲が定かではないからといって、脅威に対して自己満足に浸ったり対応を遅らせたりする言い訳にはならない[61]。

再生不可能な供給源は何か

◆化石燃料

世界中の油田の発見および生産に関するわれわれの分析によると、今後一〇年以内に、これまでの石油供給は需要に追いつかなくなる。……地球全体での油田の発見は、一九六〇年代初めにピークに達し、以降着実に減少している。……世界にある原油はそれだけであり、業界はその約九〇パーセントをすでに発見しているのだ。

——コリン・J・キャンベル、ジーン・H・ローレル　一九九八年

現在のところ、石油供給量に関して近い将来に心配すべきことはほとんどない。……しかし、地球の石油資源は有限であり、世界全体の石油生産量は、最終的にはピークに達して減り始めるだろう。……よくある推定によると、世界の石油生産量がピークに達するのは、一〇年か二〇年後の二〇一〇〜二〇二五年だという。

——世界の資源と環境　一九九七年

楽観的に見るか悲観的に見るかによって、石油産出量のピークが来る時期の予測には二〇〜三〇年のずれがある。しかし、石油は重要な化石燃料のなかで最も限られたものであり、世界全体の石油産出量が今世紀前半のどこかでピークに達するということに関しては、ほとんど異論は出ない。一九五〇年から二〇〇〇年にかけて、経済のエネルギー消費量は、平均して年に三・五パーセント増大してきた。世界のエネルギー消費量は、戦争や不況、価格変動、技術革新などによる変動はあるものの、

図3−10　世界のエネルギー使用

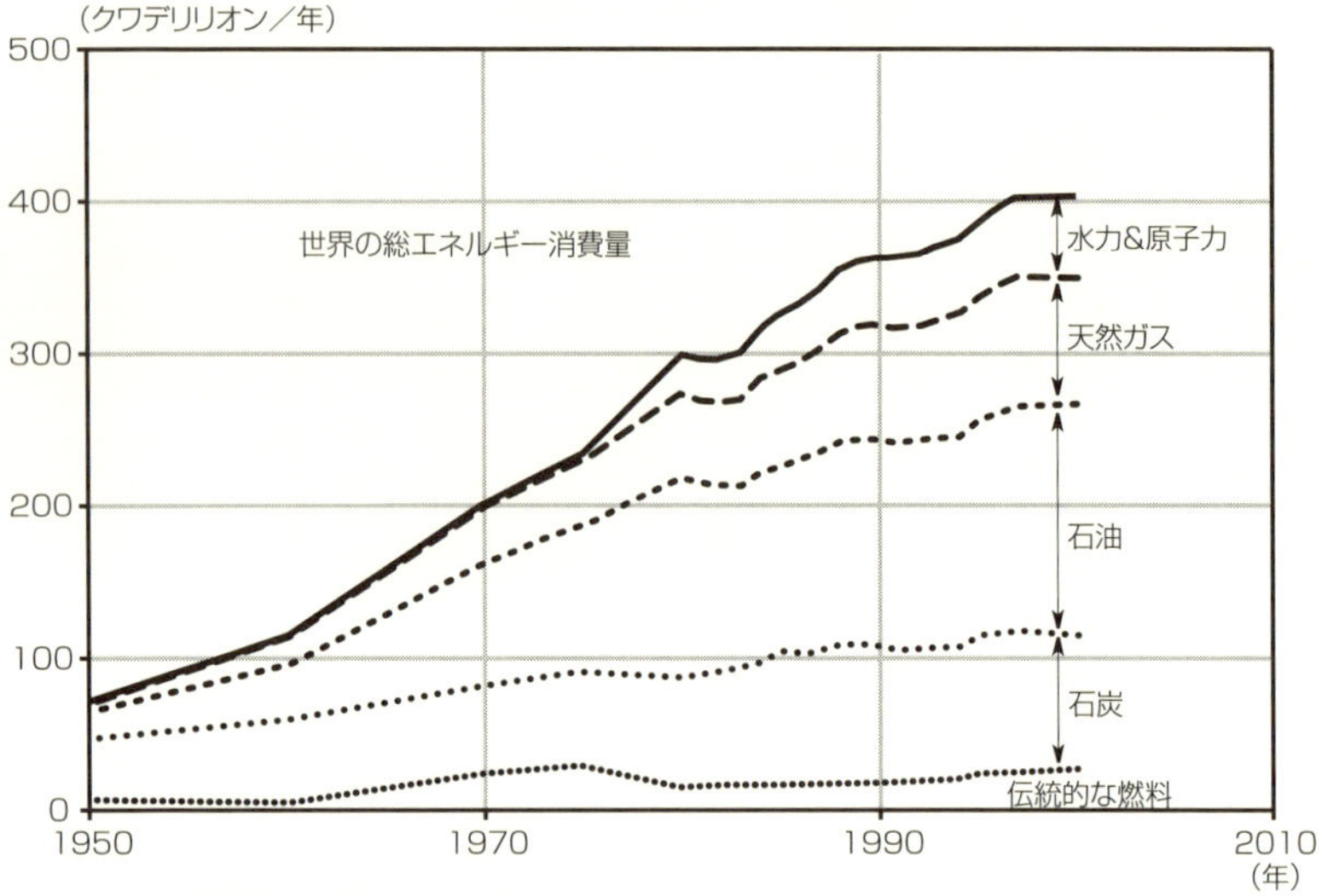

世界のエネルギー消費量は、1950〜2000年の間に3回倍増している。主要なエネルギー供給源は、いまでも化石燃料である。石炭の割合は1920年ごろにピークに達し、その当時は、消費される全燃料の70%以上を占めていた。石油は、1980年代初めにピークに達し、全体の40%強を供給していた。天然ガスは、ほかの石炭や石油に比べ汚染度が低く、今後地球のエネルギー消費への貢献が大きくなると考えられている。
（出所:UN;U.S. DoE）

はっきりと増大している（図3―10）。そして、その大部分は工業国で消費されている。ヨーロッパの一人当たりの商用エネルギーの平均消費量は、[62] アフリカの五・五倍であり、北米の一人当たりの平均消費量は、インドの九倍である。[63] しかし、これは商用エネルギーの話であり、それなしに暮らさざるをえない人も多い。

世界人口の四分の一以上の人々は電気を使えず、五分の二はいまなお伝統的なバイオマスにほぼ頼って基本的なエネルギー需要を満たしている。電気の供給のない人の数は、今後数十年間に減っていくが、それでも二〇三〇年時点で、一四億人がまだ電気のない生活をしていると予測されている。そして実際には、調理や暖房用の主燃料として、木材や作物の残余物、動物の廃棄物を使う人の数が増えていくだろう[64]。

エネルギー専門家の大部分が、世界のエネルギー消費量は増えていくと考えている。先の引用文は、国際エネルギー機関（ＩＥＡ）が『世界のエネルギー展望二〇〇二年』で示した「参照シナリオ」だが、世界の一次エネルギー消費量は、二〇〇〇年から二〇三〇年までに、六七パーセント増えるという。そして、より環境負荷の少ない「代替シナリオ」でも、世界のエネルギー消費量は、今後三〇年間に五〇パーセント以上増えるとしている。デンマークのエネルギー省のために行われた詳細な分析によると、二〇五〇年に予測される世界人口の九三億人に、基本的なエネルギー需要すべてを供給するには、二〇〇〇年に世界が供給した最終エネルギーの六倍が必要になる[65]。

二〇〇〇年の商用エネルギー消費量の八〇パーセント以上は、石油や天然ガス、石炭といった再生不可能な化石燃料から得ている。こうした化石燃料の地下埋蔵量は、情け容赦なく減っている。このことは、フローの供給源側において（吸収源側は後で取り上げる）、持続可能性にかかわる問題なのか？　これを考えるには、こうした供給源の減少速度と、その減退を補うのに間に合うペースで再生可能な代替エネルギーが開発されているかを考える必要がある。

この問題には、大きな混乱がある。そもそも再生不可能なこうした燃料が実際に減少しているのかについてさえ、意見がばらばらなのである。この混乱の原因は、誤ったシグナルを見ていることにある。そもそも「資源」とは、地球の地殻の中にある物質の総量を示す概念である。それに対して、「埋蔵量」とは、発見されている、またはその存在が推測されており、技術や価格に関する合理的な前提のもとで使うことのできる物質の量に関する概念である。「資源」は使えば必ず減る。しかし「埋蔵量」は、発見が進み、価格が上がり、技術が改善されれば、増えていくかもしれない。それな

表3−1　石油、天然ガス、石炭の年間生産量、可採年数、資源の寿命

	1970 年間 生産量	1970 可採年数 （年）	2000 年間 生産量	2000 可採年数 （年）	資源の寿命 （年）
石油	170億バレル	32	280億バレル	37	50−80
ガス	38兆立方フィート	39	88兆立方フィート	65	160−310
石炭	22億トン	2300	50億トン	217	非常に多い

資源の推定値は、「既知の埋蔵量」と「未発見の埋蔵量」の合計である。資源を2000年の生産量で割ると、その資源の2000年時点の寿命がわかる。資源の定義が異なっているため、1970年の石炭の埋蔵量を2000年の数字と比べることはできない。石炭は化石燃料のなかでも最も豊富なものであったし、いまでもそうである。
（出所:U.S. Bureau of Mines;U.S.DoE）

のに、「埋蔵量」の数字をもとに、「資源」について語られることが多いのだ。

一九七〇年から二〇〇〇年の間に、世界経済は、七〇〇〇億バレルの石油、八七〇億トンの石炭、一八〇〇兆立方フィートの天然ガスを消費した。しかし、同期間に、新たな石油、石炭、ガスの埋蔵が発見されている（かつ、かつて発見されていた埋蔵量が上方修正されている）。その結果、現在の生産[66]速度が続いた場合、採掘可能な既知の資源が何年もつかを示す可採年数は、表3―1に示すように、実際には増えているものもある。

一九七〇年から二〇〇〇年にかけて、ガスの消費量は一三〇パーセント、石油は約六〇パーセント、石炭は約一四五パーセント増加しているにもかかわらず、このように可採年数は増えているのである。しかし、可採年数が増えたからといって、一九七〇年よりも二〇〇〇年のほうが、人間経済の動力となる化石燃料が地下にたくさんあるということになるのだろうか？

もちろん、そうではない。三〇年間採掘した結果、石油は七〇〇〇億バレル、石炭は八七〇億トン、天然ガスは一八〇〇兆立方フィート、確実に減っているのである。化石燃料は再生不可能な資源だ。燃焼すると、二酸化炭素と水蒸気、二酸化硫黄などのさまざまな物質に姿を変えるが、そうした物質が集まって再び化石燃料になるこ

既知の埋蔵量から加工済み燃料へ

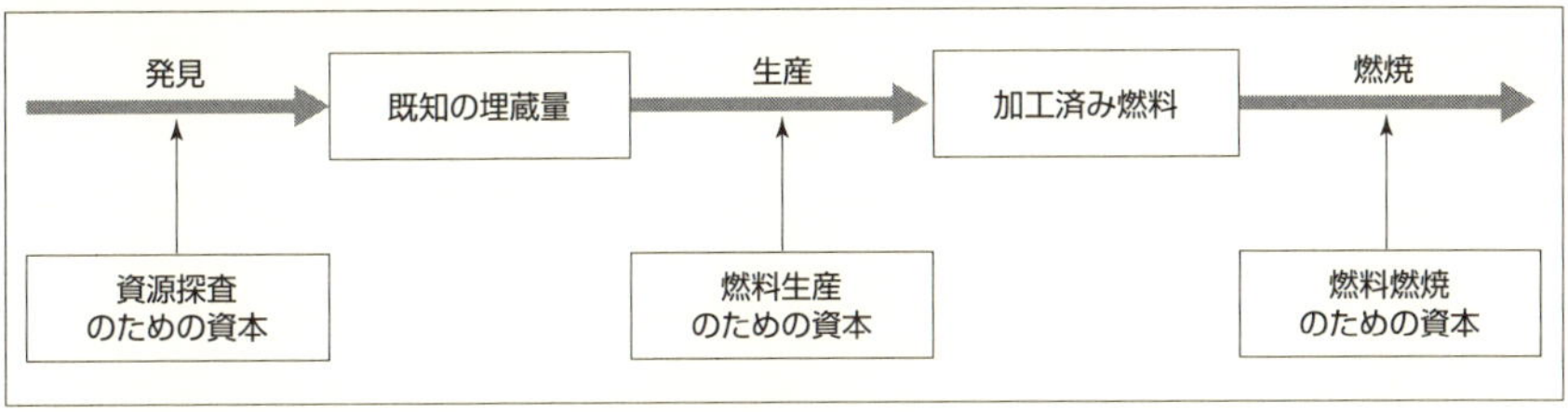

とはない。燃焼後に出てくる物質は、廃棄物や汚染物質として、地球の吸収源に入っていくのだ。

「この三〇年間の発見状況から、当面化石燃料には限界はないことがわかる」と思っている人たちは、エネルギーシステムの一部だけを見ているのである。

「既知の埋蔵量から加工済み燃料へ」の図を見ていただこう。

まず、「発見」の過程で、「資源探査のための資本」（掘削装置、飛行機、衛星、高性能な測深器や調査器など）を用いて、地中に埋蔵されている化石燃料を発見する。すると、確認されているが未採掘の「既知の埋蔵量」が増える。次に、「生産」の過程で、「燃料生産のための資本」（採掘、汲み上げ、精製、輸送の機材など）を使って、地中からストックを取り出し、加工した燃料を貯蔵場所まで運ぶ。そして、「燃料燃焼のための資本」（炉、自動車、発電機など）が「加工済み燃料」を燃焼し、有用な熱をつくり出す[67]。

発見の速度が生産速度を上回っているかぎり、既知の埋蔵量は増えていく。しかし、この図が示しているのはシステムの一部にすぎない。本来なら、化石燃料の究極的な供給源や吸収源も含まれるはずである。

「生産」によって「既知の埋蔵量」が減ると、人間はそれを補充するために、新しい埋蔵を発見しようと投資する。しかし、たとえ新たに発見されたといっても、それはすべて、地球にある究極的な化石燃料のストックからくるのであって、この究極的なストック自体は補充されることはない。たしかに「未発見

未発見の埋蔵から汚染へ

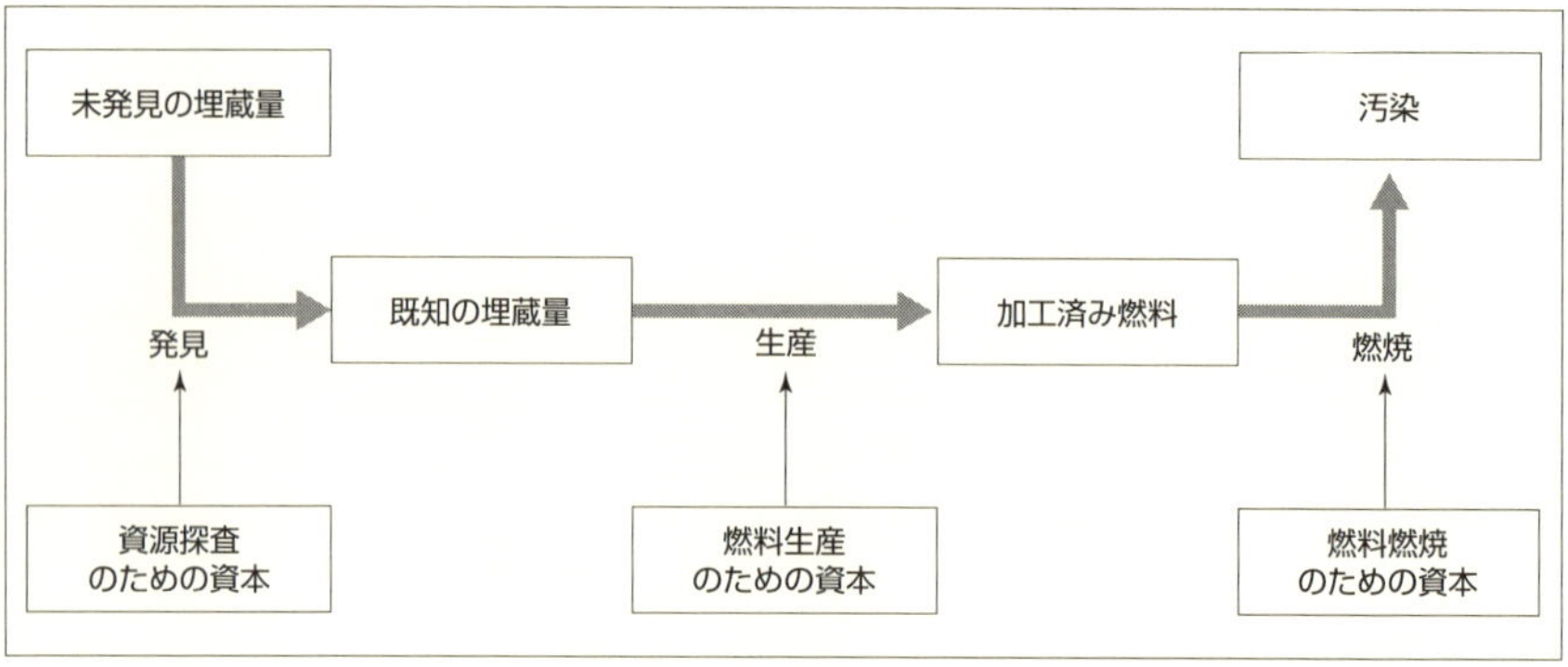

の埋蔵量」は膨大かもしれないが、それでもやはり、有限であり、再生不可能なのである。

フローの反対側では、燃焼によって生じた汚染物質が、究極的な吸収源である生物地球化学的作用に取り込まれる。ここで汚染物質は、循環され、無害化されるか、または、その吸収源自体を害したり劣化させる。化石燃料は、発見から生産、精製、輸送、貯蔵までの一連の流れのあらゆる段階で、さまざまな汚染物質を排出する。アメリカでは、この一〇年間の環境効率の大幅な改善によって、十分に留意して操業しているところからの汚染物質の排出は減ってきたものの、それでも、エネルギー生産はいまなお地下水汚染の大きな原因となっている。

化石燃料の場合、フローの供給源側か吸収源側か、どちらがより大きな制約となるのかは実際にはわからない。三〇年前、OPECの石油価格の値上げが迫っていたころは、明らかに供給源がネックのようだった。しかし今日では、気候変動の懸念が大きくなってきたので、吸収源のほうが大きな制約要因であるように思われる。石炭でいえば、二酸化炭素を吸収する大気の吸収源が制約となって、使用できなくなる石炭が大量にあるだろうとわれわれは考えている。一方、石油の場合は、供給源と吸収源の両面で制約がかかるかもしれない。その燃焼から、温室効果ガスをはじめとするさまざまな汚染物質が出るうえ、供給源側を見ても、実際に枯渇する最初の化石燃料は石油だろう。では、ガスはどうだろう？

現在、持続可能なエネルギー源が普及するまで、エネルギー生産を支える資源はガスだろうと考えている人も多い。しかし、歴史を振り返ると、社会が主なエネルギー源を別のエネルギー源に転換するには五〇年ほどかかっている。その間世界は、気候変動や化石燃料が思うように使えないことから、快適な生活が送れずに苦しむかもしれない。

未発見の石油やガスの埋蔵推定量には大きな幅があるので正確な数字はわからないが、資源の寿命として推定値を表3―1に載せた。大きな幅があるのは、そもそも不確実にしか出せない数字だからである。現存する石油資源（既知の埋蔵量と未発見の埋蔵量の合計）は、二〇〇〇年のペースで消費すると、五〇～八〇年もつ量である。一方、天然ガスは一六〇～三一〇年、石炭はさらに豊富である。もっとも、資源が減少するにつれ、その資源にアクセスするコストが上がっていくことはいうまでもない。そして、生産コストだけではなく、政治コストも付け加わるかもしれない。二〇〇〇年の世界の石油生産量の三〇パーセントは中東から、一一パーセントは旧ソビエト連邦からであり、両地域を合わせると、既知の石油埋蔵量全体の三分の二を占めている。

石油の枯渇といっても、ある日突然蛇口を回しても出てこない、というように、急にピタリと供給が止まってしまうわけではない。実際には、探査作業への投資の見返りが徐々に減っていき、残る埋蔵量が一握りの国にさらに集中し、最終的には、世界の石油生産量がピークに達して少しずつ減り始めることになる。アメリカがそのよい例である。アメリカにはもともと膨大な石油埋蔵量があったが、いまではその半分以上を使い果たしてしまった。新たな油田の発見は、一九四〇年代から五〇年代にかけて天井を打ち、国内石油生産量は七〇年ごろピークに達し、輸入石油への依存度が高まっている

図3−11　アメリカの石油生産量と消費量

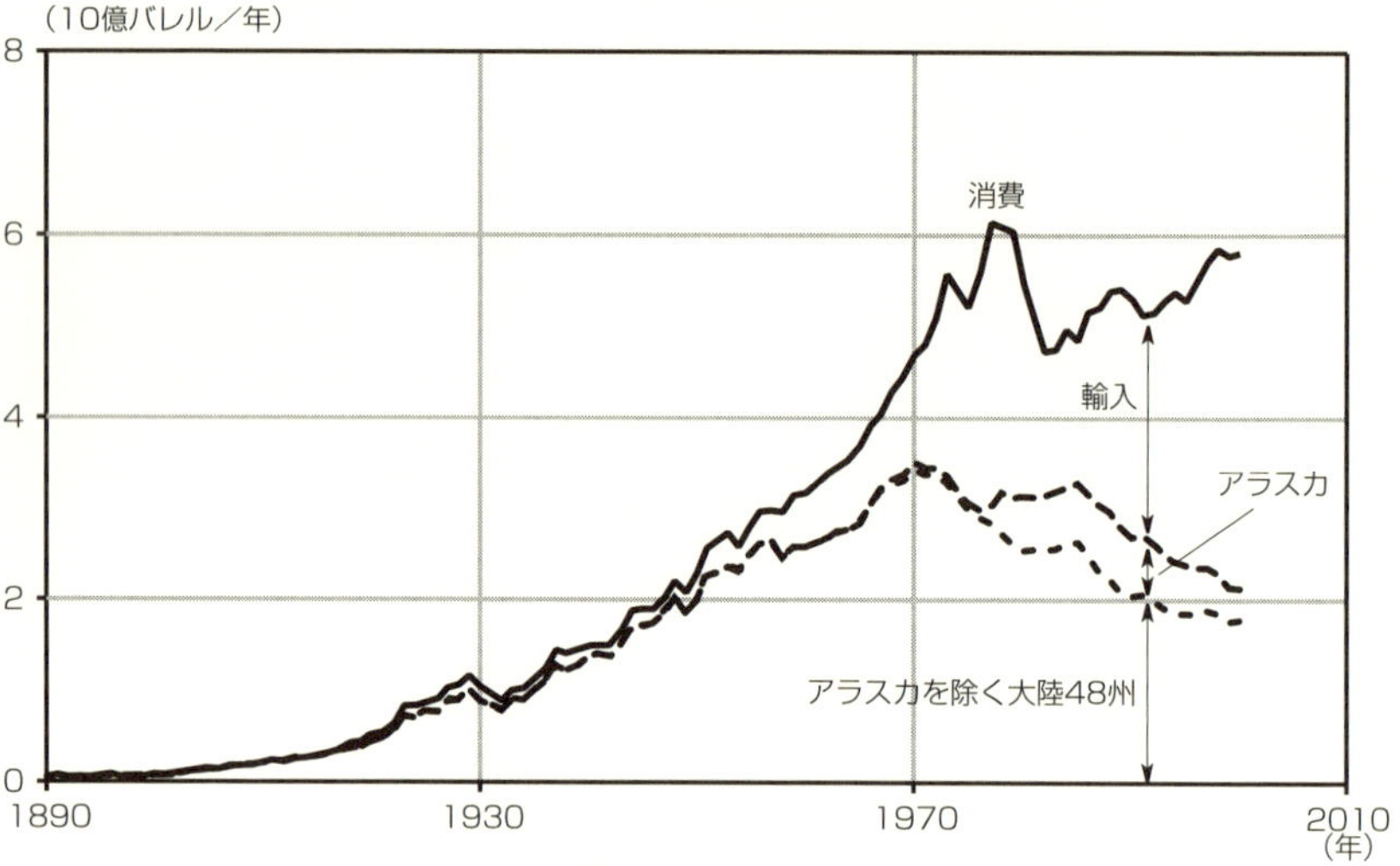

アメリカの国内石油生産量は1970年にピークに達し、それ以来、アラスカを除く大陸48州の石油生産量は40％減少している。アラスカでの新しい油田の発見も、この落ち込みを補うことはできていない。(出所:API; EIA/DoE)

(図3―11)。

そして、同じことが地球規模で起ころうとしている。図3―12は、表3―1のような資源の仮定をもとに、地球全体の石油生産量のシナリオを描いたものだ。石油消費量は現在の水準から大きく増えず、数十年後の二一世紀後半には緩やかに減少していくと予想されている。こうしたシナリオの背景にあるのは、世界全体での新たな油田の発見速度が一九六〇年代にすでにピークに達しており、現在では、アラスカのみならず、北極海の深い海底や遠く離れたシベリアなど、アクセスしにくく、つまり費用のかかる資源が掘り出される状況になっているという事実である。

天然ガスは、さまざまな用途で石油の代わりを務めることは間違いない。天然ガスは、すべての化石燃料のなかで、温室効果ガスである二酸化炭素も含め、エ

図3−12　地球全体の石油生産量

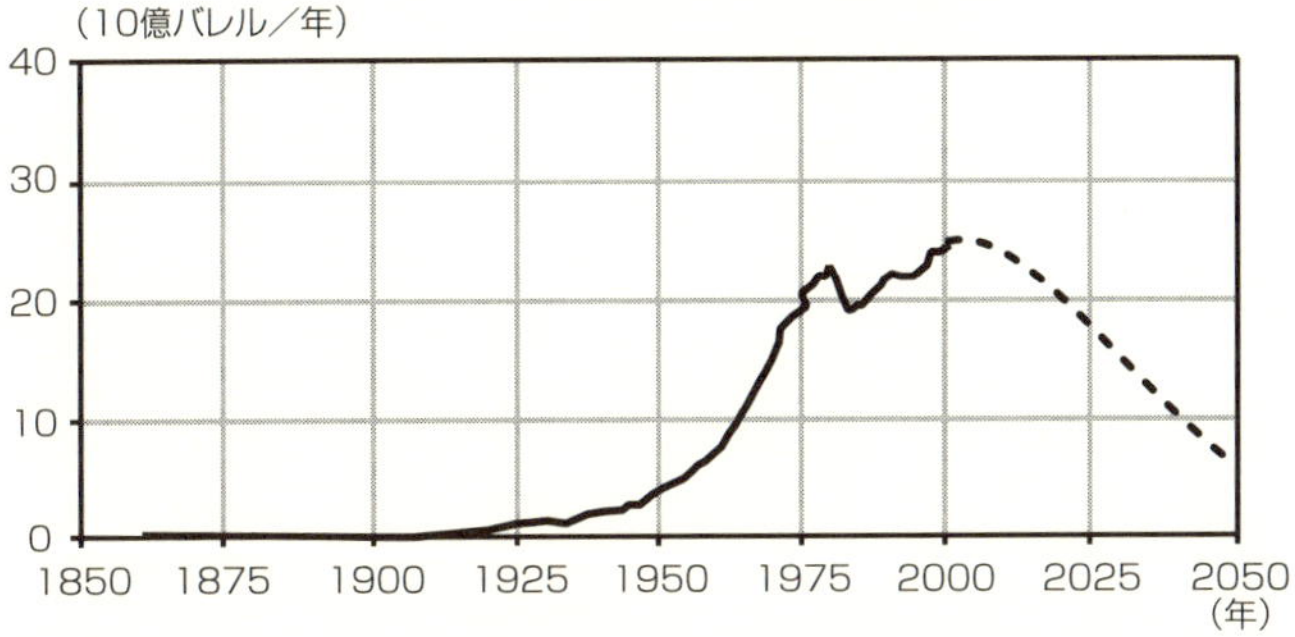

実線は、2000年までの世界の石油生産量を示している。地質学者M･キング･ハバートの手法を用い、最も可能性のある将来の生産量を推定した。最終的に発見可能な石油が1.8兆バレルであった場合、生産の割合は右側の点線のようになろう(曲線の下の部分)。
(出所:K.S. Deffeyes)

図3−13　今後の世界のガス枯渇の可能性

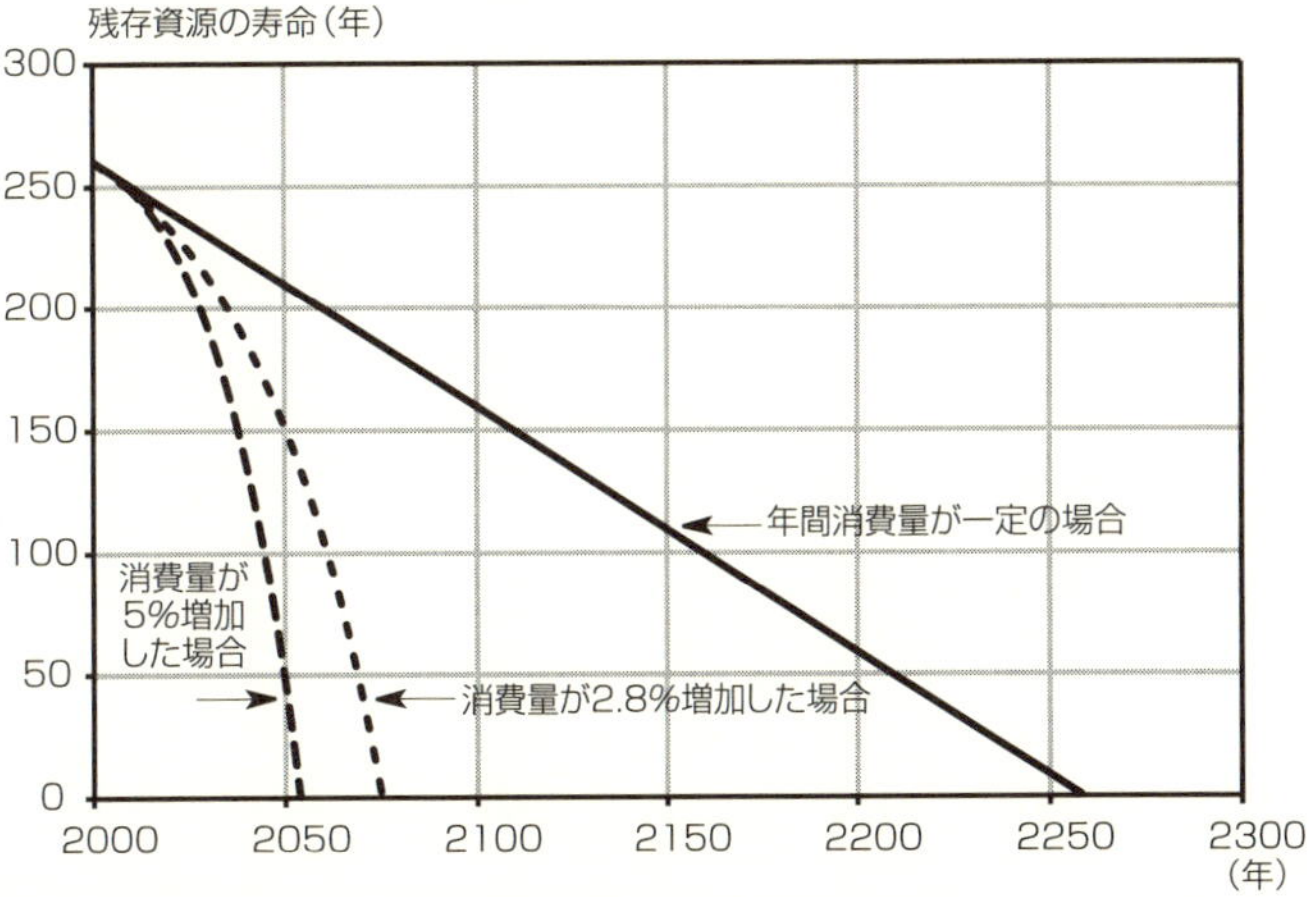

残っている天然ガスの「最終的に回収可能な資源量」が、2000年の消費ペースで260年間供給できるとすると、現在の消費ペースを2260年まで続けられることになる。しかし、石油の不足や石炭の環境問題から、今後数十年にわたって天然ガス消費量の加速が考えられる。天然ガス消費量が現在と同じく年に2.8%増えると、先の仮定の資源基盤は2075年に枯渇する。消費が年5%で増えると、世界の天然ガスの資源は2054年にはなくなってしまう。

ネルギー単位当たりの汚染物質の排出量が最も少ない。そこで、できるだけ早く石油や石炭の代わりに天然ガスを使うべきだと強い関心が寄せられている。そうなると、幾何級数的成長のダイナミズムを十分に理解していない人を仰天させるほどの勢いで、ガス資源の減少が加速するかもしれない。図3―13と図3―14を見れば、その理由がわかる。

二〇〇〇年の世界の天然ガスの可採年数は六五年だった。つまり、現在わかっている埋蔵量を二〇〇〇年のペースで使うと、二〇六五年までもつということだ。しかし、この単純な推測を覆す二つのことが起こるだろう。一つは、新たなガス埋蔵資源が発見されることであり、もう一つは、ガスの消費が二〇〇〇年のペース以上に伸びることである。

ということで、現存するガス資源の推定値（既知の埋蔵量と未発見の埋蔵量の合計）から考えてみよう。一例を挙げる。ガス資源には、二〇〇〇年の消費ペースで二六〇〇年間、世界に供給できる量があることがわかったとしよう。表3―1の一六〇〇〜三一〇〇年という推定値の幅の中ほどにあたる数字である。消費ペースが二〇〇〇年と変わらないとしたら、図3―13の直線が示すように、ガス資源は直線的に減少し、二六〇〇年もつことになる。しかし、ガスの消費が、一九七〇年以降と同じく年約二・八パーセントの割合で増え続けるとすれば、二六〇〇年間もつはずの資源は、図3―13の真ん中の曲線が示すように、幾何級数的に減少し、二二六〇年ではなく、二〇七五年に枯渇してしまう。二六〇〇年ではなく、七五年しかもたないのだ。

さらに、気候変動を軽減し、石油の枯渇を避けようと、現在石炭や石油が担っているエネルギー負荷を天然ガスから得ようとすれば、消費量の増加は年二・八パーセントどころでは収まらなくなるだろう。仮に、年率五パーセントで増えるとすると、「二六〇〇年分の供給量」が五四年でなくなってしまう。

図3−14　天然ガスの消費量の成長を維持するために必要な発見量

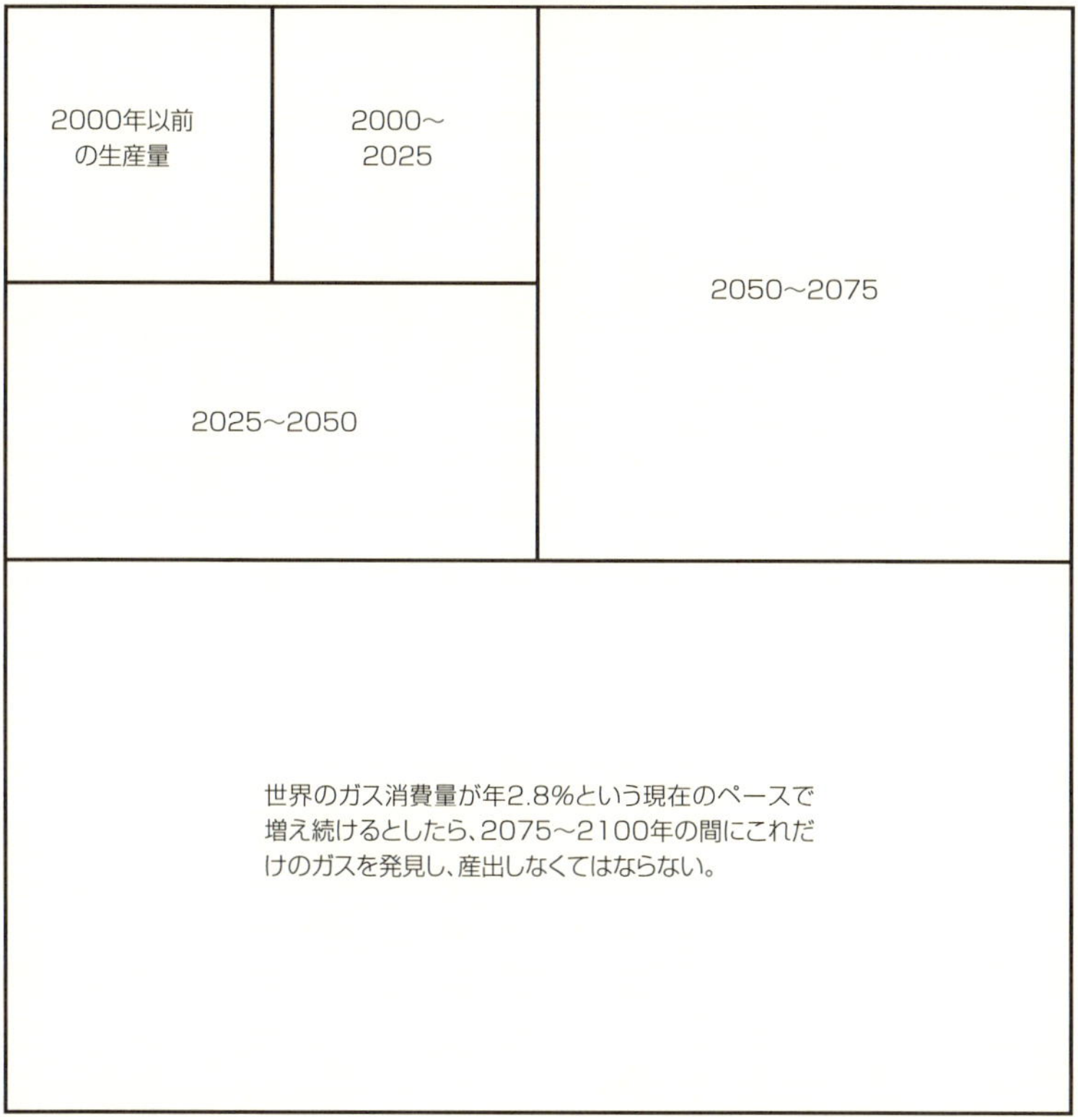
2000年以前
の生産量
2000～
2025
2050～2075
2025～2050
世界のガス消費量が年2.8%という現在のペースで
増え続けるとしたら、2075～2100年の間にこれだ
けのガスを発見し、産出しなくてはならない。

天然ガス消費量が年2.8%で増加しつづけるとしたら、25年ごとにそれまでに発見されている量と同じ量のガスを発見しなくてはならない。

天然ガス資源の消費が年率二・八パーセントで着実に増加していくとすれば、どのくらい新しい埋蔵量を発見しなくてはならないかを示したのが図3―14である。幾何級数的成長の計算をすれば、新たに発見し、掘り出すべきガスの量は、二五年ごとに倍増しなくてはならないことがわかる。「世界はじきに天然ガスを使い果たしてしまう」と言おうとしているのではない。まだ残っているかなりの量の資源は、より持続可能なエネルギー源への移行のための燃料として重要である。しかし、強調したいのは、化石燃料は、とくに幾何級数的に消費されるときには、驚くほど限られた資源であって、無駄にすべきではない、ということである。人間の歴史という大きな時間軸で見れば、化石燃料の時代はつかの間の瞬きにすぎないだろう。

化石燃料に代わる再生可能な資源があるので、必ずしも地球規模のエネルギー不足を招くわけではない。供給源から持続可能に得ることができ、環境面からも支持され、技術的にも実現可能で、しだいに経済性を伴ってきているエネルギーの選択肢が二つある。一つは「エネルギーの利用効率の改善」であり、すぐに実行できるものだ。もう一つの「太陽に基づく再生可能エネルギー」は、やや時間がかかるかもしれない。世界のエネルギー問題に対する数少ない解決策の一つは原子力エネルギーだ、と論ずる人がいるかもしれない。しかし、われわれはそうは考えていない。それは、核廃棄物の処理問題が解決していないうえ、いま挙げた二つの解決策のほうがずっと実現性が高いからだ。原子力エネルギーに比べて、速やかに、お金をかけずに、安全に実行できるし、貧しい国でもずっと簡単に開発できる。

エネルギーの利用効率の改善とは、光、熱、冷房、人や荷物の輸送、水の汲み上げ、モーターの回転といったこれまでと同じ最終消費エネルギーによるサービスを、より少ないエネルギーでつくり出すことである。したがって、物質的な生活水準は同程度かまたは向上し、しかも費用は少なくてすむ。

そのうえ、直接的なエネルギー費用が少なくすむだけではなく、汚染も、国内のエネルギー資源の減少も、エネルギー関連施設の立地をめぐる争いも少なくてすむ。また、多くの国にとっては、対外債務も、外国の資源へのアクセスを維持したり支配するための軍事コストも少なくてすむのである。

質の高い断熱材から高性能のモーターまで、エネルギー効率を改善する技術は急速に進展しているので、一定量の仕事を行うのに必要なエネルギーの推定値は、毎年下方修正されている。小型蛍光灯電球は、白熱電球と同量の光を発するが、電力消費量はたったの四分の一である。アメリカのすべての建物の窓に、断熱効果の高いスーパーウインドウを入れれば、現在アメリカがアラスカの油田から得ているエネルギーの二倍を節約することができる。また、少なくとも一〇社の自動車メーカーが、ガソリン一リットルで三〇〜六〇キロメートル走れる試作車をつくっている。最先端の技術者たちはいまでは「リットル当たり七〇キロ」の議論を始めている。また、一般的にはそう思われていないが、こうした燃費の優れた自動車はすべての安全性テストに合格しており、製造コストも現行モデルより高くつくことはない(68)。

エネルギー効率の改善による省エネ効果は、その計算を行う人の技術や政治に関する意見によって変わってくる。最も控えめに見ても、アメリカ経済は、現在使える技術を用いることで、しかもいまと同じかそれ以下のコストで、現在行っているすべての活動を現在の半分のエネルギーでできるという。こうなると、アメリカは現在のヨーロッパのエネルギー効率の水準に達する(69)。そして、世界の石油消費量を一四パーセント、石炭消費量を一四パーセント、ガス消費量を一五パーセント減らすことができる。東欧や発展途上国でも、同等かそれ以上のエネルギーの効率改善が可能である。

これはほんの第一歩にすぎないという楽観的な声も聞かれる。西欧や日本といった世界でもエネルギーの利用効率が最も高い地域でも、すでに使える技術や、二〇年以内には使えると予測できる技術

図3−15　風力発電と太陽光発電の発電コスト

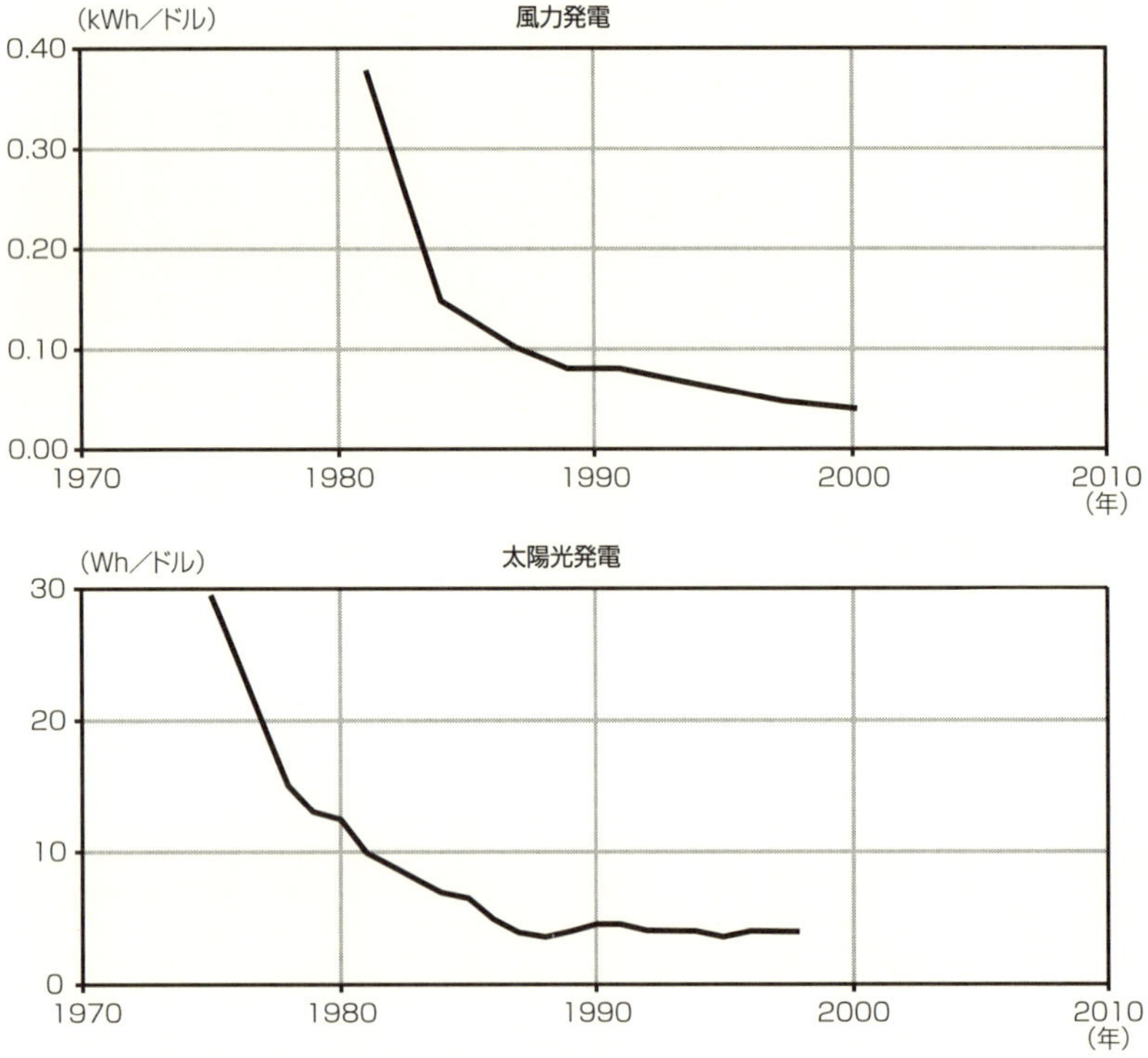

1980〜2000年の間に、風力発電と太陽光発電の発電コストは急落した。風力発電はいまでは、新規の化石燃料焚きの火力発電所と肩を並べるようになっている。
(出所:AWEA;EIA/DoE)

を使うことで、エネルギー効率をさらに二～四倍高めることができるというのだ。これほど大きな効率改善ができれば、世界のエネルギーの大部分、もしかしたらすべてを、太陽、風力、水力、バイオマスといった太陽に基づく再生可能エネルギー源でまかなえるようになるだろう。太陽が毎日地上に降り注いでいるエネルギー量は、人類が現在使っているエネルギーの一万倍以上なのだ[70]。

太陽エネルギーの利用技術は、エネルギー効率改善の技術に比べるとゆっくりであるが、それでも着実に進歩している。太陽光発電および風力発電のコストは、この二〇年に大きく下がっている（図3―15）。一ワットの電力を太陽光発電で生産するために必要な資本コストは、一九七〇年には一二〇ドルだったのが、二〇〇〇年には三・五ドルまで下がった[71]。途上国では、遠くまで送電線を引くための資本コストを払えない村々や灌漑プロジェクトで、太陽光発電はすでに最も費用対効果の高い選択肢となっている。

風力発電は、現在のコストでも、急速に伸びる力を持っている。二〇〇二年末時点で、世界の風力発電容量は合計三万一〇〇〇MWを超え、原子力発電機三〇基以上に相当する数字となっている。その発電容量は前年比二八パーセント増で、一九九七年末からの五年間では四倍に伸びている[72]。これほどの規模で変化すると、将来のエネルギーについて、さまざまな憶測が出てくるだろう。

われわれは、いわゆる「石油会社」としての最後の日々を過ごしているのだと思う。……自動車を駐車し、その燃料電池を使って発電して、自宅で使うとなったら、世界の経済学そのものが激変するだろう。国中の送電網は、メインフレームではなく、インターネットのようになる。実際、もしアメリカの路上にあるすべての自動車に燃料電池が搭載されるようになれば、今日設置されている発電所の発電容量の五倍もの発電ができることになるのだ[73]。

再生可能エネルギー源は、環境にまったく無害でも、無限だというわけでもない。風車を建てるには、土地やそこに通じる道路が必要になる。太陽電池には、有害物質を含有するものもある。水力発電用のダムは、土地を水没させ、自然な川の流れをせき止めてしまう。バイオマスエネルギーが持続可能かどうかは、そのバイオマスを生産する農業や林業が持続可能なやり方をしているかによる。太陽エネルギー源のなかには、エネルギー密度が希薄で、断続的にしか得られないため、広い集積面積や複雑な貯蔵メカニズムを要するものもある。[74] そして、物的資本や慎重な管理が必要だ。また、再生可能エネルギー源には、そのペースが限定されているという特徴がある。つまり、永遠に流れるのであるが、そのペースはあくまでも一定なのだ。したがって、無限に増える人口や、急速に拡大する資本設備を支えることはできない。だが、そうはいっても、将来の持続可能な社会のエネルギー基盤となることは間違いないだろう。このエネルギー源は、豊富であり、いたるところに存在し、さまざまなものがある。こうしたエネルギーに伴う汚染のフローは、化石燃料や原子力エネルギーに比べて小さく、全般的には有害性も低い。

最も持続可能で最も汚染の少ないエネルギー源を開発し、効率よく使えば、限界を超えることなく、人間のニーズを満たすことができよう。必要なのは、政治的意思と多少の技術進歩、そしてそれほど大きくない社会変化だけである。

（未発見の）ガス埋蔵量は、比較的豊富にあるようなので、二一世紀初めの時点で、エネルギー利用に対する最大の制約は、吸収源側にあると思われる。エネルギー消費から排出される二酸化炭素が引き起こす気候変動については、本章の後半で取り上げる。

◆物質

一次自然資源を地球から採取するためには、経済的な価値はないが環境を変えたりダメージを与えるかもしれない大量の物質を動かし、処理しなくてはならないことが多い。たとえば、金属の鉱床や鉱石、炭田を利用しようとすれば、……膨大な量の被覆物や表土を動かす必要がある。多くの場合、掘り出した粗鉱は、処理や濃縮をしてはじめて商品になるので、その処理から出る大量の廃棄物を捨てなくてはならない。……このようなフローはすべて、その国の経済活動の一部なのだが、貨幣経済に入ってくることはほとんどない。……経済の計算にはふつう、こうした側面は入っていないのだ。その結果出てくる数字は、工業経済の自然資源への依存度を過小評価することになる。

——世界資源研究所　一九九七年

世界人口のなかで、自動車を所有している人は八パーセントにすぎない。世界の数億人は、不十分な住まいで生活しているか、またはまったく住む場所がない。冷蔵庫やテレビを持っていないのは言うまでもない。もし世界人口が増え、いまよりもたくさんの、またはより良い住宅や自動車、冷蔵庫、テレビを所有し、保健サービスや教育を受けることになったら、鉄鋼やコンクリート、銅、アルミニウム、プラスチックその他多くの物質が必要になる。

地球から経済を通ってまた地球に戻っていく物質のフローは、化石燃料のフローと同様に図式化できるが、一つだけ異なる点がある。化石燃料と違って、金属やガラスといった物質は、使い終わったあとに燃焼ガスにはならないという点だ。固形廃棄物としてどこかに蓄積するか、回収されリサイクルされるか、または、壊され、粉砕され、浸出し、気化するなどして、土壌や水、大気中に拡散する

未知の埋蔵からリサイクルへ

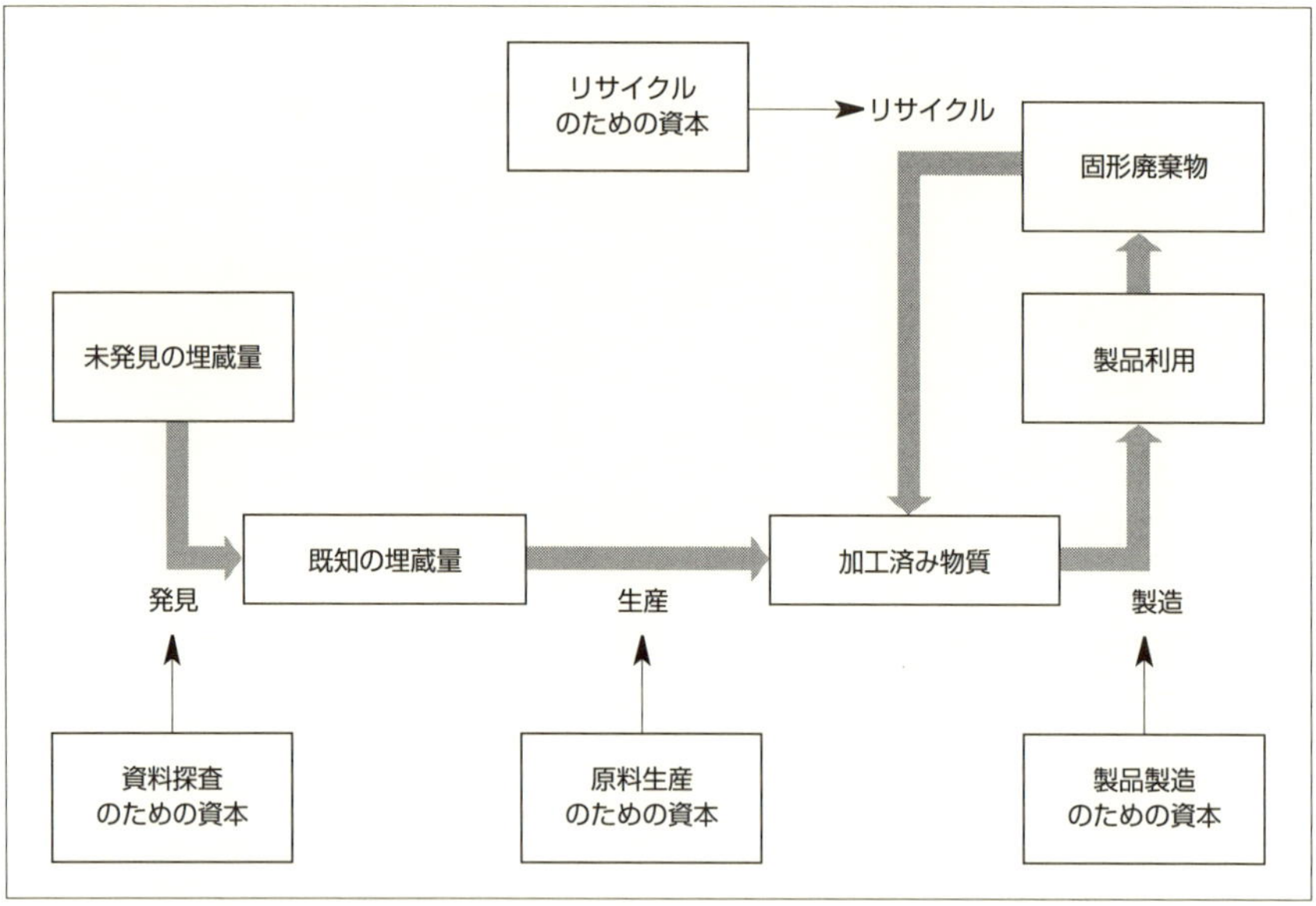

ことになる。

図3―16は、五種類の主な金属の一九〇〇～二〇〇〇年の世界の消費量である。一九五〇年から二〇〇〇年の間に、消費量が四倍以上に増えていることがわかる。

銅やニッケル、スズなどの金属は、いかに豊かな国の人であっても毎年使える量には限りはある。しかし、少なくともアメリカのライフスタイルを例として見るかぎり、その限界は高いところにある。ほとんどの金属について、先進国は途上国に比べて、一人当たりの消費量が八～一〇倍である。もし、最終的には九〇億人を数える人々が、二〇世紀後半の平均的なアメリカ人と同じように物質を使うことになれば、世界の鉄鋼生産量を五倍に、銅は八倍に、アルミニウムは九倍に増やさなくてはならない。

多くの人々は、そのような物質のフローは可能でもなければ必要でもないと直感的に思っている。「可能でない」理由は、地球の供給源と吸収源に限界があるからだ。供給源から吸収源

図3−16　世界の5つの重要な金属の消費量

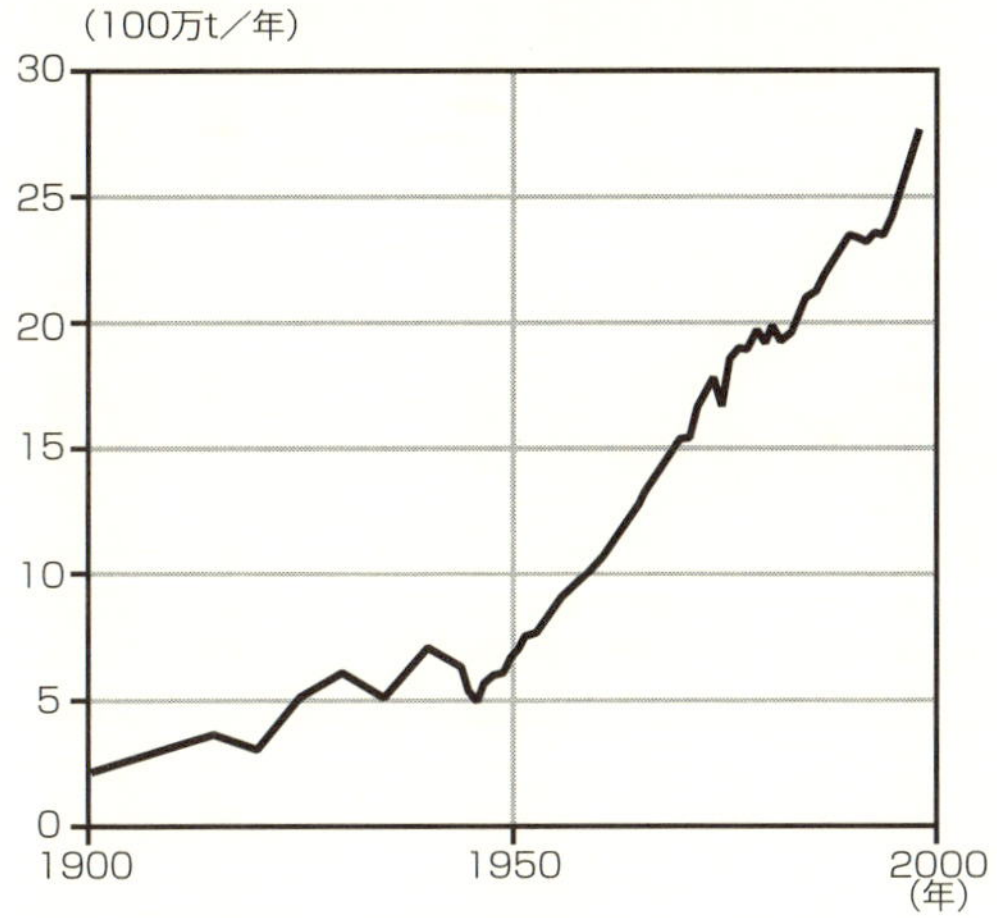

銅、鉛、亜鉛、スズ、ニッケルの消費量は、20世紀に激増した。
(出所:Klein Goldewijk, Battjes; U.S. Bureau of Mines; USGS; U.S. CRB)

図3−17　世界の鉄鋼消費量

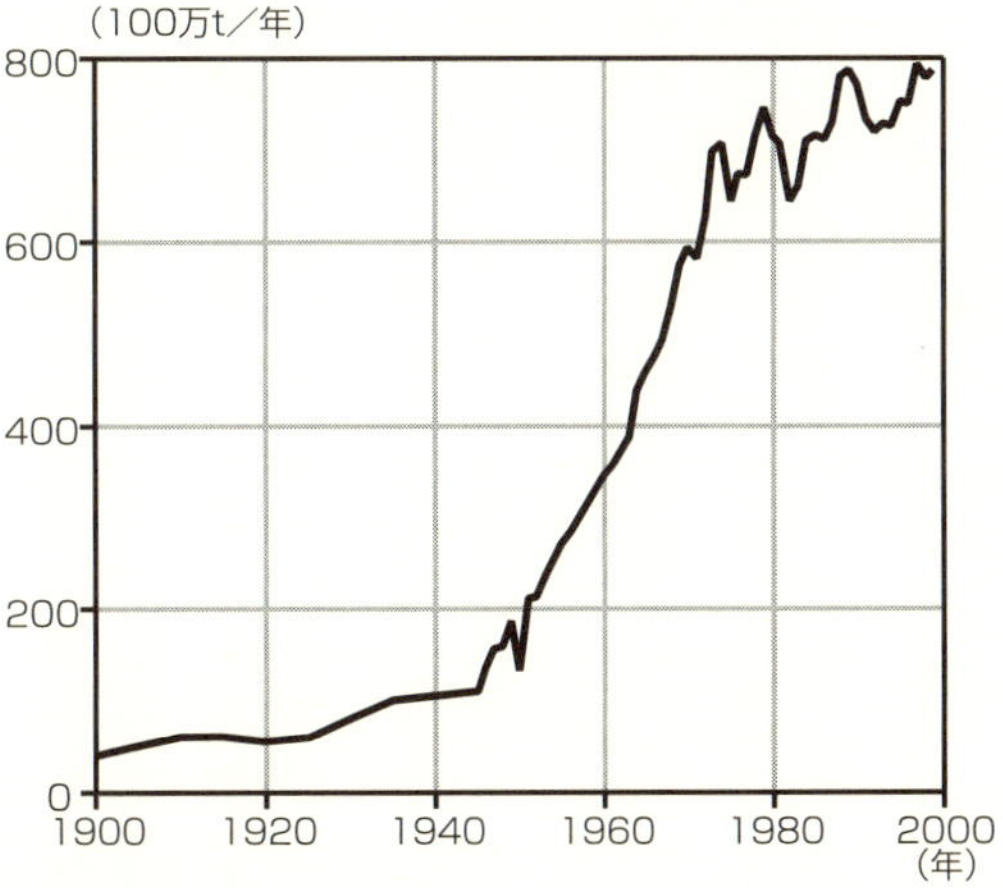

鉄鋼の消費量はS型の成長を示している。
(出所:Klein Goldewijk, Battjes; U.S. Bureau of Mines; USGS; U.S. CRB)

へ至るまで、物質を処理し、製造し、出荷し、使用する間に、汚染の跡が点々と残ることになる。「必要でない」理由は、二〇世紀後半の豊かな国々の一人当たりの物質スループットには、食糧や水や木材、エネルギーなどと同様、無駄が多いからだ。地球をこれほど破壊しなくても、よい暮らしを支えることができる。

人間社会は教訓を学びつつあるという兆候がいくつかある。図3―17は、近年の世界の鉄鋼消費の推移である。一九七〇年代中ごろに何かが起こり、それまでスムーズに続いていた幾何級数的成長の傾向が中断されている。その理由については、さまざまな説があるが、おそらくそのどれもが正しいのだろう。

- 「脱物質化」の動きが、「少しでたくさんのことをする」ことへの経済的なインセンティブや技術の進歩によって推し進められた。
- 一九七三年と七九年の石油危機によって、エネルギー集約型の金属の価格が急騰し、あらゆる用途でエネルギーや物質を節約するインセンティブが強まった。
- この価格の急騰と、環境法令や固形廃棄物の処理問題があいまって、物質のリサイクルを促した。
- こうした圧力が技術革新を加速した。金属に代わって、プラスチックやセラミックなどの物質が使われるようになった。一方、自動車から清涼飲料用の缶まで、金属製品の軽量化が進んだ。
- 一九八〇年代の景気後退で、重工業部門の落ち込みが激しく、金属への基礎需要が、ほかのものに比べて大きく減退した[75]。

物質の消費量の伸びを鈍化させた経済的な理由は一時的なものかもしれないが、技術革新や物質フローを減らそうとする環境面からの圧力は、おそらく永続的なものだろう。興味深いのは、こうした物質の価格が、この数十年間下がり続けているということだ。供給が需要を上回ったということなのだろう[76]。

貧しい国々は供給源が乏しいために、これまでも物質を回収し再利用してきた。そして、豊かな国々は、吸収源不足のために、リサイクルのやり方を学び直しつつある。そして、その過程で、リサイクルは労働集約型から、資本やエネルギー集約型の作業に変わりつつある。廃棄物を処理するコンポスト装置やシュレッダー、分別システム、蒸解釜、汚泥混合機、缶に支払われたデポジットを返金する「逆自販機」などを投入し、企業や自治体のために廃棄物の回収プログラムを立ち上げる管理会社を雇うようになってきている。

ティーポットから自動車に至るまで、先見性のあるメーカーは、最終的な解体やリサイクルのことを念頭に置いて製品の設計を行っている。たとえば、ＢＭＷの新型車は、リサイクルしやすいように、プラスチック製の車体を採用している。プラスチックも分別・再利用しやすいように、樹脂の種類別にマークを付け、また、できるだけ種類の異なるプラスチックを混ぜて使わないようにしている。

小さな変化でも何度も繰り返されれば、大きな違いにつながる。一九七六年に、清涼飲料のアルミ缶向けにプルトップ型のタブが発明され、これまでは引きちぎられて捨てられていたタブが、缶に付いたままになった。そこで、そのタブの部分も缶といっしょにリサイクル・プロセスに戻されるようになった。二一世紀初めの数字を見ると、アメリカ人は年間約一〇五〇億個のアルミ缶を使い、そのうち約五五パーセントがリサイクルされている。ということは、この小さなタブもいっしょにリサイクルすることによって、毎年一万六〇〇〇トンものアルミと、約二億キロワット時の電力を節約することになるのだ[77]。

使用後に物質を分別しリサイクルすることは、持続可能性への第一歩である。そうすると、自然のなかで物質が循環するのと同じように、経済のなかでも物質を循環しはじめることができる。自然のなかでは、ある過程から出る廃棄物は、別の過程への投入物となる。生態系のあらゆる領域が（とくに土中で）自然の廃棄物を分解し、使える部分に分別し、再び生物のなかに戻す作業を行っている。現代の経済も、ようやくリサイクルという領域を開発しつつあるのだ[78]。

しかし、廃棄物のリサイクルは、物質のフローの最後の、最も問題の少ない出口に対処する方法にすぎない。だいたいの数字だが、この物質フローの最後のところで、消費者がゴミを一トン出すとすると、その製造段階からは五トンの廃棄物が出ており、最初の資源採取の段階（鉱山、汲み上げ、森林の伐採、農業など）では二〇トンの廃棄物が出ている[79]。こうした廃棄物のフローを減らす最善の方法は、製品の利用寿命を延ばし、供給源からの物質フローを減らすことである。

設計の改善や、修理や再利用（使い捨てカップの代わりに、洗って使えるカップを利用するなど）を通して製品の利用寿命を延ばすことは、リサイクルよりも効果的である。リサイクルのように、破砕し、粉砕し、溶かし、浄化し、再加工する必要がないからだ。どのような製品でも、利用寿命を二倍に伸ばせれば、エネルギー消費量、廃棄物、汚染、そしてその製品をつくるために必要なあらゆる物質の減少を半減できる。しかし、どうすればエコロジカル・フットプリントを最小限にできるかについて最終的な結論を出すためには、徹底的なライフサイクル・アセスメント（ＬＣＡ）を行う必要がある。そして、ＬＣＡから驚くような結果が出ることも多い。

「供給源を減らす」とは、同じ仕事をより少ない物質で行う方法を見出すことである。エネルギーでいうところの利用効率改善に相当するもので、非常に大きな可能性がある。一九七〇年代のアメリカの典型的な自動車は、三トン以上の重さだった。ほとんどすべてが金属からできていたのだ。今日ではずっと軽量化しており、平均的な車は主にプラスチックを原材料としている。また、コンピュータ回路も、かつてのような重い強磁性コアではなく、ごく小さなシリコンチップに組み込まれている。ポケットに入るほどの小さなフラッシュドライブに、書籍でいえば二〇万ページ分に当たる情報を保存できる。電話も、これまでは何百本もの銅線が必要だった通話を、髪の毛ほどの細い超高純度のガラス線一本で行うことができ、しかも、音質も改善している。

産業革命開始以来、製造工程といえば、高温・高圧下で、強力な化学薬品を使い、強い力をかけるのが特徴だった。それがいまでは、科学者たちは分子マシーンや遺伝子プログラムを利用する方法について理解しはじめている。ナノテクノロジーやバイオテクノロジーの躍進のおかげで、自然と同じやり方で、つまり分子同士を注意深く適合させることで、化学変化を起こし、工業プロセスで利用できるようになってきた。

リサイクルや効率改善、製品の長寿命化、供給源の使用削減には、心が躍るほどの可能性がある。しかし、地球規模で見ると、まだ経済を流れる膨大な量の物質フローを減らすには至っていない。せいぜい、増加の勢いをやや抑えているぐらいのものだろう。そして、いまなお自動車や冷蔵庫を欲しがっている人が何十億人もいるのだ。いまでは、物質のスループットの限界は、供給源側というより吸収源側の限界が大きいと考える人が多いが、今後も物質の需要が伸び続けていけば、最終的には供給源の限界にも突き当たることになるだろう。人間社会に役立つ物質が純度の高い形で地殻に存在しているというのは、多くの場合ごく稀なのである。エネルギー、資本、環境への影響、社会の動乱といった採掘のためにかかるコストはどんどん大きくなっている。

地質学者のアール・クックが、採掘可能で純度の高い鉱石がいかに希少なものであるかを示している。[80]クックが三〇年近く前にこの分析を行ったころに比べると、技術は大きく進歩しているものの、彼の研究の全般的なメッセージはいまでも当てはまる。鉄やアルミニウムなど、非常に豊富に存在してい

表3-2　8つの金属の確認された埋蔵の寿命

	年間生産量（1997～1999年平均）	年間の生産量の伸び（1975～1999年平均）	1999年の確認された埋蔵量	毎年生産量が2%増えた場合の確認された埋蔵の寿命	資源基盤	生産量が年2%増えた場合の資源基盤の寿命
金属	100万トン／年	率（年）	10億トン	年	1兆トン	年
アルミニウム	124	2.9	25	81	2,000,000	1,070
銅	12	3.4	0.34	22	1,500	740
鉄	560	0.5	74,000	65	1,400,000	890
鉛	3.1	-0.5	0.064	17	290	610
ニッケル	1.1	1.6	0.046	30	2.1	530
銀	0.016	3.0	0.00028	15	1.8	730
スズ	0.21	-0.5	0.008	28	40.8	760
亜鉛	0.8	1.9	0.19	20	2,200	780

この表は、確認された埋蔵と資源基盤の大きな差を示している。確認された埋蔵とは、現在知られており、現在用いることのできる技術と現在の価格で採掘できると考えられるものであり、一方、資源基盤は、地球の地殻内に存在していると考えられている総量である。人類は、この資源基盤をすべて採取することはできないが、価格や技術革新、新しい埋蔵の発見により、確認された埋蔵は増えるであろう。
（出所:MMSD）

る鉱物もある。こうした鉱物は、供給源が限界となることはなく、多くの地域で採掘できる。他方、鉛、スズ、銀、亜鉛などは、ずっと限られており、こうした鉱物の枯渇はより近い将来のこととして考えられる。

国際環境開発協会（ＩＩＥＤ）では最近、世界の鉱業に関する調査を行ったが、その資源と埋蔵量のデータを見ると、相対的な希少性の感じがわかるだろう。表３―２は、八つの主な金属に関するデータをまとめたものである。生産量が年に二パーセント増えるとして（物質によって二パーセントが高すぎるものもあれば低すぎるものもあるが、平均値としてはそれほど悪くはない）、現在の埋蔵量で生産を支えられる期間は、一五年から八一年まで幅がある。もちろん、技術は進歩するだろうし、価格は上がるだろう。一方で、生産者は新しい地を探査し、新たな採掘可能な埋蔵を発見するだろう。すると、この可採年数の推定値は低めだということになる。どれぐらい低いのか？　地殻の膨大な推定値を考えると、五〇〇〇～一〇〇〇〇年という生産年数が出てくるので、実際に「どれくらい使えるのか」は、この間のどこかだろう。生産者は、操業の社会的コストや環境コストに対処せざるをえなくなるので、「資源基盤」から「埋蔵量」へ移せる量は、エネルギーや資本のコストしだい、ということになる。

ＩＩＥＤの研究では、吸収源が人間の鉱物の使用を制限する役割を果たすかもしれないと指摘している。

鉱物の生産量、消費量、資源基盤の推定値の傾向を見ると、世界が鉱物を「使い果たしてしまう」懸念は減ってきている。しかし、大きな注目が集まっているのは、環境的要因や社会的要因が鉱物資源の利用可能性に制約をかけるかもしれないことだ。鉱物の利用を制約する可能性のある展開には、次のようなものがある。

- 鉱石の品位が下がるにつれ、生産単位当たりのエネルギーが増加するので、エネルギーの入手可能性やエネルギー使用による環境影響。
- 鉱石の品位が下がると、使用する水の量が増えるので、水の入手可能性や水の使用が増えることによる環境影響。
- 生物多様性や手つかずの野生の保全、文化的な重要性、農業や食糧安全保障など、鉱物生産以外のために土地を使いたいと社会が望むこと。
- 鉱物業界のもたらす影響に対し、地域社会が厳しい態度をとること。
- 使用パターンの変化。
- 鉱物製品やその副産物（とくに金属）が、大気中、水中、表土または植生に蓄積することへの生態

図3−18　アメリカで採掘された銅鉱石の品位低下

1910年以前のアメリカでは、採掘された銅鉱石は、平均して2〜2.5%の銅を含んでいた。ところがその後は、平均品位が低下しつづけている。1930年代のピークおよび80年代の若干の改善は、経済不況によって収益性の低い鉱山が閉山され、含有量の高い鉱石のある鉱山のみが操業を続けたためである。
（出所:U.S. Bureau of Mines; USGS）

図3−19　鉱石の枯渇とその生産から出る鉱滓

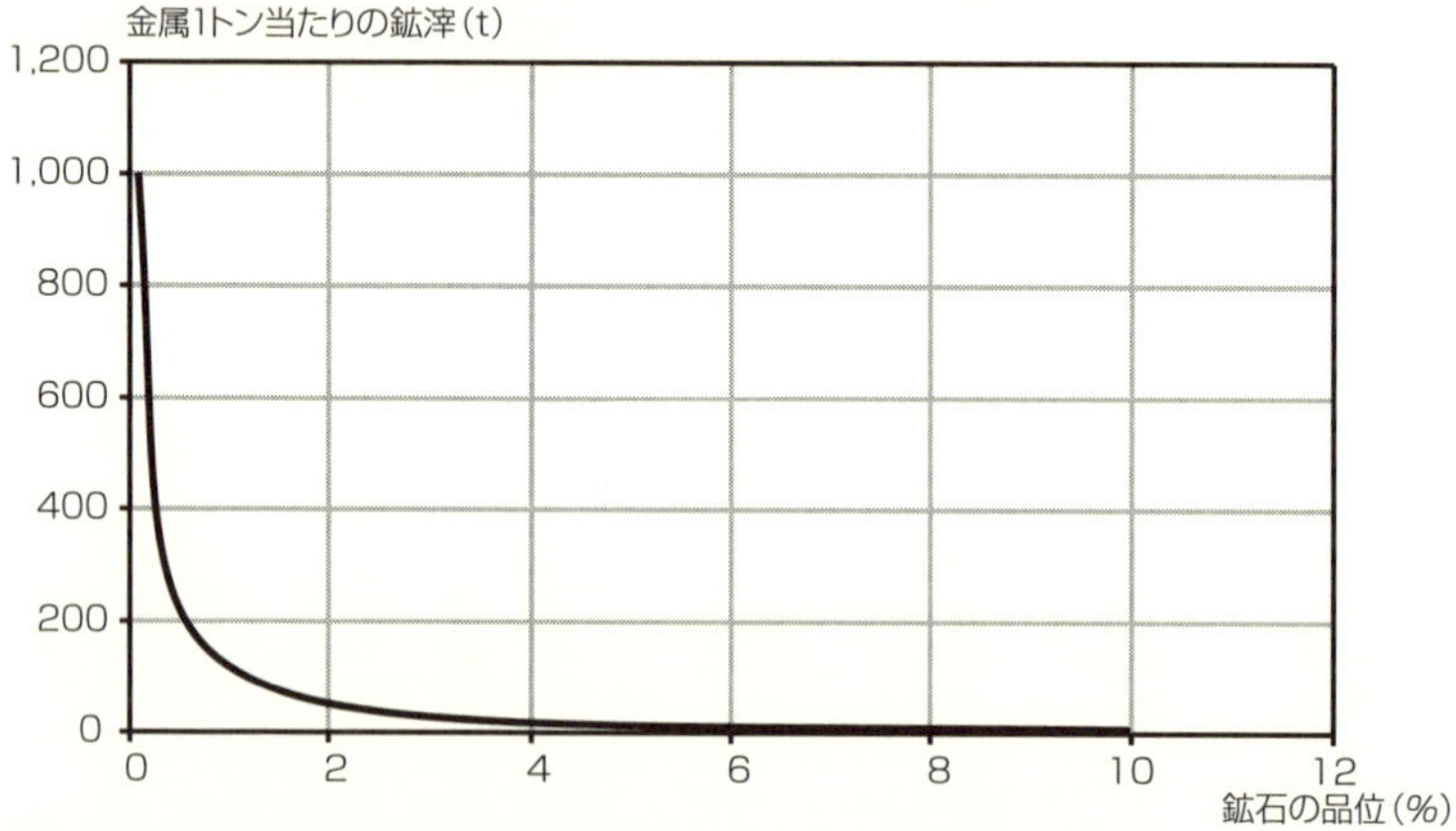

鉱石の枯渇によって平均品位が8%以上から3%へ低下した場合、最終金属を1トンつくるために出る鉱滓の量は、かろうじて認識できるほどしか増えない。ところが、品位が3%を割ると、トン当たりに出る鉱滓量は激増する。最終的には、鉱滓処理コストが生産された金属の価値を上回ることになる。

系の限界(81)。

図3―18は、銅鉱石の純度がしだいに下がっていく例を用いて、鉱物の枯渇の進行を示している。図3―19は、鉱石の純度が低下した結果である。原石中に含まれる利用可能な金属の割合が減ってくると、一トンの製品をつくるために採掘、破砕、処理すべき岩石の量が驚くほど増える。モンタナ州ビュートで採掘された銅鉱石の平均品位が三〇パーセントから〇・五パーセントにまで落ちたとき、銅を一トン生産するために出る鉱滓は、三トンから二〇〇トンへと激増した。最終的に銅を一トンつくるために必要なエネルギーも、この廃棄物の上昇曲線とほぼ平行して急増する。金属鉱石の枯渇は、化石燃料の枯渇を加速させ、地球の吸収源により大きな負担をかけることになる。

汚染と廃棄物の吸収源は何か

この二〇~三〇年の間、人間は自然界の新しい勢力として台頭してきた。われわれは、新しいやり方で、これまで地球上で見られなかったほどの速度と大きな空間的広がりで、物理的・化学的・生物学的システムを改変している。人間が自分たちの地球を対象に、壮大なる実験に乗り出したことは間違いない。この実験の結果はわからないが、地球のあらゆる生命にとって重大な意味を持っている。

――ジェーン・ラブチェンコ　一九九八年

一九七二年にストックホルムで人間環境会議が開かれたとき、「環境大臣」や「環境省」を持つ国は十指に満たないほどだった。それがいままでは、環境を担当する行政機構を持っていない国はほとんどない。多くの環境教育プログラムが登場し、特定の関心を持ったさまざまな環境団体が多岐にわたる環境問題に取り組んでいる。こうした比較的新しい環境保護機関や団体のこれまでの実績は、まちまちである。「世界は汚染の問題を解決した」と結論を出すのは間違っているし、「まったく進歩がなかった」というのも正しくない。

そのなかでも、大きな成果をあげている取り組みがある。人間の健康に有害であることが誰の目にも明らかで、それと特定でき、禁止することができる特定の有害物質に対する取り組みである。たとえば、図3―20からわかるように、アメリカでは有鉛ガソリンの使用を禁止したことで、人間の血液中の鉛濃度が減少した。フィンランドでのセシウム137やバルト海諸国でのDDTなど、この数十年間に特定の地域で濃度が減少している汚染物質はほかにもある。

先進国では、断固たる努力とかなりの費用をかけた結果、最も一般的な大気汚染物質や水質汚濁物質の一部（全部ではない）を減らすことに成功している。図3―21が示すように、G7諸国では、煙突に洗浄集塵装置を付けたり、低硫黄燃料へ切り替えることによって、二酸化硫黄の排出量を約四〇パーセントも削減している。[82]二酸化炭素や窒素酸化物は、化学的に除去することが難しく、その排出量はこの二〇年間、ほとんど変わっていない。経済が成長したにもかかわらず排出量が増えていないのは、主にエネルギー効率が向上したからだ。

ライン川の汚染物質の例を見ると、水質汚濁物質を抑制しようとする取り組みの成果と難しい部分がよくわかる。ライン川は、第二次世界大戦後に、汚染濃度が高まったため、川の生命を支える酸素が欠乏する状態になってきた。一九七〇年ごろ、酸素濃度は生物が生きられないほどの低い水準にまで下がったが、主に下水処理システムに巨額の投資をしたおかげで、八〇年には大きく改善された。しかし、水銀やカドミニウムなどの有害重金属は、下水処理施設では除去されないので、その濃度は

図3−20　人体と環境の汚染の減少

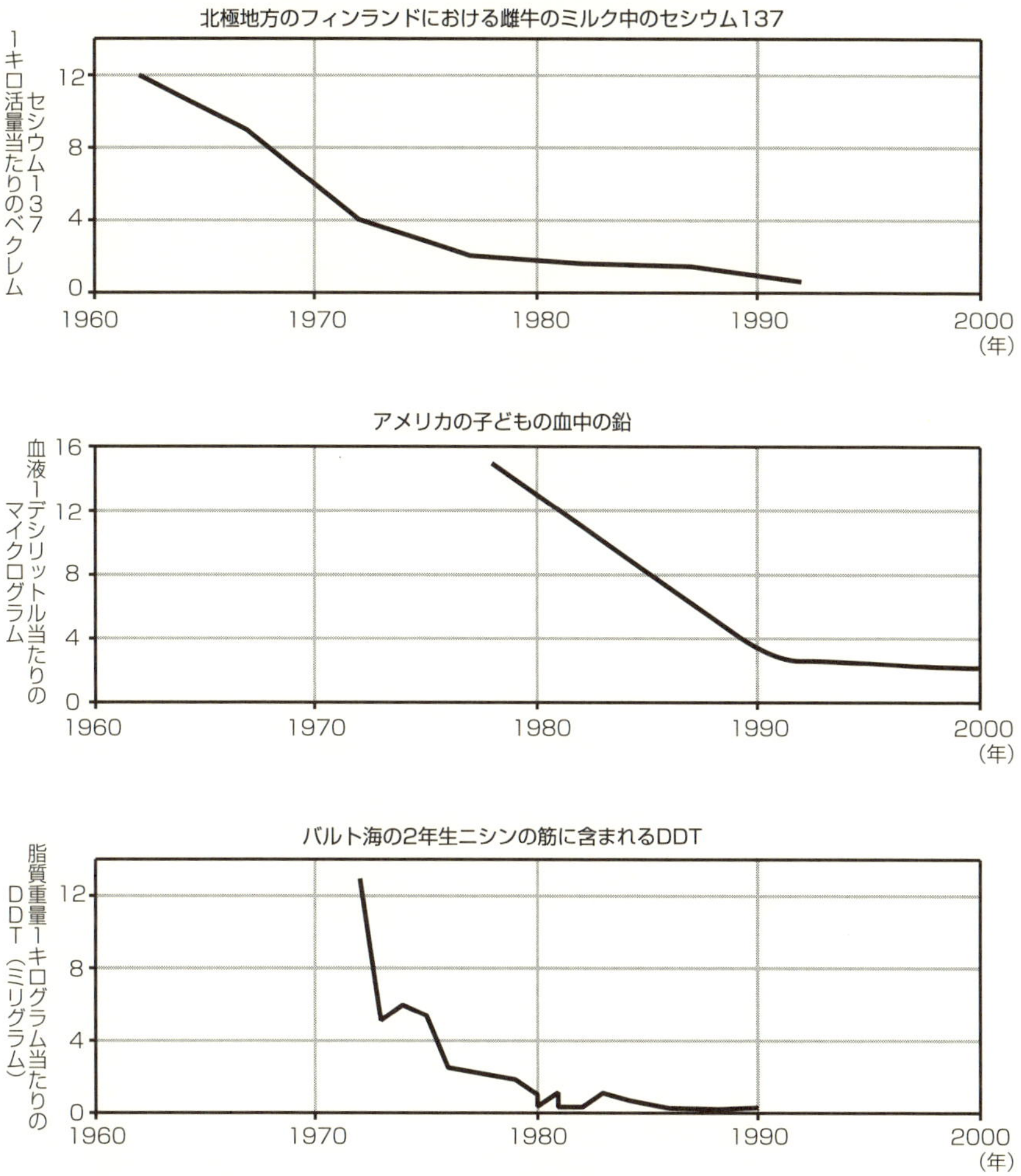

一部の汚染物質の濃度は、場所によってこの数十年間、減少している。最も劇的な成果が得られたのは、ガソリン中の鉛や殺虫剤のDDTなどの有害物質を完全に禁止し、大気中の核爆弾実験を中止したことによる。
（出所:Swedish Environmental Research Institute; AMAP; EPA）

図3−21　大気汚染物質の動向

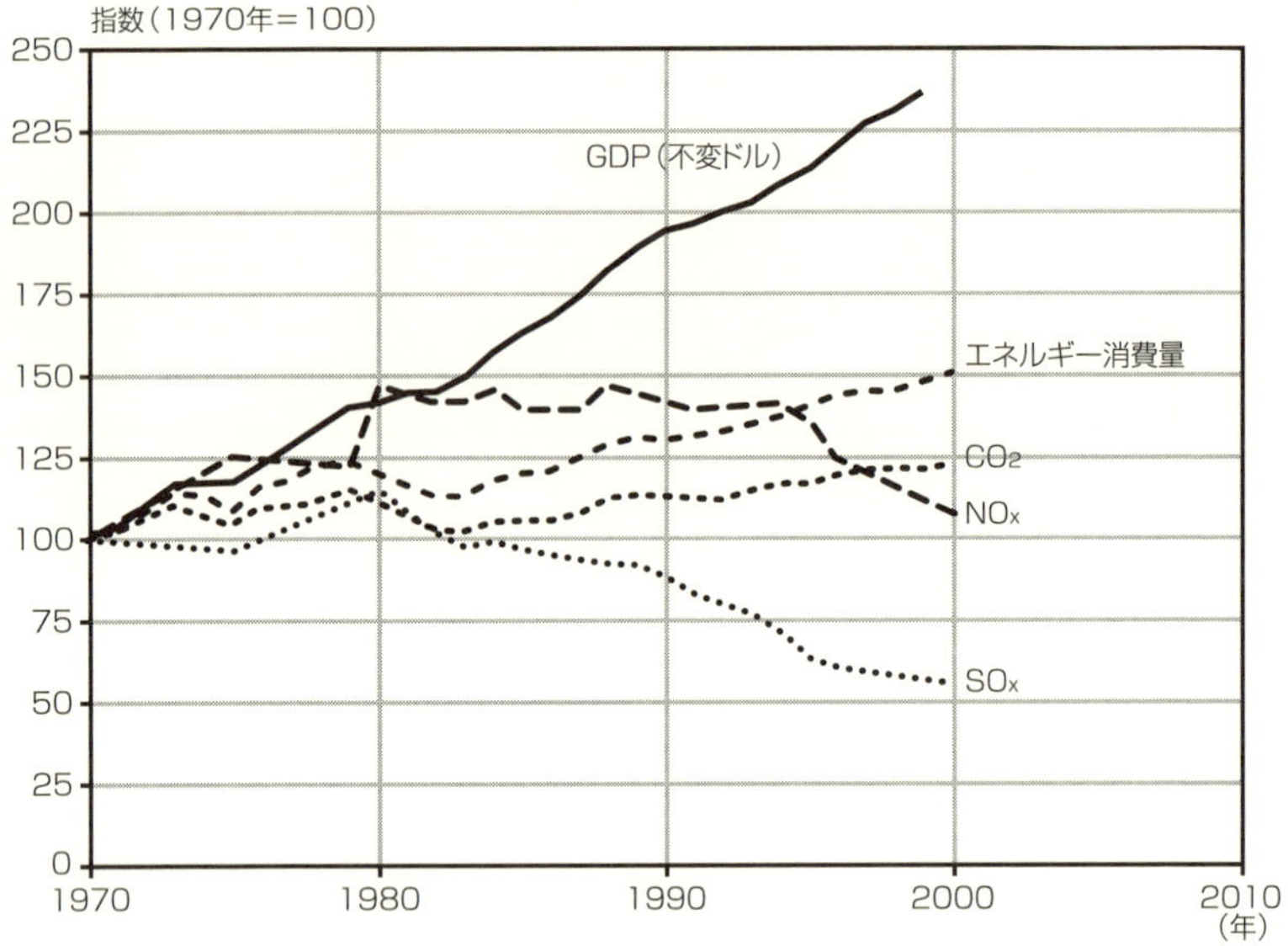

先進国は、エネルギー効率向上と、排出物の排出抑制に多大な努力をしてきた。その経済は、1970年以来2倍になったもの（GDPで測定）の、CO_2と窒素酸化物（No_x）の排出量はほとんど変わっていない（主にエネルギーの効率改善による）。二酸化硫黄（So_x）排出量は40%減っている（エネルギーの効率改善と積極的な汚染除去技術による）。
（出所:World Bank;OECD;WRI）

下がらなかった。重金属の濃度が下がり始めたのは、ライン川に接する国々が、ライン川の汚染に対する厳しい規制に合意をしてからである。その結果、二〇〇〇年までに、重金属の大部分が川の水から除去された。しかし、化学的には分解しないため、川底の堆積物に浸透している重金属はそのまま残っている。とくにライン川デルタでは、きわめて高い濃度のままである。一方、塩素濃度も高水準のまま変わっていない。これは、ライン川下流の諸国が、主な排出源であるアルサスの岩塩坑に対して、効果的に圧力をかけられずにいるためである（もっとも、最後には閉山されるかもしれないが）。また、周辺農地から流れ込む肥料による窒素汚染も高いままである。汚染源が分散しすぎているため、下水処理システムに集めて処理できないのだ。窒素汚染を減らすには、ライン川流域全体の農法を変えるしかないだろう。それでも、一九九六年に六〇年ぶりにライン川上流のバーデンバーデン峡谷にサケが姿を現したのは大変に喜ばしいことである[83]。

同様に、ほかの先進国でも、主要な河川や水路の水質改善に大きな投資をしている。何百億ドルも投資をして廃棄物処理施設を設けることで、汚水溜めのようだった川の水質が改善し、サケが戻ってきた例もある。最もよく知られている例は、おそらくテームズ川だろう。ニューヨーク湾の水ですら、一九七〇年以降きれいになっているのである[84]（図3―22）。人間の活動レベルが大きく伸びているにもかかわらず、実際の水質が改善しているということは、人間活動の増加ペースを上回るペースで、活動単位当たりの排出を減らしてきたということである。河川に対するエコロジカル・フットプリントは、実際に減少しているのだ。多くの先進国で、大気の質についても同じことがいえる。イギリスやアメリカでは、厳しい規制とフィルター設備への投資、よりクリーンな生産技術への移行などがあいまって、大気汚染のレベル（たとえば粒子、二酸化硫黄、一酸化炭素、鉛など）がこの数十年間に激減している。大気圏の低層部分での二酸化窒素やオゾンといった、より対処しづらい物質ですら減

図3−22　汚染された水中の酸素濃度

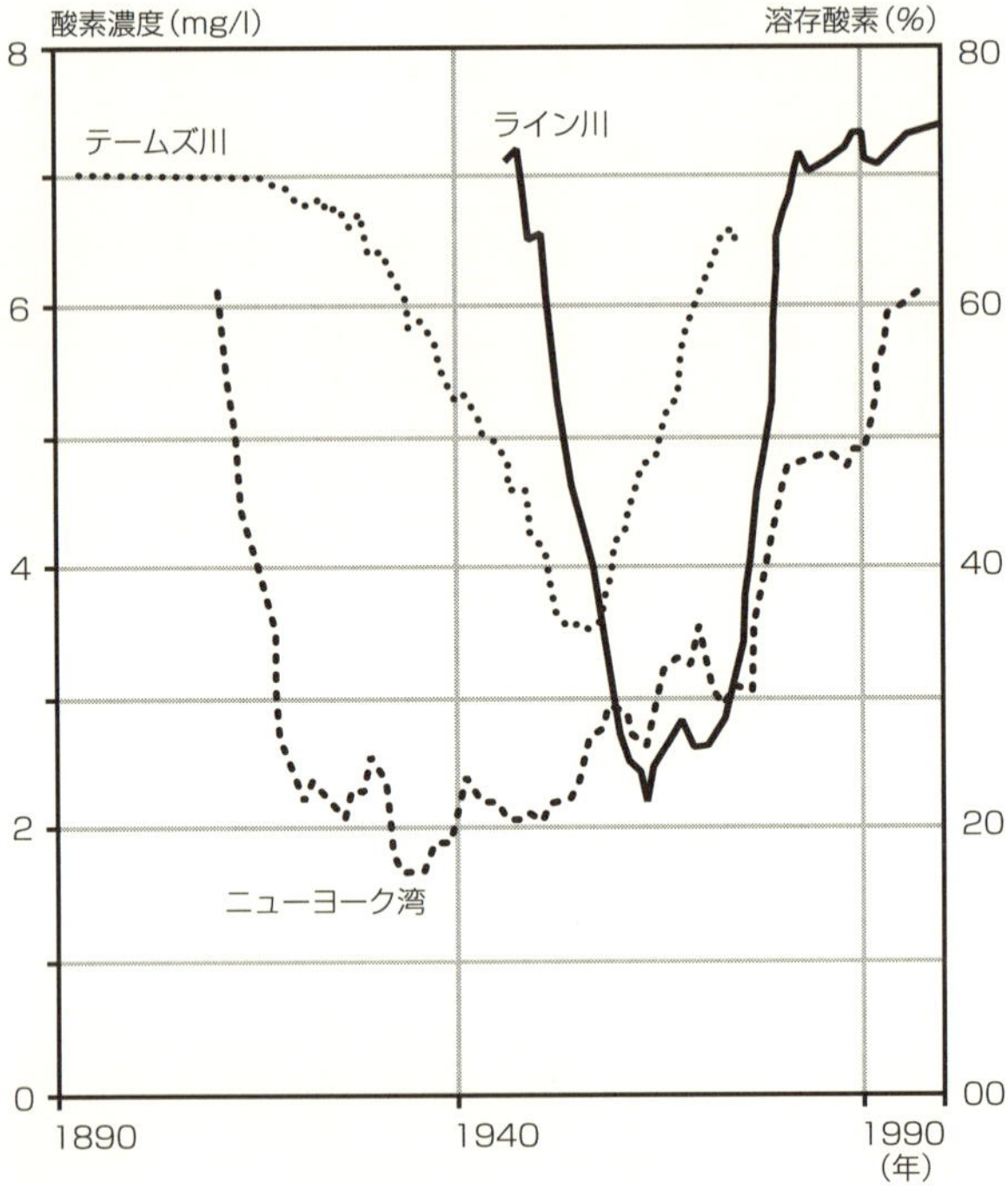

有機汚染は、川の中の生命に必要な酸素濃度を減少させる危険がある。1960〜70年代以来、下水処理システムに多大な投資をしたため、ライン川、テームズ川、ニューヨーク湾での酸素濃度に改善が見られる。
（出所: A. Goudie; P. Kristensen, H.Ole Hansen; OCED, DEP）

少している。[85] 繰り返すが、発電、暖房、人や物の交通輸送といった活動がかなり増えているにもかかわらず、汚染物質の排出は減ってきているのだ。ポリ塩化ビフェニル（ＰＣＢ）やＤＤＴ、その他の殺虫剤などの現代の有害物質の除去に関しては、進捗すら見られる。[86] もっとも、成功といっても局所的なものであって、全体としての成果は一概には論じられない。こうした分解しにくく生体に蓄積しやすい物質の多くは、地球上を移動し、はるか遠くの人々の体内脂肪に蓄積するからだ。

以上は、汚染対策に費やす資金を持つ豊かな国の実績だ。いまでは、世界で最も大気汚染や水質汚濁が著しいのは、東欧や新興経済国である。こうした国では、汚染除去に何十億ドルもかけることなど、想像すらできない。二〇〇一年に数週間にわたって東南アジアの空を煙霧が覆ったとき、世界はこの事実に注目したのだった。

ここまでに挙げたのは、最も明白な汚染物質の例だ。つまり、人々の身に直接降りかかるので、政治的にも注目を集めるものである。一方、世界のなかでも環境への取り組みを先進的に進めている企業は、環境効率の改善に注力しているが、その取り組み対象として、目に見える水質汚濁物質や大気汚染物質を減らす活動が増えており、かなりの成功を収めている。しかし、増大の一途をたどる人間活動とのバランスをとるためには、こうした取り組みを一過性のものではなく、永続的なものにしていかなくてはならない。

少なくともいまのところ、最も手に負えない汚染物質は、核廃棄物、有害廃棄物、そして、地球の生物化学的作用を脅かす温室効果ガスといった廃棄物である。これらはいずれも、化学的な隔離や無毒化が非常に難しく、感覚では検知しづらく、また、経済的にも政治的にも非常に規制しにくいものだ。

核廃棄物問題を解決した国は一つもない。原子力の性質からいっても、核廃棄物は、直接的な有害性だけでなく、突然変異を誘発する危険性からいっても、あらゆる生命体にとって危険なものである。核廃棄物が間違った手に渡ると、テロの道具にもなりうる。自然は、核廃棄物を無毒化する方法を持っていない。核廃棄物は、独自の時間軸に従って分解していくが、それには何十年、何百年、何千年とかかるものもある。原子力発電の副産物として、核廃棄物は着実に蓄積しており、人類の技術的、制度的な創造力によって、いつの日か行き先が見つかることを期待しながら、地中や原子炉の格納容器の水の中に保管されている。その結果、原子力エネルギーの大規模な利用に対し、健全な懐疑心が広がっている。

もう一つ、重要な問題となっている廃棄物は、合成化学物質である。こうした物質は、地球上にこれまで存在していなかったので、自然のなかには、それを分解したり無害化できる有機体は進化してきていないのだ。現在、日常的に商業目的で使われている産業化学物質は、六万五〇〇〇種以上ある。そのうち、毒性データがあるものは、ほんの一部である。毎日新しい化学物質が市場に登場しているが、毒性検査をしっかり受けていないものも多い[87]。先進国を中心に世界中で、毎日何千トンもの有害廃棄物が生み出されている。しかし少しずつではあるが、この問題が認識されるようになってきており、こうした国の多くでは、何十年にもわたって無責任に廃棄されてきた化学物質によって汚染された土壌や地下水を回復させる取り組みが始まっている。

また、地球全体を汚染する汚染物質がある。こうした地球規模の汚染物質は、排出者が誰かにかかわりなく、あらゆる人に影響を与える。その最もわかりやすい一例は、成層圏のオゾン層に対するクロロフルオロカーボン（ＣＦＣ）と呼ばれる産業用化学物質の影響である。この「オゾン層の物語」は、人類がはじめて決然と地球規模の限界に向き合った例であり、大変に興味深い。非常に重要であると同時に、希望を与えてくれるこの物語を、第５章で詳しく紹介しよう。

多くの科学者は、次に人類が取り組むべき地球の限界は、温室効果ガスによる地球の気候変動であると考えている。そしていまでは、同様の考えを持つ経済学者もたくさんいる。

地球の気候システムは、地球規模でも地域レベルでも変わってきている。その変化のなかには、人間の活動に起因するものがある。

- 地球の気温は、一八六〇年以来、〇・六度±〇・二度上がっている。この二〇年間は、この一〇〇年間で最も暖かい二〇年であった。
- 二〇世紀の北半球の地表温度の上昇は、この一〇〇〇年を一〇〇年単位で見た場合、最大であったと思われる。
- 降雨パターンが変わっており、一部の地域では、豪雨が増えている。
- 一九〇〇年以来、海水位は一〇～二〇センチ上昇している。極地以外にある氷河のほとんどが縮小している。夏の間の北極海の氷が小さく薄くなっている。
- 人間活動が大気を温める温室効果ガスの大気中濃度を上昇させている。そして地域によっては、大気を冷やす硫酸エアゾールが増えている。
- この五〇年間に観測された温暖化の大部分は、人間の活動に起因すると考えられる。[88]

科学者たちは、何十年にもわたって、化石燃料の燃焼による大気中の二酸化炭素の濃度を測定してきた。われわれは、一九七二年に著した『成長の限界』ですでに、二酸化炭素のデータをまとめて発表している。[89] 温室効果ガスは太陽エネルギーを取り込むが、エネルギーの放出を防ぐ。二酸化炭素も

図3-23　地球の温室効果ガス濃度

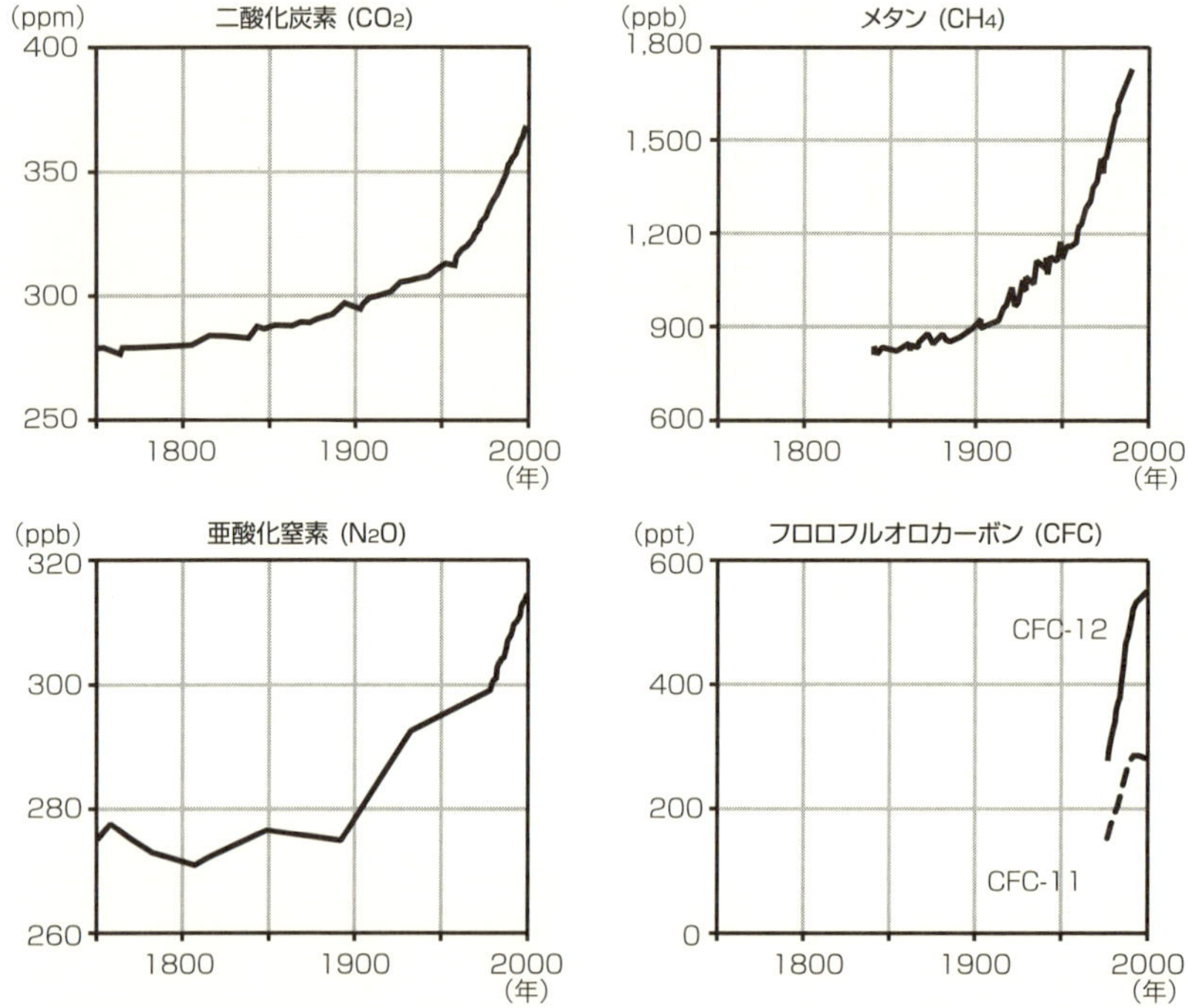

二酸化炭素、メタン、亜酸化窒素、フロロフルオロカーボン（CFC）はすべて、地球から宇宙空間への熱放出を減少させ、地球の気温を高めることになる。これらのガス（20世紀半ばに合成されたCFCを除く）の大気中濃度は、1800年代から増加している。
（出所:CDIAC; UNEP）

図3−24　地球の気温の上昇

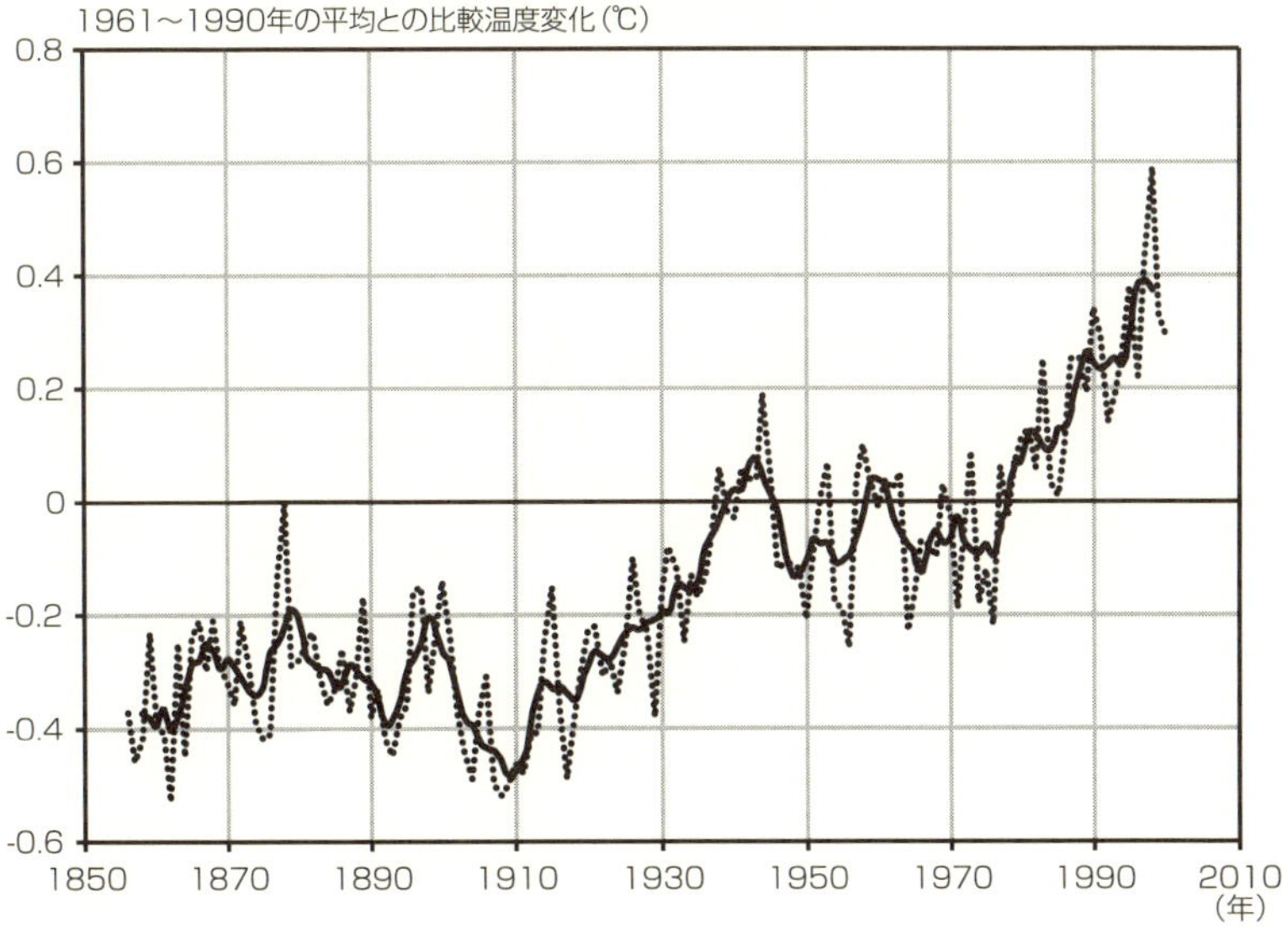

地球の平均気温は、この100年間に約0.6℃上昇している。破線は毎年の平均を示し、太線は5年間の平均値を示している。
(出所:CDIAC)

同様に、熱を封じ込めて、地球の温度を上昇させる。このことは、一〇〇年以上も前から知られていた。そして、この三〇年間に、メタン、窒素酸化物、そしてオゾン層を脅かしているCFCなど、人間活動が排出しているほかの温室効果ガスも、大気中に幾何級数的に蓄積されていることが明らかになってきた。(図3―23)。

地球の気候変動は、すぐに検知できるものではない。日によって、また年によって天候が異なるのは、ごくふつうのことだからだ。気候とは、天候を長期的に平均化したものなので、測定するには長い期間を要する。しかし、地球の温暖化の証拠は、すでに一〇年前から明らかであり、以来、憂慮すべき勢いで次々と出てきている。「昨年は記録史上最も気温の高かった年でした」という記事をよく目にするように

図3−25　天候関連の災害による世界の経済損失

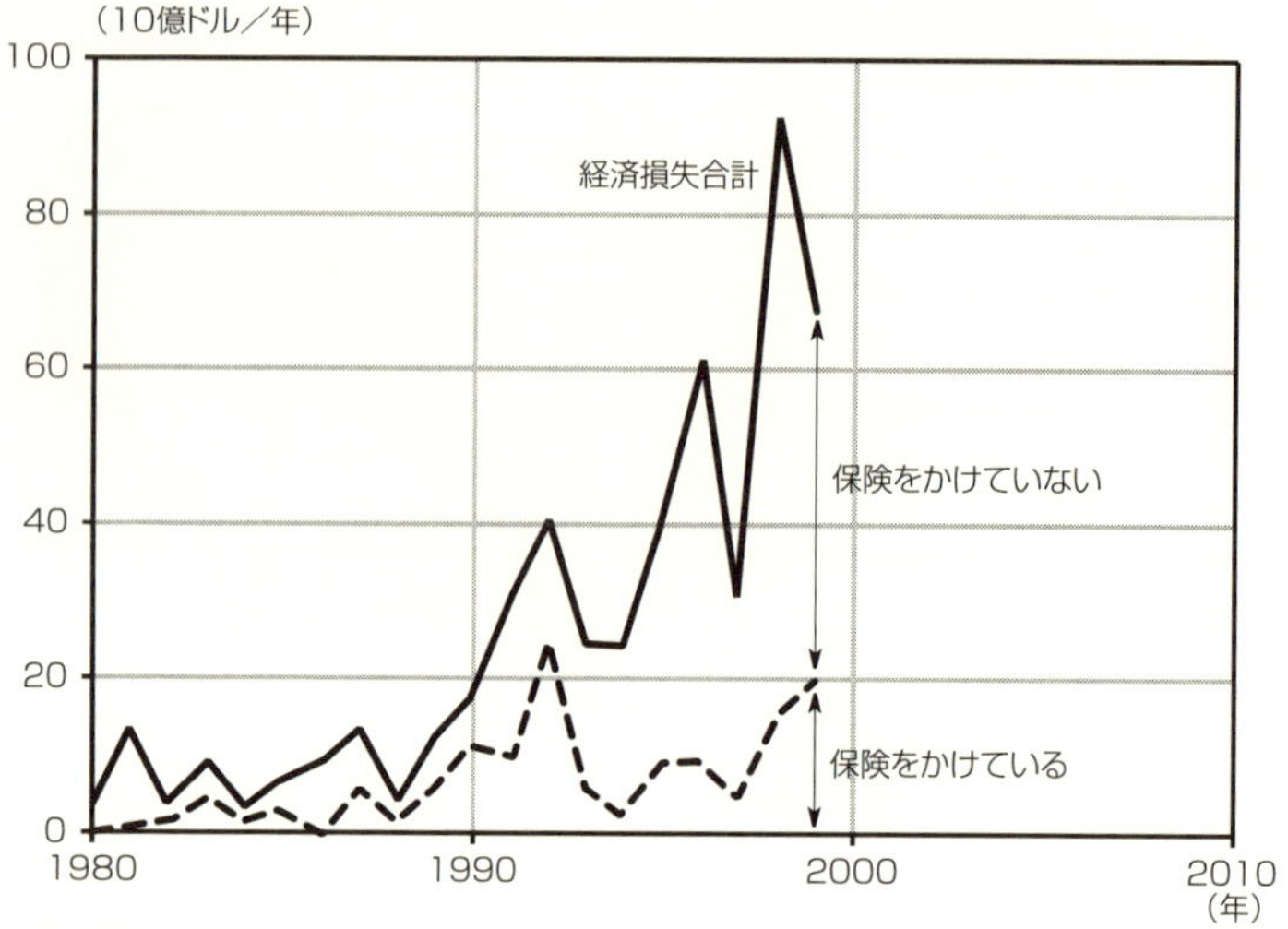

20世紀の最後の20年間の特徴の1つは、天候関連の災害による経済損失の増大である。
(出所:Worldwatch Institute)

なってきたが、それも、図3―24が示すように、地球の平均気温の上昇速度を考えれば、驚くべきことではないかもしれない。

衛星写真を見れば、北半球を覆う氷や雪が減少し、北極の氷塊が薄くなっていることがわかる。ロシアの砕氷船に乗って航海に出かけた欧米の観光客たちが北極点に到達したところ、そこには氷はなく、ぽっかり海が開けているのを見てびっくりしたという話もある。一九八〇年から九八年の間には、珊瑚礁が白くなり、死滅しつつあるという「珊瑚礁の白化」の報告が世界中から一〇〇件も寄せられた（その前の一〇〇年間に寄せられた白化の報告は三件しかなかった）。海水温が不自然に上昇すると、珊瑚はあっという間に反応し、白化を起こすのだ[90]。

経済学者は、「環境保護活動家たちの杞憂」に対して懐疑的なことでよく知られるが、その経済学者ですら、大気中で何か尋常ならざる重大なことが起こっており、人間がその原因かもしれないと考えるようになってきている。一九九七年に、六人のノーベル賞受賞者を含む二〇〇〇人を超える経済学者のグループが宣言を出した。

証拠の収支を見ると、地球の気候への明らかな人間の影響がわかる。経済学者として、われわれは、地球の気候変動が大きな環境的、経済的、社会的、地政学的なリスクを伴っており、予防措置をとることが正当だと信じている。(91)

経済学者たちが懸念を深める理由の一つは、天候関連の災害による経済損失が、一九八五年ごろから恐ろしい勢いで上昇しているからかもしれない(図3—25)。

これらはどれも、進行中の気候変動の原因が人間であると「証明」するものではない。たとえ証明できたとしても、地球の気候変動が将来の人間活動や生態系の健全性にどのような影響を与えるかを正確に予測することはできない。このような不確実性につけこんで、状況の攪乱をねらっている者もある。(92)したがって、われわれには何がわかっているかを明示することが重要だろう。ここでは、国連の気候変動に関する政府間パネル(IPCC)を構成している数百人の科学者や研究者に頼ることにしよう。IPCCではほぼ五年ごとに、慎重に考察した見解を発表している。(93)

- 人間の活動、とくに化石燃料の燃焼と森林消失が、温室効果ガスの大気中濃度に寄与していることは確かである。
- 主要な温室効果ガスである二酸化炭素の大気中濃度が、幾何級数的に増大していることは確かである。二酸化炭素濃度の計測は数十年前から行われており、過去の濃度は、南極や北極の氷冠から掘り出した氷の層に含まれている気泡から測定できる。

- 温室効果ガスは、地球から宇宙への放熱を閉じ込める。これは、その分子構造と分光学的吸収の周波数のよく知られた特性である。
- とらえられた熱によって地球の温度が上昇する。
- 温暖化は、均一な分布で起こるわけではない。赤道近くよりも極地近くが大きくなる。地球の天候と気候は、主に極地と赤道の間の気温差によって動いているため、風や雨、海流の強度や方向が変わってくる。
- 地球が暖かくなると、海洋が膨張し、海水位が上昇する。より長期的な時間尺度ではあるが、温暖化が大量の極地の氷を溶かすほど進行すると、海水位は大きく上昇する。

重要だが不確実な点が三つある。一つは、人間の干渉がなかったら、地球の温度はどうなっていたか?ということである。もし、温室効果ガスの上昇とは関係のない長期的な気象学要因のせいで、たまたま地球が温暖化しているのだとしたら、温室効果ガスはそうした要因を強めることになるだろう。二つ目は、地球が温暖化すると、地球上の各地の温度、風、海流、降雨、生態系、そして経済はどうなるのか?である。

三つ目は、フィードバックに関してである。地球上の炭素フローとエネルギーフローは恐ろしいほど入り組んでいる。また、温室効果ガスや気温を安定化させる自己修正型のメカニズム、つまり負のフィードバック・プロセスがあるかもしれない。事実、その一つはすでに作動している。人間が排出している余剰の二酸化炭素のうち、およそ半分を海が吸収しているのだ。大気中の二酸化炭素濃度の上昇を止めるほど大きな作用ではないが、しかし、その勢いを鈍化させるほどの影響力はある。

また、温度が上がるとさらに温度が上がるという正のフィードバック・ループが、気温をさらに不安定にするかもしれない。たとえば、温暖化によって、地上の氷や雪に覆われた部分が減ると、それだけ、太陽熱を反射する割合が減るので、さらに温暖化が進む。ツンドラの凍土が溶けると、土中で凍結している温室効果ガスであるメタンが大量に放出され、それによってさらに温暖化が進行し、ツンドラが溶け、大量のメタンが放出されることになる。

温室効果ガスの増加にかかわるさまざまな負のフィードバック・ループや正のフィードバック・ループが、どのように相互に作用するのか、いずれのフィードバック・ループが支配的になるのか、まだ誰にもわかっていない。幸い、一九九〇年代にこうした問題に関する科学的研究が急増し、コンピュータ・シミュレーションによって、気候の影響を予測する精度が向上してきた[94]。その結果の「二〇五〇年の天気予報」は、人々の注目を集めるほど、不安を呼び起こすものである。

問題は、人間活動への反応として気候が今後さらに変化するかではなく、どのくらい（規模）、どこで（地域パターン）、いつ（変化のスピード）変化するかである。また、気候変動が、世界の多くの地域で、社会経済分野に悪影響を与えることも明らかである。たとえば、水資源、農業、林業、漁業、人間の居住地、生態系システム（とくに珊瑚礁）、人間の健康（とくに虫が媒介する病気）などである。実際、ＩＰＣＣの第三次評価報告書では、ほとんどの人が気候変動の悪影響を被ることになるだろうと結論づけている[95]。

科学者たちは、地球には過去にも気温の急上昇があったこと、そしてそうした場合に、すぐに自己修正されることはなかったし、変化も穏やかで規則的だったわけではなく、実際には混沌とした状態だったことを知っている。図3―26は、過去一六万年間の地球の気温と二酸化炭素とメタンという二種類の温室効果ガスの大気中濃度である。[96] 気温と温室効果ガスは共に変動しているが、どちらが原因でどちらが結果なのかはわからない。おそらく、複雑に入り組んだ一連のフィードバック・ループを通して、互いに影響を与え合っているのだろう。

しかし、図3―26から読み取るべき最も重要な点は、「現在の」二酸化炭素およびメタンの大気中濃度は、「過去一六万年のなかでもずばぬけて高い」ということだ。その結果がどのようなものであれ、人間が排出する温室効果ガスは、地球が大気の吸収源を空《から》にするペースをはるかに超えて、あっという間に吸収源をいっぱいに満たしつつあることは間違いない。地球の大気には重大な不均衡があり、状況は幾何級数的に悪化しているのだ。

この不均衡によってスイッチの入ったプロセスは、人間の時間尺度からすれば、ゆっくりと進行するだろう。何十年もたってはじめて、氷の融解や海水面の上昇、海流の変化、降雨パターンの変化、暴風雨、昆虫や鳥類、ほ乳類の移動といった形で、その結果が明らかになるのかもしれない。しかし、われわれがいまだ理解していない正のフィードバック・ループが機能して、気候が急変することも考えられる。二〇〇二年に、全米科学アカデミーの委員会は次のような報告を出した。

最近の科学的な証拠を見ると、大きな気候変動が広範囲に、恐るべき速度で起こっていることがわかる。たとえば、北大西洋では、前回の氷河期以降の気温上昇のほぼ半分は、この一〇年間に起こっており、それとともに、大きな気候変動が地球上のほぼ全域に見られる。……この突然の変化は、まだ十分に説明されていない。[97]

図3−26　過去16万年の温室効果ガスと地球の気温

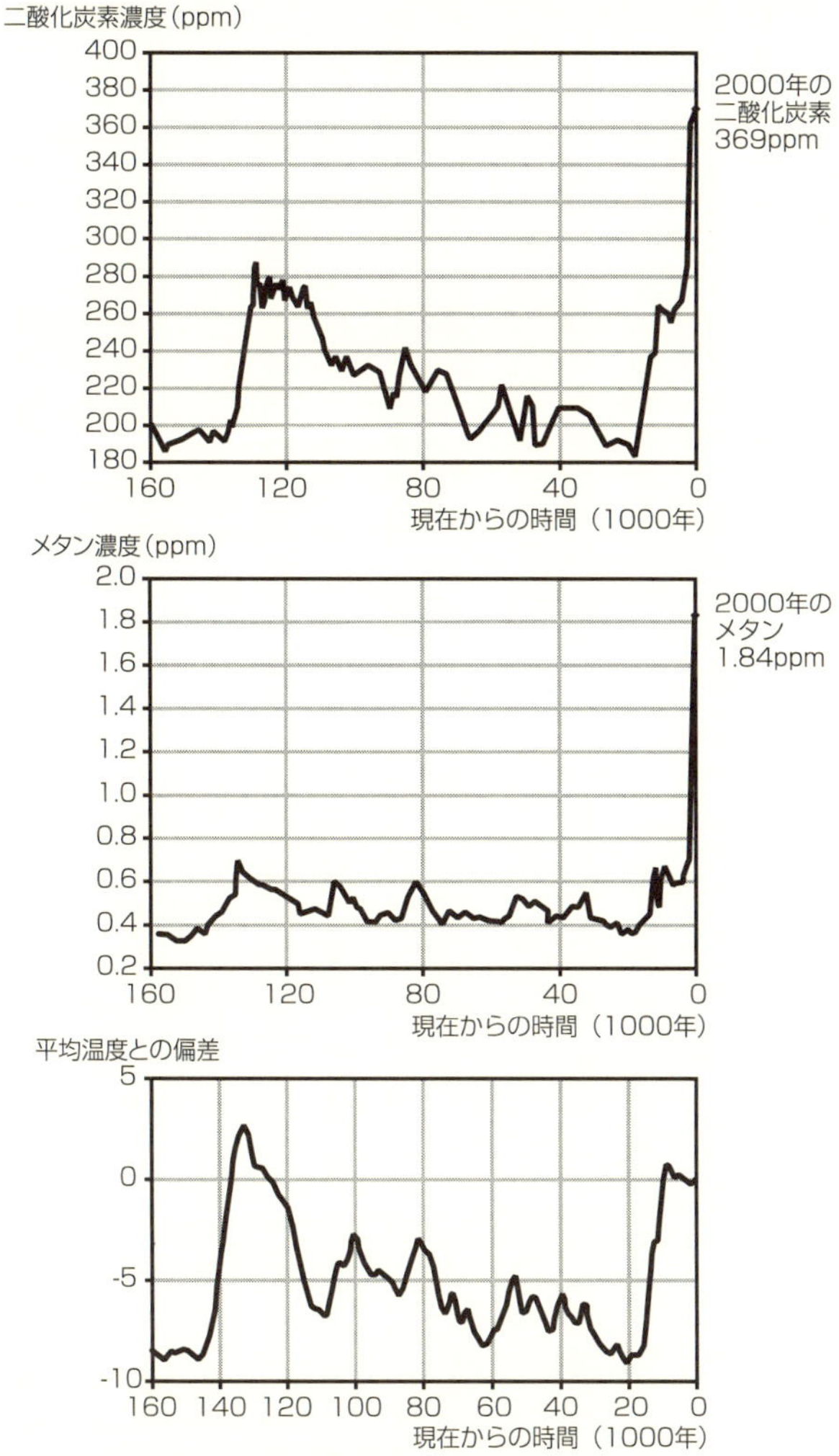

氷床コアの測定から、地球には大きな気温変動があったことがわかっている（氷河期と間氷期）。また、気温の変化にあわせて、大気中の二酸化炭素やメタンの濃度も変動している。これまでに温室効果ガス濃度が現在と同じ水準だったのは、人類が地上に登場するはるか前のことである。
（出所:CDIAC）

その進行がゆっくりでも速くても、その悪影響を逆転するには、何百年も、おそらく何千年もかかるであろう。

本章で論じてきた人間活動がもたらす環境への悪影響は、必要なものではないし、すべて避けることができたものである。かつて、汚染は進歩の象徴だと考えられていたが、いまでは効率の悪さと不注意の象徴である。産業界はこのことに気づくと、製造工程を最初から最後まで考え直すようになった。製造工程には手をつけずに最後に出る排出物だけを減らそうとする「エンド・オブ・パイプ型の解決策」から、排出や資源使用量を最小限にするよう、製品や製造工程そのものを設計する「よりクリーンな生産」へ、さらに、ある工場からの排出物を別の工場の原材料として使う「インダストリアル・エコロジー」へと、取り組みを進化させながら、自社の排出物や資源消費量を減らす方法を見出しつつある。ある回路基盤メーカーは、重金属廃棄物を回収するためのイオン交換設備に投資をした結果、回収した金属の売却収入が入り、水道料金は大きく減り、さらに責任保険も下げることができた。メーカーは、大気中や水中への汚染物質の排出を減らし、水の使用量や固形廃棄物の排出量を減らすことによって、年に何億ドルも経費を節約することができる。化学会社は、予想される二酸化炭素排出への課金を避けるために、二酸化炭素の排出量を削減することを決め、同時にエネルギーコストを大きく節約することができる。

驚くかもしれないが、このような取り組みの多くは、短期的にも利益をあげることがわかっている。それだけではなく、自社に役立つ広報活動にもなる。経済的な利益から見ても、消費単位当たりのエコロジカル・フットプリントを引き続き削減すべきであるという話になるのは間違いない。

もし、経済のなかを流れている各製品の平均利用寿命を二倍に伸ばし、物質のリサイクル量を二倍にし、各製品の製造時に使う物質を半分にすれば、物質のスループットは八分の一に減らせる[98]。エネルギーの利用効率をさらに改善し、再生可能エネルギー源を用い、土地や木材、食糧、水をもっと無駄なく使うようにし、森林を回復することができれば、温室効果ガスをはじめ、多くの汚染物質の増加に歯止めをかけることができるだろう。

限界を超えて

大まかな評価を見ると、自然資源やサービスの現在の使い方は、すでに地球の長期的な扶養力を超えてしまっている。……もし地球上のすべての人が北米の人々と同じ水準を享受するとしたら？　一般的な技術を用いて、地球全体の物質需要を満たすには、地球が三つ必要になる。……今後四〇年間に予想されている人口増加や経済産出の伸びに持続可能な形で応じるには、地球があと六～一二個必要になる計算だ。

——マーティス・ワクナゲル、ウィリアム・リース　一九九六年

この章に示した証拠や、その他の世界のデータベースに蓄積されている多くの証拠、メディアの毎日の報道を見ても、経済は地球のストックや吸収源を持続可能な形で使っていないことがわかる。土壌も、森林、地表水、地下水、湿地、大気、自然の多様性も、劣化している。北米の森林やヨーロッパの土壌といった再生可能な資源のストックが安定しているように思われる場所でも、その資源の質や多様性、健全性となると疑わしい。汚染物質の蓄積が続き、吸収源はすでにあふれ出している。地球全体の大気の化学組成も大きく変わり、すでに目に見えるほどの規模で気候をかき乱している。

人類に突きつけられた恐ろしい現実

もし、減少している資源のストックが一つから三つだけで、残りの資源ストックは安定しているか、増えているとしたら、枯渇資源の代わりに別の資源を使えば、これまでどおりの成長が続けられるかもしれない（そのような代替資源にも限界はあるが）。もし、あふれている吸収源が二つか三つだけだったら、ある吸収源（たとえば大気）の代わりに別の吸収源（たとえば海）を使うことができるかもしれない。しかし、多くの吸収源があふれ、多くのストックが減り、人類のエコロジカル・フットプリントが持続可能なレベルを超えているいま、根本的な変革が必要である。

われわれのいう「存在している限界」とは、世界総生産で測られるような人間の経済活動のレベルの限界ではなく、人間活動のエコロジカル・フットプリントの限界である。そして、こうした限界は、短期的には絶対的なものではない。「限界を超える」といっても、絶対的な壁にぶちあたるということではないのだ。わかりやすいたとえとして、どこにでもある漁場を考えてみよう。しばらくの間なら、一年間に繁殖する以上の魚を獲ることができるだろう。実際には、その魚のストックが破壊されるまでは、増える以上の魚を獲り続けることができる。同様に、温室効果ガスの場合も、その排出が持続可能な限界を超えていたとしても、気候変動の負のフィードバック・ループによって排出が押し下げられるまでは、排出を増やし続けることができる。しかし、人間が意識的に選んだ場合でも、自然の限界に強いられた場合でも、どちらにしても、行き過ぎたあと、スループットは減っていく。

地域レベルでは、人類のエコロジカル・フットプリントがその地域の限界を超えていることに気づいている人は多い。ジャカルタでは、人間の肺が耐えうる限度を超えた大気汚染物質が排出されている。フィリピンの森林は、ほとんどなくなってしまった。ハイチの土壌は浸食され、ところどころ岩がむき出しになっている。ニューファンドランド沖のタラ漁場は閉鎖された。パリっ子たちは、煙を吐いて走る自動車の汚染物質を減らすために、夏の間は最高速度を下げて走らなくてはならない。ヨーロッパ諸国では、二〇〇三年夏、記録的な高温のために何千人もの人が亡くなった。ライン川の化学物質の負荷が長年あまりにも高かったため、オランダの港から浚渫された沈泥は、有害廃棄物として処理しなくてはならない。二〇〇一年の冬にオスロにやって来たスキーヤーたちは、滑ろうにも雪をほとんど見つけられなかった。

オゾン層を枯渇させるCFCといった具体的な問題に対しては、行き過ぎを認識しただけではなく、軌道修正のための確固たる行動をとろうと、国際的な取り組みが行われている。温室効果ガスを制限しようという地球規模の努力も、近視眼的かつ自己中心的な資金提供者を代弁する同じく自己中心的かつ近視眼的な政府が絶えず妨害しているにもかかわらず、少しずつ進んでいる。京都議定書のプロセスは、行き過ぎから戻ろうという挑戦の一例であることは確かである。

しかし、それでも、行き過ぎの問題について、全般的に議論されることはほとんどない。スループットの効率改善を進めるためにいますぐに必要な技術革新を推し進めようという圧力もほとんどなければ、人口や資本を成長させている根本的な問題に取り組もうという意思もほとんどない。一九八七年の時点だったら、人々が「行き過ぎ」に注目しなかったとしても、仕方なかったかもしれない。環境と開発に関する世界委員会（WCED）のように、情報を入手できる団体であっても、世界の趨勢を厳しく見つめ、「まったく持続可能ではない」と言い切ることはしても、「人間世界は限界を超えている」と言うことは、政治的に時宜にかなっていないと考えて、言わなかった。まして「何をすべきか」という問題に真剣に取り組むことはしなかった。もしかしたら、当時の人々はそれが真実だと信じられなかったのかもしれない。しかし、二一世紀に入ったこの時点で、行き過ぎの恐ろしい現実を否定し、その結果を無視するとしたら、どんな言い訳も通用しないだろう。

行き過ぎの問題を避けようとする理由は理解できる。それは政治的なものである。「成長を減退させる」ということを少しでも口にすれば、では手に入る資源をどのように分配するのか、そもそものような事態になったのは誰の責任なのか、という辛辣な議論になってしまうからだ。一般的に、金持ちのエコロジカル・フットプリントは、貧しい人よりもはるかに大きい。たとえば、「ドイツ人の平均的なエコロジカル・フットプリントは、モザンビーク人の一〇倍だ」「ロシア人は、ドイツ人と同じくらい地球から多くの資源を取り出しているのに、並レベルの生活ができていない」という具合だ。世界全体がその限界を超えているとしたら、何とかすべきなのは誰なのだろうか？　無駄の多い暮らしをしている豊かな国の人々か？　人口がどんどん増えている貧しい国の人々か？　それとも、効率の悪い旧社会主義国の人々か？　地球にとってみれば、答えは「そのすべて」なのである。

環境が悪化している大きな原因は、地球人口の大部分が相変わらず貧しいこと、そして、少数の人たちが過剰に消費していることの二つである。現状を続けることは持続可能ではなく、行動を遅らせるという選択肢はもはや存在していない。[99]

環境問題の専門家たちは、環境悪化の原因を、ＩＰＡＴと呼ぶ公式にまとめることがある。

影響（Impact）＝人口（Population）×豊かさ（Affluence）×技術（Technology）

どのような集団や国でも、地球の供給源や吸収源に対する影響（エコロジカル・フットプリント）

は、その人口（P）と、豊かさの水準（A）と、その豊かさを支えるために用いた技術が与えるダメージ（T）を掛け合わせたものになる。人類のエコロジカル・フットプリントを下げるためには、どの社会も、自分たちにとって最大のチャンスのあるところで改善を図るべきだろう。南側諸国はPを改善する余地がいちばん大きいし、西側諸国はA、東側諸国にとってはTだろう。

改善できる幅は驚くほど広い。IPAT公式の各項をもっと厳密に定義すれば、エコロジカル・フットプリントを減らす方法がどれほどたくさんあるか、どれほどの規模の削減が可能なのかがわかる（表3—3）[100]。

ここでの「豊かさ」とは、消費速度の大きさとして計算される。たとえば、テレビの視聴時間、自動車を運転している時間、部屋でリラックスしている時間数などである。「豊かさ」のエコロジカル・フットプリントは、その消費にかかわる物質、エネルギー、排出物が生み出す影響もしくは「スループット」である。たとえば、一日にコーヒーを三杯飲むとしよう。そのエコロジカル・フットプリントは、陶器のカップを使うか、ポリエチレン製のカップを使うかによって、大きく異なる。陶器のカップなら、洗うときに水と石けんを使い、割れた分のカップを年にいくつか買い足す必要がある。他方、ポリエチレン製のカップを使い捨てているとしたら、その状態を保つためのフローには、年間に使うすべてのカップと、ポリエチレンを生成し、カップを使用場所まで運ぶために必要な石油と化学物質が含まれる。

表3—3に示すように、「技術」の影響は、各物質のフローを生み、それを届けるために必要なエネルギーと、エネルギー単位当たりの環境影響を掛け合わせたものである。陶器のカップなら、カップをつくるための粘土を掘り出し、焼いてカップをつくり、各家庭まで届け、洗うためのお湯を沸かすという各段階でエネルギーが必要となる。ポリエチレン製のカップなら、原料となる石油を見つけ、

表3−3　人口、豊かさ、技術の環境影響

人口	豊かさ		技術	
人口	× 資本ストック／人	× 物質スループット／資本ストック	× エネルギー／物質スループット	× 環境影響／エネルギー
例				
人口	× カップ数／人	× 水＋洗剤／カップ／年	× ギガジュールまたはキロワット時／水＋洗剤（キログラム）	× CO_2,Nox、土地利用／ギガジュールまたはキロワット時
適用できる手段				
避妊技術 女性の識字率 社会福祉 女性の役割 土地所有権	価値観 価格 フルコスト 何が欲しいのか? どこまでで十分なのか?	製品長寿命化 原料の選択 原料使用を最小限にする設計 リサイクル 廃棄物回収	最終利用の効率改善 加工効率改善 流通の効率改善 システム統合 製造工程の再設計	環境に影響を与えない供給源 規模 立地 技術的な緩和 相殺
長期な変化の程度				
～2倍	?	～3−10倍	～5−10倍	～10^2−10^{3+}倍
大規模変化に要する時間				
～50-100年	～0−50年	～0−20年	～0−30年	～0−50年

汲み上げ、輸送し、精製所を動かし、ポリマーを生成し、カップ型に加工して、配達し、使用済みカップを廃棄物処理場に運ぶまでの各段階でエネルギーを要する。そして、それぞれのエネルギーがそれぞれの環境影響を与える。同時に、エコロジカル・フットプリントは、汚染除去装置を設定したり、エネルギー効率を改善したり、ほかのエネルギー源に転換することによって、技術的に変えることもできる。

表3―3に示されているどの要因を変えても、エコロジカル・フットプリントが変わり、その結果、経済は、地球の限界に近づけたり遠ざけたりする。人口を減らすか、各人が蓄積している物的ストックを減らせば、世界が地球の限界の範囲内にとどまる一助となる。消費単位当たりのエネルギーや物質の割合を下げるとともに排出も減らすという、環境効率を高める取り組みも同様である。表には、この等式の各項を減らすうえで役立ちそうな手段をいくつか載せてある。また、影響に寄与している各要因を、いつまでに、どれぐらい減らせるかの推測も示している。

このように並べてみると、非常に多くの選択肢があることがよくわかるだろう。地球の供給源や吸収源に対する人間の影響は、驚くほど減らすことができるのだ。たとえ、各領域での変化がほんの少しだったとしても、すべてを合わせれば、地球に対する人間の影響を「数百分の一以下」に減らすことができる。

これほど多くの選択肢がありながら、私たちはなぜそのいくつかでも進めようとしないのだろうか？　もし実践したら、どうなるだろうか？　「人口」や「豊かさ」や「技術」の趨勢が逆転しはじめたら、何が起こるだろうか？　この三つの相互関連は、どうなるだろう？　もし、技術変革によってエコロジカル・フットプリントは減ったが、人口と資本はやはり増えているとしたら、どうなるのだろうか？　もし、エコロジカル・フットプリントがまったく減らなかったら？

こうした問いについては、本章で行った「資源の供給源と汚染吸収源を個別に見る」見方ではなく、エコロジカル・フットプリントを全体として、つまり、人口や資本が相互に影響を与え合い、それが人口と資本に影響を及ぼす、という見方で考えるべきである。そのためには、まるでスナップショットのように静態的に「各要因を一つずつ分析する」手法から、「システム全体を動態的に分析する」手法に切り替えなくてはならない。

第4章

成長のダイナミクスを知る ワールド3の特徴

現在の人口増加の予測が正しかったということになり、地球上の人間の活動パターンが変わらないとしたら、科学技術では、環境の不可逆的な劣化や世界の大部分の人々が貧困から抜け出せない状況を回避できないかもしれない。

――ロンドン王室学界、全米科学アカデミー　一九九二年人口と産業を成長させている要因には、互いに強化したり拮抗したりする多くの長期的な傾向がある。たとえば、出生率の低下は予想どおりの速度で進んでいるが、人口はいまなお増えている。豊かな人が増え、多くの工業製品を求めるようになっている。しかし、同時に、汚染は減らしたいと思っている。産業を成長させつづけるために必要なエネルギーや物質のフローは、再生不可能な資源のストックを減らし、再生可能な資源を劣化させている。しかし一方で、新しい埋蔵資源を発見し、物質の利用効率を改善する技術が着々と開発されている。また、どの国も、資本不足に直面している。資源をさらに発見し、エネルギーをさらに生産し、汚染を浄化し、学校や保健サービス、その他の社会サービスを改善するには、投資が必要だ。しかし、そうした投資は、もっと消費財が欲しいと増大の一途をたどる需要に向けられる投資と、資金を争うことになる。

今後数十年にわたって、こうした傾向は、どのように互いに影響を与え合い、展開していくのだろうか？　その意味するところを理解するには、われわれが考えるよりずっと複雑なモデルが必要である。第4章では、われわれが開発し、用いている「ワールド3」コンピュータ・モデルについて述べる。ワールド3の主な構造上の特徴をまとめ、二一世紀についてワールド3が提供するいくつかの重要な洞察について論じよう。

「現実の世界」をモデル化する

誰もが「これからどうなるのか、確かなことを知りたい」と思う。その思いがあるからこそ、未来について語る根拠としてモデルを提示されると、誤解やフラストレーションを抱くことがある。三〇年以上前に『成長の限界』をはじめて刊行して以来、われわれはこの問題に直面してきた。どのような問題かは、ある古典的なSF小説に出てくるセルドンというモデル開発者と彼の皇帝が交わす会話を読むとわかるだろう。

「おまえは将来を予測することが可能だと信じているそうじゃな」

セルドンはげんなりした。自分の理論をこう誤解されてしまうのは、つねに起こりそうに思えてきた。おそらく、論文を出すべきではなかったのかもしれない。

セルドンは口を開いた。「いいえ、そういうことではありません。私の行ったことは、ずっと限定されたものです。……私がやったのは……出発点を選び、大混乱を抑える適切な仮定を与えられる……ということを示す、そういうことです。そうすると、もちろん詳細にわたってではありませんが、大きな流れとして、将来を予測できるようになるのです。確実性はありませんが……」

皇帝は注意深く耳を傾けていたが、やがてこう言った。「しかし、それはつまり、おまえは将来の予測方法を示した、という意味ではないのか？」[1]

本書の残りの章には、将来の「大きな流れ」について語る手助けとして、さまざまなシナリオが登場するが、そのシナリオをつくるために、われわれはワールド3を用いる。その目的をできるだけ誤解なく理解してもらえるよう、ここではまず、モデルに関するいくつかの定義や留意事項について述べよう。

モデルとは、現実を単純化して表したものである。モデルが現実と寸分違わず同じ複製だったら、役には立たない。たとえば、道路地図に、その景色のすべての特徴が盛り込まれていたら、運転手には役に立たないだろう。道路地図は、道路に焦点を絞り、その道沿いにある建物や植物などの特徴はほとんど省略している。飛行機の小さな機体模型は、風洞の中で特殊な翼の力学を調べるには役立つだろうが、実際の機中で乗客が快適かどうかについては、何の情報も提供しない。絵画は、ある気分や景色のなかで何がどこにあるかを伝える図式的なモデルである。しかし、絵を見ても、描かれている建物のコストや断熱性能については何もわからない。こうした疑問に対しては、建築家の作成する青写真などの別の図式モデルが必要となるだろう。モデルとは必ず単純化したものであり、完璧に事実どおりということはありえない。つまり、一〇〇パーセント真実であるというモデルは存在しないのである。

モデル設計で目指すのは、ある具体的な目的に役に立つモデルをつくることだ。つまり、相互に関連した一連の問いに答えるために、モデルをつくるのである。となると、モデルの限界をわきまえておく必要がある。つまり、「このモデルはどういう問いには答えられないのか」をすべて知っておかなければならない。われわれの場合は、地球上の長期的な物理的成長に関して、慎重にまとめた一連の問いに役立つモデルとして、ワールド3をつくろうとした。ということは、残念なことだが、読者の皆さんの抱いている多くの疑問に対しては、ワールド3からは役立つ答えは出てこないだろう。

モデルには、メンタルモデルや言語モデル、図式的モデル、数学モデル、物理モデルなど、さまざまな形がある。たとえば、本書に出てくる多くの言葉は、言語モデルである。「成長」「人口」「森林」「水」といった言葉は、入り組んだ現実を表す単純な言語的シンボルである。グラフや図、地図、写真などはすべて、紙の上に描かれた対象物の外観や位置を通して、その関係性を表す図式的モデルである。そして、ワールド3は数学モデルである。そのモデルに含まれる関係は、一連の数式を通して表現される。われわれは、成長と限界を理解するために物理モデルは使っていないが、地域社会のデザインや工業製品の設計など、物理モデルが役に立つ場面もたくさんある。

メンタルモデルは、ある人の頭の中にある抽象的なものであり、ほかの人が直接のぞくことはできない。それに対して、形のあるモデルは、他人が直接見ることができ、操作できる場合もある。この両方のモデルが相互に影響を与え合うのが理想である。つまり、形になったモデルを用いることで、現実や他人のメンタルモデルについて学び、自分のメンタルモデルを向上させることができる。そして、学ぶことから、さらに有益な有形のモデルをつくることができる。われわれは、プロセスを三〇年以上繰り返してきた。本書はその成果の一つである。

本書を書くために、われわれは言語やデータ、グラフ、コンピュータ・シナリオを組み立てた。本書は、われわれの頭の中にあるものをモデル化したものであり、このモデルをつくることで、自分たちの知っていることも変化した。この一〇〇年間の地球上の物理的成長について、われわれが現在理解し考えていることを、文章によって象徴的に表すために最善を尽くすが、本書は、そうした考えの一つのモデルにすぎない。つまり、誰の考えでも同じだが、それ自体が「現実の世界」のモデルにすぎないのだ。

そうなると、困った問題が出てくる。これから、コンピュータによる世界のシミュレーションという、形のあるモデルについて論じるのだが、このモデルは「現実の世界」と比べてはじめて役に立つ。しかし、われわれも読者の皆さんも、比べるための「現実の世界」が何かについて、合意しているわけではない。各人が、現実の世界と呼ばれるものに対する自分なりのメンタルモデルを持っているにすぎない。自分を取り巻く世界のメンタルモデルは、客観的な証拠と主観的な経験からつくり出される。このメンタルモデルのおかげで、ホモサピエンスは生物種としてすばらしい成功を収めることができた。だが、他方で、このメンタルモデルのために、多くの問題が生じているのも事実だ。しかし、その長所や短所が何であれ、人間のメンタルモデルは、そのモデルが表そうとしている広大かつ複雑で変化しつづけている宇宙に比べれば、滑稽なほど単純なものに違いない。

われわれがモデルに頼らざるをえないことを忘れないように、ワールド3が示すものには、「現実の世界」とカギカッコを付けることにしよう。「現実の世界」や「現実」といった場合、それは、本書の著者が共有しているメンタルモデルを意味する。現実という言葉が指すものは、その言葉を使っている人のメンタルモデルにすぎないのだ。その事実から逃れることはできない。われわれに言えるのは、コンピュータ・モデルの作業を通して、自分たちのメンタルモデルは以前よりもしっかりした包括的で明晰なものになってきた、ということだけだ。そして、これこそがコンピュータ・モデルの長所である。コンピュータ・モデルは、メンタルモデルだけでは得難い規律や論理、基礎的な計算などを強いる。そして、メンタルモデルの改善にとって大変に役立つ土台を提供してくれる。

ワールド3は複雑だが、その基本構造を理解するのはそう難しくない。ワールド3は、「人口」「工業資本」「汚染」「耕地」などのストックを追跡する。モデルのなかで、こうしたストックは、「出生」や「死亡」（人口の場合）、「投資」や「減耗」（資本ストックの場合）、「汚染排出量」や「汚染吸収量」（汚染の場合）、そして、「土壌浸食」や「土地開発」、「都市や工業用に転用された土地」（耕作可能な土地の場合）といったフローを通じて変化する。実際に耕作されているのは、耕作可能な土地の一部だけである。耕地面積に平均収穫率を掛けると、食糧生産量が出る。食糧生産量を人口で割れば、一人当たりの食糧生産となる。一人当たりの食糧生産が限界閾値を下回っていると、死亡率が上昇しはじめる。

ワールド3の要素やその関係は、一つずつ見ていけばわかりやすい。たとえば、ワールド3では、人口増加の勢いや、汚染の蓄積、資本設備の長い寿命、異なる部門間の投資の取り合いなどを考慮に入れている。また、物事が起こるために必要な時間、フローにおける遅れ、物理的作用がゆっくりとしか展開しないことにも、焦点を当てている。そして、このモデルは、何十、何百というフィードバック・ループから成り立っている。こうしたループは、因果関係の閉じた輪であり、ある要素がまわりまわってそれ自体の将来の行動パターンをもたらす一因になることも多い。たとえば人口が変化すると、経済も変化し、経済生産の内訳が変われば、出生率や死亡率に影響を及ぼす。すると、人口はさらに大きく変化する、という具合である。フィードバック・ループは、ワールド3をダイナミックかつ複雑にしている特徴の一つである。

もう一つの特徴は、多くの非線型的関係があることだ。こうした関係は、直線で表すことはできないし、関連する変数全体にわたって、均分の変化を生み出すものでもない。たとえば、AがBに影響を与えるとしよう。線型的な関係で、Aが二倍になればBも二倍になるとしたら、Aを半分にすればBも半分になることがわかる。Aを五倍にすれば、Bも五倍になる。このように、線型の関係が生み出す行動パターンは、比較的理解しやすい。しかし、「現実の世界」には、線型的な関係はほとんど見当たらない。たとえばワールド3では、一人当たりの食糧が人間の期待寿命に与える影響を表さなくてはならない。この二つの関係の一例が、図4―1に示されている。栄養不足の人の食べる量が増えれば、期待寿命は大きく延びる。たとえば、一日の平均食物消費を一人当たり一日二〇〇〇カロリー（植物換算）から四〇〇〇カロリーに倍増できれば、その国の国民の寿命は五〇パーセント延びて、四〇歳から六〇歳になるかもしれない。しかし、食物消費量をもう一度二倍にして、八〇〇〇カロリーにしても、寿命はさらに一〇年延びるかどうか、というわずかな延びぐらいだろう。ある時点を過ぎると、食糧消費量を増やすことで、逆に寿命が短くなるかもしれない。

「現実の世界」にはこうした非線型の関係があちこちに存在しており、したがって、ワールド3の各所にも含まれている。図4―2は、ワールド3に含まれている非線型的関係の一例である。これは、

図4－1　栄養摂取量と期待寿命

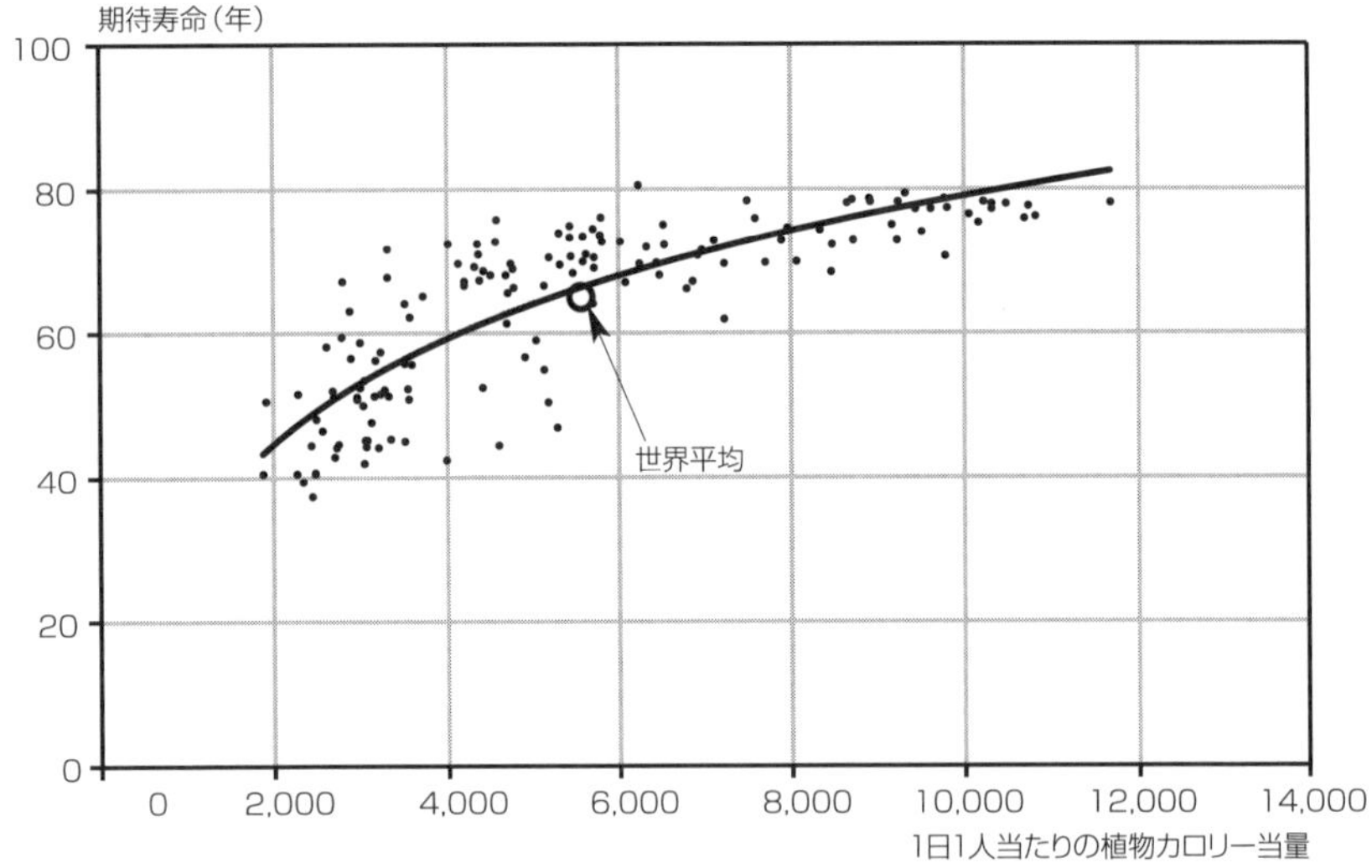

人口の期待寿命は、栄養摂取量と非線型の関数関係にある。グラフ上の各点は、一国の1999年の平均期待寿命と栄養水準を示している。栄養水準は、1人当たりの植物カロリーで示されており、動物性食糧からのカロリーは植物カロリーの7倍として計算されている（1カロリーの動物性食糧を生産するには、約7カロリーの植物性飼料が必要なため）。
（出所:FAO:UN）

新しい農地を開発するコストを表しているが、耕作可能だがまだ使われていない土地面積の関数となっている。最初に農地開発を始める農家は、最も肥沃で水に恵まれた平地に入り、ほとんどコストをかけずに作付けを始める、と仮定しているのだ。この状況は、曲線のいちばん右端のところ、耕作可能な土地の一〇〇パーセント近くが未開発の段階である。しかし、農地の開発が進む（グラフの左に向かっていく）と、乾燥地や急峻な土地、やせた土地や気温が農業に適していない土地しか残らなくなる。こうした問題に対処するコストは、土地の開発コストを押し上げることになる。「消費者はまず最もコストの安いものをとる」という古典的な経済原則に合わせて、ワールド3では、最後に耕作される土地は、

図4-2　新しい農地の開発コスト

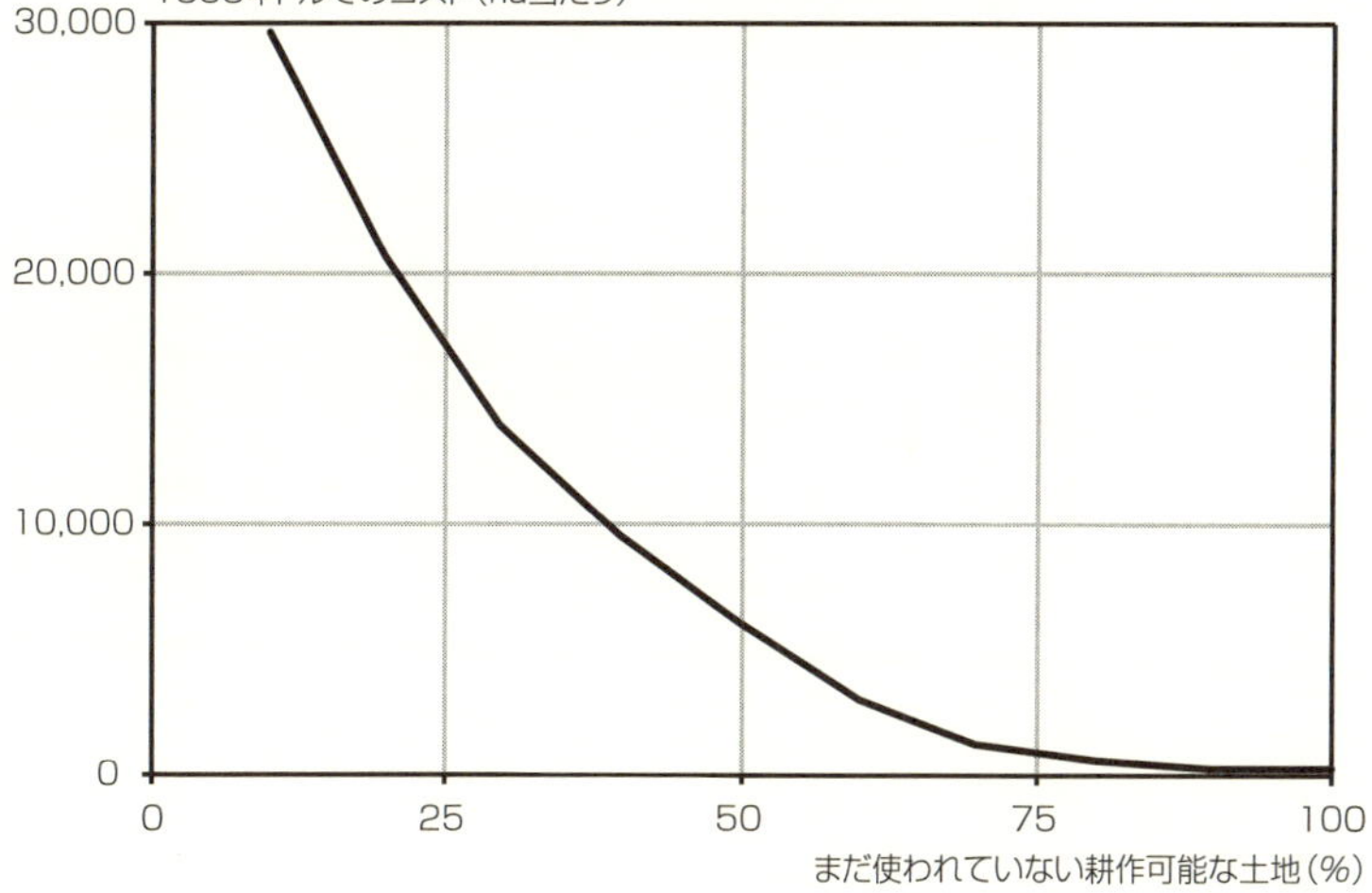

ワールド3では、耕作可能な土地が減るにつれて、新しい土地を農地に開発するコストは上昇すると仮定している。
（出所:D.L.Meadows et al.）

非常にコストが高くつくと仮定している。そのコストは非線型に急騰するのである。

ある動きが別のものを押すと、ある影響が生じる。その「押し」が少し強くなったときに、その強さに比例して影響が出るのではなく、まったく変化しなかったり、びっくりするほど大きな変化が起きたり、反対方向に変化することがある。これらは非線型的な変化である。本章の後半で示すように、「現実の世界」にもワールド3にも、非線形的な性質があるので、驚くような行動パターンが出てくることがある。

ワールド3には、遅れや非線型的な性質、フィードバック・ループが組み込まれているため、ダイナミックで複雑なものになっている。しかしそれでも、このモデルは、現実をすこぶる単純化したものである。ワールド3では、世界の地理的区分もないし、豊かな人も貧しい人も区別していない。モデルのなかの汚染も、非常に単純化されている。実際には、生産工程から何千というさまざまな汚染物質が出ており、さまざまな速度で環境のなかを移動し、さまざまな方法で植物や動物種に影響を与えている。しかし、ワールド3では、こうした汚染物質の影響を、二つの変数に統合して把握している。一つは短期的な大気汚染であり、もう一つは長期間残存する有害物質である。また、ワールド3では、食糧や繊維をつくり出す再生可能な供給源と、化石燃料や鉱物を生み出す再生不可能な供給源を区別しているが、食糧や燃料、鉱物ごとにそれぞれ別個の計算をしているわけではない。暴力の原因や結果も入っていないし、軍事資本や汚職も、明白な形では表されていない。

これほど単純化されていることを知ると、「世界モデルには世界について知られているすべてが入っているはずだ」と思っている人たちはびっくりするだろう。「こんなに興味深いことなのに」「自分の学問分野から見ると、きわめて重要な区別なのに」入っていないのか、と。しかし、このような区別をたくさん盛り込んでも、必ずしもモデルの質が改善するとは限らないうえ、理解しにくいものになってしまう。ワールド3は、比較的単純なものだが、それでも、地球の長期的な未来について語るために使われている多くのモデルに比べると、はるかに包括的で複雑にできている。

社会システムの未来の行動パターンを理解するには、バランスのとれたモデルが必要である。ある部分は微に入り細をうがちながら、他の部分には非常に単純化した仮定しか入っていないようなモデルをつくっても意味がない。たとえば、ある人口動態モデルは、多くの国や地域を対象に、男女別および年齢別に細かく分けてあるのに、出生率や死亡率については、互いに無関係に、あらかじめ決まっている展開しかしないと仮定している。[2] ある経済モデルは、経済を数十〜数百という部門に細かく分けているのに、投入と産出には単純な線型的関係しか仮定していなかったり、市場はすぐに需給バランスをとる、もしくは人々は純粋に経済の最適化と完全な情報をもとに意思決定をしている、という単純な仮定を設けているだけである。

あるシステムの将来の行動パターンについて、モデルから役に立つ洞察を得るためには、重要な変数すべてについて、その原因を明白に表現しなくてはならない。ある変数や領域に関する影響は、何百という数式で表現する一方で、エネルギー消費量といった変数のように、モデル外の要因で動く外因性要因であるとして、過去データやモデル設計者の勘に頼るモデルもある。モデルは、金属の鎖と同じように、そのいちばん弱いつながりのところが制約となるのかもしれない。われわれは、ワールド3のさまざまな分野を等しくしっかりしたものにしようと努力した。単純すぎる仮定をしないように、重要な要因を漏らさないように、重要な変数をモデル外の情報に依存させないように、最大の努力をした。

もっとも、われわれの言葉を鵜呑みにする必要はない。モデルや文書を盛り込んだ「ワールド3 CD―ROMディスク」を用意してあるので、誰でも、われわれのシナリオすべてを再現し、比較し、その意味に関するわれわれの解釈を評価することができる(3)。

地球の行動パターンを理解する

仮定を重ねすぎて不可解なものにしないよう、モデル設計者は自らを律する必要がある。知っていることすべてをモデルに盛り込むのではなく、「そのモデルの目的に関連したもの」だけを入れるべきである。モデル設計の技とは、詩、建築、工学的設計、地図作成の技と同じく、目的にかなったものだけを入れ、余計なものは入れないことだ。だが、これは言うは易し行うは難しである。

したがって、モデルを理解し、その妥当性を判断するには、まずその目的を理解することが大切である。われわれがワールド3を開発したのは、今世紀、経済が地球の扶養力と互いに影響し合う形態や行動パターンはどうなるかという、将来の大きな流れを理解するためである[4]。いうまでもないが、長期的で地球規模の問題はほかにもある。アフリカの工業発展の可能性を最大にする政策はどのようなものか？　文字が読めない人の多い地域で有効な家族計画プログラムをどのように設計したらよいか？　国内外の貧富の格差を縮めるために、社会はどうしたらよいのだろうか？　国家間の紛争解決手段として、衝突と交渉のどちらが主流になるだろうか？　ワールド3には、こうした質問に答えるのに必要な要因や関係はほとんど入っていない。他のコンピュータ・モデルなどを使えば、いくつかの問いには答えが出るかもしれない。しかし、そのようなモデルが本当に役立つためには、ワールド3の中核的な問題提起を考えに入れる必要がある。つまり、「今後数十年間、増大する人口と物質経済は、地球の限られた扶養力とどのように相互に影響し合い、どう適応していくのか？」である。

具体的にいえば、扶養力とは限界である。どのような国や集団であっても、大きくなりすぎてその扶養力を超えたら、限界を行き過ぎたことになり、長くは自らを支えられないだろう。そして、扶養力を超えている間は、自らが依存しているシステムを支える力を劣化させてしまう。もし環境が再生可能なら、その劣化は一時的なものだろう。しかし、再生不可能、もしくは再生に何百年もかかるというのなら、その劣化は実質的には永久に回復しないことになる。

成長する社会はその扶養力に近づいていくが、その接近方法は、大きく分けて四種類ある（図4—3）[5]。まず、限界がはるか遠くにあるか、人口を上回る速度で限界自体も拡大している場合は、人口は中断されることなく増え続けられる。二つ目は、生態学者たちがロジスティック曲線とかS字型曲線、シグモイド曲線と呼ぶ成長パターンで、扶養力に達する前に均衡できるものだ（図4—3b）。残念ながら、世界には、この二つの選択肢はもはや残っていない。すでに持続可能な限界を超えてしまって

図4−3　人口が扶養力に近づく際のいくつかのモード

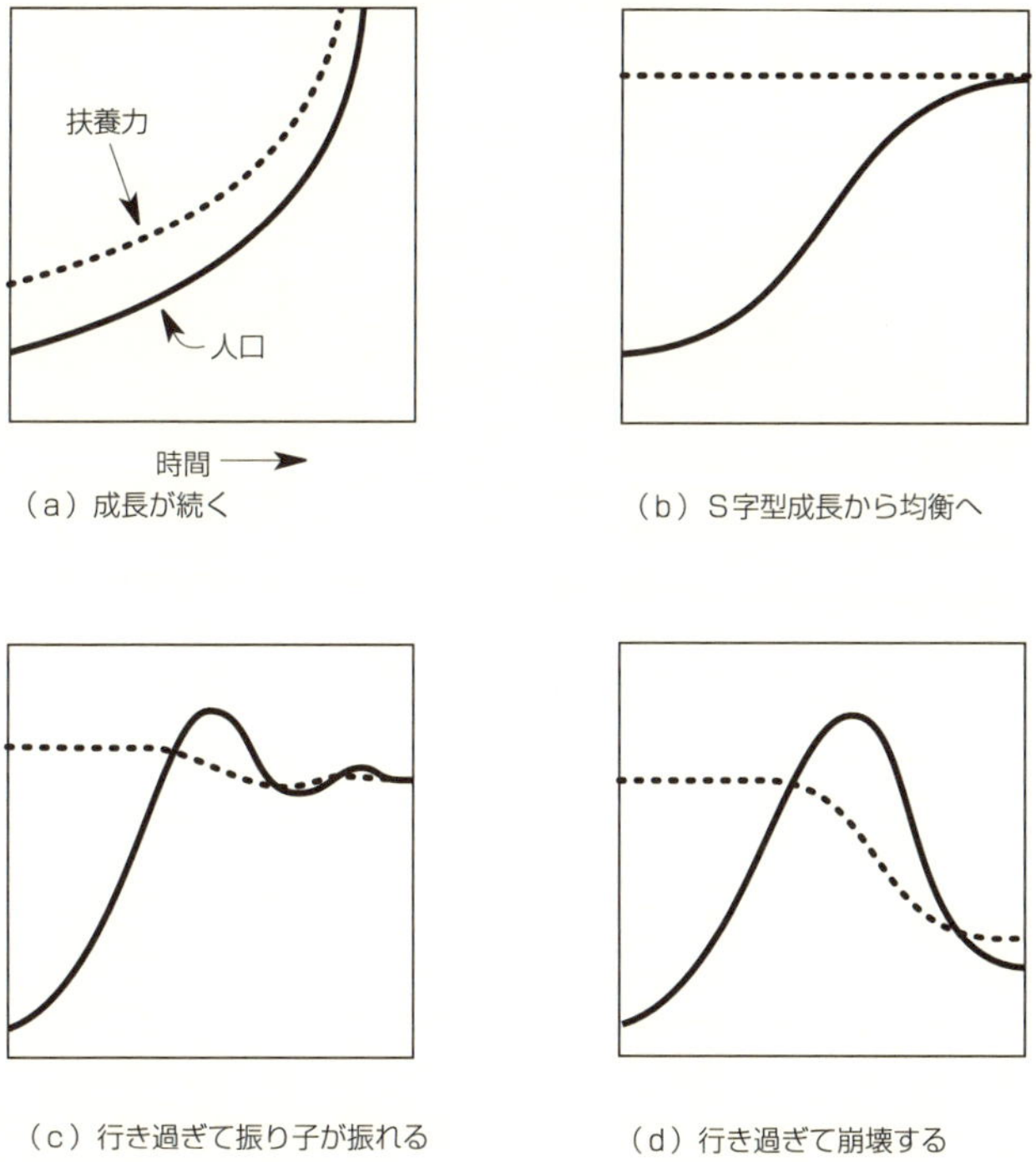

人口と経済が地球の扶養力に近づく結果、上図のうち、どの行動パターンが最も起こりうるかというのが、ワールド3モデルで取り上げる中核的な問いである。

いるからだ。

成長する社会にとっての三つ目の可能性は、その扶養力の限界を行き過ぎるが、大きな永続的なダメージは与えずにすむ、というものだ。その場合、エコロジカル・フットプリントは、その限界のあたりで振り子が振れてから安定することになる。図4―3cに示されているこの行動パターンは、減衰振動と呼ばれる。そして、四つ目の可能性は、限界を行き過ぎ、資源基盤に永続的で深刻なダメージを与えるものである。この状況になると、人口も経済も急速に減退する。扶養力は衰退して低いレベルに低下しているが、人口や経済は、この低いレベルにある扶養力と新しい均衡をとらなくてはならなくなる。図4―3dがこのパターンで、われわれはこれを「行き過ぎて崩壊する」パターンと呼んでいる。

どこに目を向けても、「世界はいまや扶養力を超えている」ことを説得力を持って示す証拠が出てきている。どのような政策をとれば、4―3dではなく4―3cのように移行する、つまり、地球の限界の範囲内にスムーズに戻せる確率が高くなるだろうか？

われわれが「人間社会」「世界」というとき、そこには人口の規模の影響と、消費の規模と内訳の影響の両方が含まれている。この概念を表すために、われわれは、マーティス・ワクナゲルたちの定義する「エコロジカル・フットプリント」という言葉を用いる。(6) 先述したように、人類のエコロジカル・フットプリントとは、人類が地球にかけている負荷の総量であり、農業、工業、漁業、森林の伐採、汚染の排出、土地の開発、多様性の減少などの影響を含むものである。消費が増大すると、エコロジカル・フットプリントは大きくなるため、通常エコロジカル・フットプリントは人口増加に伴って大きくなる。しかし、適切な技術を用いて人間活動単位当たりの影響を減らせれば、エコロジカル・フットプリントを縮小することもできる。

われわれがワールド3を開発した動機は、このように表現することもできよう。「現在、地球人口のエコロジカル・フットプリントが地球の扶養力を超えているとしたら、いまの政策で、人口や経済の急激な減退を起こさずに、比較的平和に秩序正しく振り子が振れる状況にたどり着けるのだろうか?」「それとも、世界は崩壊することになるのだろうか?」「崩壊の可能性が高いとしたら、いつ起こるのだろうか?」「その減退の速度や規模、社会や生態系への代償を緩和するために、いまどのような政策を施行できるのだろうか?」

このような疑問は、未来の正確な状況を問うものではなく、行動パターンの幅広い可能性を問うものである。こうした疑問に答えるには、精密な予測のためのモデルとは異なるモデルが必要だ。たとえば、空に向かってボールをまっすぐに投げ上げたとしよう。一般的なボールの動きは説明できるだろう。つまり、ボールは減速しながら上昇し、それから方向を変え、今度は加速しながら下降し、地面に落ちる。ボールが永久に空に向かって上昇しつづけたり、地球の周りを回り始めたり、地面に落ちる前に三回転することはないことはわかっている。

もし、「ボールは高さ何メートルまで上がるのか」「いつ、どの地点に落ちるのか」を正確に知りたいなら、ボール、高度、風、最初に投げたときの力などのさまざまな特性に関する正確な情報や物理法則が必要になるだろう。同様に、もし「二〇二六年の正確な世界人口」「世界の石油産出量がピークを迎える年」「二〇七〇年の土壌浸食の速度」などを具体的に予測しようとするなら、ワールド3よりもずっと複雑なモデルが必要になる。

われわれの知るかぎり、そうしたモデルに近いものをつくった人はいないし、またつくれるとも思っていない。世界の人口や資本、環境について、数十年も先の未来を正確に「ピンポイントで予測する」ことは、不可能である。その予測に必要な知識を持ち合わせていないうえに、そうした知識は決して手に入らないだろう。なぜなら、世界システムは、驚愕するほど複雑であり、重要だがまだ測られていない変数がたくさんあり、なかには決して測れないであろうものもあるからだ。生態系の複雑な循環に関する人間の知識は、きわめて限られているのだ。そのうえ、人間には、観察し、適応し、学び、選び、自らの目標を変える力がある。このこともあって、世界システムは予測不能なのだ。

したがって、われわれがこの世界モデルをつくったのは、ピンポイントの予測ではなく、大きな流れ、つまり、システムの行動パターンを理解するためである。目的は、人々に情報を提供し、その選択に影響を与えることなのだ。この目的のためには、未来を厳密に予測する必要はなく、持続可能なシステムの行動の可能性を増やし、将来の崩壊の深刻さを減ずる政策を見出せればよい。行動する力を持つ知的な読者に最悪の事態を「予測」して見せることで、その最悪の事態を避けるための行動を引き出し、その「予測」が結局は外れるという展開が理想である。このような理由から、われわれは、個々の数値ではなく、パターンに注目する。そして、ワールド3を用いることで、自らの予言が外れる予言者の役を演じたいと願っている。

したがって、ワールド3には、特定のボールを投げたときに、その軌跡を説明するために必要な情報ではなく、投げたボール（または増大する経済や人口）の行動パターンを理解するために必要な情報が入っている。

われわれは、何十年にもわたって展開する変化に関心を寄せている。そこで、汚染に関しては、主に長時間環境中に残存する残留性汚染物質を取り上げている。これは農業や工業から排出される「長期間、環境中に残存する化合物や金属の集合」で、人間や作物の健康に影響を与える可能性がある。モデルには、排出された汚染がある場所まで移動して、そこではじめて測定できるだけの被害を及ぼすまでの「遅れ」も入っている。殺虫剤が地中にしみこんで地下水に入ったり、フロロフルオロカーボン（ＣＦＣ）の分子が大気中を上昇していってオゾン層を破壊したり、あるいは水銀が川に流れ込んで魚の体内に蓄積されるには時間がかかることを知っているからだ。自然の浄化作用によって、ほとんどの汚染物質はしばらくすると無害化されるという事実も入れてあるが、一方、このような自然の浄化作用自体も損なわれる可能性があることも考慮している。残留性汚染物質の広く認められている動的特性はワールド３に盛り込まれているが、ポリ塩化ビフェニル（ＰＣＢ）、ＣＦＣ、ＤＤＴ、重金属、放射性廃棄物など、個別の特徴は区別していない。

ワールド３には、探しうる最も良い数値をインプットしたが、それでもかなり大きな不確実性を持つ推定値も多い。鍵を握る数値が確実ではないときには、モデル設計者はさまざまな可能性を試すのが常である。不確実性の幅のなかにあるさまざまな値を入れたときに、大きく異なる結論が出てくるかを調べるのだ。たとえば、地質学者のデータから、地下にまだ眠っている再生不可能な資源の量についていて、まずは最もよさそうな数値を選んでインプットするが、それから、その数値を半分にしたり二倍にしたりして試してみる。こうすることで、もし地質学者が間違っていたり、われわれのデータ解釈が間違っていた場合、その違いがモデルシステムの行動パターンにどういう影響を及ぼすかを調べるのである。

このモデルには、われわれにわかっている範囲でも不確実性や単純化があるので（われわれにわかっていないことも含まれているに違いない）、モデルがはじき出す、人口、汚染、資本、食糧生産などの今後の数字は「正確な数字」として信頼していない。しかし、ワールド３に含まれている主要な相互関連は、人間社会の重要な因果メカニズムをよく表していると考えている。モデルの全般的な行動パターンを決めるのは、厳密な数値ではなく、こうした相互関連なのだ。したがって、われわれはワールド３のつくり出すダイナミックな行動パターンは信頼している。これから、二一〇〇年までの未来に関する一一種類のシナリオを示そう。これらのシナリオから、将来の人口、工業、汚染、その他の関連する要因が、増加するのか、安定しているのか、振り子が振れるのか、崩壊するのか、どのような条件でそれが起こるのかについて、重要な洞察や原則の裏付けが得られると考えている。

ワールド3の構造

では、基本的な相互関連とはどのようなものだろうか？　まず、第2章で説明した人口と資本に関するフィードバック・ループを示す。図４―４にこれらのループを再掲した。このフィードバック・ループが支配的な場合はループの構造によって、人口や資本は、出生と投資の正のフィードバック・ループが強い場合は幾何級数的に成長し、死亡や減耗の負のフィードバック・ループが強い場合は減少し、両方のループの均衡がとれていれば、一定で変わらない可能性がある。

図4―4はフィードバック・ループ図の一例だが、こうした図に入っている矢印は、単純に「ある変数が物質や情報のフローを通じて別の変数に影響を与える」ことを示している。ループをたどってみると、われわれがそこで仮定していることがわかるだろう。たとえば、「工業資本が増えると、工業生産に影響を及ぼす。工業生産が変わると、投資も変わる。投資が変わると、工業資本のストックに影響が及ぶ」という具合だ。それぞれの影響の「性質」や「程度」は、ワールド3を構成する数式では厳密に定義されているが、図中には示されていない。また、影響の及んでいく方向は、時計回りでも反時計回りでも、違いはない。大事なのは、そのフィードバック・ループの構成要素である。

図中のボックスは、「ストック」を示す。ストックは、人口や工場、汚染といった重要な物質的数量の蓄積の場合もあれば、知識、やる気、技術力など、目には見えない蓄積を表す場合もある。シス

図4−4　人口と資本の成長を支配するフィードバック・ループ

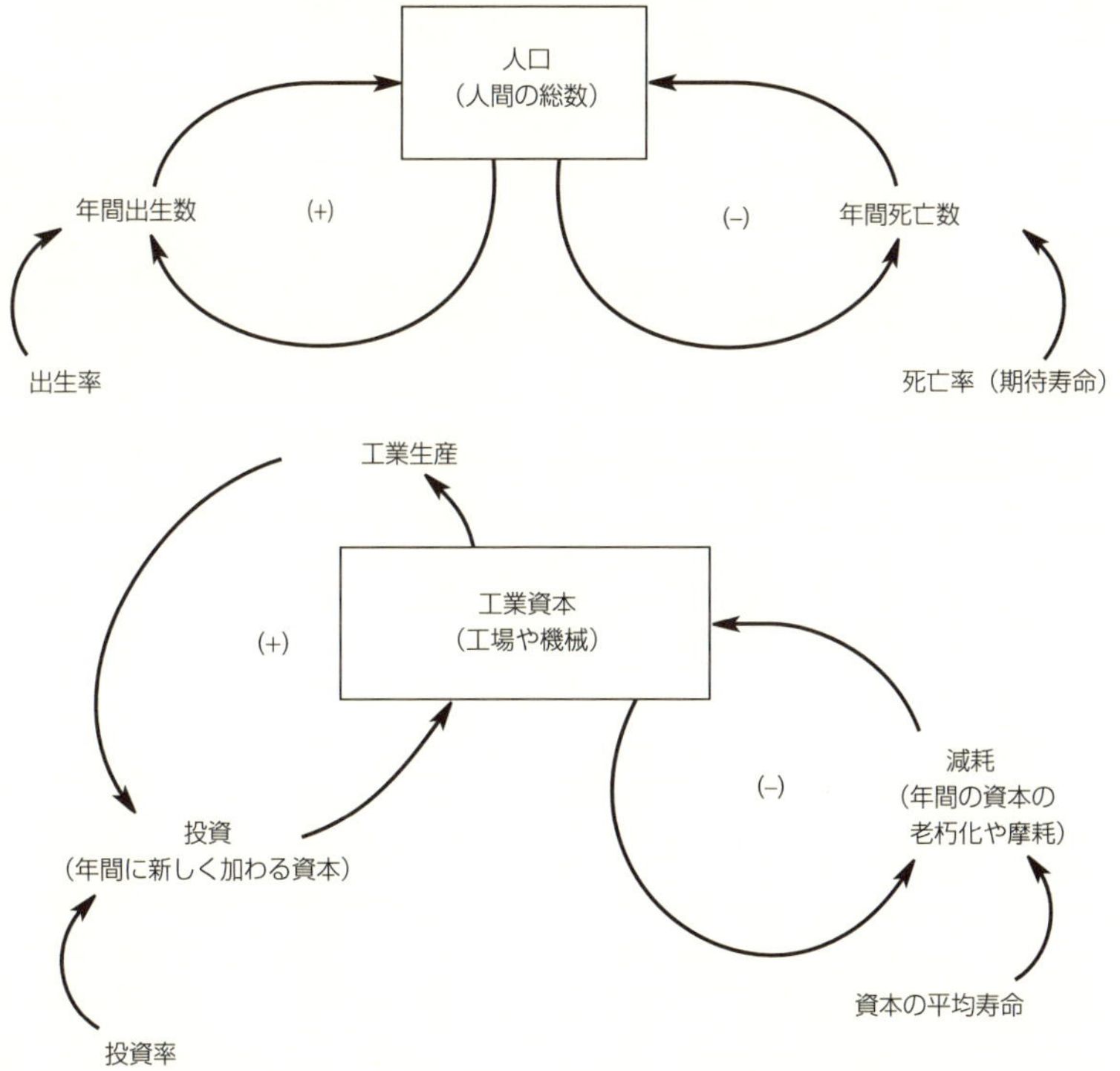

ワールド3モデルの中核をなすフィードバック・ループが、人口と工業資本の成長を支配している。出生と投資という2つの正のフィードバック・ループが、人口と資本の幾何級数的成長の行動パターンを生む。死亡と減耗という2つの負のフィードバック・ループは、この幾何級数的成長を調整しようとする傾向がある。さまざまなループの相対的な強さは、システム内に存在する多くのその他の要因によって決まる。

テム内のストックは、比較的寿命の長い物事や情報に反応するため、ゆっくりと変わる傾向がある。そして、ある瞬間のストックの大きさは、過去にそのストックに流れ込んだ量とそこから流れ出した量の差がどうだったか、という正味の影響を表す。設置されている工場数、人口、汚染物質の量、地中に残っている再生不可能な資源の量、開発された土地の面積などは、すべてワールド3における重要なストックである。これらのストックが、シミュレーション時間におけるその時々のシステムの限界や可能性を決める。

図中の「フィードバック・ループ」のうち、幾何級数的な成長や幾何級数的な減退をもたらす可能性のある自己補強型の正のフィードバック・ループは（＋）で示され、変化の方向を逆転させたり、システムを均衡状態に戻そうとする目標追求型の負のフィードバック・ループには（－）が付いている。

ワールド3における人口と資本の相互影響の一部を図4―5に示す。工業資本が工業生産をつくり出すが、そこにはさまざまな種類の製品が含まれている。たとえば、肥料、殺虫剤、灌漑用ポンプなどの農業投入物がある。一人当たりの食糧が望まれている水準を下回ると、農業投入物が増える。望ましい一人当たりの食糧の水準は、食糧に対する市場の需要と市場を通さずに人々に供給される食糧の合計から測ることができ、社会の産業化のレベルに伴って変化する。食糧生産量は、農業投入物と耕地面積などから決まってくる。食糧は汚染の影響を受けるが、汚染は工業活動からも農業活動からも発生する。一人当たりの食糧と汚染が死亡率に影響を与える。

図4―6は、ワールド3における人口、工業資本、サービス資本、再生不可能な資源の主なつながりを示している。工業生産の一部は、住宅、学校、病院、銀行、そしてそのそれぞれに設置される設備や装置といったサービス資本となり、サービス資本のレベルを上げるため、サービス部門に投資さ

図4−5　人口・資本・農業・汚染のフィードバック・ループ

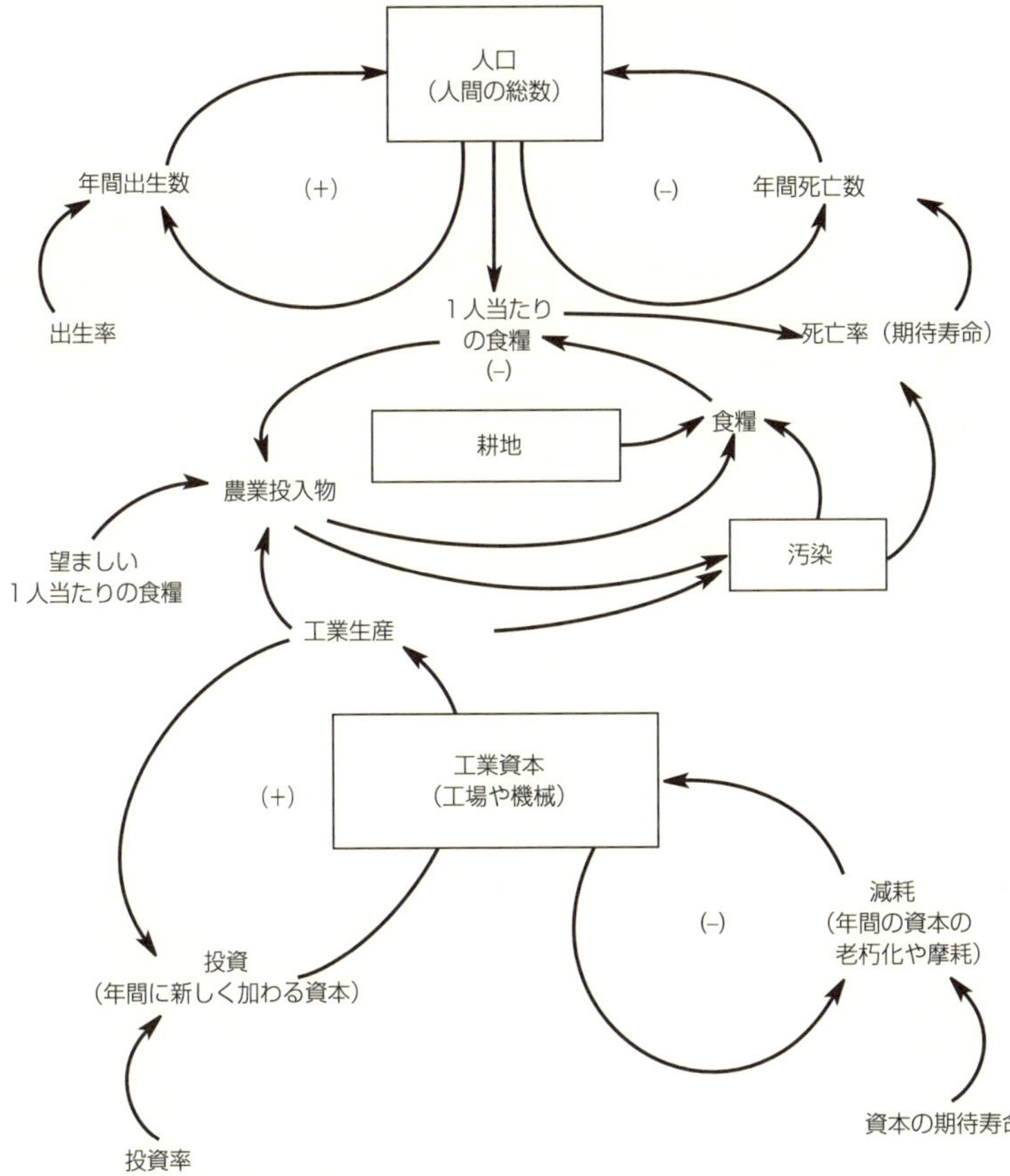

人口と工業資本が、農業資本、耕地、汚染を通じて、相互に影響を与えているものもある。矢印はそれぞれ因果関係を示すが、各シミュレーションでの仮定によって、それが現れるのがすぐか遅れるか、影響が大きいか小さいか、プラスの影響かマイナスの影響かが異なる。

図4−6　人口・資本・サービス・資源のフィードバック・ループ

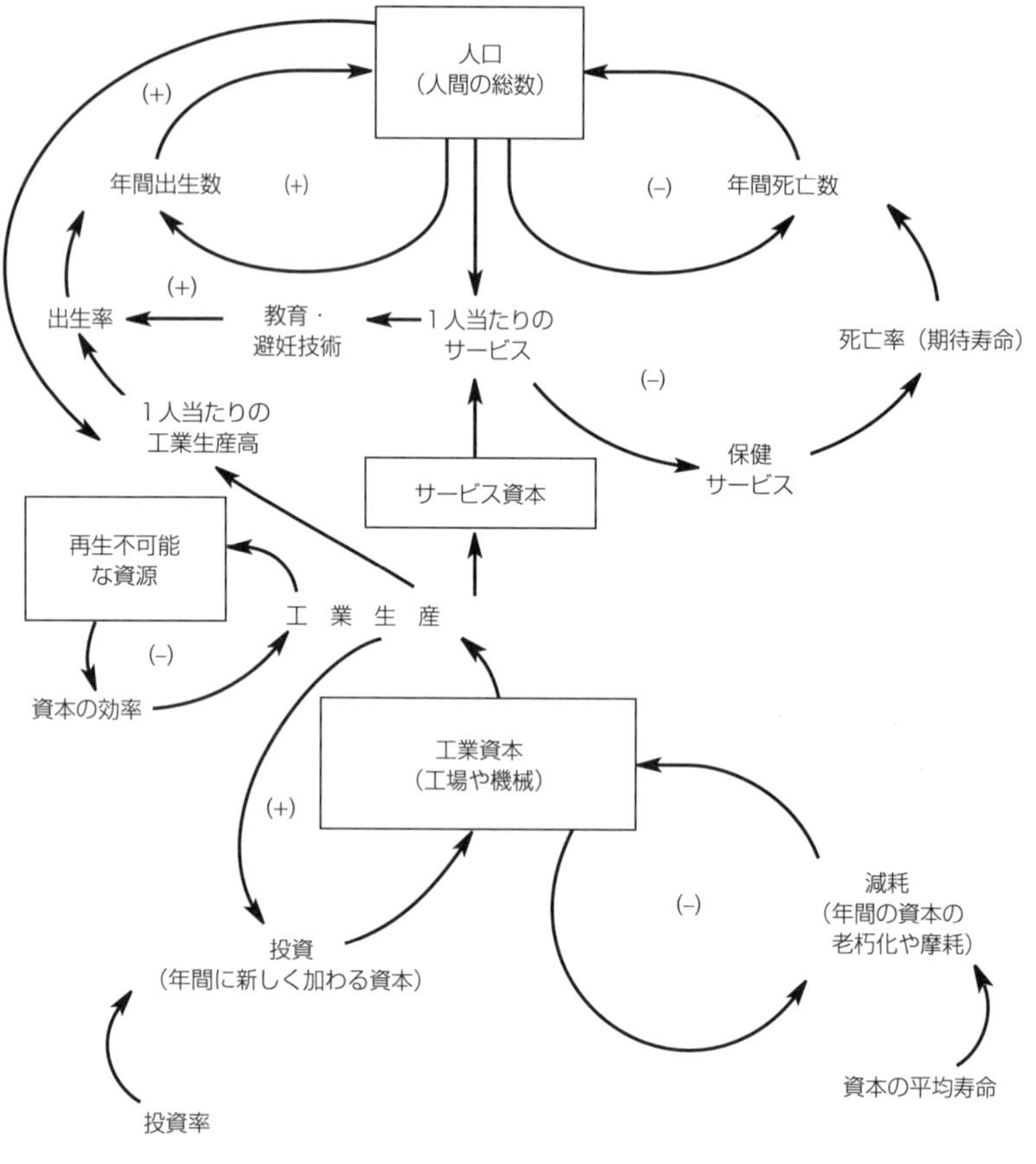

人口と工業資本は、サービス資本の水準（保健や教育など）や再生不可能な資源の埋蔵量の影響も受ける。

図4−7　鉱石から純度の高い金属をつくり出すために必要なエネルギー

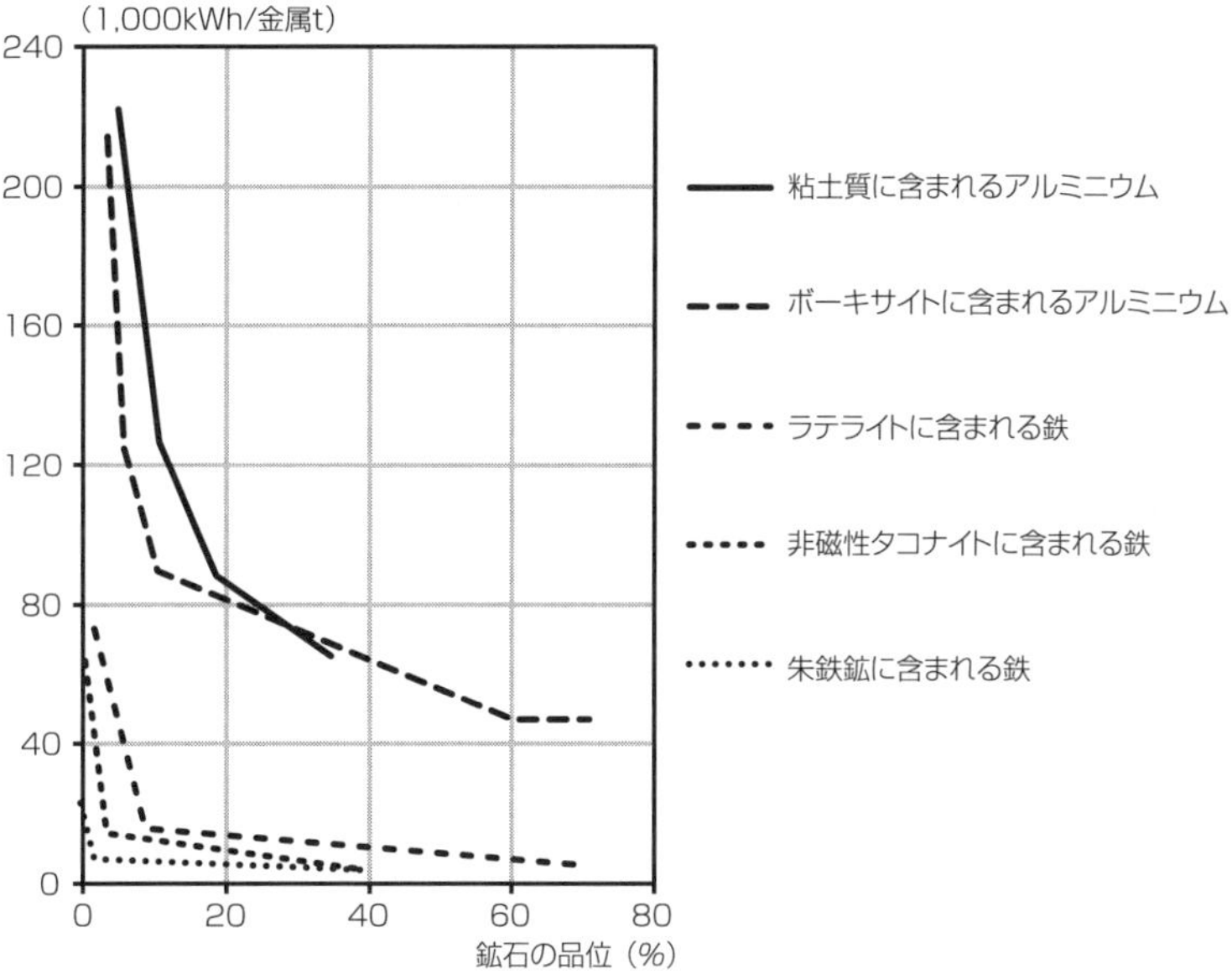

金属含有率が減るにつれ、鉱石精製に必要なエネルギーが増える
（出所:N.J.Page and S.C.Creasey）

れる。サービス資本からの生産を人口で割ると、一人当たりの平均サービス水準が出る。保健サービスによって死亡率が下がる。教育や避妊技術によって出生率が減少し、したがって出生数も下がる。一人当たりの工業生産が増えると、遅れの後に、出生率が下がる。雇用形態が変わり、子どもの養育費が増え、大家族のメリットが失われることから、望ましい家族の規模が小さくなり、出生率が下がるのだ。

工業生産の単位ごとに、一定量の再生不可能な資源を消費する。モデルには技術の進歩が盛り込まれているので、ほかの条件はすべて変わらなくても、工業生産単位当たりの資源の必要量はしだいに減る。しかし、工業が何もないところから有形財をつくることはできない。再生不可能な資源が減少すると、資源資本の効率が下がり、同じ資本を投じても、工業部門に入る資源が減ってゆく。資源の消費が進むと、埋蔵資源の質は低下し、消費地から遠くの埋蔵資源を深掘りしなくてはならなくなるという仮定である。つまり、資源の減少に伴い、一トンの銅や一バレルの石油を採掘し、精製し、輸送するのに必要な資本やエネルギーが増えていくのだ。こうした傾向は、短期的には、技術の進歩によって相殺できるかもしれない。しかし長期的には、物質的に成長できる力を損なうことになる。

残っている資源と、それを得るために必要な資本は、強い非線型の関係にある。図4―7は、この曲線の一般的な形を示している。これは、さまざまな品位の原石から鉄とアルミニウムを抽出し、精製するために必要なエネルギーである。エネルギーは資本そのものではないが、採掘のための実際の資本の量は測りにくい。しかし、ある作業を行うのに必要なエネルギーをヒントに、必要な資本についても考えることができる。原石の品位が下がるにつれて、最終資源を一トン得るために掘り出さなくてはならない原石の量が増える。原石はより細かく破砕し、組成鉱物ごとにより正確に分類しなくてはならなくなる。そのうえ、処理すべき鉱滓も増える。こうしたすべての作業に機械が必要である。ほかの条件がすべて同じ場合、資源生産部門で必要なエネルギーや資本が増えれば、他の経済活動に投じられる投資は減るだろう。

ワールド3におけるすべての相互関係を示す図を見ると、モデルに含まれているすべての仮定がわかる。この図は「ワールド3　CD―ROMディスク」に収められており、一一のシナリオに関する詳細な情報も入っている。

しかし、モデルの機能を理解し、シミュレーションの結果出てくるシナリオを評価するためには、こうしたつながりの一つひとつを理解する必要はない。モデルの最も重要な特徴だけを理解すればよいからだ。

- 成長のプロセス
- 限界
- 遅れ
- 衰退のプロセス

人口と資本の成長プロセスについては、すでに第2章で説明した。第3章では「現実の世界」の環境の限界について、多くの情報を示した。次は、ワールド3に表れた限界を描こう。それから、コンピュータ・モデルに含まれている遅れと衰退のプロセスについて説明する。

これからの議論を通じて、次のような重要な問いをつねに念頭に置いておいてほしい。議論されるコンピュータ・モデルと、自分自身のメンタルモデルを通じて知っている「現実の」人口や経済には、類似点があるのか？　それともずれているのか？　どのような条件でそうなのか？　もしずれている場合には、モデル設計者がつねに直面している問いに向き合うことになる。つまり、自分のモデルとワールド3のモデルのどちらが、将来を考えるうえで役立つように思われるか？　それは何を見て判断すればよいのだろうか？　コンピュータ・モデルのほうが役立つと思えるなら、コンピュータ・モデルのどの特徴を自分のメンタルモデルに組み入れれば、地球規模の問題に対する自分の理解を向上させ、効果的な行動がとれるようになるだろうか？

成長するシステムの「限界」と「限界なし」

幾何級数的に成長する経済は、資源を減らし、廃棄物を排出し、再生可能な資源の生産から土地を取り上げてしまう。有限の環境でこのような成長が起こると、成長する経済はストレスを生じ始める。このストレスが大きくなり、かなりの時間がたったあとではじめて、社会は「もうまったく成長できない」というところに到達する。ストレスを受けて、環境は経済にシグナルを送り始めるが、こうしたシグナルにはさまざまな形がある。たとえば、水位の低下していく帯水層から水を汲み上げるのに必要なエネルギーが増えていく。新しい農地を一ヘクタール開発するために必要な投資が増える。これまで無害だと考えられていた排出からの害が突然明らかになる。汚染の攻撃を受け、地球の自然システムが自らを癒すのにかかる時間が長くなる。このように実際のコストは上昇していくが、一方で、市場価格は政令や補助金で低く抑えられたり、別のやり方でゆがめられたりするので、すぐに価格上昇という形でそのシグナルが表面に表れるとは限らない。しかし、市場価格の上昇によって強化されるかどうかは別として、そうしたシグナルや圧力は、負のフィードバック・ループの重要な要素として機能する。つまり、まわりのシステムの制約要因に経済を合わせようとするのだ。地球の供給源や吸収源にひずみを起こしているエコロジカル・フットプリントの拡大を止めようとするのである。

ワールド3に入っている地球の供給源や吸収源の限界は、ほんの数種類だけである(「現実の世界」には、ずっと多くの限界がある)。そうした限界はどれも、モデル世界の技術、行動、目標変更、選択によって、引き上げたり引き下げたりできる。ワールド3の標準バージョン、つまりデフォルト値として設定されているのは、次の供給源や吸収源の限界である。

●「耕地」は、あらゆる形態の農業に使われる土地であり、最大耕作可能面積は三二億ヘクタールと仮定されている。土地開発への投資によって耕地は拡大する。図4―2に示したように、最も近くにあり条件のよい土地から開発されるので、新しい土地の開発コストは上昇していくと仮定されている。土地は、土壌浸食や都市化、工業化のための土地に転用されると、使えなくなる。浸食は、土地保全への投資によって減らすことができる。

●「土地の生産力」は、植物の生長を支える土地の内在的な力であり、養分、土壌の深さ、保水力、気候、土壌構造の組み合わせで決まる。一九〇〇年当初の土地の生産力は、施肥なしにヘクタール当たり年六〇〇キログラム（穀物換算）の生産が問題なくできる水準に仮定してある。土地の生産力は汚染によって劣化するが、汚染の一因は工業投入物である。劣化した土地を休ませると、生産力の半分を二〇年間で取り戻せると仮定する。回復のための投資（施肥や豆科植物の育成、堆肥など）が行われると、回復はかなり早まる。

●「単位面積当たりの達成可能収穫率」は、土地の生産力、大気汚染、肥料等の工業投入物の集約度、技術水準によって決まってくる。工業投入物によって収穫率は上昇するが、収穫逓減がある。つまり、肥料を一キログラム増やすごとに、追加で増える収穫率は減っていくのだ。当初の仮定では、工業投入物を用いることで、自然の土地が持つ生産力を最大七・四倍にできる（七四〇パーセントということである。しかも生産性の最も高い耕地だけではなく、すべての土地に適用される！）。そして、この数字をさらに高く設定することで、その不確実さの幅を試すことができる。

●「再生不可能な資源」は、鉱物、金属、化石燃料である。通常はシミュレーション上の一九〇〇年からモデルを走らせるが、一九〇〇年の採掘ペースの七〇〇〇倍以上に相当する資源供給量があると仮定する[7]。最も豊富で開発しやすい埋蔵地から採掘されていくので、再生不可能な資源を発見し、採掘するのに必要な投資は上昇すると仮定している。

●「地球の汚染吸収能力」は、長期間にわたって環境中に残存する有害物質が害を与えないよう、隔離あるいは変換するさまざまな作用の正味効果を表す。ここでは、有機塩素化合物や温室効果ガス、放射性廃棄物などを取り上げる。この限界を、環境の吸収半減期（存在する汚染の半分を自然の浄化作用によって無害化するのに必要な時間）として表している。いうまでもなく、プルトニウムのアイソトープなどの有害物質の半減期は無限に近いのだが、しかし、ここではきわめて楽観的な数値を用いる。一九七〇年の半減期を一年と仮定し、残留性汚染物質が一九七〇年レベルの二五〇倍に増えると、半減期は一〇年に延びるものとする。これが、数量的に最も理解できていない限界である。各汚染物質についてすらよくわかっていないので、そうした汚染物質が組み合わさった場合の限界については、非常に不確実であるといわざるをえない。

幸いなことに、残留性汚染物質の消失についての仮定は、ワールド3のほかの変数にそれほど大きな影響を与えないため、モデル内部ではあまり重要ではない。汚染物質の蓄積が二〇〇〇年の五倍に増えた場合、人間の寿命を短くする割合は二パーセント以下であると仮定したが、一一のシナリオでそのような展開はほとんどなかった。極端なシナリオで、そうした事態になれば、土地の生産力は年に一〇パーセント以上減ずることになる。しかし、その減退は、土地保全への投資によって回復できる。どのような影響があるかを見るため、モデルにはほかの推定値も入れてみる。

「現実の世界」には、管理上の制約や社会的制約など、ほかにもさまざまな限界が存在している。その一部は、ワールド3の数値に暗黙のうちに含まれている。というのは、モデルの係数は、この一〇

図4−8　シナリオ0——限界をなくせば、無限に成長する

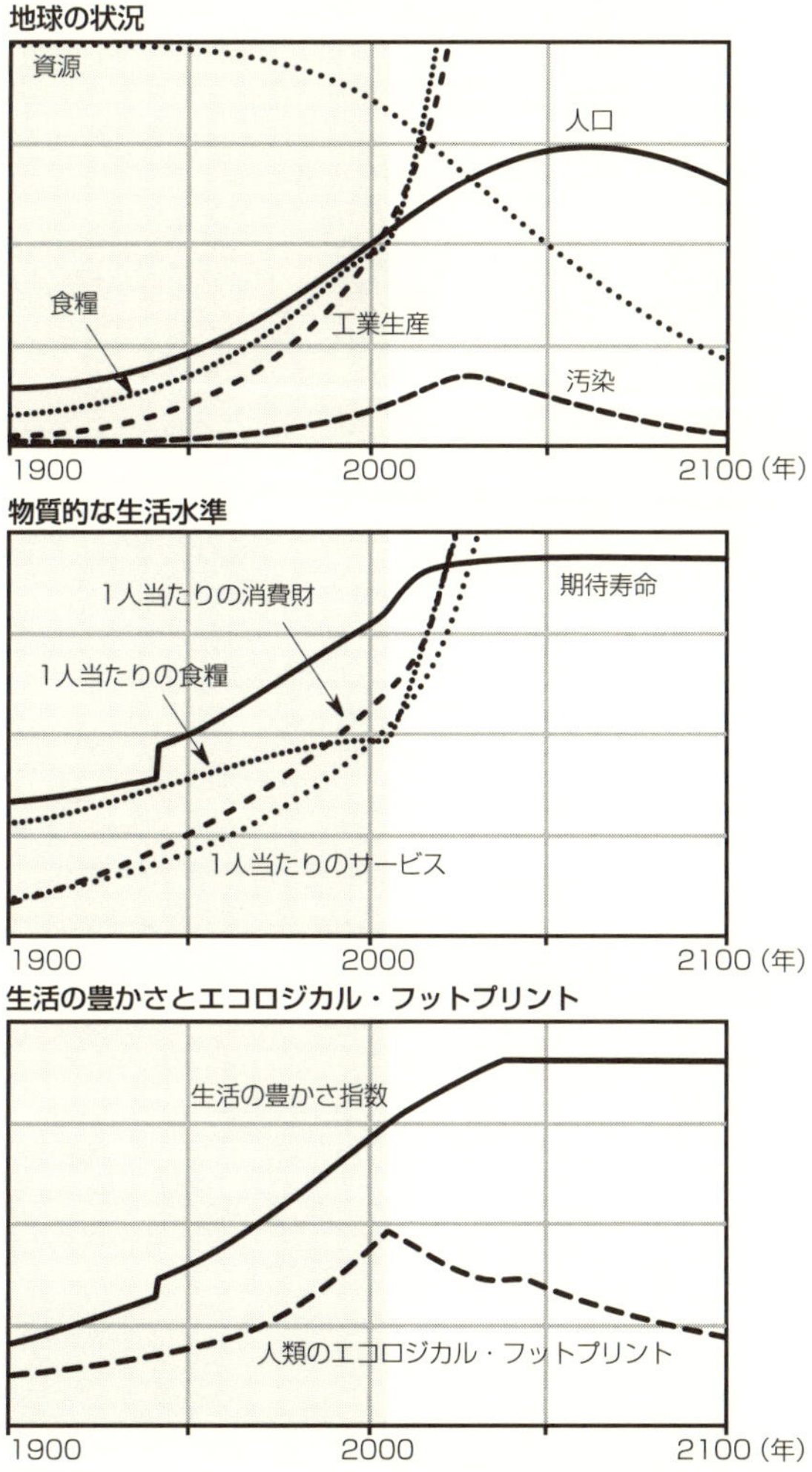

ワールド3のシステムに対するあらゆる物理的な限界を取り除くと、人口は90億人近くでピークに達し、人口動態的遷移のなかでゆっくりと減少しはじめる。経済は2080年まで成長し、2000年レベルの30倍の工業生産を生む一方、年間に消費する再生不可能な資源の量は同じで、年間に排出する汚染は8分の1にすぎない。

○年間の世界の「実際の」歴史上の数字だからだ。しかし、ワールド3には、戦争や労働争議、汚職、薬物中毒、犯罪、テロなどは含まれていない。シミュレーション世界の人々は、政治権力や民族抗争、汚職などをめぐる争いに惑わされることなく、察知した問題の解決に最大の努力をするという想定である。このような社会的な限界の多くが入っていないので、ワールド3の描く未来像は楽観的すぎるといえよう。

では、たとえば、まだ発見されずに地下に眠っている再生不可能な資源の量が間違っていたら、どうなるだろうか? 実際には、仮定した数値の半分だったら? 二倍だったら? または一〇倍以上だったら? 人間に影響を与えずに汚染を吸収できる地球の「実際の」能力が、一九九〇年の排出ペースの一〇倍ではなく、五〇倍だったら? 五〇〇倍だったら?(それとも半分だったら?) 工業生産単位当たりの汚染排出を減らす(または増やす)技術が発明されたら?

コンピュータ・モデルは、こうした「もし~だったら?」に答えるための道具であり、時間も費用もほとんどかけずに、さまざまな設定を試すことができる。ワールド3の限界値の設定を途方もなく大きくすることもできれば、限界が幾何級数的に大きくなるようにプログラムすることもできるので、ここに挙げた「もし~だったら?」をすべて試すことができる。われわれは実際にこれらをすべて試してみた。無限の可能性を持ち、ただちに効果が出て、コストも間違いもない技術を想定すると、モデルシステムからあらゆる物理的限界を取り除くことができる。そのとき、シミュレーション世界の経済は途方もなく成長する。図4―8のシナリオ0は、その状況を示している。

ワールド3のシナリオの読み方

第4章、6章、7章では、さまざまなコンピュータ・シミュレーションによってワールド3がつくり出した一一のシナリオを紹介する。どのシミュレーションも、モデル構造は同じであるが、各シナリオで、いくつかの数値を変えて、「現実の世界」の変数にさまざまな推定値を入れたり、技術の進歩に関する楽観的な予測を盛り込んだり、世界がこれまでと異なる政策や倫理、目標を選んだらどうなるかを試している。

新たなシミュレーションで試してみたい変更を行ったら、長期間に相互に影響を与え合う二〇〇以上の相互作用をワールド3に再計算させる。コンピュータは、一九〇〇年から二一〇〇年までのシミュレーション期間に対し、六カ月ごとに各変数の値を新しく計算する。こうして、シナリオごとにモデルからは八万以上の数値が出てくる。しかし、個々に取り出して意味のある数字はほとんどないため、その全情報を再現しても意味はない。したがってわれわれは、モデルの結果を自分たちが理解できるよう、また読者に伝えられるよう、思い切って単純化している。

人口、汚染、自然資源など、いくつかの主要な変数の数値を時間軸上にプロットした。シナリオごとに、三種類のグラフを示す。グラフの形式はどのシナリオも同じである。

上のグラフは「地球の状況」で、次の項目の世界全体の合計値を示している。

1　人口
2　食糧生産高（食糧）
3　工業生産高（工業生産）
4　汚染の相対的レベル（汚染）

5　再生不可能な資源の残存量（資源）

中央のグラフは、「物質的な生活水準」で、次の項目の地球全体の平均値を示す。

6　一人当たりの食糧生産量（一人当たりの食糧）
7　一人当たりのサービス生産（一人当たりのサービス）
8　期待寿命
9　一人当たりの消費財

下のグラフは「生活の豊かさとエコロジカル・フットプリント」で、次の二つの世界全体の指標値を示す。

10　人類のエコロジカル・フットプリント
11　生活の豊かさ指数

縦軸の原点はすべて0である。比較しやすいように、すべてのシミュレーションで、各変数の縦軸は同じにしてある。しかし、シミュレーション期間のある時点の正確な数値には意味がないため、縦軸に変数の目盛りは入れていない。さらに、同じグラフの変数でも、尺度や単位はさまざまであることに留意してほしい。たとえば、一人当たりの食糧生産量の目盛りは、穀物換算で一人一年当たり〇～一〇〇〇（キログラム）だが、期待寿命の目盛りは〇～九〇（歳）である。

具体的な数値は重要ではないため、シナリオによって曲線の形がどのように変わるかに注目してほしい。しかし、崩壊を示すシナリオでは、ピークに達して低下を始めた時点以降の曲線の行動パターンには、何の意味も持たせていないことに注意してほしい。シナリオはすべて、二一〇〇年まで示されているが、ある重要な要因が崩壊を始めた時点以降は、どの要素の行動パターンにも意味はない。明らかに、「現実の世界」で人口や工業が崩壊すると、重要な関係の多くが変わってしまうので、モデルに組み込んである仮定の多くが意味をなさなくなってしまうからだ。

シナリオを作成するたびに、コンピュータは、すべての変数に対して、一九〇〇～二一〇〇年の間の六カ月ごとの数値を盛り込んだ詳細なデータ表を出してくる。この表には、非常に詳細な膨大なデータが載っている。たとえば、シナリオ0の表からは、地球人口はシミュレーション上の二〇六五・〇年に、八八億七六一八万六〇〇〇人という最大値に達することがわかる。このシナリオでの残留性汚染レベルは、二〇〇〇年の三・一五〇五三〇からシミュレーション上の二〇二六・五年には、最大値の六・八三〇五五二に達し、この期間に二・一六八〇倍増大すると記されている。しかし、こうした詳細な数字には、有用な情報は含まれていない。ワールド3が出す数値やデータに、五桁の正確性を保証できるようなものは一つもないのだ。われわれが知りたいのは、「大きな流れ」であることを思い出してほしい。われわれは、二～三の重要な変数に注目し、二～三の重要な問いかけをする。この一〇〇年間に、成長を止めるのはどの変数だろうか？　成長または減退のスピードはどのくらいだろうか？　その行動パターンをもたらす主な要因は何だろうか？　シナリオに盛り込んだ仮定によって、変数は速く成長するのか、それともゆっくりか？　ピークに達するのは高いレベルか、それとも低いレベルか？　どのような政策変更をすれば望ましい結果が出てくるか？

こうした問いに対する答えをシナリオごとに伝えるとき、二つのルールに従い、コンピュータからの数値を大きく単純化して報告する。まず、最大値や最小値の生じるタイミングは、一〇年刻みで示す（五・〇から次の一〇年に切り上げる）。たとえば、二〇一六年、二〇三二・五年、二〇三五年ではなく、二〇二〇年、二〇三〇年、二〇四〇年となる。次に、具体的な変数の値や二つの数値の割合は、最も近い有効数字で示す。したがって、さきほどのシナリオ0に関する情報を伝えるとしたら、「世界人口はシミュレーション上の二〇七〇年に九〇億人という最大値に達する。このシナリオでの残留性汚染レベルは、二〇〇〇年の三から、シミュレーション上の二〇三〇年の七という最大値に上昇し、この期間に二倍になる」となる。この二つのルールが原因で、小さな不整合が生じることがあるかもしれないが、それは切り上げに伴う誤差であって、モデルから得る重要な教訓には何の影響も与えないので、気にする必要はない。

図4—8のシナリオ0は、次の仮定に沿って数値を変えてから、ワールド3でシミュレーションを行った結果である。

- 単位当たりの工業製品を生産するのに必要な再生不可能な資源の量は、年に五パーセントずつ、幾何級数的に減る。減少の限界はないので、社会が資源生産性を改善する努力を続けるかぎり、一五年ごとに五〇パーセント減ることになる。
- 単位当たりの工業生産から発生する汚染は、そのように望むときには、年に五パーセントずつ、限界なく、幾何級数的に減る。
- 工業投入物単位当たりの農業収穫量は、年に五パーセントずつ、限界なく、幾何級数的に増える。社会が食糧増産の努力を続けるかぎり、一五年ごとに倍増することになる。
- こうした技術革新はすべて、社会がその技術が望ましいと決めさえすれば、追加の資本コストを要せず、実施の遅れは二年だけで（もとのモデルの設定では二〇年）、世界のあらゆる場所で有効となる。

●人間の居住地のために農地が失われる速度は、通常のワールド3の仮定の四分の一とし、人口過密によって、人間寿命は悪影響を受けない。

●農業産出高は、汚染によって大きく減少することはなくなった。

このシミュレーションでは、人口増加は鈍化し、ほぼ九〇億人でピークに達し、それから徐々に減少する。世界全体の人々が豊かになって、人口動態的遷移を経験できるからだ。世界中の期待寿命は、八〇歳近くで安定する。二〇八〇年の平均農業収穫量は、二〇〇〇年の六倍近くに増え、工業生産はグラフを突き抜けて急上昇する。その成長は、最後にはきわめて高い水準で止まるが、その原因は深刻な労働力不足である。二〇〇〇年の四〇倍もの工業資本を管理・運営しなくてはならないのに、人口は一・五倍にすぎないからだ（資本を使う労働力の能力が十分な速度で幾何級数的に伸びると仮定すれば、その限界すら取り除くこともできる）。

シミュレーション上の二〇八〇年に、地球経済は二〇〇〇年の三〇倍の工業製品と六倍の食糧を生産している。これが可能になるように、二一世紀が始まって最初の八〇年間に、二〇世紀に蓄積した工業資本の四〇倍の工業資本を蓄積している。こうした資本の拡大を達成する一方、図4—8に示された世界は、二〇〇〇年に比べ、再生不可能な資源の消費量を若干減らし、汚染の排出は八分の一に減らしている。生活の豊かさは二〇〇〇年から二〇八〇年の間に二五パーセント上昇する一方で、エコロジカル・フットプリントは四〇パーセント減少している。このシナリオの最終段階の二一〇〇年には、エコロジカル・フットプリントは安全に持続可能な範囲内に戻っている。

このようなシナリオを信じている人もいるし、そうなることを熱心に期待している人もいる。たしかに、第3章でも紹介したように、ある国やある経済分野、またはある工業工程で目を見張るほど効率が改善されている事例はある。われわれも、効率改善がさらに進むことを期待しているし、実際に一〇〇倍改善することすら可能だと思っている。しかし、第3章で示したデータには、「地球経済全体」が、これほどの改善をこれほど短期間に実現しそうだと示唆するものはなかった。他の要因でそうした急激な変化が阻まれないとしても、資本設備の寿命（車両や建物のストック、グローバル経済の設置済み機械類を交換し、改良するのに必要な時間）と、現在の資本が新たに大量の資本をそれほどすぐにつくり出せるかを考えると、この「脱物質化」のシナリオを信じるのは難しくなる。しかも、「現実の生活」には、多くの政治的・官僚的な制約があって、価格システムが「必要とされている技術は儲かる」というシグナルを送ることができないため、この「無限のシナリオ」の実現はさらに難しくなる。

このシミュレーション結果をここで紹介したのは、「現実の世界」の信憑性のある未来像を示すためではなく、この例からワールド3やモデリングについていろいろなことがわかるからだ。

まず、ワールド3の構造のなかには、人口に関しては自己抑制的な制約があるが、資本に関してはそのような自己抑制的な制約はないことがわかる。モデルは、一人当たりの工業生産が十分に高くなれば、世界人口は最終的にはピークに達し、減り始めるという構造になっている。しかし「現実の世界」を見ると、豊かな人や国が「もっと豊かになりたい」という思いを失うとはまず思えない。したがって、ワールド3では、資本所有者はその富を無限に増やそうとし、消費者もつねにその消費を増やそうとすると仮定されている。もっとも、この仮定は政策の変化をシミュレーションする場合に変えることができるし、実際に第7章で変えてみている。

図4—8は、モデリングで最もよく知られた原則の一つ、GIGO（Garbage In, Garbage Out：

役に立たないデータを入れれば役に立たない答えが出てくる）の例でもある。モデルに非現実的な前提を入れると、非現実的な結果が出てくるということだ。コンピュータは、その前提を入れた場合の論理的な結果を教えてくれるが、その前提自体が正しいか否かは問わない。経済は工業資本の蓄積を四〇倍に増やせると仮定し、物理的な限界もなく、技術革新はコストをかけずに二年で世界中の資本設備に組み込まれると仮定すると、経済は文字どおり限界なく成長し、一方、エコロジカル・フットプリントは減っていくというシナリオを、ワールド3は生み出す。これに限らず、すべてのシミュレーションで、「そもそもの前提を信じるか？」を問うことが重要である。

われわれは、図4―8の背後にある前提を信じていない。これは、不可能な「技術ユートピア」のシナリオだろう。そこで、これをIFI―IFO（Infinity In, Infinity Out：限界をなくせば無限に成長する）と名付ける。しかし、われわれがもっと「現実的」だと思う仮定を入れたときのモデルは、成長するシステムが物理的限界にぶつかるという行動パターンを示すようになる。

「現実の世界」で起こるさまざまな遅れ

成長しつづける物理的現象は、その限界に対する現在位置を伝える正確で迅速なシグナルを受け取り、かつ、そのシグナルにすぐに正確に対応するときのみ、その限界にスムーズに合わせる形で鈍化し、止まることができる（S字型の成長）。（図4―9b）

たとえば、車を運転中に、前方の信号が赤に変わるのが見えたとしよう。ふつうは、信号機のちょうど手前でスムーズに車を停止できるだろう。それは、信号の場所を伝える正確で迅速で目に見えるシグナルがあり、脳がそのシグナルに迅速に反応し、ブレーキを踏もうと思ったらすぐに足が動き、

図4−9　ワールド3モデルのとりうる4つの行動パターンの構造的な因果関係

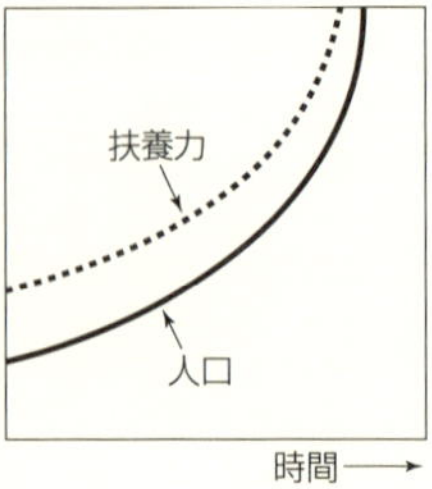

(a)継続して成長するのは、

・物理的な限界がきわめて遠くにある、または、
・物理的な限界そのものが幾何級数的に成長している

場合である。

(b)S字型に成長するのは、

・物理的な限界から経済へのシグナルが迅速で正確であり、かつ、ただちに対応される、または、
・人口や経済が、外部の限界からのシグナルを必要とせず、自ら限界を課す

場合である。

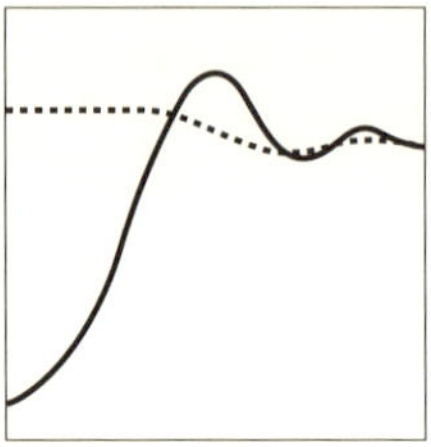

(c)行き過ぎて振り子が振れるのは、

・シグナルや対応に遅れがある。かつ、
・限界が衰退することなく、または、衰退した状態からすぐに回復できる

場合である。

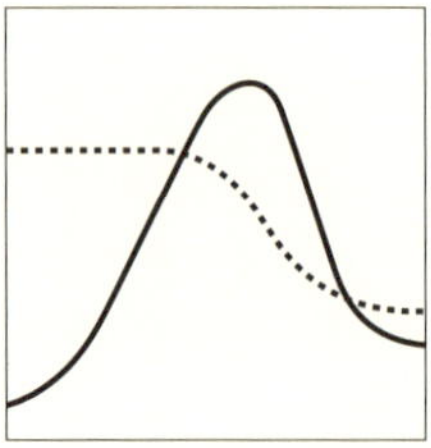

(d)行き過ぎて崩壊するのは、

・シグナルや反応が遅れていて、しかも、
・限界が衰退しうるものである（限界を超えると、不可逆的に劣化する）。

ブレーキが運転者の経験に沿ったやり方ですぐに反応するからである。

もし、運転席のフロントガラスが曇っていて、助手席の人に信号の場所を教えてもらわなくてはならないとすると、コミュニケーションのわずかな遅れから、停止線を越えて行き過ぎてしまうかもしれない。もし、助手席の人が嘘をついたり、その言葉を運転者が信じなかったり、あるいはブレーキを踏んでから効くまで二分もかかったり、路面が凍結していて停止まで予想外に何百メートルも走ってしまうことになると、停止線を行き過ぎてしまうだろう。

システムのフィードバックのシグナルが遅れたり、ゆがめられたり、無視されたり、否定されたり、あるいは、誤った対応をしたりして、システムの対応が遅れるとしたら、システムは限界とのバランスを正しくとることができない。こうした条件のいずれかが存在していると、成長しつづける現象は、自らの行動修正が間に合わず、行き過ぎてしまう（図4―9cとd）。

ワールド3にはどのような情報や反応の遅れが含まれているか、その一部はすでに説明した。一つは、汚染物質が生物圏内に排出されてから、人間の健康や食糧供給に目に見える害を与えるまでの時間のずれである。たとえば、CFC分子が地表で排出されてから、成層圏のオゾン層を破壊しはじめるまでには、一〇～一五年の遅れがある。また、政策の遅れも重要である。問題がはじめて見出されてから、主な当事者全員がそれを認め、共同の行動計画を受け入れるまでには、何年もの遅れが生じることがよくある。この種の遅れについては、次章で説明する。

このような遅れの一例が、環境中へのポリ塩化ビフェニル（PCB）の浸透である。一九二九年以来、工業界はPCBという、化学的に安定した油状の不燃性化学物質を約二〇〇万トン生産してきた(8)。主に、キャパシタや変圧器の熱を放散するために用いられたが、油圧油や潤滑油、難燃剤、塗料やニス、インクの構成成分、カーボンレス・コピー用紙、殺虫剤としても使われてきた。この化学物質の利用者たちは、四〇年間にわたって、環境にどういう影響を与えるかを考えずに、PCBを埋め立て地や道路沿い、下水道や川や海に捨ててきた。そして、六六年に、環境中のDDTを測定するための画期的な研究の結果、デンマークの研究者ソーレン・ジェンセンが「DDTだけではなく、PCBも広く拡散している」ことを報告したのだ。(9) 以降、地球の生態系のありとあらゆる場所でPCBが検出されている。

PCBは、地球の生態系のほぼあらゆるところに存在している。大気中のPCBは主に水圏からきたものである。……河川、湖、海洋の堆積物からPCB残留物が確認されている。……五大湖の生態系を広範囲にわたって調べたある調査では、PCB残留物が食物連鎖を通じて生物学的に濃縮されることが明らかにされている。

エンバロメンタル・カナダ　一九九一年

有機塩素系の殺虫剤のなかで、唯一、北極の海洋ほ乳動物の体内濃度を組織的にモニタリングしているのが、DDTとPCBである。……これまで報告されたなかでは、イヌイットの女性の母乳に含まれるPCB濃度が最も高かった。……おそらく、食用として大量に消費する魚類や海洋ほ乳類が、PCBの主な摂取ルートだろう。……このような結果から、PCBなどの有害化合物と、イヌイットの子どもに多発している免疫力の低下や感染症との関連性が示唆される。

E・ドゥワイリー　一九八九年

オランダのワッデン海では、PCB濃度が最も高いエサを食べているアザラシの生殖の成功率が大幅に低下した。……（これからわかるのは）一般のアザラシの生殖能力の低下も、汚染地域でとれる魚をエサとしていることと関連がある（ことだ）。……こうした結果は、PCBに生殖機能を損なわれたミンクの実験結果を裏付けるものである。

P・J・H・レイヤンダー 一九八六年

ほとんどのPCBは比較的水には溶けにくいが、脂肪には溶けやすく、環境中に非常に長く残留する。大気中ではすばやく移動し、土壌や河川・湖沼の堆積物の中ではゆっくり動く。やがて、何らかの生物に取り込まれ、体内の脂肪組織の中に蓄積される。食物連鎖を上っていくにつれて、その濃度が増していく。これまで最高のPCB濃度が検出されたのは、肉食性の魚類や海鳥、ほ乳類、人間の脂肪や母乳中であった。

PCBが人間その他の動物の健康へ与える影響が、少しずつわかってきている。PCBと一言で言っても、実際には二〇九種類もの関連した化学物質の総称であり、そのそれぞれが異なった影響をもたらす可能性があることから、解明はなかなか難しい。それでも、「PCBのなかには、内分泌かく乱物質として機能するものがある」ことが明らかになってきた。エストロゲンなどのホルモンと似た作用をすることで、甲状腺ホルモンなどの他のホルモンの動きを妨げ、鳥やクジラ、北極グマ、人間など、内分泌系を持つすべての動物の代謝や行動パターンを司る微妙なシグナルを混乱させるのだ。とくに、発達中の胎児にとっては、ごく微量の内分泌かく乱物質ですら、取り返しのつかない大きな問題を引き起こす可能性がある。発達中の有機体を無条件に殺してしまうか、神経系や知能、性的機能を害するおそれがあるのだ[10]。

PCBは、時間をかけて移動し、残留期間がきわめて長く、食物連鎖の高いレベルで蓄積されることから、「生物学的時限爆弾」と呼ばれてきた。一九七〇年代以来、多くの国でPCBの製造と使用が禁止されたものの[11]、地球上には大量のストックが残っている。これまでに生産されたPCBの大部分は、いまでも使用中か、捨てられた電気機器の中に残っている。有害廃棄物の処分に関する法律の

図4−10　土壌殺菌剤1,2−DCPの地下水へのゆっくりとした浸透

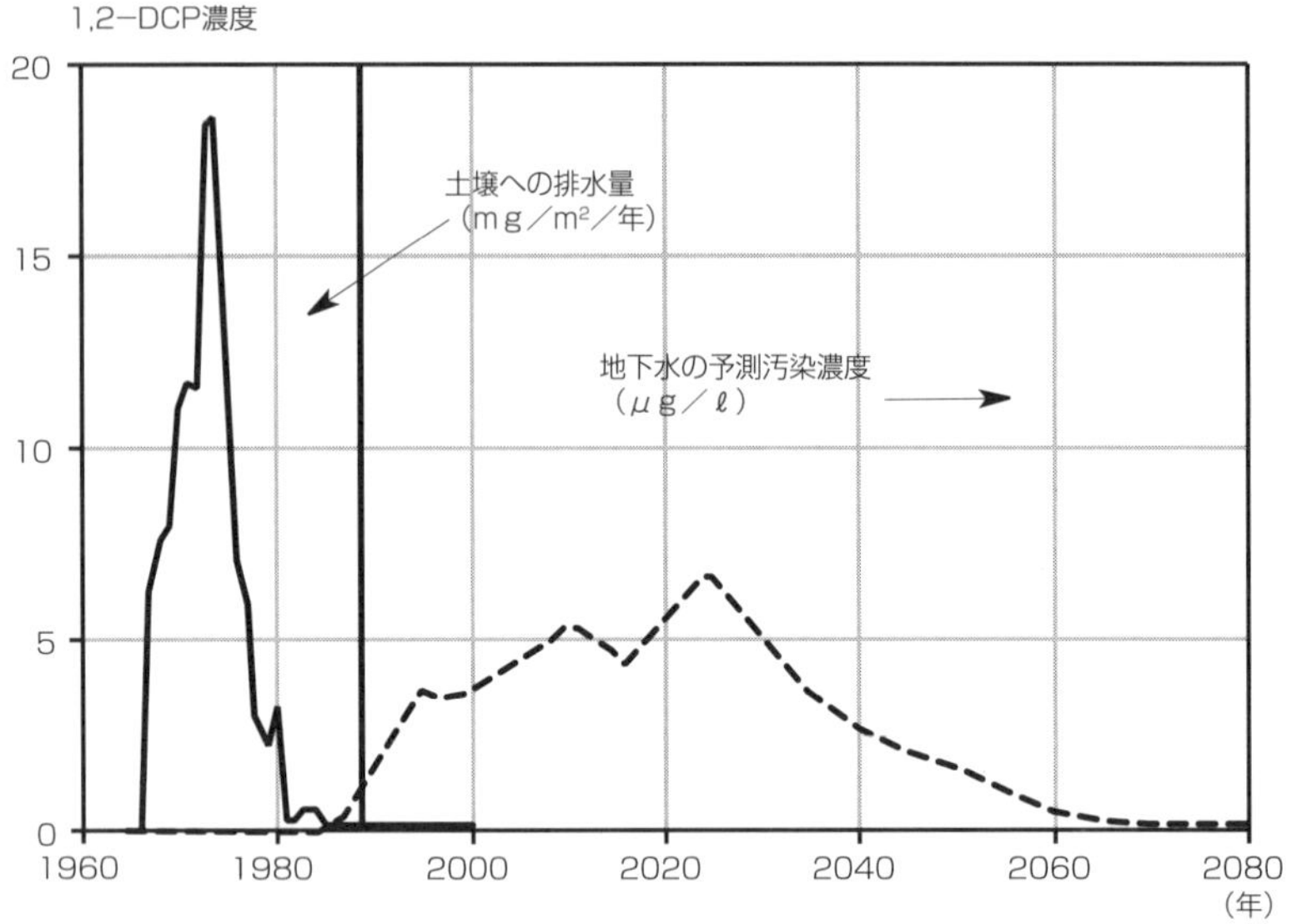

土壌殺菌剤であるDCPは、1970年代にオランダで大量に使われた。70年代に制限され、最終的に90年に禁止された。その結果、農地の表土付近のDCPの濃度は速やかに減少した。しかし、91年の計算によると、地下水中の濃度は2020年になってようやくピークに達する。つまり、21世紀半ばを過ぎても、水中にはかなり大量に残留することになる。
(出所:N.L.van der Noot)

ある国では、昔のPCBは埋められたものもあれば、管理型焼却設備で、分子構造を分解してその生物活性を破壊するよう処理されているものもある。八九年、これまでに製造されたPCBの三〇パーセントは、すでに環境中に排出されているとの推定が出された。海洋まで達しているのは、わずか一パーセントであり、残る二九パーセントは、おそらく土壌や河川、湖沼などに分散しているのだろう。そうした場所から何十年という時間をかけて、生物の体内に入り込んでくることになると考えられる[12]。

図4—10は、汚染の遅れを示す別の例である。化学物質が土壌を通じて地下水へとゆっくりと移動していく様子がわかる。一九六〇年代から、最終的に使用禁止となった九〇年まで、オランダではジャガイモや球根の栽培用に土壌殺菌剤である1,2-dichloropropene（DCPe）を大量に使っていた。この薬品には1,2-dichloropropane（DCPa）という汚染物質が含まれており、これは科学者たちの知るかぎり、地下水の中に永久に残留する。ある水域を対象に計算した結果、土壌中のDCPaがすでに地下水へしみ込んでおり、かなりの濃度として現れてくるのは二〇一〇年以降だと予測された。しかし、その後少なくとも一〇〇年間にわたって地下水を汚染し、EUの飲料水基準の五〇倍の濃度にまで達すると考えられている。

オランダだけではない。アメリカでは、一九七七年にDCPを農業で使用することが中止された。しかし、ワシントン州の殺虫剤モニタリング・プログラムが、一九八八年から九五年に一一の調査地域の二四三カ所で地下水を調査した結果、人間の健康に害を与えると思われる濃度のDCPが存在していることがわかった[13]。

ワールド3の別の部分に生じる遅れの一例は、人口の年齢別構成によるものだ。これまでのように出生率が高い状況が続くと、年配者よりも若年者の人口が多くなる。したがって、たとえ出生率が下がっても、若い人々が次々と出産年齢に達するため、数十年間は人口が増えていくことになる。一世帯当たりの子どもの数が減っても、世帯数そのものが増えるからだ。この「人口の勢い」があるため、世界中の出生率が、二〇一〇年までに置き換え水準（平均して一世帯当たり子ども二人）になったとしても、人口は二〇六〇年まで増え続け、約八〇億人で横ばいになる。

「現実の世界」のシステムには、他にもさまざまな遅れが存在している。再生不可能な資源を消耗しつづけ、何十年もたってはじめて、その枯渇が経済に深刻な影響を与えることもあるかもしれない。工業資本は、一夜のうちに築くことはできない。そして、いったん操業が始まると、数十年間は使われることになる。石油精製所をあっという間にトラクター工場や病院に転換することはできないし、その精製所の効率を上げ、汚染物質の排出を減らすことですら、時間がかかるのである。

ワールド3のフィードバックメカニズムには、ここに挙げたものすべてを含め、多くの遅れが盛り込まれている。たとえば、汚染物質が排出されてから、システムに目に見える影響を与えるまでの遅れを想定しているし、乳幼児死亡率が変化してから、夫婦がその変化を全面的に信じ、それにあわせて子どもの数を決めるまでには、およそ一世代の遅れがあると仮定している。また、食糧やサービスの不足に対応して、投資が再配分され、新しい資本設備が建設されて全面的な操業を開始するまで、数十年かかるとしている。土地が生産力を回復するにも、汚染が吸収されるにも、時間がかかるのだ。

最も単純で反論の余地がないような物理的な遅れを考えただけでも、「世界経済システムがスムーズなS字型の行動パターンをとる」という可能性はもはや残っていない。自然の限界からのシグナルには遅れがあるため、自己強制型の限界がないかぎり、行き過ぎを回避することはできない。その行き過ぎは、理論上、「振り子が振れる」か「崩壊」をもたらすことになる。

行き過ぎて振り子が振れる

成長する現象に対する限界からの警告のシグナルが遅れたり、シグナルに対する対応が遅れ、かつ、環境が過度なストレスを受けても劣化しない場合には、その成長する現象は、しばらくの間限界を行き過ぎ、やがて軌道修正をし、今度は限界以下に戻り過ぎたかと思うと、再び行き過ぎるというように、一連の振幅を繰り返し、そののちに、通常は限界の範囲内で均衡状態に落ち着く（図4―9c）。「行き過ぎて振り子が振れる」パターンが起こりうるのは、環境に過剰な負荷がかかっても、環境がほとんどダメージを受けず、負荷がなくなれば、すぐに一〇〇パーセントの自己回復ができる場合に限られる。

森林、土壌、魚類、再補給される地下水などの再生可能な資源は、劣化する可能性があるが、同時に自己回復力も持っている。ある期間、過剰に利用されても、その過剰利用の規模が大きすぎたり長すぎて、養分の供給源や繁殖のための魚の群れ、帯水層などが壊滅的なダメージを受けたということでなければ、回復することができる。時間、土壌、種、適した気候があれば、森林は元の状態に戻ることができる。魚の群れも、生育地と食べ物の供給源が破壊されていなければ、再生できる。土壌も、とくに農家が積極的に手を貸せば、再び形成できる。さまざまな汚染の蓄積も、環境の持つ自然な吸収メカニズムがひどく壊されていないかぎり、減らすことができる。

このように、「行き過ぎて振り子が振れる」行動パターンを、世界システムがたどる可能性も大いにある。実際に、地域によってはある資源について、そのような例がある。たとえば、アメリカのニューイングランドでは、地域の森林からの持続可能な収穫量では供給しきれないほどの製材所が建てられる時期が何度かあった。そういう事態が起こると、森林の木が最後にはなくなってしまい、製材所は閉鎖される。それから、数十年たって、森林が元に戻ると、再び製材所が過剰に建設されるのである。ノルウェーの沿岸漁業も、魚が枯渇してしまう周期を少なくとも一度は経験している。枯渇してしまうと、政府が漁船を買い上げて操業させないようにし、魚の量が一定に戻るのを待つのだ。「行き過ぎて振り子が振れる」パターンの減退局面は暮らしよい時期ではない。資源を過剰に利用することに依存する業界にとっては厳しい時代になるし、高濃度の汚染にさらされた人々は健康を害することになる。振れは避けるに越したことはないが、しかし、通常は、こうした振れがシステムの息の根を止めることはない。

けれども、行き過ぎが取り返しのつかないダメージをもたらすとしたら、破局につながる可能性がある。どんなに手を尽くしても、絶滅した種をよみがえらせることはできない。化石燃料は、使用された瞬間に永久に破壊される。放射性物質などの汚染物質のなかには、いかなる自然メカニズムをもってしても無害にできないものがある。また、地質学的データによると、もし気候が大きく改変されると、気温や降雨のパターンは、おそらく人間社会にとって意味のある時間尺度では正常に戻らないという。再生可能な資源や自然の汚染吸収作用でさえ、長期にわたって濫用されつづけると、回復できなくなる。熱帯林が再生できないようなやり方で伐採されたり、海から淡水帯水層に塩分が浸透したり、あるいは土壌が流されて岩盤しか残らなかったり、土壌の酸性度が大きく変わったために土中の重金属が放出されたりすると、地球の扶養力は永久に（少なくとも人類にとっては永久と思われる時間）低下してしまう。

したがって、「行き過ぎて振り子が振れる」パターンだけが、成長の限界に近づく人類が目にするものではない。もう一つの可能性がある。

行き過ぎて崩壊する

限界からのシグナルや反応が遅れ、かつ、環境が過剰なストレス下で不可逆的に劣化すると、成長する経済は地球の扶養力を行き過ぎ、資源基盤を衰退させ、崩壊する（図4―9d）。

行き過ぎて崩壊した場合に残るのは、永久的に劣化した環境と、環境に過剰なストレスをかけなかった場合に比べて、はるかに低い物質的な生活水準である。

「行き過ぎて振り子が振れる」と「行き過ぎて崩壊する」の違いは、システム内に「衰退のループ」があるかないかである。このループは、正のフィードバック・ループのなかでも最悪のものである。通常このループは休眠状態で機能していないのだが、いったん状況が悪化してくると、システムを加速度的に劣化させ、状況をさらに悪化させるのだ。

たとえば、世界各地の牧草地は、バッファローやアンテロープ、ラマ、カンガルーなどの草食動物とともに進化してきた。草の葉が食い尽くされると、残っている茎や根が土壌から水分や養分をたくさん吸い上げて、葉を生やす。草食動物の数は、肉食動物に食べられたり、季節によって移動したり、病気にかかったりして抑制されているため、生態系が衰退することはない。しかし、肉食動物がいなくなり、移動もできなくなると、過放牧状態となって、草食動物の数が増えすぎ、草を根こそぎ食い尽くしてしまう。すると、一気に急速な衰退が起こる。

草木が減れば、土壌の被覆も減るので、表土が風で飛ばされたり雨で流されたりするようになる。表土が減ると、草木が育ちにくくなる。草木が減ると、さらに土壌の浸食が進行する。この悪循環のなかで、土地は生産力をどんどん失い、最後には放牧地は砂漠になってしまう。

ワールド3には、衰退のループがいくつかある。
たとえば、次のようなものだ。

● 人々は飢えがひどくなると、土地をもっと集中的に酷使するようになる。そうすると、短期的には食糧生産を増やせるが、長期的な土壌保全ができなくなる。その結果として、土壌の生産力が低下すると、食糧生産はさらに減る。
● 汚染に対する汚染除去設備や、飢餓の問題に対する農業投入物、資源不足に対する新たな資源の発見・加工など、問題解決のために工業投入物を増やす必要がある場合、調達できる投資は差し迫った問題解決のために割り当てられる。すると、現在ある工業資本の減耗に対して投資をして資本設備を維持することができなくなる。こうして、すでに設置されている資本設備の質が低下し、将来資本にまわせる工業生産が減る。すると、設備の維持がさらに後回しにされ、工業資本ストックはますます減退していく。
● 経済が減退すると、一人当たりのサービスが減少する。すると、家族計画への支出が減り、出生率が増加する。結果として、人口が増加し、人口増加によって一人当たりのサービスはさらに下がることになる。
● 汚染水準があまりに上昇すると、自然の汚染吸収作用そのものが徐々に破壊される。すると、汚染の吸収速度が減少し、汚染の蓄積速度はさらに上がる。

この最後に挙げた「自然の汚染吸収作用の損傷」は、とくにたちの悪い衰退のメカニズムである。三〇年以上前にはじめてワールド3を設計したときは、この現象を裏付ける証拠はほとんどなかった。

当時、われわれが考えていたのは、「殺虫剤を水系に捨てると、有機廃棄物を浄化してくれている微生物まで殺してしまう」とか「窒素酸化物と揮発性の有機化学物質をいっしょに空気中に排出すると、相互作用を起こして、毒性のより強い光化学スモッグが発生する」というような相互作用だった。

それ以降、地球の持つ汚染除去機能の衰退を示す他の例が明らかになってきた。その一つは、一酸化炭素などの寿命の短い大気汚染物質が、空気中で汚染除去の役割を果たしている水酸基を破壊していることである。水酸基は通常、温室効果ガスであるメタンと反応して、メタンを破壊する。したがって、大気汚染によって大気中の水酸基が減ると、メタン濃度は増大する。つまり、寿命の短い大気汚染が、自然の汚染除去メカニズムを破壊し、長期的な気候変動をさらに悪化させる可能性があるのだ。[14]もう一つの例は、大気汚染物質が森林を弱らせたり破壊したりするために、温室効果ガスである二酸化炭素の吸収源が減るというプロセスだ。

三つ目の例として、肥料や工業からの排出による土壌の酸性化の影響を挙げることができよう。土壌の酸性度が通常レベルであれば、土壌は汚染物質を吸収し、有害重金属と結合して隔離する。有害重金属が河川や地下水、生物体内に入らないよう抑制する役割を果たしているのだ。しかし、土壌が酸性化すると、この結合が分解されてしまう。一九九一年に、W・M・スティグリアニがこのプロセスを説明している。

土壌が酸化すると、長期間（数十年～一〇〇年）蓄積・保存されてきた有害重金属が移動しはじめ、あっという間に地下水や地表水に浸出して、植物に吸収される可能性がある。ヨーロッパにおける重金属の浸出で本当に懸念すべきなのは、明らかに、いまも進行中の酸の堆積による土壌酸性化である。[15]

「現実の世界」には、ワールド3にインプットしたもの以外にも、急速な衰退をもたらしうる正のフィードバック・ループがたくさんある。ここまでは物理システムや生物システムの衰退のループについて挙げたが、質の異なる例としては、社会秩序の崩壊があるだろう。たとえば、ある国のエリートが、国内の貧富の差が大きくてもかまわないと思っていると、自らの権力を使って、自分たちと大衆との所得格差を広げるだろう。この不公平に対して、中流階級のフラストレーションや怒り、抗議や抵抗が募る。抗議や抵抗から混乱や破壊が生まれ、抑圧や弾圧につながる。力の行使によって、エリートはさらに大衆から孤立し、一方、権力者たちのあいだでは、自分たちと大衆のあいだの大きな格差を正当化する倫理や価値観が増長される。所得格差はさらに広がり、怒りやフラストレーションが膨れ上がり、それがさらなる抑圧や弾圧につながる。最後には、革命や崩壊が起こるかもしれない。

衰退のメカニズムを数値として示すことは難しい。これは、システム全体の現象であって、さまざまな影響力の相互関係に関連しているからだ。衰退のメカニズムは、ストレスがかかっているときのみ、その姿を現すが、目にも明らかな形になったときには、すでに簡単には止められない。このように確実なものとして提示はできないが、われわれは「衰退のプロセスが潜伏しているシステムはすべて、過剰なストレスがかかると崩壊する可能性がある」と断言することができる。

砂漠化、鉱物や地下水の枯渇、残留期間の長い有害廃棄物によって毒された農地や森林、種の絶滅などの過程を見れば、地域レベルでの「行き過ぎて崩壊する」パターンがわかる。捨てられた農場やさびれた鉱山の町、見捨てられた産業廃棄物の山などはすべて、このシステムの行動パターンが「現実」にあることを証明している。一方、地球規模で「行き過ぎて崩壊する」とは、気候を調節し、空気や水を浄化し、バイオマスを再生し、生物多様性を守り、廃棄物を栄養素に転換する自然の偉大なる「維持サイクル」が崩壊するということかもしれない。一九七二年に『成長の限界』を出版したころは、「人間が地球規模で自然プロセスを破壊するなんて、とても考えられない」と思っていた人が大部分だっただろう。ところがいまでは、新聞の見出しにも、学術会議の議題にも、国際交渉のテーマにもなっている(16)。

二つの可能なシナリオ

ワールド3のシミュレーション世界では、成長が主要な目標となっている。ワールド3の人口は、非常に豊かになってはじめて成長を止め、経済は、限界に突き当たってはじめて成長を止める。資源は使い過ぎによって、減退し、劣化する。そして、意思決定をつなぎ、情報を提供するフィードバック・ループには大きな遅れがあり、一方、物理的プロセスには大きな勢いがついている。こうなると、モデル世界で最も可能性のある行動パターンが「行き過ぎて崩壊する」であるといっても、驚きはしないだろう。

図4―11のシナリオ1のグラフは、二〇世紀後半の平均的な状況を「現実的に」表すと思われる数字を入れ、例外的な技術や政策変更を想定せずに、「現状のまま」シミュレーションを行った結果である。一九七二年に、われわれはこれを「標準シミュレーション」と名付けた。といっても、これが最も実現性のある未来だと考えていたわけではなく、ましてや予言として示したものでもなかった。単に、一連のシミュレーションの出発点として、さまざまな仮定を入れた場合を比較する際の基準というつもりだったのだ。しかし、「標準シミュレーション」という呼び名から、後から出てくるシナリオよりも重要なのだと思い込んだ人がたくさんいた。そうした事態を避けるために、今回はこれを

図4−11　シナリオ1――参照シミュレーション

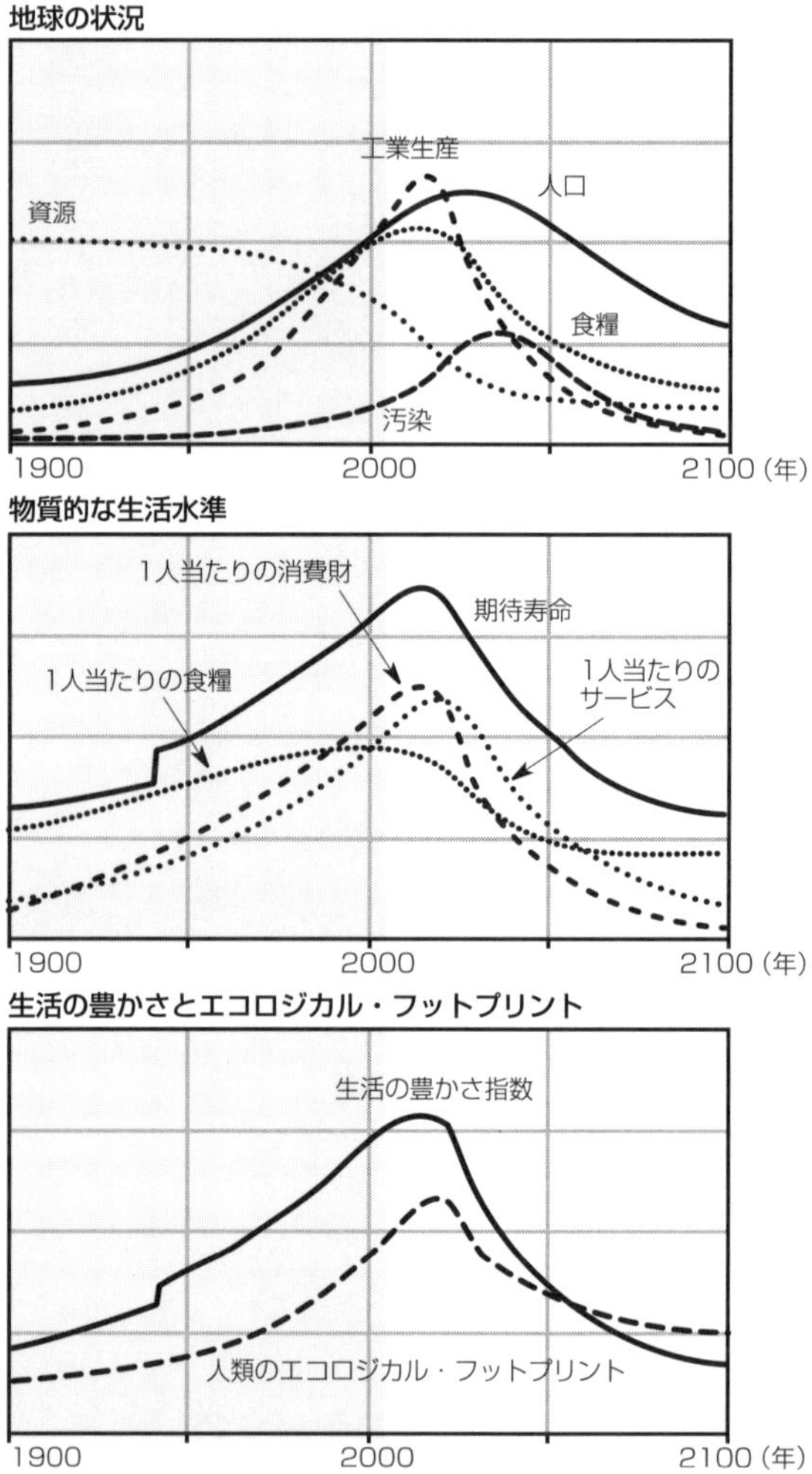

世界は、20世紀のほぼ全期間に追求されてきた政策からあまり大きく変更せず、これまでと同じように進んでいる。人口と工業生産は成長を続けるが、再生不可能な資源がしだいにアクセスしにくくなることで、成長が止まる。資源のフローを維持するために必要な投資が加速度的に増え、最終的に経済の他部門への投資資金が欠乏することから、工業製品とサービスの生産が減り始める。それとともに、食糧や保健サービスも減退し、期待寿命が低下し、平均死亡率が上昇する。

単に「参照」と呼び、各シナリオに番号をつけて区別することにした。これはシナリオ1である。シナリオ1では、社会は大きな政策変更をせず、可能なかぎりずっと、これまでと同じ道を進んでいく。つまり、二〇世紀を通じてわれわれが知った歴史の大筋をたどっていくことになる。食糧、工業製品、社会サービスの生産は、調達できる資本の範囲内ではあるが、明らかなニーズに対応して増えていく。汚染除去や資源保全、土地の保護のための努力は、短期的に見て経済的に意味があるものしかなされない。このシミュレーション世界では、人口動態的遷移の段階を進ませ、すべての人を繁栄する工業経済へ連れていこうとする傾向がある。また、サービス部門の成長につれて、保健サービスや避妊技術が普及する。農業部門では、成長するにつれて、農業投入物が増え、収穫量も増える。工業部門が成長するにつれ、汚染物質の排出が増え、再生不可能な資源の需要が増え、生産が拡大する。

シナリオ1の世界人口は、シミュレーション上の一九〇〇年の一六億人から、二〇〇〇年の六〇億人へ、そして二〇三〇年の七〇億人以上へと増加する。工業総生産は、一九〇〇年から二〇〇〇年の間に、ほぼ三〇倍に増大し、二〇二〇年までにさらに一〇パーセント増大する。一九〇〇年から二〇〇〇年の間に、地球の再生不可能な資源のストック全体のうち、消費されるのは三〇パーセントだけで、七〇パーセント以上は二〇〇〇年の時点で残っている。一方、二〇〇〇年の汚染水準は大きく上昇しはじめたところで、一九九〇年の水準を五〇パーセント上回っている。二〇〇〇年の一人当たりの消費財は、一九九〇年より一五パーセント高く、一九〇〇年に比べると八倍近く大きくなっている。(17)

シナリオ1のグラフの右半分を隠して、二〇〇〇年までの曲線だけが見えるようにすると、シミュレーション世界は上々に見える。期待寿命は延び、一人当たりのサービスや財も増え、食糧生産や工業生産も増えている。平均的な人間の生活の豊かさも上昇の一途である。とはいっても、やや気になる点も出てきている。汚染レベルが上昇しはじめており、人類のエコロジカル・フットプリントも大きくなっている。一人当たりの食糧も停滞している。しかし、全般的には、システムはいまなお成長しており、この先の大きな変化を示す兆しはほとんどない。

しかし、それから、二一世紀に入って二〇〜三〇年すると、経済の成長が突如止まり、下降しはじめる。その大きな原因は、再生不可能な資源のコストの急騰である。このコスト上昇は、投資資金の不足という形で、しだいにさまざまな経済部門に伝播していく。その流れを追ってみよう。

シミュレーション上の二〇〇〇年に、地中に残っている再生不可能な資源は、同年の消費ペースなら六〇年もつ量であった。このとき、資源に関する深刻な限界ははっきり見えていない。ところが、二〇二〇年になると、三〇年分の資源しか残っていないのだ。なぜこのように急に足りなくなるのだろうか？　工業生産の伸びと人口増加が、資源の消費ペースを押し上げ、資源のストックを減らしていくからである。二〇〇〇年から二〇二〇年にかけて、人口は二〇パーセント、工業生産は三〇パーセント増える。シナリオ1の世界では、増大する人口と工業設備は、二一世紀初めの二〇年間に、二〇世紀に一〇〇年かけて地球経済が消費したのと同量の再生不可能な資源を消費することになるのだ！　シミュレーション世界では、成長をさらに加速しようとする手をゆるめないので、残っている再生不可能な資源を発見し、採掘し、精製するのに必要な資本が増えていくのは言うまでもない。

シナリオ1では、再生不可能な資源が逼迫するにつれ、再生不可能な資源をさらに生産するために、資本が振り向けられることになる。そうすると、高い農業生産を維持し、工業をさらに成長させるための投資にまわせる分が減る。そうして、最終的には二〇二〇年ごろ、工業資本への投資は、その減耗に追いつかなくなる（これは「物理的な」投資や減耗のことである。つまり、摩耗や老朽化のことで、簿記上の金銭的な減価償却のことではない）。その結果、工業が減退するが、資源部門への資本投下をやめるわけにはいかないため、これは仕方がない。資源部門への投資をやめてしまうと、物質や燃料の不足がもっと早く工業生産に歯止めをかけてしまうからだ。

そうして、維持管理が後回しにされた工業設備は減退しはじめ、それとともに、他部門の資本ストックや生産の伸びを維持するために必要な工業生産も減っていく。最後には、工業部門が減退するため、工業投入物に依存しているサービス部門や農業部門も縮小せざるをえなくなる。工業の減退がとくに深刻な影響を与えるのは、農業である。シナリオ1では、二〇〇〇年以前に土地を濫用したために、その生産力がすでに落ちてしまっているからだ。その結果、食糧生産を維持するために、肥料や殺虫剤、灌漑装置といった工業投入物で土壌の劣化を補わなくてはならない。しばらくの間、状況はしだいに深刻になってゆく。年齢別人口構成に伴う遅れがあり、また、社会が出生に関する新たな規範に適応するのにも時間がかかるため、人口が増え続けるからである。食糧や保健サービスの不足から死亡率が上昇してくる。最終的には、二〇三〇年ころに人口はピークに達し、そして減少に転じる。二〇一〇年には八〇歳だった期待寿命は、短くなり始める。

このシナリオは、「再生不可能な資源の危機」を示している。しかし、これは予言などではない。これがモデルに含まれる変数の数値や出来事がいつ起こるかを正確に予測するためのものでもない。これが最も可能性のある「現実の世界」の行く末だと思っているわけでもない。この後すぐに別の可能性を紹介し、さらに第6章、第7章でも、さまざまなシナリオを示す。シナリオ1について、われわれが確信を持って明言できるのは、今後の経済成長や人口増加に影響を与える政策が、二〇世紀後半に主流だった政策とさほど変わらず、技術や価値観もこれまでと同じような形で展開し、モデルにインプットした不確実な数字がほぼ正しいとしたら、システムはおそらくこのような「全般的な行動パターン」を示すだろう、ということだ。

図4-12　シナリオ2――再生不可能な資源がより豊富にあった場合

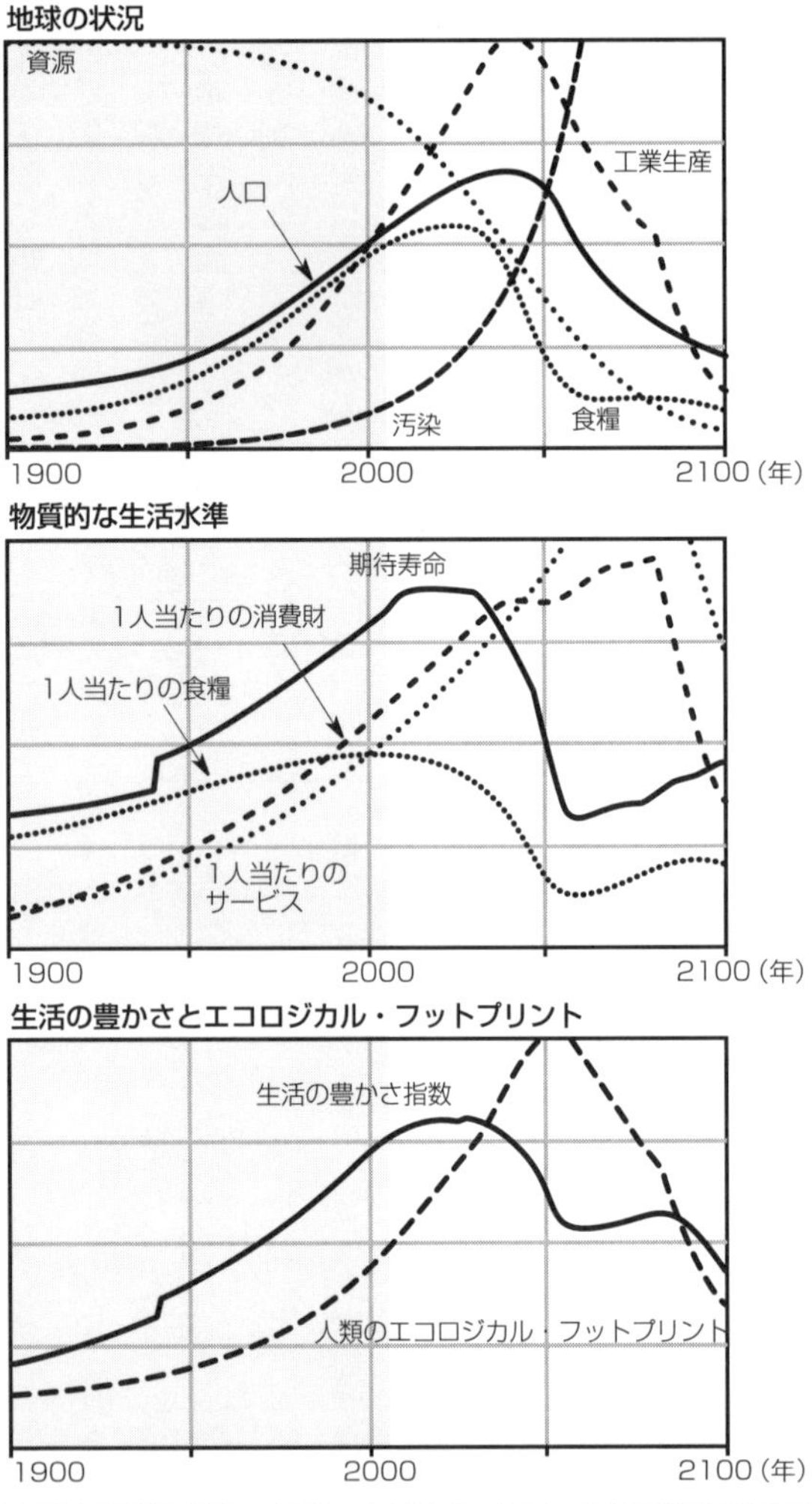

シナリオ1で仮定した再生不可能な資源の賦存量を2倍にし、さらに、資源採掘技術の進歩によって、採掘コストの上昇開始を遅らせることができると仮定すると、工業は20年長く成長できる。人口はかなり高い消費水準で2040年に80億人でピークに達する。しかし、汚染レベルは急増し（グラフを突き抜けている!）、そのため土地の収穫率が落ちるので、農業の回復のために膨大な投資が必要になる。食糧不足と汚染による健康への悪影響のため、最終的に人口は減少する。

では、われわれの仮定やインプットした数字が正しくなかったら、どうなるのだろうか？　たとえば、地下にある未発見の再生不可能な資源が、実際にはシナリオ1での仮定の二倍あったとしたら、どのような違いが出てくるのだろうか？　これを試したのが、図4―12のシナリオ2である。

一見してわかるように、このシミュレーションでは、シナリオ1に比べ、資源の枯渇が起こるのはかなり後のことであり、そのため、成長を続けられる期間が長くなる。二〇年長く成長が続くので、この間に工業生産と資源の消費量はもう一度倍増する。人口増加も長く続き、シミュレーション上の二〇四〇年に、八〇億人強でピークに達する。しかし、このように長く持ちこたえるにもかかわらず、モデルの全般的な行動パターンはやはり「行き過ぎて崩壊する」なのである。そして、この崩壊の主な原因は、地球環境の著しい汚染である。

工業生産が高いレベルにあることから、汚染が大きく増加する。シナリオ2では、汚染レベルがピークに達するのは、シナリオ1より五〇年ほど先であるが、ピーク時のレベルは五倍も高い。汚染レベルが高くなったのは、汚染の排出量が増加したためだが、もう一つの理由は、自然の汚染除去作用が損なわれているからである。汚染レベルがピークに達する二〇九〇年ごろの環境中の汚染物質の平均残留期間は、二〇〇〇年の三倍以上になっている。肥料や殺虫剤、その他の農業投入物を大量に使用することから、エコロジカル・フットプリントはさらに大きくなる。

汚染は土地の生産力に大きな影響を与えるが、シナリオ2でも、土地の生産力は、二一世紀前半を通して急落する。その喪失を補おうと投資を増やしても、土地の生産力を十分に回復させることができないため、二〇三〇年以降に収穫率も食糧生産も急落する。そこで、死亡率が上昇する。飢えを減らそうと農業分野に多くの資本が振り向けられるが、奏功しない。そして最終的には、工業部門への再投資ができなくなり、工業の成長が止まる。

シナリオ2が示すのは「地球規模の汚染の危機」である。二一世紀前半まで、土地の生産力を害するほどに汚染レベルが高まる。これは「現実の世界」でも起こりうることだ。たとえば、重金属や残留性化学物質が土壌を汚染する。気候変動によって、農家が適応できるよりも速く、植物の生長パターンが変わってしまう。オゾン層の枯渇によって、紫外線の放射が増える……。土地の生産力は、一九七〇年から二〇〇〇年にかけては若干しか減少しないが、二〇〇〇年から二〇三〇年の間に二〇パーセント減退し、二〇六〇年には、二〇〇〇年の数分の一になってしまう。同時に、土壌の浸食もひどい。食糧生産は、二〇三〇年に減少しはじめ、適切な食糧の量を維持するために、経済は農業部門に投資を向けていかざるをえなくなる。しかし、汚染のダメージが強すぎるため、食糧生産は回復できない。二一世紀後半、食糧不足とともに、汚染レベルがあまりにも高くなることから、期待寿命が激減する。巨大な人類のエコロジカル・フットプリントは、崩壊が起きてからはじめて、前世紀レベルに向かって減少しはじめる。

将来起こりうる可能性が高いのは、シナリオ1とシナリオ2のどちらなのだろうか？　この問いに科学的に答える方法があるとしたら、地中の未発見の再生不可能な資源の「実際の」量に関する証拠が必要になるだろうが、こうした数字を確信をもって知ることは不可能である。いずれにせよ、ほかにもさまざまな不確実な数値について試す必要があるし、数値だけではなく、技術革新や政策変化についても試してみる必要がある。こうしたシミュレーションについては、第6章と第7章で取り上げよう。これまでのところ、ワールド3がわれわれに教えてくれるのは、「モデルのシステムは行き過ぎて崩壊する傾向がある」ということだ。実際に、何年にもわたってわれわれは数千回のシミュレーションを行ってきたが、そのなかでも（避けられないわけではないが）「行き過ぎて崩壊する」パターンの頻度が最も高かった。ここまでの説明で、その理由はかなり明白なはずである。

なぜ、行き過ぎて崩壊するのか?

人口と経済が行き過ぎの状態にあるのは、持続不可能なペースで資源を取り出し、汚染物質を排出しているのに、人口や経済を支えているシステムへの圧力が、資源採取や汚染排出を減速させるほどは強くなっていないからである。つまり、人類のエコロジカル・フットプリントは持続可能な水準を超えているが、そのエコロジカル・フットプリントを減少させるほどは超えていないというときに、人間は行き過ぎるのである。

行き過ぎが起こるのは、フィードバックに遅れがあるからだ。システム内の意思決定者たちの手元に「限界を超えた」という情報が迅速に届かなかったり、届いても信じなかったり、その情報に基づいて行動しなかったりする。また、行き過ぎが可能になるのは、引き出せる資源ストックの蓄積があるからだともいえる。たとえば、銀行口座に預金があれば、ある期間は、毎月の収入以上にお金を使うことができる。湯船にもともと湯が入っていれば、その湯がなくなるまでは、蛇口から新たに入れる量以上の湯を、湯船から流し出すことができる。もともと何十年にもわたって成長し、蓄積されてきた森林ストックがあるからこそ、年間成長量を超える木材を森林から伐り出すことができるのであり、これまで手をつけていなかった牧草や魚群の蓄積があるから、家畜を過剰に増やして過放牧したり、漁船をどんどん建造して乱獲することができるのだ。もともと蓄積されていたストックが大きければ大きいほど、行き過ぎはより高いレベルで、より長く続く。社会が「そのストックが再補給されているペース」ではなく、単に「ストックが入手できるかどうか」からシグナルを得ていると、行き過ぎることになる。

このようなシグナル自体の遅れに加えて、対応が遅れるもう一つの原因は、物理的な勢いである。森林が再び生長し、人々が年をとり、汚染物質が生態系に浸透していき、汚染された水がきれいな水に戻り、資本設備が減耗し、人々が教育や再訓練を受けるには時間がかかるので、システムは、たとえ問題を認識したとしても、一夜のうちに変わることはできない。つまり、このような勢いを内在するシステムが正しく舵をとるためには、少なくとも勢いのために動いてしまう範囲よりも先を見ていなくてはならない。舵を切ってから船が方向を変えるまでの時間がかかるほど、レーダーは先まで見えなくてはならないのと同じである。ところが、地球の政治システムや市場システムは、十分先まで見ていないのだ。

行き過ぎを引き起こす最後の原因は、成長の追求である。窓ガラスが曇っていたり、ブレーキの効きの悪い自動車を運転していたら、行き過ぎを避けるためには、まず「スピードを落とす」だろう。間違っても「アクセルを踏む」と言い張りはしないだろう。システムが動くスピードがそれほど速くなく、限界に衝突する前にシグナルを受け取って対応できるかぎり、フィードバックの遅れには対処ができる。逆に、どれほどしっかりと先見性を持って考えに考えてつくられたシステムだったとしても、絶えず加速していくとしたら、いつか対応は間に合わなくなってしまう。自動車や運転手がどれほど完璧に機能していたとしても、高速運転は安全ではないのだ。成長速度が速ければ速いほど、行き過ぎは高いレベルで起こり、それだけ落下も大きくなる。ところが、地球の政治システムや経済システムは、成長の速度を最大限に上げようと夢中になっている。

最終的に、行き過ぎから崩壊をもたらすのは、非線型的な性質が助長する衰退作用である。衰退作用とは、すぐに修正されないと、自己増殖してしまうストレスである。図4―2や図4―7に示されているような非線型的な性質は、閾値と同じもので、その地点を超えると、システムの行動パターンは突如変化する。たとえば、銅鉱石を品位の高いものから採掘しつづけるとする。品位が低下しても掘り続けることはできるが、ある品位以下になると、採掘コストは突然跳ね上がる。または、土壌の浸食が徐々に進行していても、作物の根の部分よりも浅くなるまでは、作物の収穫量には影響を与えない。しかし、そこからさらに浸食が進むと、あっという間に砂漠化が起こる。このような閾値が存在することで、フィードバックの遅れの影響がさらに深刻になる。窓ガラスの曇った、ブレーキの効きの悪い車を運転していて、急カーブがあったら、いっそうスピードを落とさなくてはならないのだ。

どのような人口―経済―環境システムであっても、フィードバックに遅れがあり、物理的な反応がゆっくりで、さらに閾値と衰退メカニズムがあり、しかも急激に成長しているとしたら、まさに「手に負えない」状態である。こうなると、どれほど優れた技術があろうと、どれほど経済の効率がよかろうと、どれほど政策決定者が賢明であろうと、加速の手をゆるめないかぎり、危険を避けることはできず、行き過ぎてしまうだろう。

行き過ぎとは、その定義からいって、環境から遅れて届くシグナルの強さが、その成長を止めさせるほどは強くない状態のことである。すると、社会はどのようにして、自分たちが行き過ぎていることを知るのだろうか？　最初の手がかりになるのは、資源ストックの低下と汚染レベルの上昇であるが、ほかにも次のような兆候がある。

- これまで、自然が無償で提供してくれていた機能（下水処理、大気や水の浄化、治水、害虫防除、土壌養分の回復、受粉、種の保存など）が失われていくため、それを埋め合わせるための活動に、資本、資源、労働力が振り向けられる。
- 資源が不足するため、より遠くのより深い資源を採掘せざるをえないうえ、品位も低下していくため、資本、資源、労働力が、最終財の生産から資源の採掘へ振り向けられる。
●価値の高い資源がなくなるため、低質で、拡散し、価値の低い小規模な資源を利用するための技術が発明される。
●自然の汚染浄化作用が減退し、汚染レベルが上昇する。
●資本設備の減耗に投資が追いつかず、維持管理が後回しになるため、資本ストック（とくに、建設後数十年使われるような産業基盤）が劣化する。
●資源がますます数少ない遠くの紛争頻発地域に集中するようになるため、資源へのアクセスを得、確保し、守る必要から、軍隊や産業界がそのために資本、資源、労働力を求めるようになる。
●当面の消費ニーズやすぐに必要な投資、安全保障の確保や負債の支払いのために、人的資源への投資（教育、健康サービス、住宅）が後回しにされる。
●年間実質生産高に占める負債の割合が増大する。
●健康や環境に関する目標が徐々に低くなり、目標自体が持てなくなる。
●紛争（とくに供給源や吸収源をめぐる衝突）が増える。
●人々が本当に欲しいものにお金が払えず、手の届くものを買うようになるにつれ、消費パターンが変わる。
●エリートたちが、資源基盤が減少する状況で自分たちの利益を守り、増やそうと、議会や警察をはじめとするさまざまな社会的手段を用いるようになるため、人々がこうした手段を尊重しなくなっていく。
●環境システムの回復力が失われていくため、「自然」災害が頻発し、深刻化し、自然システムの混乱が増大する。

自分のまわりの「現実の世界」を見て、思い当たる節があるだろうか？　もしあるとしたら、その社会は行き過ぎがかなり進行した段階なのではないか？と考えるべきである。

もっとも、行き過ぎの状態にあるからといって、必ずしも崩壊が起こるとは限らない。しかし、崩壊を避けようと思うなら、決然とした行動を速やかに起こす必要がある。一刻も早く資源基盤を保護し、資源の消耗を大きく減らさなくてはならない。過剰な汚染レベルを下げ、排出速度を持続可能な水準以下に戻さなくてはならない。といっても、必ずしも人口や資本、生活水準を引き下げろということではない。急いで減らさなくてはならないのは、物質とエネルギーのスループットである。つまり、人類のエコロジカル・フットプリントを減らさなくてはならないのだ。（皮肉な意味だが）幸いなことに、現在の地球経済は無駄や効率の悪さに満ち満ちているので、生活の質を保つか、もしくは向上させつつ、エコロジカル・フットプリントを減らせる余地は大いにある。

まとめると、ワールド3のモデルで、「行き過ぎて崩壊する」傾向が出てくるのは、次のような主な仮定があるためである。われわれのモデルや論点、本書やその結論に不賛成であるなら、次の点に異議を唱えていただきたい。

- 物質経済の成長が、望ましいと考えられている。政治システム、心理システム、文化システムの中核に「成長」がある。人口増加も経済成長も、実現する場合には、幾何級数的になることが多い。
- 人口や経済を支える物質やエネルギーの供給源には、物理的な限界があり、人間活動が生み出す排出物を吸収する吸収源にも限界がある。
- 増大する人口や経済が受け取る物理的な限界に関するシグナルは、ゆがめられ、雑音が入り、遅れ、混乱しており、あるいは受け取っても否定される。こうしたシグナルに対する反応には遅れが伴う。
●システムの限界は、単に限りがあるというだけではなく、過剰なストレスがかかったり、過剰に利用された場合には、衰退作用が起こりうる。さらに、強い非線型的性質があり、そこを超えると、あっという間にダメージが生じて取り返しがつかなくなる閾値がある。

こうした「行き過ぎて崩壊する」原因を挙げてみると、同時に、その状況を回避するための方法を挙げることもできる。システムを持続可能で管理可能なものへと変えるためには、その同じ構造上の特徴を逆にすればよいのだ。

●超えてしまった外部の限界からのフィードバックによってではなく、未来の問題を予期する人間の決断によって、人口と資本の成長を減速させ、最終的には成長を止めなくてはならない。
●資本効率を大きく高めることで、エネルギーと物質のスループットを減らさなくてはならない。つまり、脱物質化（同じ産出を得るのに消費するエネルギーや物質を減らす）、公平性の増大（エネルギーや物質の消費から得る利点を、富める者から貧しい者へ再配分する）、ライフスタイルの変化（需要を減らし、物理環境を損なわないモノやサービスへ消費を移行する）を通じて、エコロジカル・フットプリントを下げる必要がある。
●供給源や吸収源を保護し、可能なら回復させる必要がある。
●シグナルを改善し、反応を速める必要がある。社会は、もっと先を見通し、長期的なコストと便益に基づいて現在の行動を決める必要がある。
●衰退作用を防止しなくてはならない。すでに衰退作用が存在している場合は、その進行を減速させ、回復へ向けて方向を転換する必要がある。

第6章と第7章では、こうした変化を反映したときに、ワールド3システムの「行き過ぎて崩壊する」傾向がどのように変わるかを見てみよう（モデル世界だけではなく、実際の世界でも同じことができると信じ、願っている）。しかしその前に、次章では一つの事例を手短に紹介しよう。この事例を読むと、本章で示したダイナミックな原則のすべてが実際にわかるだろう。そして、それだけではなく、希望の光が見えてくるだろう。

第5章

オゾン層の物語に学ぶ
限界を超えてから引き返す知恵

われわれはいろいろな意味で、成層圏の化学的組成を変えようという大々的な実験のまっただ中にいる。しかしその結果、生物学的あるいは気象学的にどのような影響がもたらされるかということについては、明確な知識は持っていない。

――F・シャーウッド・ローランド　一九八六年

ある重要な限界を超えてしまったが、その結果を見て、苦労しながら人間の活動を持続可能なレベルに戻すことに成功したという、示唆に富んだ物語を紹介しよう。その限界とは、成層圏のオゾン層が人間のつくり出したクロロフルオロカーボン（CFC）を吸収する能力の限界である[1]。この物語が完結するには、少なくともあと数十年はかかるだろう。しかしそれでも、いままでのところは、この物語に希望を見出すことができる。人間や制度が持つ欠点や弱点にもかかわらず、世界全体で協力し、行き過ぎの問題があると判断し、解決策を考え、実行できることがわかるからだ。

まず、この物語のあらすじを紹介しよう。オゾン層が失われつつあるという警鐘を最初に鳴らしたのは科学者たちだった。そして科学者たちは、政治的な境界線を超えて、効果的な調査に取り組んだ。しかしそれができたのは、自分たち自身の狭い視野を広げ、経験のなかった政治プロセスにも踏み込むことができたからである。消費者はすぐに被害を食い止めるため、組織的な活動を始めた。しかし、それだけでは問題を解決することはできなかった。政府や企業は、当初は問題を認めず、行動をためらっていたが、やがて、そのなかから私利私欲に走らない勇気ある指導者たちが登場し、行動しはじめた。環境保護活動家たちは、「過激な警告を発するやつら」とレッテルを張られたが、今回に限っていえば、問題を過小評価していたことが後になってわかった。

一方、国連は、各国政府がまぎれもない国際的問題に取り組もうとする際に、重要な情報を各国に伝え、中立的な話し合いの場を提供し、たくみな推進役を務める能力を持っていることを示した。発展途上国は、どうしても必要な技術支援や財政支援が確約されるまでは協力しないと訴えることで、オゾン層の危機に対して自分たちに資する新しい力を見出した。

最終的に、世界の国々は自分たちが重大な限界を超えてしまったことを認めた。そして、不承不承ではあったが、収益性の高い有用な工業製品をあきらめることに合意した。こうした行動は、経済や生物、人間に対する被害がまだまったく見えておらず、一〇〇パーセントの科学的確証も得られていない段階で、始まったのだ。おそらく、手遅れになる前に行動できたのである。

成長――世界で最も役に立つ化合物

一九二八年に発明されたCFCは、これまで人間が合成したなかで最も役に立つ化合物の一つである。化学的にきわめて安定した物質であるため、いかなる生物にも害を与えないと思われ、不燃性で、ほかの物質と反応することもなく、物質を腐食させることもない。熱伝導率が低いので、優れた断熱材となり、熱い飲み物用のカップやハンバーガー容器、壁の断熱材などの発泡材に吹き込んで使われる。種類によっては、室温で蒸発し、再び凝結する性質があるため、冷蔵庫やエアコンの冷媒としても最適である（この用途の場合、フレオンという商品名で知られている）。また、金属用の洗浄溶剤としても適しており、電子回路基盤上の入り組んだ微細部分から、飛行機をつなぎ合わせているリベットまで、洗浄用としても使われている。製造コストは安く、そのままガスとして大気中に放出するか、または、CFCを含んだ製品をそのまま埋め立て地に埋めることで、安全に廃棄できる――少なくとも、誰もがそう思っていた。

図5―1が示すように、一九五〇年から七五年の間に、世界のCFC生産量は、年に一一パーセント以上の勢いで伸びた。六年ごとにほぼ倍増した計算である。一九八〇年代半ばには、毎年何百万トンものCFCが製造されていた。アメリカだけでも、冷媒用CFCは、一億台の冷蔵庫、三〇〇〇万台のフリーザー、四五〇〇万台の家庭用エアコン、九〇〇〇万台の自動車用エアコン、そして、何十万台ものレストランやスーパーマーケットの冷却器や冷蔵トラックのなかで使用されていた。[2] 北米や

図5−1　CFCの世界生産量

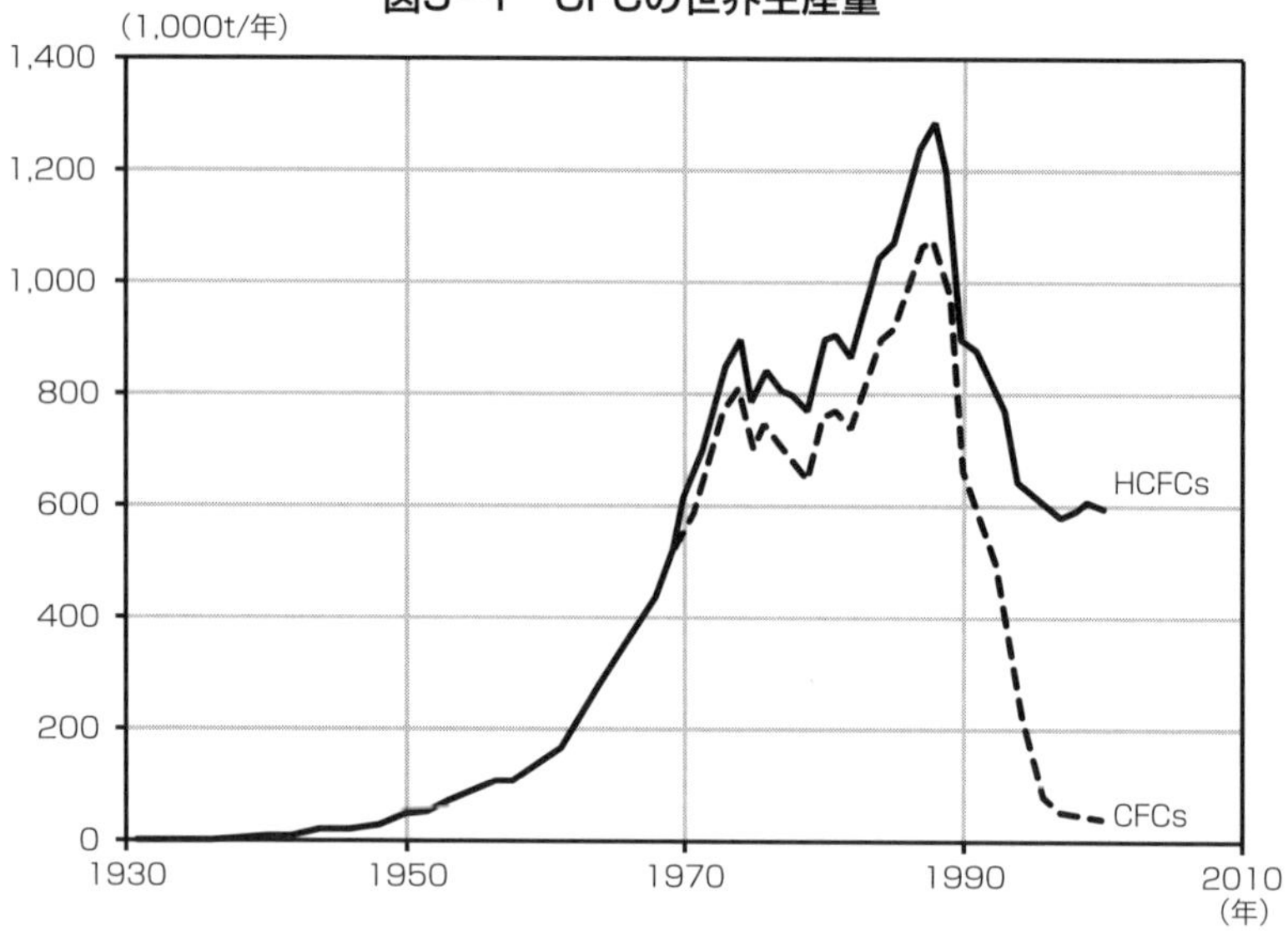

CFCの生産量は、オゾン層へのCFCの影響を訴える最初の論文が登場した1974年まで急激に伸びていた。その後の減少は、CFCの入ったエアゾールスプレー缶に反対する環境運動の結果であり、アメリカでは78年にCFCの入ったエアゾールスプレー缶が禁止された。82年以後、エアゾール以外の用途向けのCFC需要が増加し、一時的に生産が再び増えた。90年に国際合意に基づきCFCの段階的撤廃が始まると、生産は減り始めた。HCFCは現在でも代替物質として使用が許されているが、これらの化学物質は2030〜2040年に段階的な使用禁止が始まる予定である。
(出所:Alternative Fluorocarbons Environmental Acceptability Study)

ヨーロッパでは平均して一人当たり年に〇・九キログラムのCFCを使っていたが、一方、中国やインドの一人当たりの年間使用量は〇・〇三キログラム以下だった[3]。北米やヨーロッパ、ロシア、アジアの多くの化学製品メーカーにとって、CFCは大きな収入源であり、それ以外の何千という企業にとっても、CFCは製造工程に欠かせない投入物だった。

限界――オゾン層の破壊

この物語の主人公は、オゾンと呼ばれる目に見えない気体である。通常の酸素は、二つの酸素原子がつながってできているが（O_2）、オゾンは三つの酸素原子からなっている（O_3）。オゾンは、非常に反応性が高いため、接触するもののほとんどすべてに作用し、酸化させてしまう。とくに気をつけなくてはならないのは植物組織や人間の肺だが、大気低層にはオゾンが反応できる粒子が密集しているため、地表近くにあるオゾンは、破壊的だが短命の大気汚染物質である。ところが、成層圏の高層では、オゾン分子に接触するものはほとんどないため、通常五〇～一〇〇年とかなり長期間存在できる。また、そこでは、酸素と太陽光線が反応することで、絶えずオゾン分子がつくり出されている。こうして、地上一〇～三〇キロにわたってオゾン分子が蓄積している「オゾン層」が形成されている。

オゾン層はオゾン濃度が高いといっても、それは大気中のほかの部分にはオゾンがほとんどないことに比べての話であり、実際にはオゾン層でも、一〇万個の分子のうち、オゾン分子は一つしかないという程度である。しかし、この濃度でも、太陽からの入射光に含まれているUV-Bと呼ばれるとくに有害な紫外線波長のほとんどを吸収することができる（図5―2）。UV-B光線は、言ってみれば、小さなエネルギーの弾丸のようなもので、その波長で、生命の複製コードを担うDNAをはじめ、

図5−2　大気による紫外線の吸収

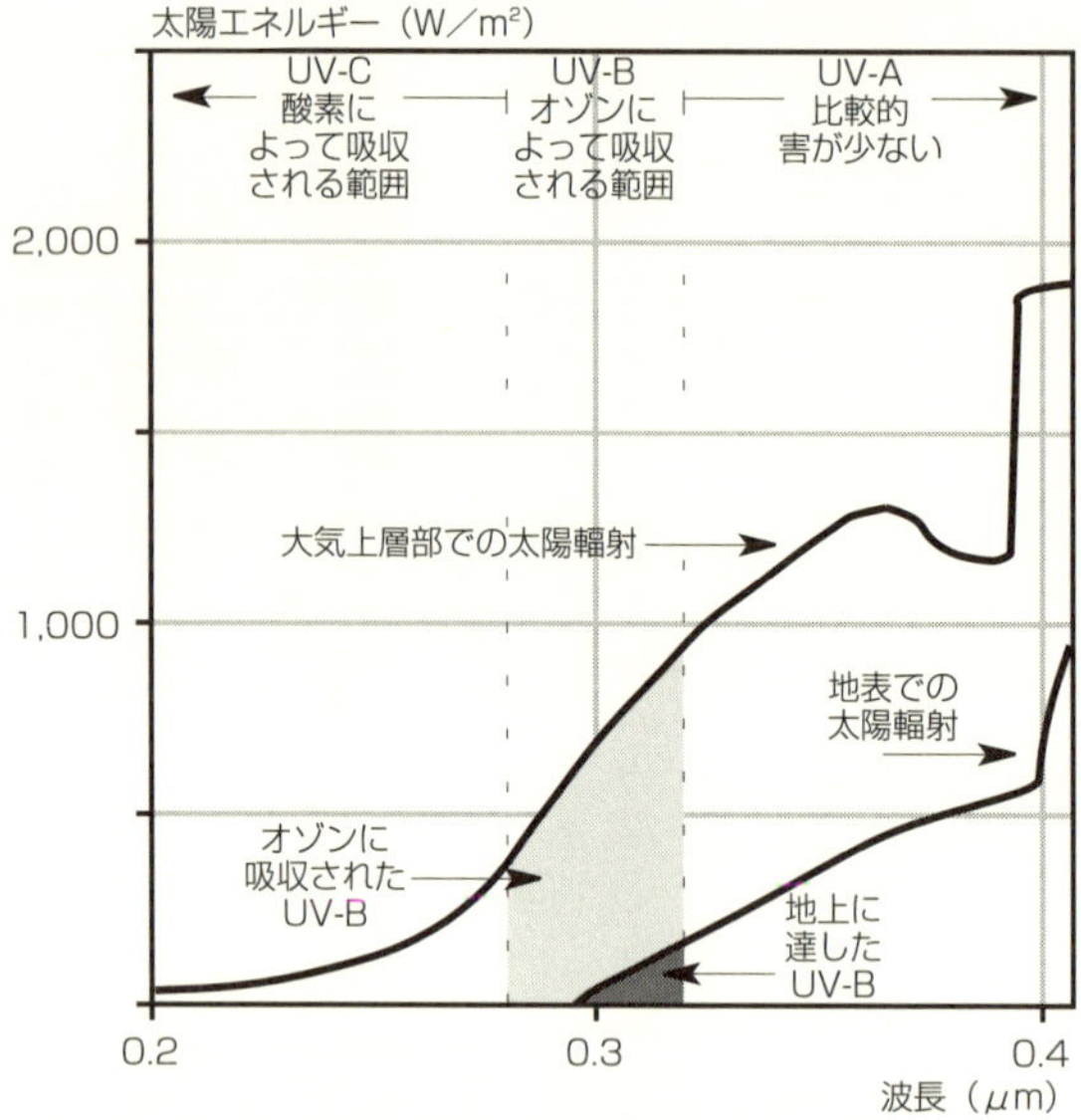

太陽から入射する紫外線は、ほとんどすべてが大気中のオゾンと酸素によって吸収される。オゾンは、とくに生物にとって危険なUV-Bと呼ばれる範囲の紫外線を吸収する。
（出所:UNEP）

あらゆる生命を構成する有機分子を分解してしまう。したがって、クモの巣のように薄くて軽いベールであるオゾン層は、クッションの役割を果たしているのだ。

　生命体がUV-Bを浴びると、ガンが生じる可能性がある。動物実験では、UV-Bが皮膚ガンを生じさせることがかなり前からわかっている。人間の皮膚ガンも、ほとんどすべてが太陽光線を浴びる部位に生じる。とりわけ、白色人種がかなりの時間を太陽の下で過ごすと皮膚ガンにかかりやすい。世界で皮膚ガンの発生率が最も高いのはオーストラリアで、現在の割合でいくと、オーストラリア人の二人に一人は、一生のうちに何らかの皮膚ガンにかかることになる。最も致命的な皮膚ガンは悪性黒色腫だが、これは一五〜四四歳のオーストラリア人の間で最もよく見られるガンである[4]。科学者たちは、オゾン層が一パーセント減るたびに、地表に達するUV-B光線は二パーセント増え、皮膚ガンの発生率は三〜六パーセント増えると推定している[5]。

UV-B光線は、人間の皮膚にとって二重に危険である。ガンを発生させるばかりでなく、ガンをはじめ疱疹その他の感染症と闘う免疫系の力を弱めてしまう可能性があるのだ。

皮膚のほかに、太陽光線によく当たる部位は眼である。UV-B光線は角膜を焼いて、「雪盲」として知られる症状を起こす。このように呼ぶのは、スキーヤーや登山者が高度の高いところでよくかかるからである。たまに起こる雪盲も痛みを伴うものだが、何度も起こると、永久に視力を低下させてしまう可能性がある。また、UV-B光線は網膜も傷つけ、眼球の水晶体に白内障を起こすことがある。

地表に到達するUV-B光線が増加すると、目や皮膚を太陽にさらしているどんな動物も、人間と同様の被害を受けることが考えられる。UV-Bのその他の影響に関しては、詳細な研究が始まったばかりだが、すでに明らかになっている結果がいくつかある。

- UV-Bは皮膚表面から二〜三層の細胞層にだけ届くため、単細胞のごく小さな生物のほうが大きな生物よりも被害を受けやすい。
- UV-B光線は、海洋の水面下数メートルまでしか届かないが、水生微生物の大部分はこの層に生息している。研究によると、水中を浮遊しているこうした小さな動植物は、とくにUV-Bの害を受けやすい[6]。UV-Bの影響の大きさや生態系のさまざまな種のあいだの相互作用に与える影響についての合意はまだないものの、そうした微生物は海洋食物連鎖の多くの基盤となっているため、UV-Bが増加すると、多くの海洋生物種を混乱させる可能性がある。

● UV-B光線にさらされると、緑色植物の葉の面積や背丈、光合成が減少する。農作物へのUV-B光線の影響は作物の種類によって異なるが、研究対象となった作物の六〇パーセントは、UV-Bが増えると収穫率が減少する。たとえば、オゾン層が二五パーセント減ると、大豆の収穫率が二〇パーセント減少する可能性があるという研究結果もある。[7]

● 紫外線が、戸外のポリマーやプラスチックを劣化させることは明らかである。また、都市部のスモッグを引き起こす低空のオゾンを生成する要因でもある。

生物は、さまざまな方法で紫外線から身を守るように進化してきた。たとえば、色素沈着、体を覆う体毛やウロコ、損傷したDNAの修復メカニズム、敏感な生物が強い太陽光線から身を隠す行動パターンなどだ。このような身を守る仕組みがうまく機能する生物もあれば、そうではない生物もいるだろう。オゾン層減少の影響の一つとして、生物種によっては、個体数が減ったり絶滅したりするものもあるが、逆に個体数が増える生物種も出てくるかもしれない。その結果、牧草の供給が追いつかないほど、草食動物が増えてしまったり、害虫が増えすぎてその天敵とのバランスが崩れたり、寄生虫がその宿主とのバランスを崩すほど増えるかもしれない。オゾン層減少によって、あらゆる生態系が予測もできないような影響を被ることになるだろう。とくに、地球温暖化などのほかの変化が同時に進行している場合はなおさらである。

オゾン層破壊の最初のシグナル

一九七四年に、オゾン層への脅威を示唆した二つの科学論文が別々に出された。一方の論文は、

図5−3　CFCはどのように成層圏のオゾンを破壊するか

$$CFCl_3 \xrightarrow{\text{U,C}} Cl + \text{fragment}$$

$$Cl + O_3 \longrightarrow ClO + O_2$$

$$ClO + O \longrightarrow Cl + O_2$$

（上の2式：何度も繰り返す）

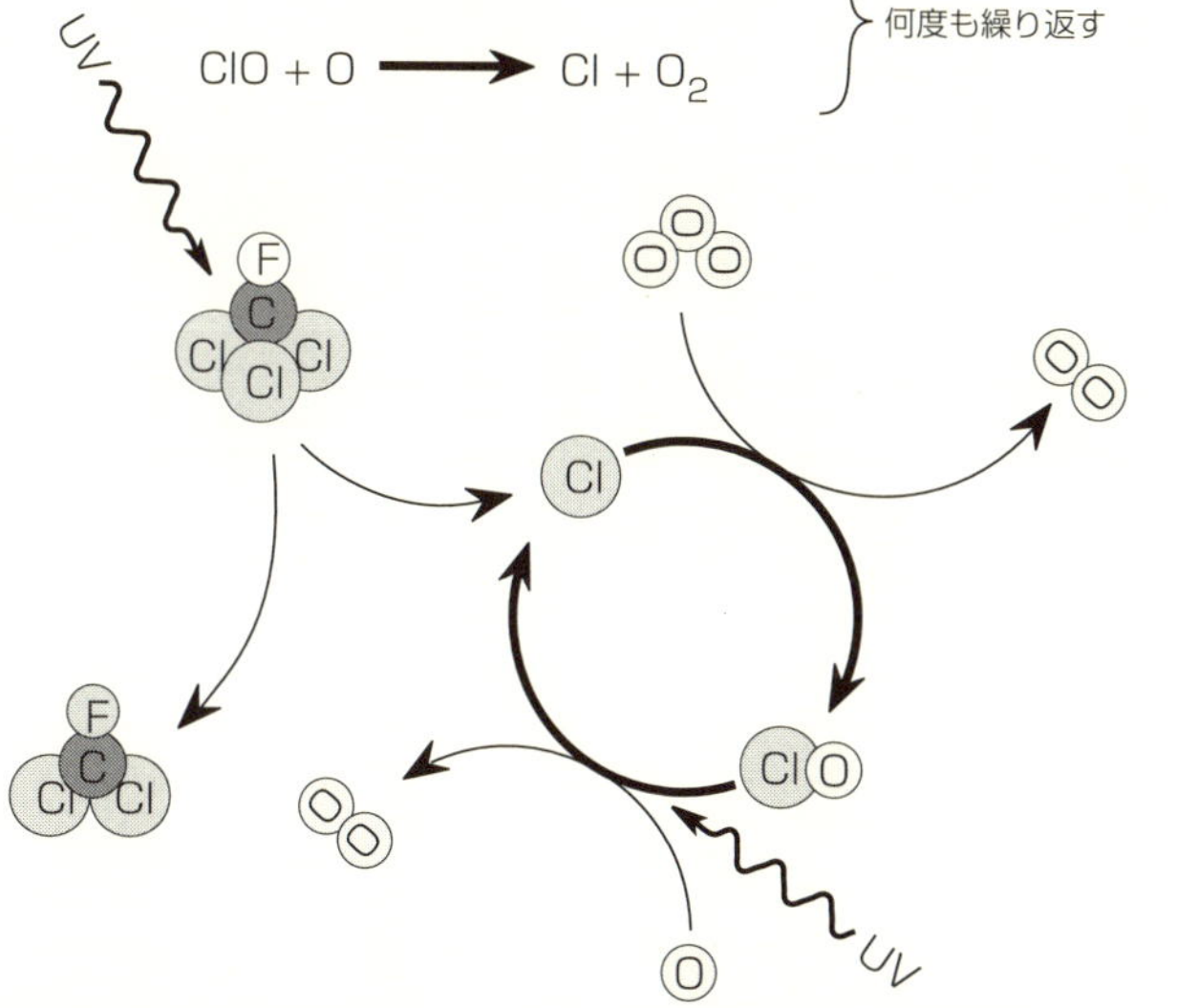

CFC分子は成層圏上層部で、紫外線によって分解され、遊離塩素原子（Cl）を放出する。この塩素原子が、オゾン（O_3）と反応して一酸化塩素（ClO）を生成する。ClOは、酸素原子と反応して、再びClを放出し、ほかのオゾン分子と反応する……と続いていく。このサイクルが何度も繰り返され、大気中のオゾン濃度を大きく減少させる。

「成層圏の塩素原子は強力なオゾン破壊因子かもしれない」と指摘し[8]、もう一方の論文は、「CFCが成層圏に達し、分解されて塩素原子を放出している」と指摘していた[9]。この二本の論文を合わせて読むと、「人間がCFCを使用することは、きわめて深刻な結果をもたらすかもしれない」ことが予測されたのである。

CFCは不活性かつ不溶性であるため、雨にも溶けず、他の気体とも反応しない。その「炭素―塩素・炭素―フッ素」結合はとても強く、大気低層に届く太陽光線の波長では壊れない。CFC分子は、十分に高いところまで上昇していき、オゾンや酸素がフィルター役となっているために地表に届かない短波長の紫外線光線に当たること以外に、大気中から消滅しないのだ。しかし、この紫外線が当たると、CFC分子は壊れ、遊離塩素原子を放出する。

問題はここから始まる。遊離塩素（Cl）はオゾンと反応して、酸素と一酸化塩素（ClO）をつくり出す。そして、そのClOが酸素原子（O）と反応し、再びO_2とClができる。こうしてできたCl原子は、別のオゾン分子を酸素に変え、自らは再生される（図5―3）。塩素原子は、この一連の反応を何度も繰り返し、その都度オゾン分子を一個ずつ壊していく。平均的な塩素原子は、成層圏に存在しているあいだに、およそ一〇万個のオゾン分子を破壊する（最終的に塩素原子は、メタンや二酸化窒素などの物質と反応して、その動きを止め、地上に戻ってくる）。

遅れ――抵抗する産業界

遅れがあるからこそ行き過ぎが生じるのだが、このオゾンのシステムにもさまざまな遅れが存在している。塩素が絶えず再生されつづけるということは、塩素原子が成層圏に達してから最終的にオゾン分子の破壊をやめるまでに何年もかかるということだ。また、CFC分子が工業的に合成されてから、成層圏上層に達するまでにも、大きな遅れがある。エアゾール噴射器など、生産後わりとすぐに大気中に放出されるものもあるが、冷蔵庫や発泡断熱材などとして使われた場合は、生産後何年もたってから、大気中に放出されることになる。放出されたCFC分子が、大気の流れに乗って成層圏高層に達するまでにも、何十年もかかる。したがって、ある時点で観測されたオゾン層の枯渇は、何年かもしくは何十年か前に製造されたCFCの影響なのである。

新たな知識を生み出し、最終的に科学的合意に至るプロセスにも、多くの遅れがある。しかし、このオゾン層の事例では、いくつかの政治的な要因が働いたため、その時間を短縮できたのだ。

オゾン層の枯渇を予測した二つの論文がきっかけとなって、大気中塩素の化学的性質に関する研究があちこちで始まった。アメリカでは、この科学情報はすぐに政治の世界にも入っていった。それは、最初の論文の筆者たちがアメリカ人であり、研究結果に深い懸念を抱き、政治にも関心を向けてもらうようにと精力的に活動したためである（とくにF・シャーウッド・ローランドは、この研究結果を米国科学アカデミーと米国議会に提出した）。また、アメリカを動かした一つの要因は、よく組織された大規模な環境保護運動だった。

アメリカの環境保護活動家たちは、CFCとオゾンのつながりの意味するところを理解すると、ただちに行動を起こした。まず、エアゾールスプレー缶に使われているCFCの糾弾を始めたのだ。体臭防止剤やシェービングクリームをスプレーするだけのために、地球上の生命を危機にさらすなんてばかげている、と訴えたのである。もっとも、CFCを使用していないエアゾールスプレー用もあったし、スプレー缶以外にもCFCはさまざまなところに使われていたのだから、「エアゾール缶はダメ」というのは単純すぎる言い方だった。しかし、エアゾール缶にはオゾン層破壊者というレッテルが張られ、消費者はその訴えに反応した。エアゾール缶の売り上げが六〇パーセント以上も落ち込んだのである。この結果は、図5―1に見ることができる。一九七五年ころ、CFC含有エアゾールを禁止する法律をつくろうという政治的圧力が高まり、売り上げの伸びは一時的に止まった。

言うまでもなく、このような事態に対して、産業界は抵抗した。一九七四年にデュポン社の重役は、議会での証言で「塩素とオゾンの関係についての仮説は、現在それを支持する具体的な証拠は一つもなく、単なる憶測にすぎない」と述べた。しかしさらに続けて、「もし、CFCの使用が健康への脅威となることが信頼のおける科学的データからわかれば、わが社はCFCの生産をやめる」とも言った。[10] 世界最大のCFCメーカーであるデュポン社がこの約束を守ることになるのは、一四年後のことである。

一九七八年、アメリカでエアゾールスプレー用ガスとしてのCFCの使用を禁ずる法律が議会を通過した。すでにエアゾールの売り上げを減少させていた消費者運動と相まって、この法律により、世界中のCFC製造量は激減した。しかし、世界のほかの国々では、エアゾールスプレーに依然としてCFCを使っていたし、エレクトロニクス業界などでは、スプレー以外の用途でのCFC使用量が増えていた。そうして八〇年代には、世界のCFC消費量は七五年のピークに戻り、さらに増加していった（図5―1）。

限界を超えた地球――オゾンホールの発見

一九八四年一〇月、英国南極研究所の科学者グループは、観測基地がある南極のハレー湾上空の成層圏でオゾンが四〇パーセント減少しているのを観測した。毎年一〇月に観測を行うのだが、オゾン

図5−4　南極ハレー湾でのオゾンの測定結果

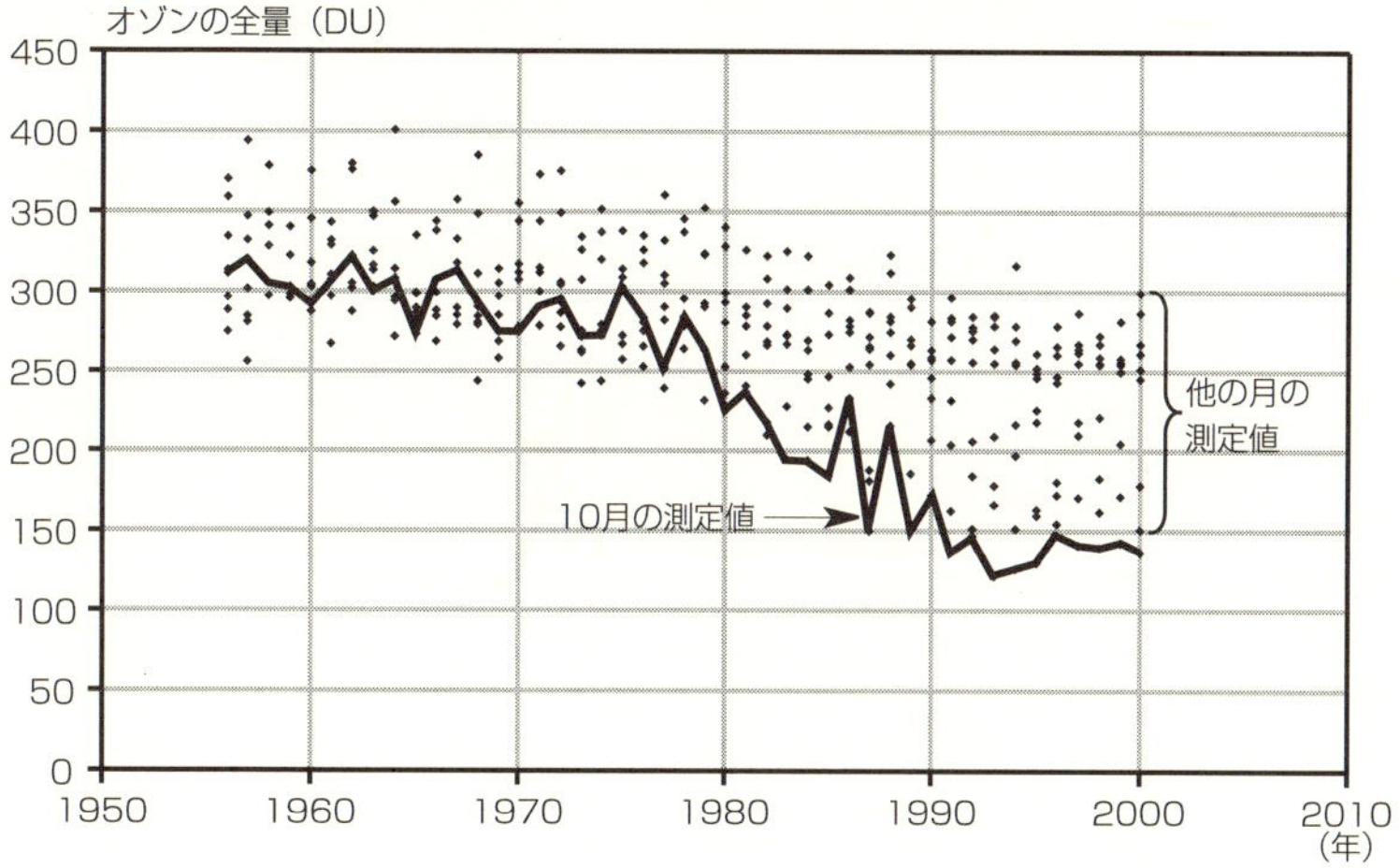

南極が春になって太陽が戻ってくる10月に測定されたハレー湾上空のオゾン濃度は、オゾンホールについての論文が1985年に発表される10年以上前から減少していたことがわかる。以来10月のオゾン濃度の測定値は、低下の一途である。
（出所:J.D.Shanklin）

の数値はここ一〇年間ずっと減り続けていた（図５―４）。しかし、科学者たちは、その結果に半信半疑だった。まして、四〇パーセントの減少などありえないと思われた。当時の大気の化学的性質に関する知識に基づいてつくられたコンピュータ・モデルでは、せいぜい数パーセントの減少しか予測していなかったからだ。

　科学者たちは、測定機器を再点検し、確認のため、別の場所の測定結果を調べた。そしてついに、発見したのだ。一六〇〇キロメートルほど北西にある測定基地でも、成層圏のオゾンが激減していることが記録されていたのである。

　一九八五年五月、南半球に「オゾンホール」があることを告げる歴史的な論文が発表され[11]、科学界に衝撃を与えた。それが事実なら、人類はすでに限界を超えていることになる。ＣＦＣ使用量は、持続可能な限界を超えてしまい、人類はすでに、オゾン

図5−5　反応性塩素の増加と南極のオゾン量の減少

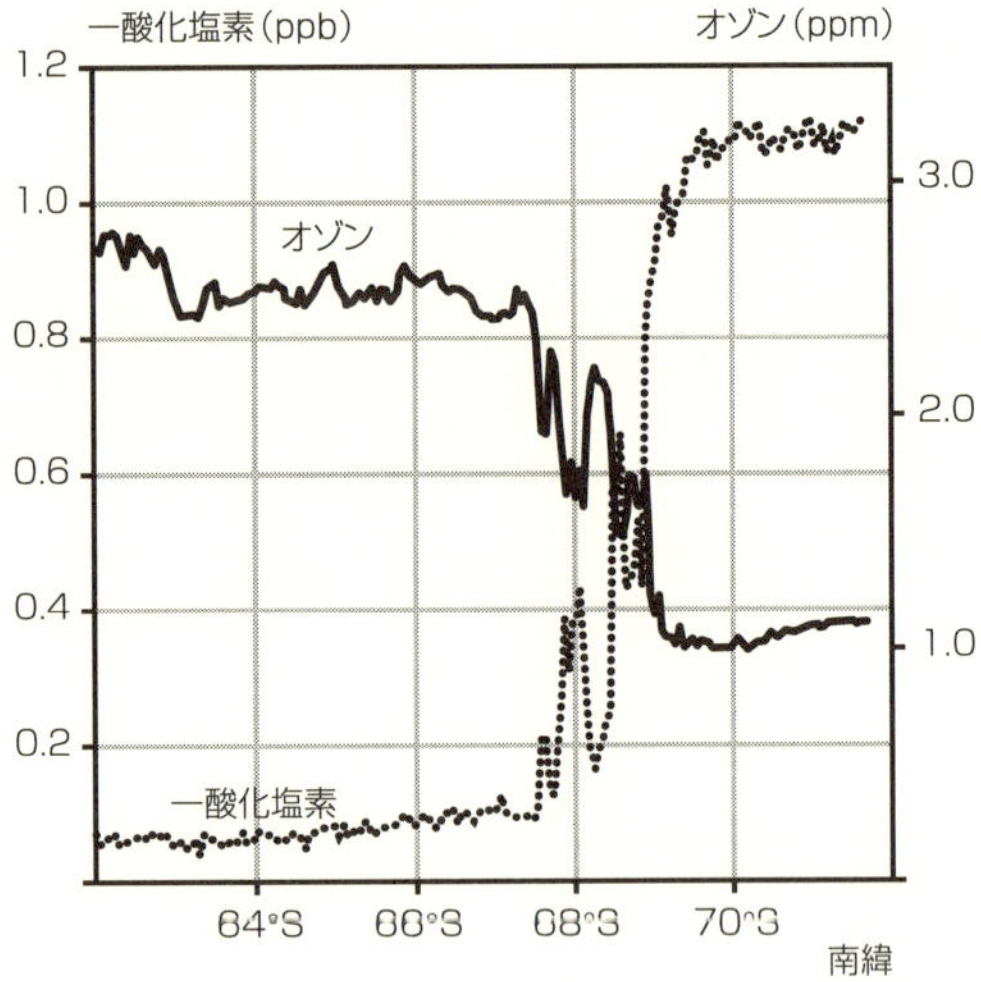

NASAの探査用航空機ER−2が南緯53度のチリのプーンタ・アレイナスから南緯72度の地点へ飛行した間、搭載した計測器で一酸化塩素（ClO）とオゾンの濃度を同時に測定した。このデータは1987年9月16日のものである。飛行機がオゾンホールに入ると、ClOの濃度は通常の濃度に比べてはるかに増加し、一方、オゾン濃度は急減した。この発見から、塩素を含む汚染物質がオゾンホールをつくり出している事実が確認された。
（出所:J.G. Anderson et al.）

層という防御壁を破壊しつつあるのだ。

アメリカ航空宇宙局（NASA）の科学者たちは、あわてて人工衛星ニンブス七号が一九七八年から定期的に行っていた大気中オゾンの測定結果を調べた。しかし、そこにはオゾンホールの存在を示すデータは何もなかった。ところが、調べ直した結果、NASAのコンピュータは、あまりにも低い数値は計器エラーとみなして記録からはねるよう、プログラムされていたことがわかったのだ[12]。

幸い、コンピュータがはねていた測定結果は復元できた。その結果は、ハレー湾上空での観察結果を裏付けるものだった。南極上空のオゾン量は一〇年間にわたって、減り続けていたのだ。さらに、オゾン層にあいたオゾンホールの詳細図もつくることができた。それはアメリカ本土の面積と同じくらいの巨大なものであり、しかも年々大きく深くなっていた。

なぜ、ホールができたのだろうか？　なぜ、南極上空に？　この発見は、地球全体のＵＶ‐Ｂから地球を保護するうえで、何を意味しているのだろうか？　この謎を解くためにその後数年にわたって、科学者たちは並々ならぬ努力を続けた。そして、「塩素が疑いなくオゾン破壊の犯人である」という鮮烈な証拠が得られたのは、一九八七年九月のことだ。科学者たちは、飛行機で南米からまっすぐに南極へと向かい、オゾンホールの中を飛行したのだ。図５―５は、飛行中に測定されたオゾンとＣｌＯの数値である。オゾン量が高ければＣｌＯは低く、オゾン量が低ければＣｌＯは高い、というようにほぼ対称になっている[13]。さらに、オゾンホールの中のＣｌＯの濃度は、通常の大気化学で説明できる数値の何百倍もの値だった。この数字は、オゾンホールが決して正常な現象ではないことを、ＣＦＣメーカーに対して示す「決定的証拠」としてよく引用される。人間のつくった塩素含有汚染物質によって、大気組成が大きく混乱していることを示しているのだ。

科学者たちは数年をかけて、このホールの謎を解明した。簡単に説明しよう。

南極大陸は、まわりを海に囲まれているので、風は大陸に妨げられることなく、そのまわりを回ることができる。この風は、冬になると「周極渦」をつくり出す。この渦のために、南極上空の空気は閉じ込められ、他の大気と混ざらなくなる。言ってみれば、この渦が、大気中の化学物質の「反応槽」をつくり出すのだ（北極にはこうした強力な渦が発生しないので、北極上空のオゾンホールはそれほど目立たない）。

冬の南極上空の成層圏は、地球上で最も気温が低い場所で、マイナス九〇℃まで下がる。これほど気温が低いと、空気中の水蒸気は氷の微粒子の結晶となって、霧のように大気中を漂う。この氷が触媒の役目を果たすのだ。無数の結晶の表面が化学反応を促進し、CFCを分解して、オゾンを破壊する塩素を放出するのである。

南極の闇のような冬につくられた塩素原子は、ただちにオゾン破壊の連鎖反応に入るわけではない。それぞれの塩素原子は、オゾンと一度だけ反応してClOとなる。そして、このClO分子が二つ結合して、比較的安定した塩素酸化二量体（ClOOCl）となる。この二量体がどんどん蓄積され、再び太陽が出てくる日をじっと待っているのだ[14]。

毎年九月か一〇月になって、南極に春が到来すると、太陽光線を浴びてClOOClが分解され、大量のClが一気に放出される。このClがオゾンを破壊しはじめるのだ。そして、オゾン濃度は急減してしまう。

一方で、戻ってきた太陽の光に、周極渦はしだいに消散し、南極の大気は再び他の大気と混ざり合うようになる。オゾンの減った空気も地球上に拡散するので、南極上空のオゾン濃度はほぼ正常に戻る。

春の北極上空では、オゾンホールはそれほど観測されていない。また、はっきりとわかるオゾンホールが南極以外でも見つかるとは考えられていない。しかし、大気中の気体が混ざり合うので、地球全体の成層圏のオゾン濃度は低下している。CFCとClは、大気中に長い間残留することから、オゾンの破壊は、少なくとも一〇〇年間は続くだろう。したがって、ひとたび人間の活動が、持続可能なCFC排出量の最大値という限界を超えてしまうと、ただちに排出を停止したとしても、正常な状態に比べてUV-Bに対するオゾンの保護が少ない期間が長年つづくことになってしまうのである。

国際政治に突きつけられた「動かぬ証拠」

一九八五年のオゾンホールについての発表は、科学者を全面的に動かしたように、政治の世界をも大きく動かしたのだろうか？　この点については、国際交渉にかかわった人々のあいだでも意見の食い違いがある。当時すでに、ＣＦＣの製造を制限するための国際的な話し合いは始まっていたが、さほどの進展はなかった。オゾンホールについての発表の二カ月前に開かれたウィーン会議では、各国はオゾン層を守るために「適切な措置」をとるべきである、という耳障りのよい宣言を出したものの、具体的なスケジュールもなければ、制裁措置も明文化されていなかった。企業側も、近い将来に必要かどうかはっきりしそうになかったため、代替ＣＦＣの研究を打ち切っていた[15]。南極のオゾンホールとＣＦＣとの関連が明確になったのは、それから三年後のことだ。

一九八五年三月にウィーンで具体的な成果を何も生まなかった会議が開催されてから、八七年九月にモントリオールで、オゾン層に関する最初の国際議定書に四七カ国の代表が調印するまでの間に、政治の世界で何かが起きたのだ。南極上空のオゾンホールが心理面で影響を与えたのは確かだろう。おそらく、理解できない現象だっただけに、影響が大きかったと考えられる。オゾン層で何かおかしな動きがあることは、疑う余地がなかった。そして、確証はまだなかったものの、ＣＦＣが原因である可能性を示す科学的知識は十分にあったのである。

しかし、証拠があってもなくても、国連環境計画（ＵＮＥＰ）が国際レベルでの政治プロセスの運営を行い、促進しなかったら、おそらく何事も起こらなかっただろう。ＵＮＥＰの職員は、科学的証拠を集めて解釈し、各国政府に示した。同時に、高官レベルの中立的な話し合いの場を提供し、まとめ役を務めた。モスタファ・トルバ事務局長は、次々と起こる小競り合いにつねに中立の立場を守り、すべての人に対して、近視眼的で自分勝手な考えより、オゾン層を保全することのほうが重要であることを根気強く説得しつづけ、環境問題の外交官として絶妙の手腕を発揮した。

交渉プロセスは、とても平坦といえるものではなかった。[16] まだ完全に理解されておらず、しかも、人間の健康や経済に目に見える害が出ているわけでもないのに、各国政府は地球規模の環境問題に取り組もうとしていたのである。CFCの主要生産国は、予想どおり、CFCの使用削減への動きを阻もうとした。重要な意思決定が微妙な政治情勢に左右されることもある。強力なリーダーシップをとっていたアメリカも、レーガン政権内での深い分裂によって、影響力を発揮できなくなることが何度もあった。内務省のドナルド・ホデル長官が公の場で、「オゾン層など問題ではない。つばの広い帽子をかぶり、サングラスをかけて外出すればよいのだ」と発言したことから、政権内の分裂に国民の注目が集まるようになった。この発言は世界の笑いものになり（牛も犬も木もトウモロコシも、帽子とサングラスをつけているという漫画も出回った）、政権内で、大統領にオゾン問題に真剣に取り組ませようとしていた人々への追い風となった。

一方、UNEPはやるべきことを進めていた。また、ヨーロッパやアメリカの環境団体も運動を展開して政府に圧力をかけ、科学者たちはワークショップを開いて、ジャーナリストや議員、一般の人々の啓発に努めた。あらゆる方面からのこのような圧力に、各国政府はついに——驚くほど迅速に——一九八七年、モントリオールで「オゾン層を破壊する物質に関するモントリオール議定書」に調印したのである。

モントリオール議定書では、まず、最もよく使われる五種類のCFCの製造を一九八六年レベルで凍結することを規定した。そして、九三年までに生産を二〇パーセント、九八年までにさらに三〇パ

図5−6　CFC放出による成層圏の無機塩素と臭素の濃度予測

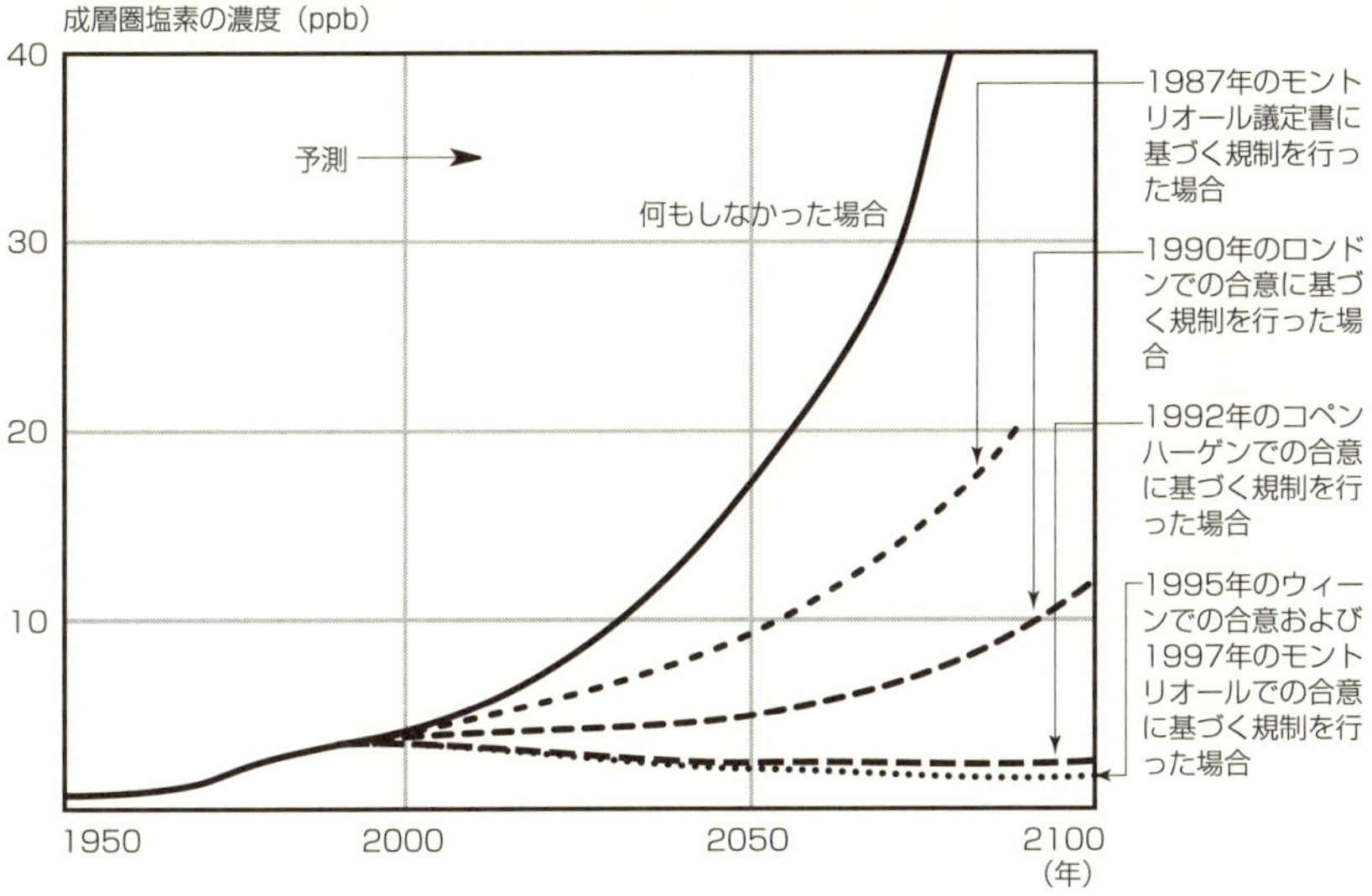

成層圏の塩素と臭素の増加について、これまでの実際と、さまざまな政策をとった場合の予測を示したもの。何もしなかった場合、最初のモントリオール議定書に定められた規制を行った場合、そして、その後に追加で合意された内容に従う場合である。1986年と同じペースでCFC生産が続いていれば、成層圏の塩素濃度は2050年には8倍になっていた。最初のモントリオール議定書では、排出のスピードを遅らせることになっていたが、それでもやはり、塩素レベルは幾何級数的に上昇したはずだった。すべてではないが大部分のCFCを段階的に取りやめるというロンドン協定では、それでもやはり2050年ごろに塩素レベルが上昇しはじめる結果になっていた。その後の協定によって、塩素を放出する化学物質の使用に対する制限が徐々に厳しくなり、2000年以降には成層圏の塩素レベルは減少するという予測につながった。
（出所:WMO; EPA; R.E.Bendick）

ーセント、生産を削減することとした。この「凍結―二〇―三〇」の協定に、CFCの主要生産国のすべてが署名した。

モントリオール議定書は、歴史的な協定であった。当時、環境問題の専門家たちが政治的に可能だと思っていたレベルをはるかに超えるものだったのだ。しかし、じきに、モントリオール議定書に定めた削減では十分ではないことが明らかになる。図5―6は、モントリオール議定書に沿って排出量を削減したとしたら、オゾンを破壊する塩素の大気中濃度がどう変化するかを示している（そしてその後のロンドン、コペンハーゲン、ウィーン、再びモントリオールで合意された協定に沿った場合も示してある。詳細は次に述べる）。製造量は削減したものの、製造されたがまだ放出されていないCFCのストックが大量にあり、また、すでに放出されたがまだ成層圏に達していないCFCのストックも大量にあることから、塩素濃度は引き続き上昇していただろう。

もっとも、この協定が弱いのも仕方がないといえる。途上国の大部分が調印していなかったのだ。中国は、何百万もの世帯にはじめての冷蔵庫を入れようとしているところで、それはつまり、CFCの大量の需要が新たに生まれるということだった。旧ソ連も、その五カ年計画のプロセスでは、CFCの製造を急には変えられないとしぶった。旧ソ連は、より緩やかな段階的削減のスケジュールを求め、そのとおりにすることができた。一方、CFCメーカーのほとんども、一部であっても市場を維持したい、と望んでいた。

ところが、モントリオール議定書の調印から一年もたたないうちに、さらに大きなオゾン層の枯渇が観測され、「動かぬ証拠」が公表された。その時点で、デュポン社はCFCの製造すべてを段階的に取りやめると発表した。一九八九年、アメリカとEUは、最もよく使われる五種類のCFCの生産を二〇〇〇年までにすべて打ち切ることを宣言し、他の国々に対して、「オゾン層の状況を定期的に評価し直し、必要に応じて、規定を強化すべき」というモントリオール議定書の履行を呼びかけた。

再びUNEPがリーダー役を務め、交渉が続けられたあと、一九九〇年、九二カ国の政府がロンドンに集まり、二〇〇〇年までにすべてのCFCの生産を段階的に撤廃することに合意した。この撤廃リストには、やはりオゾンを破壊する化学物質であるメチルクロロフォルム、四塩化炭素、ハロンも加えられた。途上国のなかには、国際基金を設立して、代替CFCへの技術移行の手助けをしてくれないかぎり、調印しないという国もあった。アメリカが基金への拠出に二の足を踏んだときには、合意は失敗するかと思われたが、最終的には基金が設立されることになった。このロンドン協定による成層圏の塩素（およびもう一つのオゾン枯渇化学物質である臭素）の変化の予測を図5―6に示してある。

一九九一年春、北半球での衛星観測の結果、予想の二倍の速さでオゾン減少が進んでいることがわかった。北米、ヨーロッパ、中央アジアといった人口の多い地域の上空で、オゾン濃度が低い期間が夏まで続いた。これは初めてのことだった。夏にオゾン濃度が下がっていると、人間も作物も紫外線光線の害を受ける可能性が高い。そして、九〇年代後半には、オゾン濃度が平均以下になっているという報告が、ずっと南のスペインからも出てきた。

このただならぬ報告に、ドイツをリーダー役に、多くの国がロンドン協定よりもさらに前倒しして、CFCとハロンの生産を段階的に撤廃しようと動き始めた。一方、エレクトロニクス産業と自動車産業を中心に、多くの多国籍企業も同じ動きをとった。メキシコなどは、途上国に与えられている一〇年間の猶予期間を利用せず、先進国と同じ削減スケジュールに従うと発表した。中国やインドも含めほかの国もしだいにこれに倣い、現在のスケジュールでは、二〇一〇年には一切の製造が打ち切られる予定である。

一九九二年のコペンハーゲンでの交渉の場で、モントリオール議定書の締約国は、段階的撤廃をさらに前倒しすることに合意した。ハロンの新規製造は九四年までに、すべてのCFC製造は九六年までに廃止するとともに、ロンドンでは議論の対象にはならなかったが、やはり強力なオゾン枯渇物質である土壌燻蒸剤のメチル臭素の排出に上限を設けることを定めた。当時の大気モデルによると、コペンハーゲン会議での「引き締め」によって、ロンドン協定より一〇年早く、つまり、当初の想定の二〇五五年ではなく、二〇四五年までに、オゾン層は一九八〇年レベルに戻る、と推測された。そうすることで、失われるオゾン量を二八パーセント減らし、四五〇万件の皮膚ガンと三五万件の失明を防ぐと考えられた[17]。のちになって、コペンハーゲン会議での「引き締め」がなかったら、塩素と臭素の濃度は実際には上昇していたであろうことがわかっている（図5―6）。

一九九六年までに、一五七カ国がこの内容を強化した協定の締約国となった。このうえさらにできることはほとんどなかった。最初のモントリオール議定書ができて一〇年後の一九九七年に、再びモントリオールで交渉が行われ、協定に多少の調整が加えられた。「オゾン層の科学的評価――一九九八」（世界気象機関とUNEPの指導の下に行われた[18]）では、「過去のオゾン枯渇物質の排出量と、モントリオール議定書による最大限の将来への余裕の予測に基づくと、最大のオゾン層の枯渇は、この一〇年か次の二〇年の間に生じると予測される」とされ、四年後の二〇〇二年の「科学的評価」では、「南極のオゾン濃度は二〇一〇年には増加しているだろう。一九八〇年以前のレベルに戻るのは、今世紀半ばと予測される」とされている[19]。オゾン減少のピークの時期――一九九五〜二〇一〇年――に影響を与えるには手遅れだった。オゾン層枯渇を生じさせる化学物質は、すでにゆっくりとただよいながら成層圏へと上っていたからだ。ここに書かれたピークが本物のピークであることを保証し、オゾン層を最終的に回復させるために進めるべき課題は、議定書を実施し、施行することである。モントリオール議定書の締約国会議は、会合を重ね、合意内容を改善していった。たとえば、一九九九年には北京で、発展途上国がスケジュールどおりに撤廃を進められるよう、資金を援助する多国籍基金を増額することに合意した。現在では、ほかの化学物質も議定書のリストに追加され、また、オゾン枯渇化学物質の売買は禁止されている。

「CFCガス」の世界生産量は、一九八八年の一〇〇万トン以上というピークから、二〇〇〇年には一〇万トン以下に減った（図5—1）[20]。工業界は、この重要な化学物質の段階的撤廃に対し、国際交渉が始まった時点では誰にも想像できなかったほど、費用もかけず、混乱もせずに対応した（交渉や執行のコストも含め、最終的な費用は四〇〇億ドルと推定されている）[21]。CFCは二酸化炭素の何千倍も強力な温室効果ガスでもあるので、CFCの段階的撤廃は、地球の気候変動の進行を緩和するうえでも役に立つだろう。CFCに比べて害の少ない代替物であるハイドロクロロフルオロカーボン（HCFC）は、いまでも年間六〇万トンほど生産されている（図5—1）。

その間にも、成層圏からの情報が少しずつ入り続けた。たとえば、一九九五年と九六年には、北極上空のオゾン濃度がこれまでにない低レベルに達した。シベリア上空では、短い間であったが、四五パーセントも減少した。九八年の冬と春に、北半球の中緯度のオゾン層は平均六〜七パーセント減少した。九八年秋、南極上空のオゾンホールは、これまでで最も大きく深くなっていた[22]。もっとも、二〇〇〇年と二〇〇三年にも「これまでで最大で最も深い」という発表が出されたのだが。たしかに、オゾンホールの拡大はしだいに緩やかになってきているものの、二〇〇二年、世界気象機関の「科学的評価」では、「今後五〇年間、オゾン層は緩やかに回復するだろう」という合意が精一杯で、「南極のオゾンホール面積がこれで最大なのかは、まだ言えない」状況であった[23]。

二一世紀初めの二〇年間は、オゾン層はこのうえなく脆弱な状態のままであるが、モントリオール議定書やそれに続く協定がきちんと守られ、違法な製造がなくなり、大きな火山の噴火がなければ（噴火すると短期的に成層圏のオゾンが減少しうる）、二〇五〇年ごろには、オゾン層はほぼ元の状態に戻るはずである。

この幸せな物語の足を引っ張るのは、ＣＦＣの密輸の増加である。アメリカやヨーロッパの政府が、ＣＦＣの製造や新規に製造されたＣＦＣの輸入を禁じているにもかかわらず、高いお金を払ってでも、自動車のエアコンや冷却器に再充填したがる人がいるのだ。アメリカでは、リサイクル促進のために、新規に製造されたＣＦＣには高額の税金をかけたのだが、そのために価格はさらに上がった。議定書で二〇一〇年まではＣＦＣの製造が許されている国々（主にロシア、中国、インド）は、そのような「濡れ手に粟」市場に抗い難いかもしれない。密輸業者は、新しいＣＦＣに「リサイクルＣＦＣ」と虚偽のラベルを張るなどの手を使っており、アメリカの法務省は、密輸ＣＦＣは、コカイン密輸よりも利益が大きいと報告している。不法に輸入されるＣＦＣの市場の規模について正確な数字を得るのは不可能だが、推定では年間二万〜三万トンと考えられている。[24]しかし、これまでのところ、ＣＦＣ生産量の減少傾向を覆すほど大きな規模ではない。

こうした小さな問題はあるものの、世界はこの問題に対する合意にほぼ達し、解決策の実施においても大きな進捗を見せている。たしかに、二五年以上かかった。しかし、行き過ぎに対して、きちんと対応できることは明らかである。

オゾン層を守れ

政府間でＣＦＣをめぐる外交が進められている間、産業界では、すでに製造されたＣＦＣの放出を減らし、CFCの代替物質を探すために、さまざまな解決策が考えられていた。問題の三分の一は、節約を通じて、つまりCFCの必要性を減らすことだけで解決した。たとえば、断熱性を増すことで、冷蔵用CFCの需要を減らせる。また、CFCを回収し再利用することで、排出を減らせる。解決策の三分の一は、HCFCと呼ばれるオゾン層破壊力がCFCの二〜一〇パーセントという代替物質への切り替えだ。HCFC自体、二〇三〇年までに段階的に使用が禁止される予定だが、一時的に切り替えることで、より恒久的な解決策を探す時間が稼げる。そして、解決策の最後の三分の一は、オゾン層にまったく害を与えない代替物質への切り替えである。

アメリカでは、一九七八年にエアゾールガスとしてのCFC使用が禁止されたため、メーカーではすでに他のエアゾールガスを採用していた。しかも、その大部分は、CFCよりも安価だった。大気化学者のマリオ・J・モリーナが言うように、「一九七八年に、アメリカでスプレー缶の噴射剤としてのCFCの使用が禁止されたとき、専門家たちは、この禁止によって大量の失業者が出るだろうと言っていた。しかし、そんなことはなかった[25]」のである。

冷蔵庫やエアコンの冷媒は、かつてはその製品の修理や廃棄時に大気中に放出されていた。しかしいまでは、リサイクル装置によって冷媒を回収し、精製し、再利用している。アメリカでは、CFCのリサイクルおよび漏れの修理は、多額の税金で支えられているため、利益率の高い仕事として、広がっている。現在の課題は、回収過程で、安全な代替物質とこれまで使ってきたオゾン枯渇物質をきちんと分別するということだ。

電子機器や航空機メーカーは、回路基盤や飛行機部品を洗浄するために、代替溶剤を開発した。単純な水溶液に切り替えた例もある。さらに、洗浄工程そのものをなくせないかと製造工程を考え直した結果、大きく経費を節減できた例もある。アメリカと日本のいくつかの企業は連合組織をつくり、こうした適応技術を世界中の電子機器・部品メーカーに無料で提供している[26]。

化学会社は、特定のCFCの用途向けに、HCFCなどの新しい代替化合物の開発・販売を始めた。現在では、自動車のエアコンには、HFC―134aと呼ばれる代替CFCが使われている。この新たな冷媒には、一台当たり一〇〇〇～一五〇〇ドルの追加費用がかかるのではないかと言われていたが、実際には五〇～一五〇ドル程度ですんでいる。

一方、発泡断熱材には別の気体が注入されるようになった。ハンバーガーの包装も、CFCを含有するプラスチックではなく、紙やボール紙に切り替わっている。環境意識の高い消費者は、使い捨てのプラスチックカップをやめ、洗って繰り返し使える陶器のカップを使っている。

コロンビアの切り花栽培農家は、メチル臭素を用いて土壌を殺菌しなくても、統合害虫管理をすればよいことに気づいた。ケニアの農家では、倉庫に蓄えた穀物の燻蒸に、メチル臭素ではなく、二酸化炭素を使い始めている。ザンビアのタバコ栽培農家は、メチル臭素をやめ、輪作を試している。UNEPの調査では、メチル臭素の使用量の九〇パーセントは、ほかの害虫防除法で代わりを務めることができ、だいたいの場合コストも安くてすむ、との結論が出されている。

オゾン層の物語から得られる教訓

世界気象機関の調整の下、三五カ国、三五〇人の科学者が一九九九年に出した報告書には、オゾン層の見通しについての一致した見解が載っている。

人間がつくり出した塩素と臭素の化学物質がもたらしたオゾンの減少は、このような化学物質が、自然のプロセスによって成層圏からゆっくりと除去されていくため、二一世紀半ばには、しだいになくなると考えられている。環境分野でこのような偉業がなされたのは、オゾンを減少させる化学物質の製造と使用を制限しようという、画期的な国際的合意によるものである[27]。

このオゾンをめぐる物語から、どのような教訓を学び取れるだろうか？　それは、それぞれの世界観や政治的傾向によってさまざまであろうが、われわれが学んだ教訓を次に挙げよう。

- 環境の重要な特性を定期的にモニタリングすること。そして、その結果を迅速に率直に報告することが重要である。
- 人間活動を地球の限界の枠内に抑えておくために、国際規模で政治意思を喚起することは可能である。
- 将来的に環境を傷つけないための国際合意を形成するには、通常、長期的な予測を行うための手段と意思の両方が必要である。
- 人も国も完璧な聖者にならなくても、困難な問題に対して効果的な国際協力を行うことができる。完全な知識や科学的証拠がなくても、行動できる。
- 地球規模の問題に対処するために「世界政府」をつくる必要はないが、地球規模での学術的な協力体制、情報システム、具体的な協定をつくるための国際的な話し合いの場、そしてその協定を施行するための国際協力は必要である。
- 科学者も技術者も、政治家、企業、消費者も、「そうすべきだ」と思ったら、即座とはいわないまでも、早急に対応することができるものだ。

●「環境規制に従ったら、経済はこんな害を被る」という産業界の不吉な予測は、誇張されていることがある。政治的な変化を遅らせるために、わざとゆがんだ情報を出している可能性もある。しかし、おそらくは、技術革新や社会変革はきっとできないだろうと思っているから誇張されるのだろう。

●すべてが理解できていない段階で環境協定をつくる場合は、柔軟性を持たせ、定期的に見直さなくてはならない。つねにモニタリングを行って問題を追跡し、必要があれば調整を行い、進捗を記録していく必要がある。地球規模の問題が「もう永遠に解決された」と考えてはならない。

●オゾン協定にかかわったあらゆる当事者が重要であったし、今後も全員の関与が必要になるだろう。

―UNEPのような国際交渉の進行役

―進んで政治的リーダーシップを果たそうとする政府

―柔軟で責任感のある企業

―政策策定者とコミュニケーションでき、実際にやりとりをする科学者

―圧力をかける環境保護活動家

―環境情報に基づいて、自ら商品の選択を変えようとする消費者

―人間の影響を限界の範囲内に戻すために、生活を適応させなくてはならないときでさえ、生活を可能に、便利に、有益にしてくれる技術を開発する技術者

●言うまでもなく、このオゾンの物語には、行き過ぎて崩壊するシステムのあらゆる構成要素――幾何級数的な成長、環境的限界の衰退、物理的反応や政治的対応の著しい遅れなど――が入っている。一九七四年に最初の学術論文が警告を発してから、八七年のモントリオール議定書の調印まで、一三年かかった。そして、最初の調印から、二〇〇〇年に内容が強化された議定書が完全施行される

までに、さらに一三年かかっている。いまだに協力しない人々や、詐欺、密輸といった残る問題に対処するには、さらに長い年月がかかるかもしれない。成層圏から塩素がすべてきれいになくなるには、二〇五〇年の後にさらに一〇〇年以上かかるかもしれない。

これは、行き過ぎの物語である。そして、人類が、どのように持続可能な枠内に向かってそろりそろりと戻りつつあるか、という物語である。これが崩壊の物語であってほしいと望む人はいない。崩壊の物語となるのか否かは、オゾン層へのダメージがどれほど回復可能なものなのか、今後大気に驚くべき事態が発生するのかによる。また、つねに気を緩めずに、オゾン破壊化学物質の禁止を免れようとする特定利益団体やその代弁者である政治家たちを阻むことができるかにもよるだろう。こうした条件が満たせれば、成層圏のオゾンホールが拡大し、そして縮小していったこの物語は、地球の他の限界に立ち向かう取り組みにも、勇気と希望を与えてくれるだろう。

第6章

技術と市場は行き過ぎに対応できるのか

あらゆる証拠が指し示すように、われわれは一貫して、技術的な創造力の貢献を過大視し、自然資源の貢献を過小評価してきた。……いまわれわれに必要なのは、あわただしく世界をつくり変えようとする営みのなかで失ってしまったもの、すなわち何事にも限界があるという意識であり、地球の資源の重要性の認識である。

——スチュワート・ユーダル　一九八〇年

「ホモサピエンス」が地球上に登場したのは一〇万年前のことである。一万年ほど前に、人間は土地を耕し、都市に住むようになった。そして、この三〇〇年ほどの間に、人口と資本の急激な幾何級数的成長を経験している。ここ数世紀の間の蒸気機関車やコンピュータ、企業や国際貿易協定、そのほか多くの目を見張るような技術革新や制度の革新のおかげで、経済は、明白な物理的限界や管理上の限界を超え、成長を続けることが可能になった。とくにこの数十年の間に、拡大しつづける産業文化の影響で、地球上のほぼすべての地域社会に、「果てしなく続く物質的成長」への望みと期待が浸透している。

したがって、「成長には限界があるかもしれない」と想像することすら、できない人も多い。「限界」は、政治の場では口にしてはならず、経済の世界では考えられないものなのだ。われわれの文化は、技術の力や自由市場の機能を深く信じることで、限界などありえないと思い込みがちなのだ。そして、経済の成長こそがあらゆる問題を解決する――たとえ、その問題が成長のせいで起きていても――と信じ込んでいるのである。

ワールド3モデルを世に出した当初、最も多く寄せられた批判は、「このモデルは技術の力を過小評価している」「自由市場の適応能力を十分に表していない」というものだった。

二〇年前に成長の限界ということを言っていた人たちがいる。しかし今日、われわれは、成長が変化の原動力であることを知っている。成長は環境の友人なのだ。

ジョージ・H・W・ブッシュ大統領　一九九二年

これは、私の信じている長期的な予測である――ほとんどの国で、ほとんどの時代、多くの人々にと

って、物質的な生活条件は、どんどんと無限に良くなる。一〇〇年か二〇〇年のうちに、あらゆる国でほとんどの人々の生活が、今日の西欧の生活水準か、それを上回るようになるだろう。しかし、相変わらず多くの人たちは、生活条件は悪化していると考えたり言ったりしているだろうと思うよ。

ジュリアン・サイモン　一九九七年

一九九二年、ローマ・クラブは、経済と人口の成長の持続可能性に疑問を投げかける『成長の限界』を出版した。『成長の限界』によると、いまの時期までに、われわれは食糧生産、人口、エネルギーの入手可能性や寿命が減退しはじめている、と予測していた。このような展開のどれも起こり始めてもいないし、すぐに起こりそうな見通しすらない。つまり、ローマ・クラブは間違っていたのだ……。

エクソン・モービル　二〇〇二年

「人類のエコロジカル・フットプリントの幾何級数的成長が引き起こすあらゆる問題を、自動的に解決できる速度で技術が進歩する」という想定をワールド3に入れていなかったのは事実である。それは、そうした大きな技術進歩が自動的に起こったり、「市場」の自然の機能で達成できると思っていなかったからであり、いまでもその考えは変わっていない。感銘を与えるほどの、そして、もしかしたら地球の問題を解決するのに十分な技術の進歩を考えることはできる。しかし、そうした技術革新が実現するのは、社会がそうしようと決意し、行動と資金をもってその決意を実行する覚悟がある場合だけだ。たとえ、そういう運びになったとしても、期待した技術が登場するのは、時間的にかなり遅れてのことになろう。われわれの現実に対するこの考え方は、三〇年前も今日も変わっていない。そして、この考え方がワールド3に反映されているのである。(1)

「技術の進歩」と「市場」は、さまざまな形でモデルに反映されている。ワールド3では、市場は限られた投資資本を、競合し合うニーズに分配する機能を持つと仮定しているが、基本的にはここで遅れが生じるとは想定していない[2]。避妊技術、資源の代替、農業における緑の革命など、技術の進歩もモデルに組み込まれている。いくつかのシナリオでは、技術の進歩を加速し、「通常」の進歩を超えて、飛躍的な技術開発についてもシミュレーションしてみた。物質のほぼすべてがリサイクルされるようになったら? 土地の収穫率が二倍、いや、四倍になったら? 今後一〇〇年間、汚染の排出が年に四パーセントずつ減少していったら?

しかし、こうした仮定を組み込んでも、モデル世界はほとんどの場合、限界を行き過ぎてしまうのだった。可能な範囲で最高に効果的な技術や、最大限の経済的弾力性を想定しても、「それしか変わらないとしたら」、モデルは崩壊のシナリオをたどるのである。

本章では、その理由を説明しよう。ただその前に、ここでの議論は、単に科学研究の問題だけではなく、われわれの信条の問題でもあることを認める必要がある。もしわれわれが、「技術や市場に問題や限界がある」と言うと、われわれのことを異端者だと考え、反技術主義者というレッテルを張る人がいるかもしれない。

しかし、これは間違いである。著者のうち、ドネラは、ハーバード大学の博士号を取得しており、デニスとヨルゲンは、マサチューセッツ工科大学の博士課程を修了している。両大学とも、先端技術開発の牽引役である。われわれは三人とも、人類の問題を解決する科学の力に対して、深い尊敬と大いなる熱意を抱いている。卑近な例だが、われわれに技術進歩のすばらしい力を思い起こさせてくれるのは、本書のシリーズにかかわる自分たちの仕事そのものである。一九七一年に、われわれは『成長の限界』を電気タイプライターで書き、グラフは手で引いた。ワールド3を走らせるには、巨大なメインフレーム・コンピュータが必要で、一つのシナリオをつくるのに一〇〜一五分かかった。一九九一年、われわれはモデルを修正し、『限界を超えて』を書き、グラフや図を用意し、ページのレイアウトを行ったが、その作業はすべて、デスクトップ・コンピュータで行った。そのときに、ワールド3を使って、二〇〇年間のシミュレーション・シナリオをつくるのにかかった時間は三〜五分である。そして、二〇〇二年には、ワールド3モデルをラップトップ・コンピュータで走らせ、インターネットを介して本の修正を行い、すべての結果を一枚のCD―ROMに収めることができた。いまではシミュレーションの所要時間は、たったの四秒である。われわれは、技術の力によって、ほとんど何も犠牲にすることなく、人類のエコロジカル・フットプリントを、優雅に地球の限界内に戻せることを期待している。

また、われわれは、反市場主義者でもない。市場の持つ力を理解し、重視している。三人の著者のうち二人は、大きなビジネススクールの博士号を取得しており、ヨルゲンは八年にわたってノルウェー・マネジメント・スクールの学長を務めていたし、デニスは、一六年にわたって、ダートマス大学のタック・ビジネス・スクールで教えていた。また、われわれはハイテク企業の取締役会のメンバーでもあり、同時に、中央計画経済の難しさと愚かさをこの目で見てきた。技術の改善とともに、市場のシグナルを改善することで、生産的で繁栄した持続可能な社会をつくり出せることを期待している。しかし、技術の進歩や市場の力だけで、持続可能な社会をつくり出せると信じているわけではないし、そう期待できる客観的な証拠も持ち合わせていない。つまり、持続可能性の理解や尊重、献身が、技術や市場を導いてこそ、持続可能な社会が実現できるのだと思っている。

われわれの技術や市場に対する信頼が限定的なのは、われわれのシステムについての理解に基づいている。つまり、われわれが受けてきた訓練では、「技術とは何か」「市場は何をするものか」を、フィードバックを基本とした非線型モデルで正確に表現しなくてはならない。このように、システムについて、おおざっぱな一般論としてではなく、具体的にモデル化しなくてはならないとすると、経済システムのなかでの技術の力や市場の機能がよくわかるとともに、その限界も見えてくるのである。

本章では、次のように議論を進める。

● われわれが理解し、ワールド3でモデル化している技術と市場のフィードバック・プロセスについて説明する。
● 限界を乗りこえるためによりいっそう効果的な技術が開発されると仮定して、シミュレーションした結果を示す。
● こうしたシミュレーションでも、やはり行き過ぎて崩壊する行動パターンが支配的である理由を説明する。
● 最後に、現在の世界では技術や市場があるからといって、持続可能性にスムーズに移行できるとは限らないことを示す例として、石油と漁場に関する事例を取り上げる。

「現実の世界」における技術と市場

実際のところ、技術とは何なのだろう？　どんな問題でも解決できる力なのか？　人類の発明の才の表れなのか？　それとも、一時間の労働や一単位の資本から生産される量が着実に幾何級数的に増えることだろうか？　自然に対する支配力なのか？　または、一部の人が自然を道具に使って、ほかの人を支配することなのだろうか(3)？　人間のメンタルモデルには、こうした考え方だけではなく、技術に対するさまざまな概念がたくさん存在している。

では、実際のところ、市場とは何なのだろう？　売り手と買い手が出会って、商品の相対的価値を表す交換価格を決める場所にすぎない、と言う人もいる。あるいは、自由市場とは経済学者がつくり出した虚構だ、と言う人もいる。官僚統制のない市場を経験したことのない人なら、市場とは魔法の制度で、どういうわけか、消費財をいっぱい届けてくれるものだと思うかもしれない。それとも、資本を私有し、その収益を自分のものにする権利や能力なのだろうか？　社会が生産した物を最も効率的に分配する手段なのだろうか？　または、一部の人がお金を道具に使って、ほかの人を支配するための仕組みなのだろうか？

「技術や市場によって、成長の限界を超えることができる」と言う人々の心の中には、次のようなプロセスのモデルが置かれていることが多いと思われる。

●限界に関連する問題が出てくる。たとえば、ある資源が不足しはじめる。または汚染が蓄積しはじめる。

●市場は、希少な資源の価格を、他の資源より高く引き上げる。あるいは、汚染除去のためにコストがかかるようになり、そのコストは、その汚染物質を発生している製品やサービスの価格の上昇という形で反映される（ここで通常、汚染のような「外部経済」のコストを反映させるために、市場を大きく修正する必要がある、との認識が示される）。

●価格が上がると、さまざまな反応が生じる。地質学者にはその資源をさらに見つけ出すための資金が用意される。生物学者はより多く繁殖させるための研究を始めることができる。化学者は物質合成のための研究資金を得る。メーカーは希少資源の代わりに、より豊富にある資源を使うようになり、リサイクルに力を入れるようになる。消費者は、希少資源でできている製品の消費を減らすか、その資源をより効率的に使うようになる。汚染の場合だったら、価格の上昇によって、技術者は汚染防止装置を開発するか、汚染物質の隔離方法を見出すか、あるいは、そもそもその汚染物質を発生しない製造工程を発明しようとする。

●このような需要側と供給側の反応が市場で競合する。市場では、買い手と売り手の相互作用によって、その問題を最も迅速かつ効果的に、最少のコストで解決する技術や消費パターンが決定される。

●最終的に問題は「解決される」。システムは、その具体的な不足の問題を克服するか、あるいは、その汚染物質による害を軽減したのである。

●こうしたことはすべて、社会が進んで払おうとするコストで実行可能であり、取り返しのつかないダメージを十分避けられる速度で起こる。

ここで注目してほしいのは、このモデルが、技術のみ、または市場のみに依存するものではなく、技術と市場のスムーズで効果的な相互作用を前提としていることである。市場がなければ、問題のシグナルを送り、その解決のために資源を向け、最良の解決策を選び、そのことに対するインセンティブを与えることができない。技術は、問題を解決するために必要である。この両方が一つとなってうまく機能しなくてはならない。市場からのシグナルがなければ、技術は生まれないだろうし、逆に、技術的な発明の才がなければ、市場のシグナルがあっても何の成果も出てこないだろう。

もう一つ注意してほしいのは、このモデルが負のフィードバック・ループの形をとっていることである。つまり、変化を逆転させ、問題を修正し、均衡を回復しようと作用する因果関係の輪となっている。資源不足の問題は克服され、汚染は浄化されるか隔離される。よって、社会は成長を続けるこ

負のフィードバック・ループ

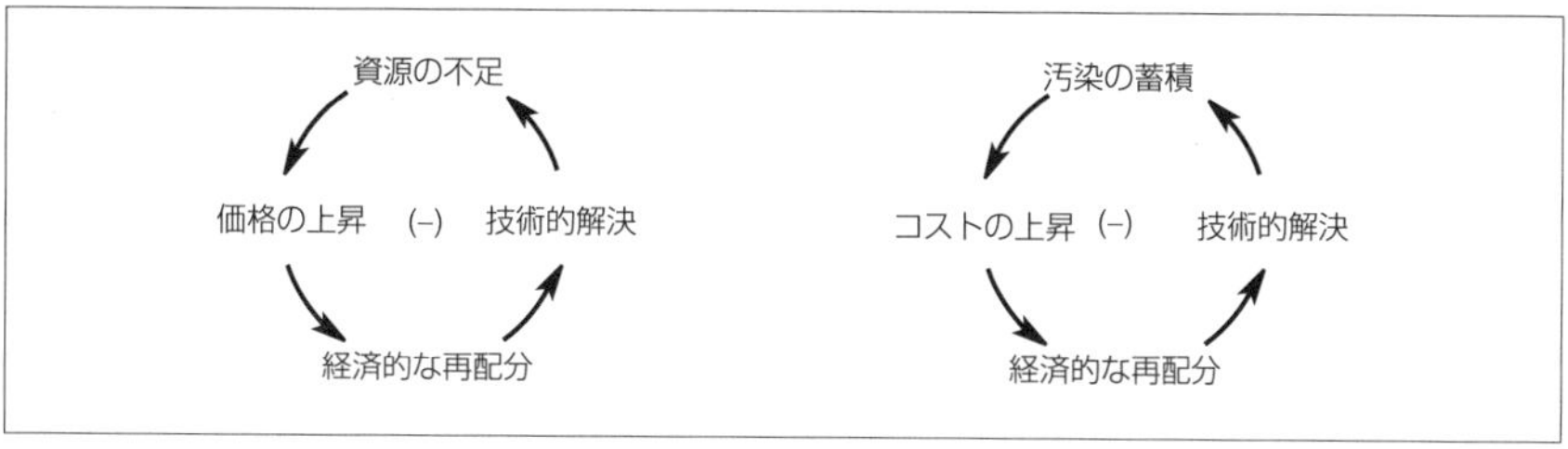

とができる、というわけだ。

「負のフィードバック・ループ」の図のような調節ループは実際に存在するし、重要であるとわれわれは考えている。ワールド3にも、随所にこうしたループを組み込んでいる。しかし、「技術」と呼ばれる奇跡の変数として、一つに集約して入れているわけではない。技術はモデルの随所に登場し、さまざまな影響を及ぼすのである。たとえば、ワールド3では、保健サービスの改善は自動的に起こるようになっている。すなわち、シミュレーション世界のサービス部門にコストを負担する能力があるときにはいつでも、保健サービスは改善され、人類の寿命が延びる設定である。保健サービスシステムが支えることができ、かつ家族の人数を減らしたいという要求がある場合には、ワールド3に、避妊技術が登場する。また、食糧需要が満たされていない場合、資本が調達できるかぎり、土地の収穫率も自動的に向上できることになっている。

再生不可能な資源が不足してくると、ワールド3モデルの経済は、その資源を発見し採取するための資本を増やす。資源の枯渇に従い、残っている資源の発見・採取のために必要な資本は増える。しかしこの場合、もともとあった再生不可能な資源の基盤をすべて使い尽くすと仮定している。また、再生不可能な資源は、ある種類の資源の代わりに別の資源が使えるという具合に、完全に互いに代替でき、その場合には費用も遅れも伴わないと仮定している。したがって、資源の種類を区別せずに、ひとまとめに

「再生不可能な資源」として扱う。

ワールド3では、モデルのなかの数字を変えることで、こうした市場と技術の調整機能を強めたり弱めたりすることができる。とくに数字を変えなければ、シミュレーション世界の工業が消費する資源の量や組み合わせを決める技術レベルは、世界全体として現在の高度に工業化した国々と同じ段階を踏んで発展する。

ワールド3では、組み込まれた技術——保健サービス、避妊技術、農業技術の改善、資源の発見や代替など——に対するニーズのシグナルは、遅れを伴うことなく、完全な形で資本部門に伝えられ、そのために必要な工業生産やサービス生産が十分にあるかぎり、資本はただちにそのニーズに配分される。価格に関しては、迅速に完全に機能する調節メカニズムを仲介するシグナルであると考えているため、明白な形では出していない。ここでは、この「不足が技術的な対応を生む」という調整メカニズムを、価格を仲介せずに表しているのである。こうした仮定により、「実際の」市場システムのなかで起こる多くの遅れや不正確さは、このモデルには入っていない。

ワールド3には、シナリオをテストするときに組み込まないかぎり、効力を発揮しない技術も多く含まれている。たとえば、資源の利用効率改善、リサイクル、汚染除去、土地収穫率の並はずれた増加、土地浸食の防止などの技術である。このモデルをつくった当初は、こうした技術が、技術的に証明され、対価さえ払えれば世界中の誰でも簡単に使えるほど確立されているとは考えていなかった。[4]したがって、シミュレーション世界のなかで、モデルを使う人が合理的だと思うタイミングで、非連続的なステップとして起動できるようにプログラムされている。たとえば、「二〇〇五年に、世界中がリサイクルに真剣に取り組むことにした」とか、「二〇一五年に、汚染に対する取り組みを一斉に始めた」などの仮定ができる。しかし、ワールド3の現在のバージョンでは、こうした技術は「適応型技術」としてモデル化されている。シミュレーション世界のなかで、「資源を増やしたい」「汚染を減らしたい」「食糧を増やす必要がある」といったときに、徐々に発展するようになっているのだ[5]。とはいっても、こうした技術の反応の強さを決めるのは、シミュレーションを行う人に任されている。このような「スイッチ・オン」技術には、資本が必要であり、導入には開発と実施の遅れが伴う。遅れは通常、二〇年に設定されている。

コンピュータ・モデルを用いる理由の一つは、さまざまな仮定を試し、さまざまな将来を模索することである。たとえば、第4章の最後のシミュレーションの結果の「汚染の危機によって成長が止まる」というシナリオ2を見て、「もしこのシミュレーション世界が、汚染の上昇曲線に対して、もっと早く、より決然と汚染除去技術に投資をしたとしたら、どうなるだろうか?」と考えることができる。図6―1のシナリオ3は、そのように設定を変えてみた結果である。

技術の力で限界を引き延ばすことはできるか

シナリオ3以下のシミュレーションではつねに、シナリオ2と同じ再生不可能な資源の量と採掘技術の進歩を仮定している。つまり、二〇〇〇年時点で、同年の消費ペースなら一五〇年使えるだけの再生不可能な資源があるという仮定である。資源は、年に工業生産の約五パーセントのコストを支払って入手する。これから、技術や政策を変えていきながら、シナリオ2と比較してみよう。

シミュレーションでは、一度に一つずつ設定を変えていくことにする。たとえば、まず汚染除去技術を導入し、それから土地の収穫率向上技術を、次にまた別の技術を……という具合だ。それは、現実の世界が一度に一つずつ技術を導入するものだと考えているからではなく、このように一つずつ変

図6−1　シナリオ3――入手可能な再生不可能な資源がより多く、汚染除去技術がある場合

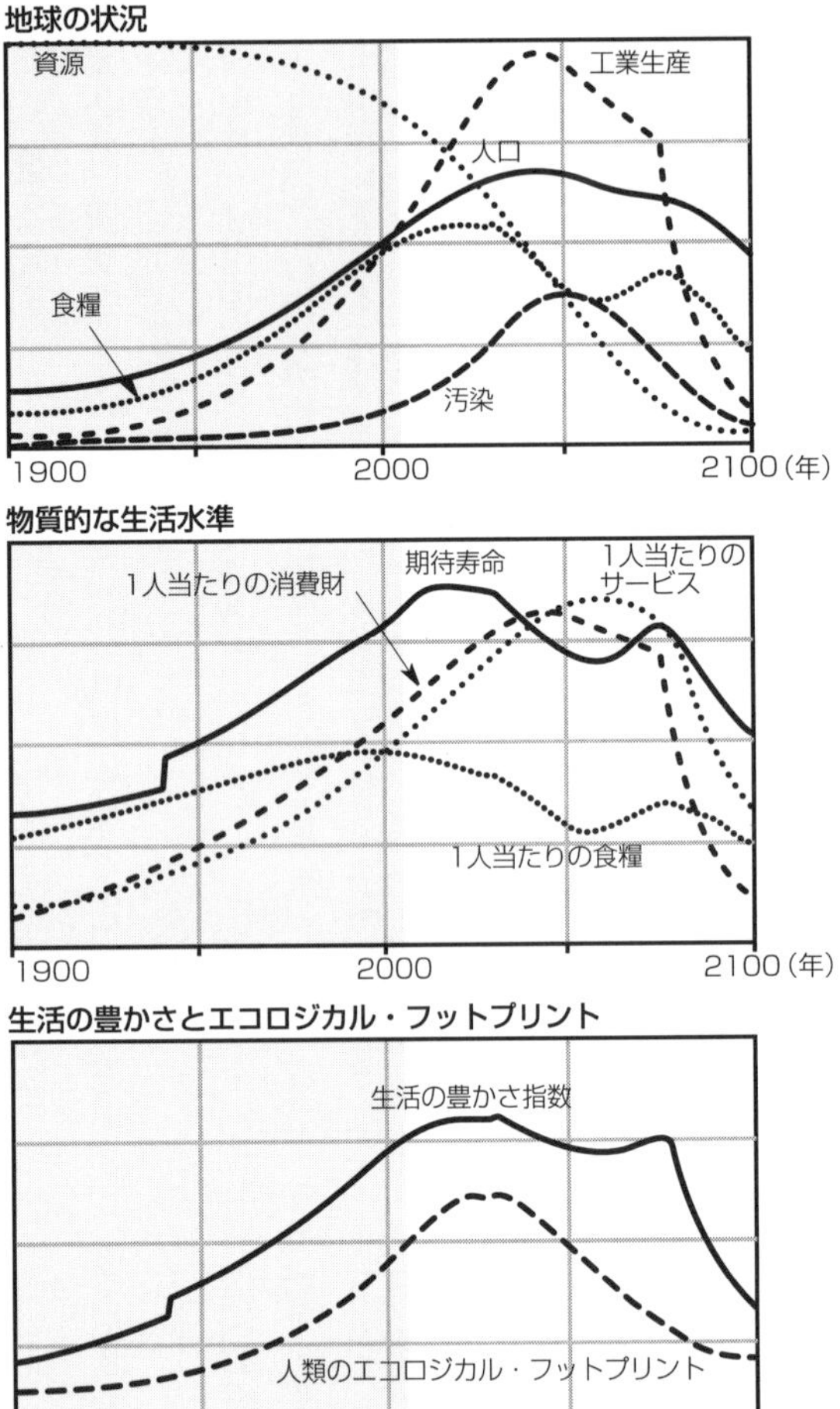

このシナリオでは、シナリオ2と同じように、豊富な資源供給があると仮定する。また、汚染除去技術がしだいに効果を発揮し、生産単位当たりの汚染を2002年から年4%まで削減できると仮定している。このため、汚染による悪影響が少なくなり、2040年以降も、多くの人がずっと高い生活の豊かさを得られる。しかし、最後には食糧生産が減り、工業分野から資本を吸い取り、崩壊をもたらす。

えることによって、モデルの反応がわかりやすくなるからだ。われわれ自身がワールド3を使って、たとえば三つの変化が同時に起こった場合を試すときも、一つずつ順番に変えていく。そうすることで、それぞれの技術の影響をまず別個に理解してから、三つを同時に変えたときに、相互に関連する影響が組み合わさってどうなるかを理解しようとするためだ。

多くの経済学者にとって、技術は、コブ・ダグラス型生産関数（資本と労働の量によって生産水準を決定する関数の一つ）のある変形に含まれている一つの指数である。要するに、遅れることなく、コストもかからず、限界もなく、自動的に機能し、望ましい結果だけを生み出すものなのだ。人間の問題を解決する技術の潜在力に対して、経済学者たちがこれほど熱狂的であるのも無理はない！　しかし「現実の世界」では、こうしたすばらしい特性を持った技術にお目にかかることはない。実際の技術は、ある特定の問題に対して高度に特化したものである。資金が必要で、開発には時間がかかる。研究レベルで実証されたあとも、その技術を普及するために必要な資本、労働力、販売、サービススタッフ、マーケティング、資金繰りの仕組みなどをつくるために、さらに遅れが生じる。また、技術には、予期していなかった副次的な悪影響が遅れて出てくることもよくある。そして、優れた技術は、その特許を持つ人々ががっちりと守っており、普及するとしても、高い値段で、制限的にしか使えないという合意のもとで広げられることが多い。

ワールド3では、技術のさまざまな面のすべてを表すことは可能ではないし、また役に立たないだろう。その代わりに、汚染除去、資源利用、土地収穫率の三分野での技術進歩の過程を表すために、各分野で三つの総括変数を用いる。「究極の目標」「最も成功している研究レベルでの年次改善率」「研究レベルで使えるようになってから現場で普及するまでの平均的な遅れ」である。それぞれのシナリオを説明する際に、どの技術をシミュレーションに盛り込んだのかを説明しよう。このあとのシ

表6−1　ワールド3における残留性汚染の排出に対する技術の影響

年	削減率
2000	0%
2020	10%
2040	48%
2060	75%
2080	89%
2100	95%

技術が研究レベルで年4%ずつ改善し、平均して20年の遅れで世界のあらゆる資本ストックで実施されるとすると、排出を急減することができる。この表は、ワールド3のシナリオ3で、2002年に技術の進歩によって得られる最大速度で、汚染を削減しはじめたときに達成される削減率を示す。

ミュレーションでは、「必要があれば、研究レベルの技術は年四パーセントまで改善できる」「新しい技術が、研究レベルから世界の生産資本ストックにあまねく広がるまで、平均して二〇年かかる」と仮定している。表6—1は、シナリオ3の残留性汚染物質の排出に対してこのような仮定をした場合の結果である。

二〇〇〇年の農業資本と工業資本の一定量のストックが、一〇〇単位の残留性汚染を排出しているとしよう。技術が年に四パーセント改善し、普及の遅れが平均二〇年だとすると、二〇二〇年には、同じ資本ストックから排出される残留性汚染物質は九〇パーセントに減る。二〇四〇年には排出量はほぼ半減し、二一〇〇年には、当初の汚染の五パーセントとなる。土地の収穫率や資源の利用効率向上についても、それぞれの技術がシミュレーションに組み込まれた場合には、これと同じ達成が得られる設定である。

シナリオ3では、シミュレーション上の二〇〇二年——地球規模の汚染レベルが健康や作物に大きな被害を与えるほど高まる前——に、世界が「汚染レベルを一九七〇年代半ばの水準に下げよう」と決意し、その目標のために計画的に資本を分配すると仮定している。このシナリオで採り入れる技術は、供給源でのスループットの減少をはかるのではなく、排出時点で汚染を軽減しようとする「エンド・オブ・パイプ」型のものである。この技術のための資本投資費用は二〇パーセントまで上がり、表6―1に示されるように、汚染は減少する。二一〇〇年には、汚染は二一世紀初めと同程度の比較的低い水準に下がっている。

このシナリオでは、除去プログラムにもかかわらず、汚染は五〇年近く増え続ける。技術の実施に遅れを伴う一方で、工業生産が基本的に成長しつづけるためである。しかし、汚染は、シナリオ2よりはずっと低い水準だ。汚染が人間の健康に影響を与える水準にまで上がることはなく、したがってこの「地球規模での汚染除去の取り組み」のおかげで、「多人口・質の高い生活」時代を実質的にもう一世代続けることができる。生活の豊かさ指数を見ると、その良き時代は、シナリオ2より四〇年遅れて、二〇八〇年に終わる。生活の豊かさ指数が急落するのだ。また、汚染は二一世紀前半に、土地に悪影響を与えている。とはいっても、収穫率が急下降するわけではない。土地がやせてくると、工業投入物の使用を増やして、土地の生産力低下を補おうとするからだ。「現実の世界」でのこうした現象の例には、酸性雨の影響を弱めるために石灰石を使ったり、農薬による汚染で土壌微生物の養分生成能力が低下することを防ぐために肥料を使ったり、気候変動による異常な降雨パターンに対して灌漑で水を補ったりすることなどがあるだろう。

シナリオ3では、土地の生産力は低下する一方で、農業投入物の使用量は増加しつづけるという正反対の傾向から、シミュレーション上の二〇一〇年から二〇三〇年にかけては、食糧生産は基本的に安定しているが、人口は増え続けるので、一人当たりの食糧が減り始める。しかし、数十年間は、工業部門とサービス部門の生産が十分に高いので、農業への資本投資や、後には汚染除去への資本投資が必要になるにもかかわらず、まずまずの生活水準が維持できる。二一世紀の最後の三〇年ほどは、汚染レベルが激減するので、土地の生産力は回復する。しかし、人口圧力が大きく、都市のスプロール化現象と土壌浸食によって、耕作可能な土地が減ってしまう。さらに、二一世紀半ばを過ぎると、工業生産が急減する。農業部門と汚染除去部門に投下される資本があまりに大きくなったため、工業資本設備の減耗を補うだけの資本が不足するからだ。経済は減退し、崩壊が始まる。二一世紀後半には、再生不可能な資源の不足が広がるにつれ、状況はいっそう悪化していく。

シナリオ3の社会は、汚染レベルを大きく下げ、生活の豊かさ指数を長期間にわたって高い水準に保つことができた。しかし、最終的には食糧が問題となる。シナリオ3は「食糧危機」と名付けることができよう。もちろん、「実際の生活」では、食糧が望まれるレベルで手に入るよう、対策がとられることだろう。では、もし社会が、食糧増産の問題を技術で解決しようとしたら、どうなるだろうか？　その結果の一つの可能性が、図6―2のシナリオ4である。

このシミュレーションでは、シナリオ3と同じ汚染除去技術に加え、モデルの一九九〇年代に見られた「一人当たりの食糧生産の停滞」という問題に対して、社会が二〇〇二年に、積極的に対応することを決めた、という設定である。農業収穫率を増大するための技術に投資が向けられる。必要があれば、新たな技術によって、年四パーセントまで収穫率を上げることができ、その技術が世界中の農地で実施されるまでに平均二〇年かかると仮定されている。技術への投資のために、二〇四〇年には資本コストは六パーセント増え、二一〇〇年には八パーセント増えている。二〇五〇年までは、まだ十分な食糧があるため、収穫率はそれほど大きくは増加しない。しかし、二一世紀後半には、技術が幾何級数的に進歩すると仮定されているので、平均収穫率は急激に向上する。

その結果、二一世紀半ばに、多人口・質の高い生活水準の期間が長く続く。新しい農業技術によって、二〇五〇年以降、シナリオ3と比べて、食糧生産も増える。しかし、それで食糧問題が解決されたわけではない。土地の生産力が落ち、土壌浸食や都市化・工業化の進展によって耕作可能な土地が

図6−2　シナリオ4——入手可能な再生不可能な資源がより多く、汚染除去と土地の収穫率改善の技術がある場合

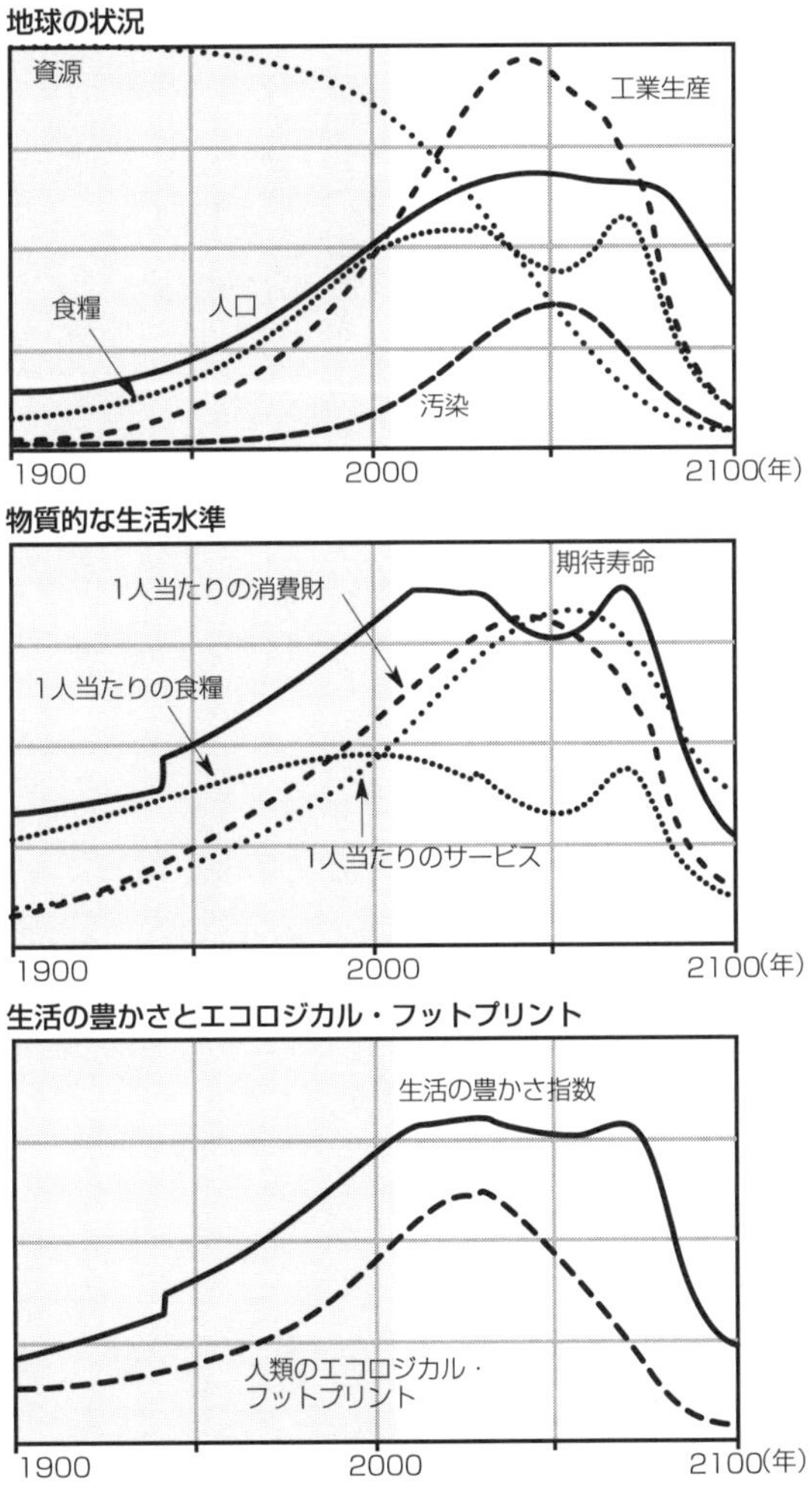

汚染除去技術に加えて、土地面積当たりの収穫率を大きく改善する一連の技術を導入すると、集約度の高い農業によって土壌の喪失が加速される。減少の一途をたどる土地から、より多くの食糧を生産しなくてはならなくなるが、これは持続可能ではないことがわかる。

失われ、最終的には新しい収穫率改善技術の効果では追いつかなくなってしまう。そのため、二〇七〇年以降、食糧生産は減少する。このシミュレーション世界では、農業の集約度がきわめて高いことから、土地の浸食が加速し、表土の喪失だけではなく、養分の喪失や塩害などその他の要因によって、土地の生産力が下がってしまう。

土地が減ってくると、農家は残っている土地からさらに多くの収穫を上げようとする。このように土地を集中的に使うことで、さらに浸食が進む。この正のフィードバック・ループによって、土地システムは下降の一途をたどる。シナリオ4は「土地浸食の危機」と呼べるもので、その最大の危機が訪れるのは、二〇七〇年以降に耕作可能な土地が破局的に激減するころである。この土地の激減に、収穫率向上技術は間に合わず、食糧不足が広がり、人口が減少しはじめる。大きな圧力のかかった農業部門は、経済からより多くの資本や人材を取り込もうとするが、ちょうどそのころ、再生不可能な資源の基盤の減少に対しても資本が必要となってくる。こうして、二一〇〇年を迎える前に、かなり全面的な崩壊が起こる。

まともな社会なら、土地を破壊しながら収穫率を上げるような農業技術を追求することはしないかもしれない。しかし残念ながら、今日の世界には、このような行動パターンの例がいくつもある（たとえば、カリフォルニア州のセントラル・バレーでは、塩の蓄積によって土地が失われている一方で、近隣の土地は、さらに収穫量を上げようと資本が投下されている）。しかし、将来世代はもっと理性的であると仮定しておこう。そして、汚染除去技術と収穫率向上技術に、土壌浸食軽減のための技術を追加してみよう。図6―3のシナリオ5は、こうした変化が同時に起こった場合の結果である。

ここでの仮定は、二〇〇二年から、汚染除去技術と収穫率向上技術というすでに説明した二つの技術に加えて、地球規模で土地の浸食を軽減する技術が始まる、というものだ。先述したように、最初

図6−3　シナリオ5——入手可能な再生不可能な資源がより多く、汚染除去、土地の収穫率改善、そして土地浸食軽減の技術がある場合

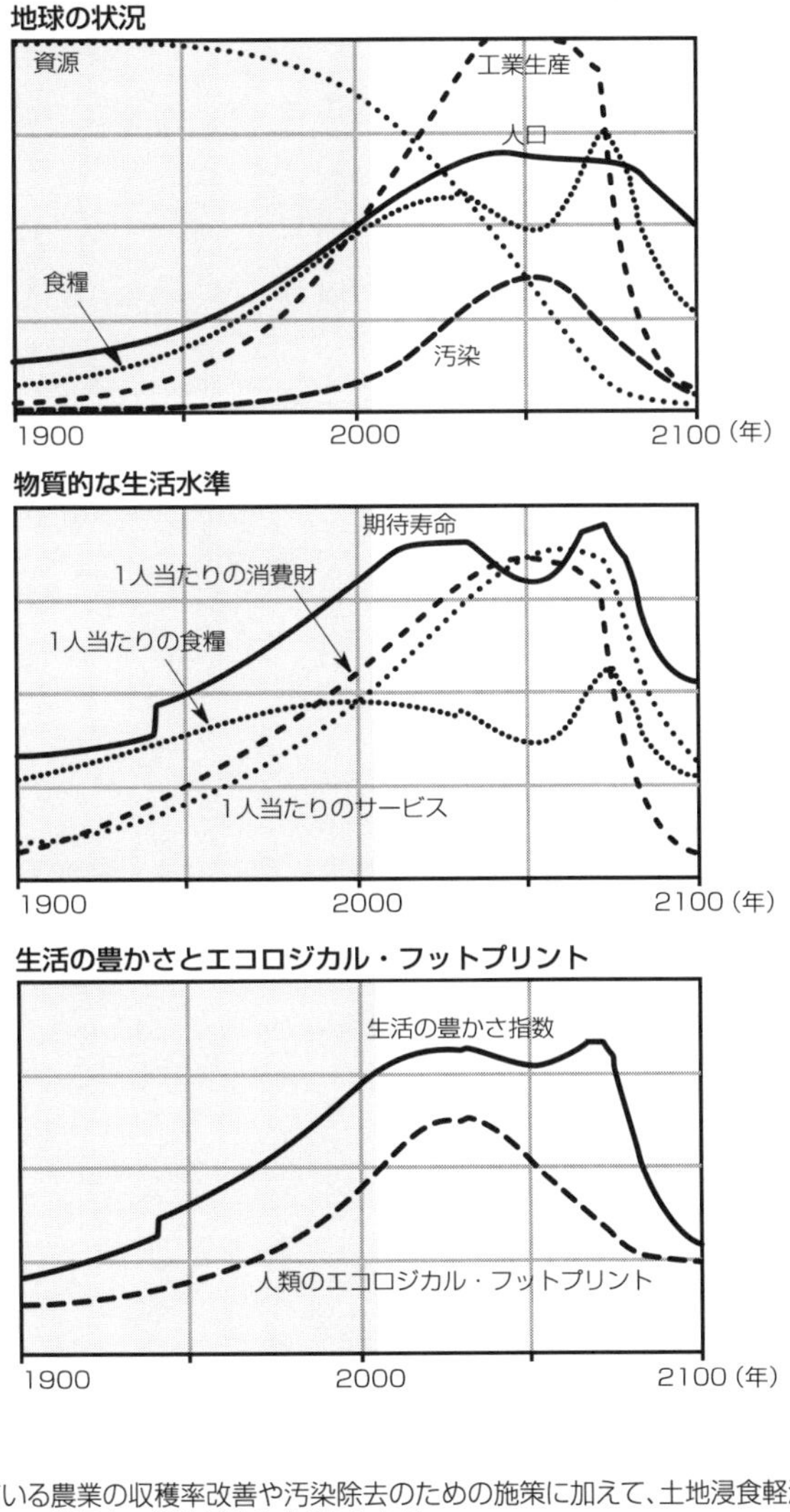

すでに実施されている農業の収穫率改善や汚染除去のための施策に加えて、土地浸食軽減技術が実施される。その結果、21世紀末の崩壊がやや先送りになる。

の二つの技術には、追加の資本投資が必要であると仮定されているが、三番目の技術はそうではない。土壌の生産年数を延ばすために主に必要なのは、注意深い農法だからである。

この土地浸食軽減のための技術が大きな前向きの効果を出し始めるのは、二〇五〇年を過ぎてからである。二〇五〇年を過ぎると、より良い農法を用いてきた結果、土地の浸食率は大きく減る。その結果、生活の豊かさ指数の高い時期が、二〇七〇年を過ぎても少しの間は続く。しかし、この結果は持続可能なものではない。資源、食糧、高コストといった問題がほぼ同時に出現し、シナリオ5は崩壊して終わる。二〇七〇年ごろまでは、さまざまな要素が気になる変動を見せているとはいえ、平均的な生活の豊かさ指数は比較的高い水準に保たれている。食糧はだいたい足りている（二一世紀中ほどのおよそ三〇年間は低いが）。汚染も耐えられる水準である（二一世紀中ほどのおよそ三〇年間は比較的高いが）。経済は成長する（少なくとも二〇五〇年までは）。サービスはさらに利用しやすくなり、期待寿命は七〇歳を超えている。しかし、二〇七〇年が過ぎると、さまざまな技術のコストがかかるようになり、加えて、しだいに枯渇する鉱山から再生不可能な資源を採掘するコストも上昇することから、「もっと資本を」という要求が経済の提供できる範囲を超えてしまう。結果として、かなり突然の減退が起こる。シナリオ5は、「多くの危機の組み合わせ」といえよう。

これほどさまざまなストレスを受けた社会は、どの優先項目を最初にあきらめるべきかについて、議論することもできよう。土地の浸食を放置するか？　汚染の増加に目をつぶるか？　少ない原材料で我慢するのか？　ワールド3では、原材料と燃料を最優先項目としている。これがないと、経済の他部門への投資を維持するために必要な工業生産を産出しつづけることができないからだ。もっとも、具体的に何を選択するか、また、投資資本が不足したあとのモデルの行動パターンは重要ではない。実際にそうした道を歩んだ場合、世界がどうなるかをわかっているふりをするつもりもない。重要な変数が急減しはじめたあとのシミュレーションは、実は関係がないと思っている。重要な点はただ一つ、このような苦境に陥る可能性もあるということだけだ。このような世界に、実際に社会は直面するかもしれない、ということなのである。

もし再生不可能な資源の不足がシナリオ5の崩壊をもたらす最後の一撃だとすると、これまでのさまざまな技術に加えて、資源節約技術を採り入れれば助けになるはずだ。図6―4のシナリオ6は、その結果を示している。

ここでは、シミュレーション上の二〇〇二年に、単位工業生産当たりに必要な再生不可能な資源の量を年四パーセントまで減らす技術を導入する。汚染除去、収穫率向上、土壌浸食軽減のための技術も、前のシナリオと同様、実施される。つまり、環境効率改善を目指す二一世紀の一大計画となる。そしてもちろん、コストもかかる（資本コストは二〇五〇年に二〇パーセント高まり、二〇九〇年に近づくころには一〇〇パーセント上昇する）。しかし、その目指すところは、人類のエコロジカル・フットプリントを大きく減らすことである。

これらの強力な技術を組み合わせることで、シナリオ5で二一世紀最後の約三〇年間に起こった崩壊を避けることができる。しかし、技術の導入はやや遅きに失した。二一世紀最後のおよそ三〇年間に、生活の豊かさ指数が徐々に下がっていくのを避けることはできなかったのである。人口は大きくは減少しないものの、期待寿命は二〇五〇年あたりで下がる。同時に、汚染が高まって、土地の生産力が減退してくると、食糧生産が減り始める。しかし、この影響は、農業の収穫率向上と汚染除去技術によって、最終的には克服される。そして、再生不可能な資源の減少速度がゆっくりになり、資源採掘にかかる費用も低いままに保たれている。激動の二一世紀が終わるころには、八〇億人弱の安定した人口が、汚染の少ないハイテク世界に住んでおり、生活の豊かさ指数は、二〇〇〇年の世界とほ

図6−4　シナリオ6——入手可能な再生不可能な資源がより多く、汚染除去、土地の収穫率改善、土地浸食軽減、そして資源の効率改善の技術がある場合

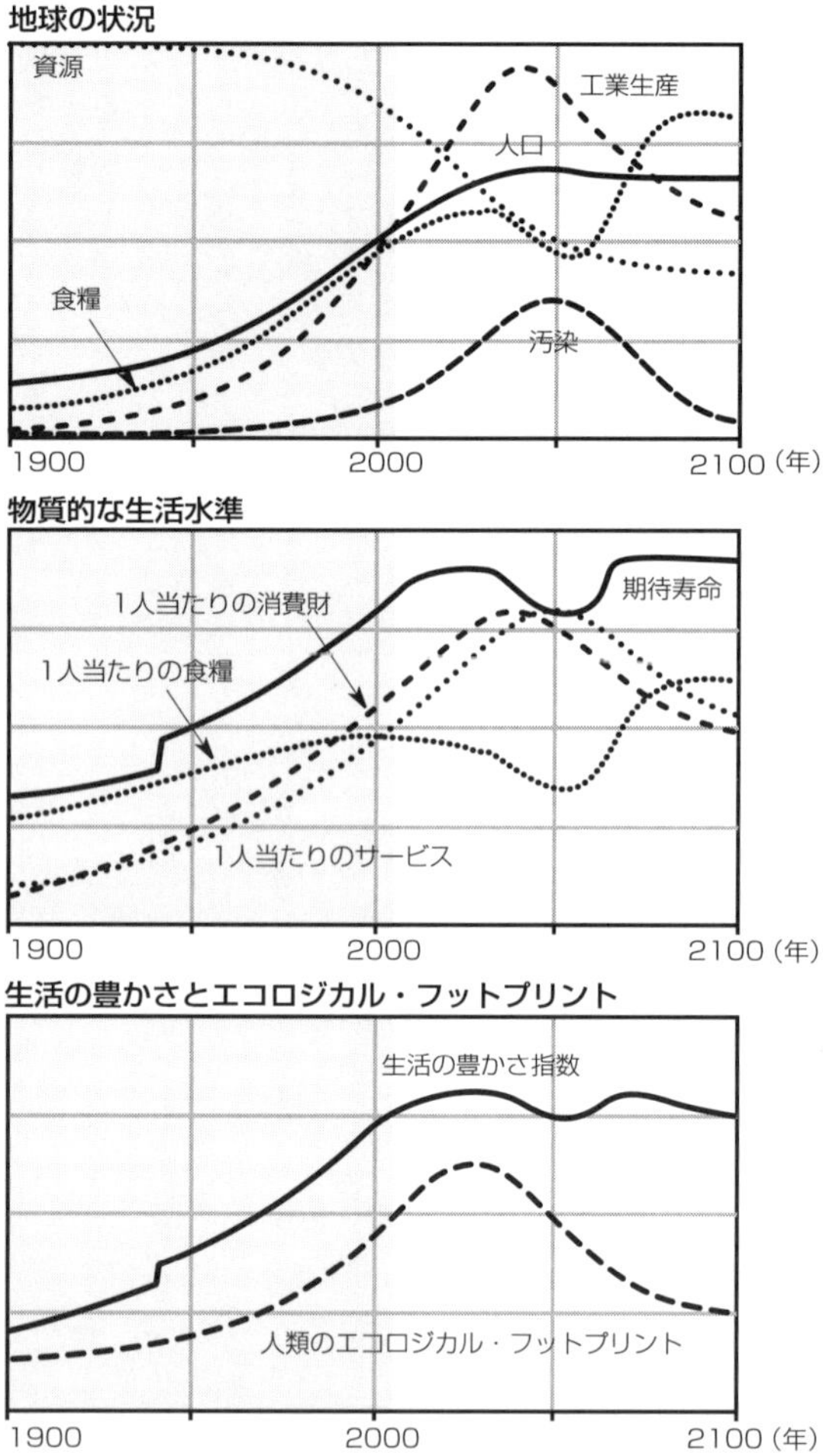

汚染除去、土地収穫率の改善、土地浸食軽減、再生不可能な資源の効率改善にかかわる強力な技術を同時に開発した場合である。こうした技術はすべて費用がかかり、全面的な実施までに20年かかると仮定されている。これらを組み合わせることによって、かなり大きく繁栄するシミュレーション世界をつくり出すことができる。が、そのうち、技術の総費用に反応して、生活の豊かさの水準が減退しはじめる。

ぼ同じである。二一世紀初めに比べて、期待寿命も一人当たりの食糧も高めであり、一人当たりのサービス生産はほぼ同じであるが、一人当たりの消費財は低い。ところが、工業生産は二〇四〇年ごろから減少しはじめる。食糧不足、汚染、土地浸食、資源不足から人々を守るために必要な費用が増えていくので、成長に必要な資本が減ってしまうからである。一人当たりのサービスや消費財は、その後すぐに減り始める。最終的に、このシミュレーション世界は、技術や社会サービス、新しい投資が、同時に高くなりすぎるために、その生活水準を維持できなくなってしまう。「コストの危機」である。

「現実の世界」のシナリオの限界

コンピュータ・モデルにしろ、メンタルモデルにしろ、あるモデルを使って作業したあとには、一度モデルから離れて、これは「自分たちが生きている実際の世界」ではなく、ある点では「現実的」だが、別の点では「非現実的」なものを表しているのだと思い出すことが大切である。「現実的」と思われるシナリオから教訓を見出すとともに、モデルの不確実性や意図的な単純化を考慮に入れて、その教訓がどこまで妥当なのかを判断する必要がある。われわれも、ここまで一連のシミュレーションを行ってきたので、ここで立ち止まり、もう一度全体を振り返ってみよう。

忘れてはならないのは、ワールド3では、世界の豊かな地域と貧しい地域を区別していないということだ。飢餓や資源不足、汚染などのシグナルはすべて、全体としての世界に届き、同じく全体としての世界がその対処能力によって反応すると仮定されている。この単純化によって、モデルはきわめて楽観的なものになっている。「現実の世界」では、飢餓は主にアフリカで起こり、汚染の危機は主に中央ヨーロッパに生じ、土壌劣化が進むのは主に熱帯地方であったりする。また、最初に問題に直面するのは、その問題に対応するための技術力や経済力を最も持っていない人たちであることも多い。その場合には、問題が修正されるまでに、非常に長い遅れが生じることになる。したがって、ワールド3のシステムでは力強く対応してうまくいったが、「実際の」システムではそうはいかないかもしれない。

また、モデルでは、市場は完璧に機能し、技術は、驚くような副作用を何も引き起こさずに、スムーズに成功すると仮定しているが、これも非常に楽観的な設定である。「政治的な意思決定は、費用もかからず遅れもなく下される」という仮定も、同じく楽観的である。もう一つ、忘れてならないのは、ワールド3のモデルには、生産的な経済から資本や資源を吸い取ってしまう軍事部門がないことだ。人々を殺傷し、資本を破壊し、土地を荒廃させ、汚染をもたらす戦争は、ワールド3には存在していない。民族抗争、ストライキ、汚職、洪水、地震、火山の噴火、原発事故、エイズの流行、思いがけない環境破壊なども起こらない。したがって、多くの点でこのモデルはこの上なく楽観的である。言ってみれば、「現実の世界」の最良の可能性を示しているのである。

逆に、モデルのなかの技術は、あまりに限定的だと言う人もいるかもしれない。技術の展開をさらに加速し、限界すらない（シナリオ0のように）という状況を考えているかもしれない。どれほどの資源が発見できるか、どれほどの土地を開発できるか、どれほどの汚染を吸収できるかに関するわれわれの仮定は低すぎるかもしれないし、逆に高すぎるかもしれない。われわれとしては、入手できるデータや技術的な可能性に関するわれわれ自身の評価に基づいて、「現実的」な想定をしたつもりである。

このようにさまざまな不確実性があるため、シナリオの曲線を「数値的に正しい」という前提で見てはならないことは明らかである。たとえば、シナリオ3では、食糧危機が資源危機より先に出現するが、その逆だとしても何の不思議もなく、その順番自体にはさほど意味はない。シナリオ6が示したように、二〇四〇年きっかりに工業が減退しはじめると予言しているわけでもない。ワールド3でも他のモデルでも、そのように精密に解釈できるほど精度の高い数字は手に入らないのだ。

そうだとしたら、こうしたシミュレーションの結果から、何が学べるのだろうか？

なぜ、技術や市場だけでは行き過ぎを回避できないのか

ここまでのシミュレーションをまとめてみよう。まず、人類のエコロジカル・フットプリントは増大して持続可能なレベルを超える傾向があり、限界を超えると、今度は、そのことによって強制的に減少させられる。通常この減少に伴って、食糧が手に入りにくくなり、世界の一人当たりの工業財やサービス財が減り、人間環境における汚染レベルが高まって、平均的な生活の質が低下する。人間は通常、人口や経済をこれまでどおり成長させたいとの期待から、その制約条件を取り除こうと反応する。

これまでの六つのシミュレーションから得られる一つの教訓は、複雑で有限な世界では、一つの限界を取り除いたり、引き上げたりして成長を続けようとしても、別の限界に突き当たるということだ。とくに、成長が幾何級数的だと、あっという間に次の限界が出現する。言ってみれば「層状の限界」があるのだ。ワールド3に含まれているのはそのごく一部であるが、「現実の世界」にはさらに多くの限界がある。そうした限界の多くは、明確かつ具体的な地域的な限界である。そして、本当の意味での地球規模の限界は、オゾン層や気候の変動に関するものなど、ごくわずかである。

「現実の世界」では、さまざまな地域や国が成長を続けようとすると、それぞれのタイミングや順番

で、さまざまな限界にぶつかることになるだろう。しかし、どこであっても、ワールド3での展開とほぼ同じように、「いくつもの限界が次々と生じる」という展開になるだろう。しかも、相互関連のますます深まる世界経済では、どこか一つの社会がストレスを受けると、その余波があらゆるところに伝播するだろう。さらに、グローバル化が進むということは、積極的に貿易に携わって相互に関係のある世界の各地域が、さまざまな限界にほぼ同時に達してしまう可能性が高まるということなのだ。

また、これまでのシミュレーションの結果から、工業や農業が消費する物質やエネルギーを削減する技術を開発し、採用することで、人類のエコロジカル・フットプリントが下げられることもわかる。こうした技術が広く普及すれば、エコロジカル・フットプリントを大きくせずに、平均的な生活の質を高めることができる。これが、よく言われる現代グローバル経済の「脱物質化」である。

二つ目の教訓は、社会が経済的・技術的能力を発揮することで、限界を先送りするのに成功すればするほど、いくつもの限界に同時にぶつかる可能性が高くなる、ということだ。本書に示していない多くのものも含め、ワールド3の大部分のシミュレーションでは、世界システムが土地、食糧、資源や汚染吸収能力そのものを使い果たしてしまう、ということはない。使い果たしてしまうのは、「対応能力」なのである。

ワールド3での「対応能力」とは、いたって単純だが、「問題解決のために投資できる年間工業生産高」である。もちろん、「現実の世界」の対応能力は、ほかのさまざまな要因によっても左右される。たとえば、訓練を受けた人の数やその動機、政治的な注目や意思の程度、対処可能な財政リスク、新しい技術を開発し、普及し、採用する制度的な力、管理能力、マスメディアや政治指導者が重要な問題から目を離さずにいられる能力、優先順位の高い項目についての有権者の合意、人間は問題を予期してどこまで先を見られるか、などである。こうした能力はすべて、社会が伸ばしたいと思って投資をすれば、時間とともに伸ばすことができる。しかし、ある時点でのそうした能力は限られており、対応できる量も限られている。こうして、複数の問題が幾何級数的に大きくなってくると、一つずつなら対応できる問題だとしても、対応能力を超えてしまう可能性がある。

ワールド3モデルにおける究極の限界は、実は「時間」である。「現実の世界」でも同じではないだろうか。時間が十分にあるのだとしたら、人間の問題解決能力はほぼ無限といってよいだろう。成長、とくに幾何級数的成長が油断ならないのは、効果的な行動をとるための時間を短縮してしまうからだ。幾何級数的成長は、システムへの圧力を加速度的に強めていくため、緩やかな変化であれば十分に対応できてきた対応メカニズムも、最後には機能できなくなってしまうのである。

変化がゆっくりであるなら、技術や市場のメカニズムはうまく機能する。しかし、幾何級数的な速度で、しかも相互に関連している限界へ向かって突っ走っている社会がつくり出す問題を解決することはできない。そして、その理由は、ほかに三つある。目標、費用、遅れという理由だ。最初の理由は、市場や技術は、その社会全体の目標や倫理、時間枠に資する手段にすぎないということだ。もし、ある社会の暗黙の目標が、長期的なことを無視して、自然を搾取し、エリートを豊かにするというものなら、その社会は、環境を破壊し、貧富の差を大きくし、短期的な利益を最大化するような技術や市場をつくり出すだろう。つまり、崩壊を防ぐどころか、早めてしまう技術や市場をつくり出すことになる。

二つ目の理由は、調節メカニズムには費用がかかるということだ。技術と市場の「費用」は、資源、エネルギー、お金、労働力、資本として表れる。このような費用は、限界が近づくにつれ、非線型に増加する傾向がある。このために、システムは予期せぬ行動パターンを示すことになる。

すでに図3―19と図4―7で、資源の品位が下がるにつれ、再生不可能な資源を採掘する際に排出

図6−5　汚染物質除去の非線型費用曲線

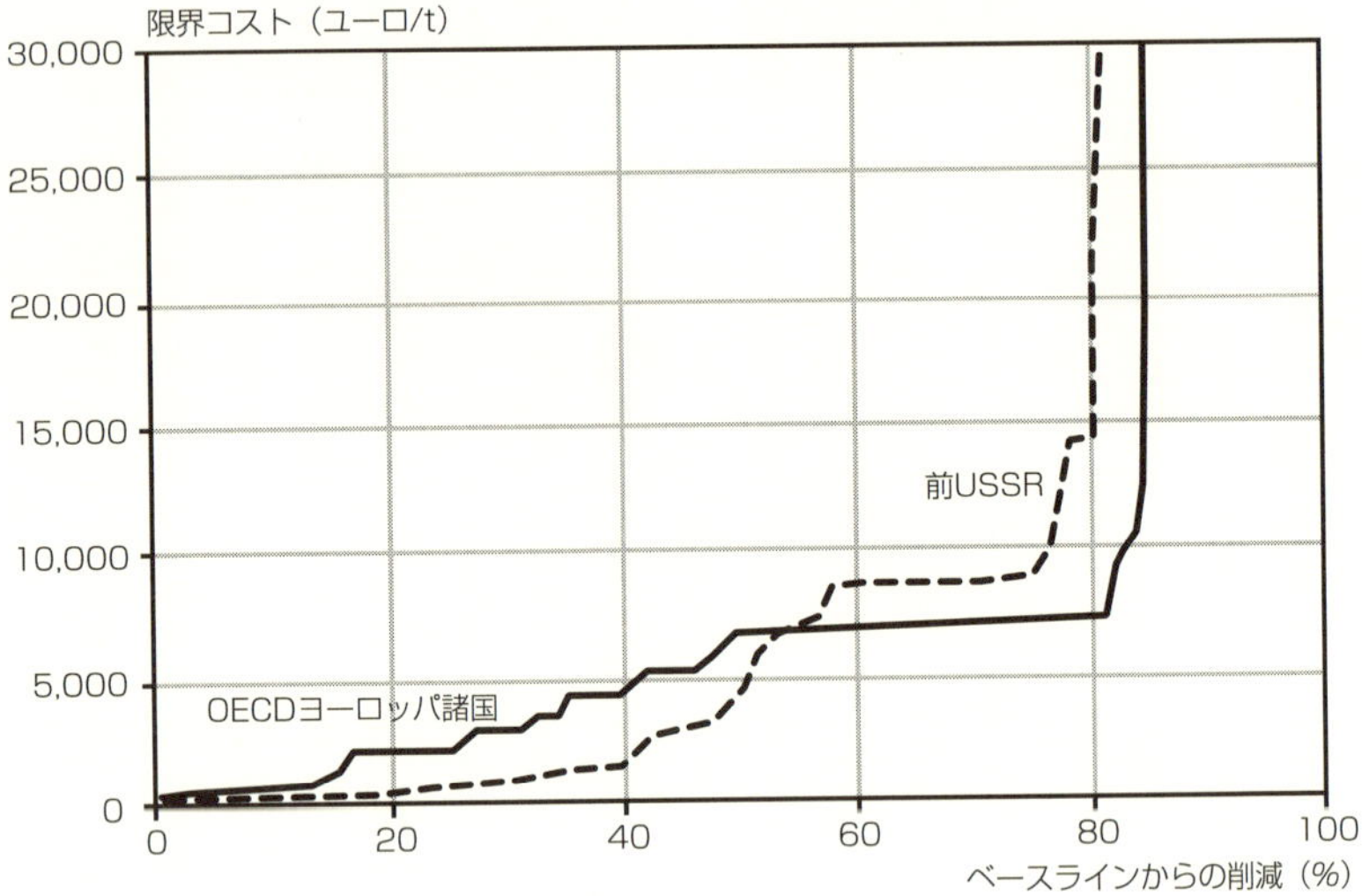

大気汚染物質である窒素酸化物（NOx）は、その大部分をあまり費用をかけずに、除去できる。しかし、除去を求められる水準があるレベルに達すると、そこからさらに除去する費用が急騰する。2010年のOECDヨーロッパ諸国および旧USSR諸国のNOx除去の限界費用曲線をトン当たりのユーロで計算したもの。
（出所:J.R.Alcamo et al.）

される廃棄物と、採掘に必要なエネルギーが驚くほど急増する様子を見た。図6—5は、別の費用増加曲線で、窒素酸化物の排出を一トン減らすために必要な限界コストを示している。排出のほぼ五〇パーセントを除去するところまでは、比較的費用もかからない。八〇パーセント近くまでの除去も、費用は上昇していくものの、まだ払える範囲である。しかし、そこに限界がある。つまり、そこを超えると、除去する費用が莫大になってしまう閾値が存在しているのだ。

技術の進歩によって、この二つの曲線を右にずらすことは可能かもしれない。つまり、より完全な除去が手の届くコストでできるようになるかもしれない。または、煙の排出をゼロにする技術が開発され、その技術を使うことから別の物質が排出されるようになり、ほかの除去コスト曲線につながっていくかもしれない。そういったことがあったとしても、汚染除去曲線の形は、基本的にはいつも同じである。一〇〇パーセントの除去（ゼロ・エミッション）を求めるにつれて、除去費用が急増する背景には、根本的な物理的理由があるのだ。たとえば、煙突や配水管の数が増えると、必ずこうした費用が上昇していく。自動車一台当たりの汚染物質を半分に削減するのはコスト的にそれほど難しくないかもしれないが、車両数が二倍になったとしたら、同じ大気の質を保つために、一台当たりの汚染物質を半減しなくてはならなくなる。車両数が二倍になれば、七五パーセントの削減が必要となり、さらに倍増したら、八七・五パーセントの削減が必要だ。

したがって、ある時点で、「成長すれば、汚染除去技術がまかなえるほど経済は豊かになってくる」という理論は真実ではなくなる。実際には、成長する経済は、非線型の費用曲線をたどることになり、「これ以上の削減にはお金が出せない」という点に達するのである。そのとき、理性ある社会なら、その活動レベルのさらなる拡大はやめるだろう。それ以上成長しても、国民の生活の豊かさの向上にはつながらなくなるからだ。

そして、技術や市場があるだけではこうした問題を解決できない三つ目の理由は、「遅れ」である。技術や市場は、フィードバック・ループを通じて機能するが、そのフィードバック・ループには、情報のゆがみや遅れがあるのだ。市場や技術の「遅れ」は、経済理論やメンタルモデルが予想する時間よりもずっと長い可能性がある。技術と市場のフィードバック・ループそのものが、行き過ぎや振れ幅の大きさ、不安定さのもとである。世界中がその不安定さを感じた一例として、一九七三年以後の一〇年間の石油価格の変動が挙げられるだろう。

市場の不完全性の一例――石油市場の変動

一九七三年の「石油危機」には、多くの原因があるが、最も根本的な理由は、石油消費資本（自動車、炉、その他の石油燃焼機械類）に比べて、石油生産資本（油井）が世界的に不足したということである。七〇年代初め、世界の油井の稼働率は九〇パーセントを超えていた。そのため、中東での政治動乱によってその地域の石油生産が停止されたとき、世界的には生産量のごく一部だったにもかかわらず、ほかの地域からの供給を増やしても補いきれなかった。こうして、ＯＰＥＣは値上げをする機会を得、まさにそうしたのである。

この価格上昇と、同じ理由で一九七九年に二度目に起こった値上げ（図６―６）によって、経済面でも技術面でも、強い反応がさまざまに起こった。供給側では、ＯＰＥＣ以外の地域に多くの油井が掘られ、汲み上げ設備が設置された。損益分岐点ぎりぎりだった油田が突然経済性を持つようになり、生産が始まった。しかし、油井にしても、石油精製所にしても、タンカーにしても、石油生産施設を発見し、建設し、操業を始めるまでには時間がかかる。

一方、消費者は、値上げに省エネで対応した。自動車メーカーは、より燃費のよいモデルを開発した。人々は家屋に断熱工事を施し、電力会社では、石油火力発電を止めて、石炭火力発電所や原子力発電所に投資した。政府は、さまざまな省エネを法令化し、代替エネルギー源の開発を促進した。こうした反応も、やはり何年もかかって出てくる。こうして、長期的に見れば、世界の資本ストックが変わったのだ。

市場の力を信奉している人々は、「市場はすぐに行動する」と信じているようだ。しかし、世界の

図6−6　OPECの石油生産設備の稼働率と世界の石油価格

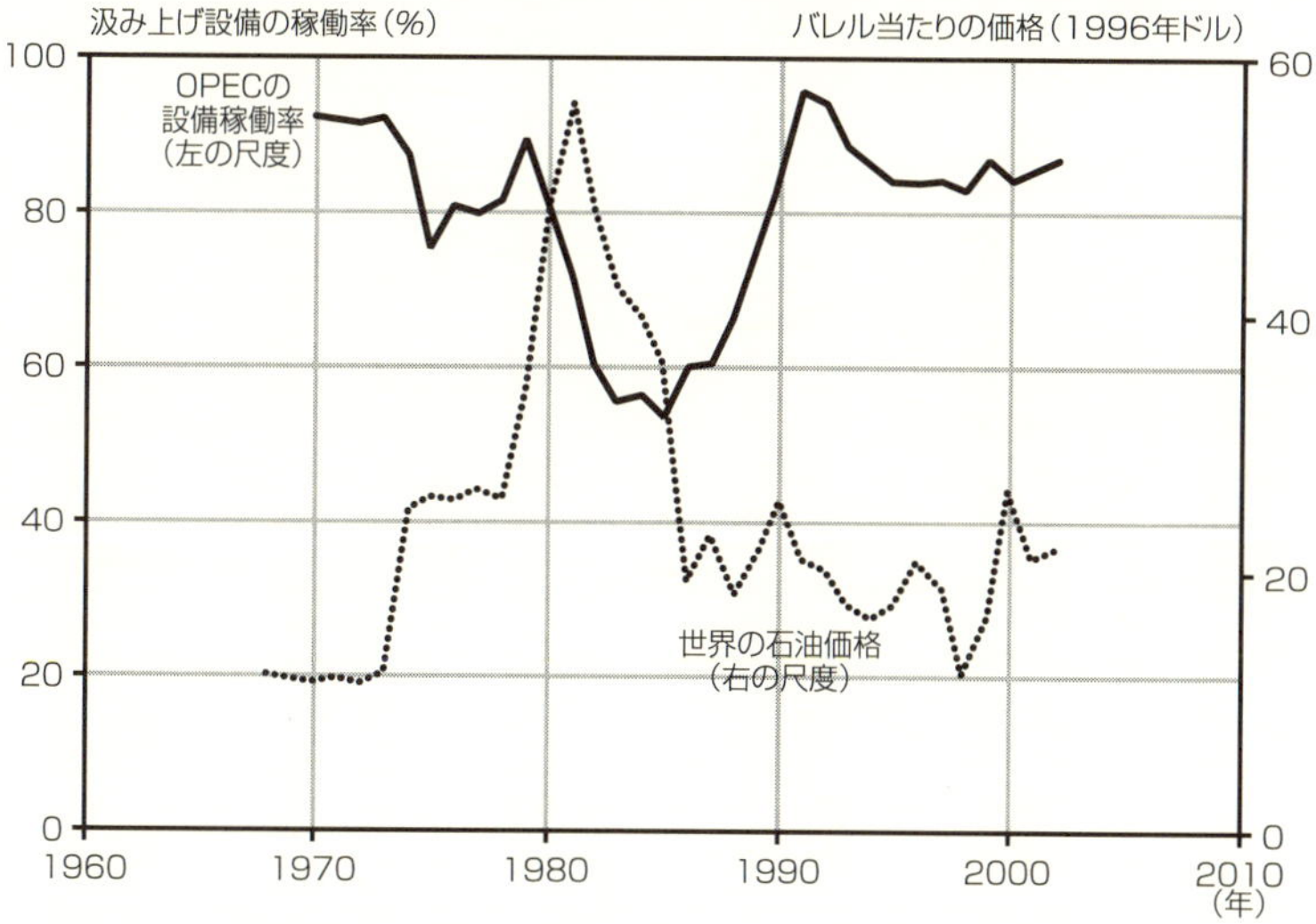

1970年代にはOPECの生産設備のほとんどが稼働していたので、わずかな石油供給の中断でも、突然にしかも極端な価格変動を起こした。石油価格の変動は10年以上にわたり、その高下に伴って、世界中に経済混乱を引き起こした。
（出所:EIA/DoE）

石油市場では、一〇年近くたってやっと、こうしたさまざまな反応によって、最終的に需給が（低い消費水準と高い石油価格で）調整されたのだ。八三年の世界の石油消費量は、七九年のピーク時から一二パーセント減少した。[6] 石油生産資本がだぶついている状況に、ＯＰＥＣはさらに汲み上げ能力を五〇パーセント近くにまで下げざるをえなかった。世界の石油価格はじりじりと下がり、八五年についに暴落した。その後九〇年末まで、引き続き下降傾向を示している（実質ドル価値）。

高騰しすぎた石油価格が次に大きく下落したとき、石油生産設備は閉鎖され、産油地域は不況に見舞われた。そして、省エネの取り組みも放棄された。燃費の優れた自動車の設計は棚上げされ、代替エネルギー源への投資もなされなくなった。こうした調節メカニズムが力を発揮するにつれて、今度は、次の不均衡や石油価格上昇への条件が整うことになる。まさにこれが、二一世紀に入ってからの数年間、石油価格が比較的高い水準にある理由なのかもしれない。

このような「行き過ぎ」と「不足し過ぎ」が起きるのは、石油市場には回避できない反応の遅れがあるからだ。行き過ぎたり、今度は不足し過ぎたりするなかで、莫大な富が国境を越えて移動し、巨額の赤字や黒字が発生し、にわか景気が起こり、バブルが破裂し、銀行が破産した。これらはすべて、石油の生産資本と消費資本の相対的な規模を調整しようとした結果なのだ。このような石油価格の高下はすべて、実際に地下に存在している石油の量（これは着実に減っている）には関連なく、また、石油の採掘、輸送、精製、燃焼などによる環境への影響ともまったく関係なかった。市場の石油価格というシグナルが提供していたのは、手に入る石油の相対的な不足や余剰に関する情報だったのである。

さまざまな理由により、石油市場のシグナルは、世界に対して、切迫している物理的限界についての役に立つ情報をまだ提示できていない。たとえば、産油国政府は、石油価格を値上げするために介入する。つまり、過大に報告すれば自国の生産割り当て量が増やせるからと、埋蔵量を偽ろうとするかもしれない。消費国側の政府は、価格を低く抑えようとする。産油国の政治力を弱めるために、やはり埋蔵量を過大に評価し、虚偽の数字を出すかもしれない。投機家も、価格の変動をさらに増幅する可能性がある。そして、採掘されてすでに地上のタンクに入っている石油量のほうが、将来の資源として地下に埋蔵されている石油量よりも、価格を左右する力がずっと大きいのだ。市場は長期的な見通しを立てることができず、資源がほとんど枯渇してしまうまで、究極の供給源や吸収源には、何の注意も払わない。したがって、気づいたときには、手遅れであり、魅力的な解決策は打ち出せない。

この石油価格の例からもわかるように、経済的なシグナルや技術的な反応は、強力な反応を引き起こすことができる。しかし、残念ながら、地球システムと適切につながっていないのだ。したがって、物理的限界についての有用な情報を社会に提供できないのである。

最後に、技術や市場がなぜ用いられるかという「目的」に戻ろう。市場も技術も、単なる手段にすぎない。それをつくり出した人々や組織以上に、知恵や先見性、節度、共感を備えているわけではない。つまり、市場や技術が世界でつくり出す結果は、「誰が」「何のために」市場や技術を用いるかによって異なるのだ。どうでもよいことや不平等、暴力のために使えば、それ相応の結果を生み出すだろう。あるいは、有限の地球上で絶えざる物質的成長をする、という不可能な目標のために使うとすれば、最終的には機能しなくなるだろう。または、実行可能で持続可能な目標のために使われるのなら、持続可能な社会をつくり出す手助けとなるだろう。次章で、それがどのように起こりうるかを示そう。

長期的にみなのためになるよう、技術や市場を調節して用いれば、非常に大きな助けとなるだろう。世界がクロロフルオロカーボン（ＣＦＣ）なしでやっていこうと決断したとき、数十年をかけ、技術の力のおかげで、その変化が実現したのだ。技術的な創造力、企業家精神、比較的自由な市場の助けなしに、充足し公正で持続可能な世界がつくり出せるとは思っていない。しかし同時に、それだけで十分であるとも思っていない。人間世界を持続可能なものにするには、そのほかの人間の能力も必要なのである。そうしたほかの能力がなかったら、技術の進歩や市場は一致協力して持続可能性を挫折させ、重要な資源の崩壊を早めてしまう可能性がある。これがまさしく起こったのが、海洋漁場だった。

漁場の崩壊の歴史

八回網を打って、二トン以上の魚が獲れたことを覚えているよ。いまでは、同じ量を獲るのに八〇回網を仕掛けなくてはならないだろう。当時、春のタラは、平均して一尾一〇キロから二〇キロ近くはあった。それがいまでは、二キロから四キロしかない。

——ジョージバンクの漁場での漁民　一九八八年

魚について知りたいだって？　いいとも。もういないよ。

——デイブモリーのカナダの漁民　一九九七年

世界の漁場の最近の歴史を振り返ると、近づきつつある限界に対して、技術と市場がいかに不適切な対応をする可能性があるかがわかる。こうした世界の漁場の事例では、限界を否定し、これまでの漁獲量を保つためにいっそうの努力をし、外国の漁民を追放し、地元の漁民に補助金を出し、そして最終的に、いやいやながら社会的に漁業規制を行う、といった「よくある組み合わせ」が実際に起こっている。そして、引用にあるカナダ東海岸のタラの漁場のように、社会的な介入が遅きに失し、資源を守れなかった例もある。

主要な漁場では、次々と漁業規制を設けるようになってきた。おそらく「公海」の時代は終わりつつあるのだろう。限界がついに明らかになり、いまではその限界が世界の漁場を左右する要因となっている。資源不足と漁業規制の結果、養殖を除く世界の漁獲高は、成長が止まっている。一九九〇年

図6−7　世界の養殖以外の漁獲量

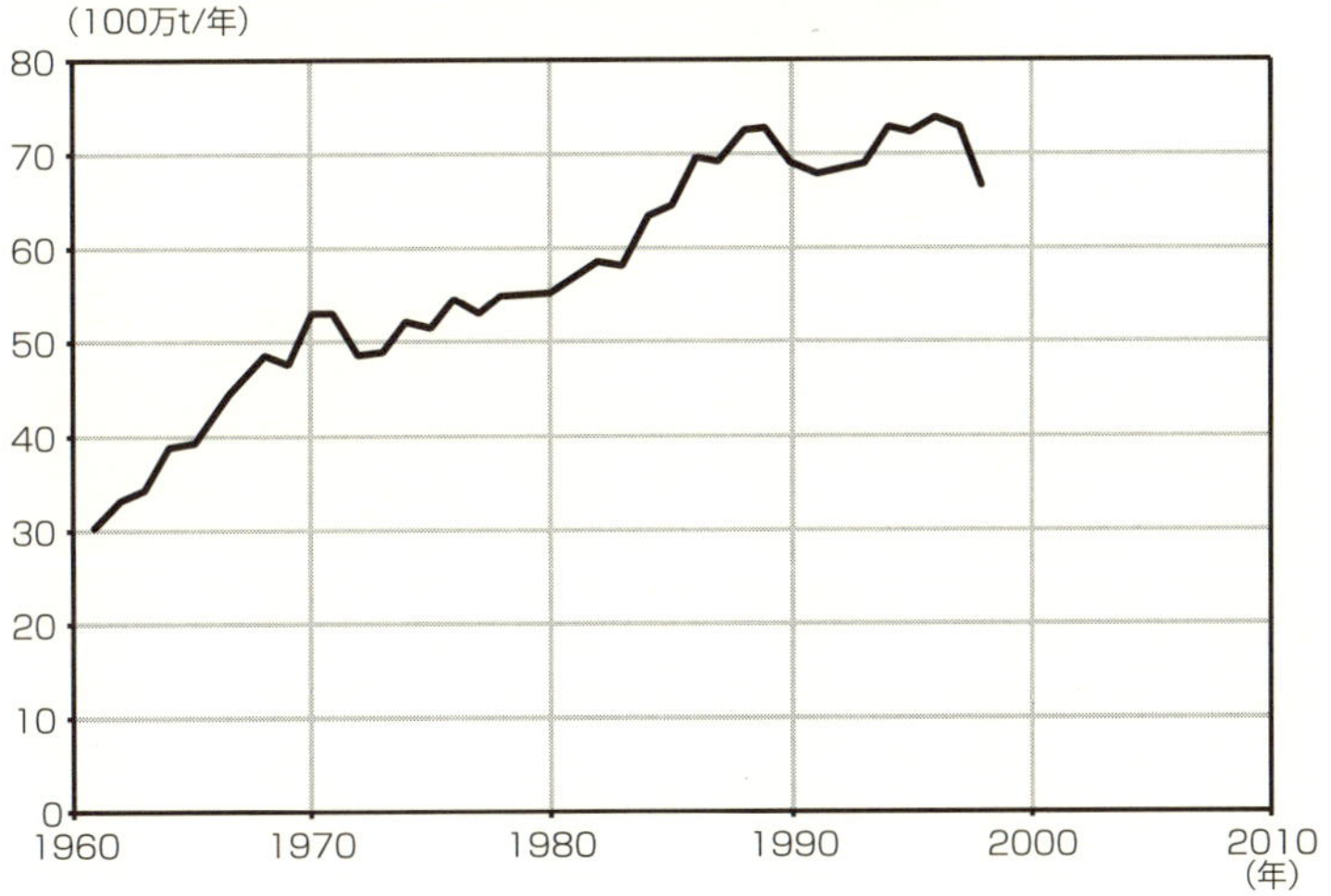

世界の養殖以外の漁獲量は、1960〜90年に激増した。しかし20世紀の最後の10年間は、総漁獲量は増加していない。
(出所:FAO)

代、世界の商業用海産魚の総漁獲高は年八〇〇〇万トンを下回るあたりで上下していた[7](図6—7)。この水準を持続することが可能なのか、またはこれは崩壊のはじまりを告げているのかは、さらに何年かたたないとわからない。九〇年ごろに、国連の食糧農業機関(FAO)は、従来の海洋資源から維持できる商業用漁獲高は、年間一億トンを超えないと考えていた。これは、九〇年までの水準をやや上回るものである。

したがって、この時期に養殖が急増したのも当然といえば当然である。一九九〇年には一三〇〇万トンだった養殖が、いまでは年四〇〇〇万トンに増えており、現在世界で消費されている魚の三分の一は養殖魚なのだ。この市場と技術の反応を、われわれは喜ぶべきではないか？　養殖の伸びは、技術と市場の問題解決能力をまざまざと示しているのではないか？　いや、実際にはそうではないのである。その理由は三つある。まず、魚の生産は、かつては食糧の供給源であったが、いまでは食糧の吸収源になりつつあるということ。二つ目に、魚などの水生生物は、かつては貧しい人たちの食糧であったが、いまでは豊かな人たちの食べ物になりつつあるということ。三つ目に、自然に生息している魚群は環境に影響を与えないが、養殖は環境を破壊するということである。

まず最初の点について述べよう。海洋漁場は、人間にとって本当の意味での食糧源であるといえよう。何もしなくても、単なる植物を上質なタンパク質に変えてくれるのだから。一方、養殖は、実質的には食糧の供給源ではない。ある形の食糧をほかの形に転換しているだけであり、その各段階で損失が発生するのを避けることはできない。通常、養殖魚には、穀物か魚からつくったミールを餌として与えている。

第二に、魚はかつて、貧しい人々の重要な栄養源だった。魚なら、地元でお金をかけずに獲って、食べることができる。地域の人々はときどき簡単な道具を使って共同で漁をし、自分たちが食べる食糧を手に入れていた。それに対して、養殖の目的は、最大の利益が得られる市場に出荷することである。養殖のサケやエビは、豊かな人々の食卓にのぼるものであって、貧しい人々の口には入らない。そして、沿岸漁場の破壊によって、問題はさらに悪化する。地元の魚のほとんどが獲り尽くされ、遠くの市場にいる消費者が残った魚の値段をつり上げる。その結果、貧しい人々は魚を食べられなくなっている。

第三に、魚やエビなど、水生生物の養殖は、深刻な環境破壊を起こす。この養殖という新しい技術のために、養殖されている生物種が海に逃げ出したり、食べ残しや抗生物質が海に拡散したり、ウイルスが蔓延したり、沿岸の湿地が破壊されたり、という問題が起こっているのだ。こうした有害な結果は、たまたま起こったのではない。主要な魚市場の価格や利益にまったく影響を与えない「外部経済性」であるがゆえに、つまり、市場の働きゆえに起こっているのである。

二〇〇二年にFAOは、世界の海洋漁場のおよそ七五パーセントは、その能力ぎりぎりか、または能力を超えて漁獲されていると推計した。[8]世界の一九の漁業区域のうち九つでは、持続不可能と推定される漁獲量の下限を上回っていた。

世界の漁場にかかっている圧力の大きさを示す顕著な出来事がいつも起きている。先述したように、一九九二年にカナダ政府は、タラ漁場も含め、東海岸の全漁場を閉鎖した。魚の個体数がまだ十分に回復していないため、二〇〇三年時点では、まだ閉鎖されたままである。九四年には、アメリカの西海岸沖のサケの漁獲が厳しく制限された。[9]また、二〇〇二年には、カスピ海周辺の四カ国が、有名なキャビアを産するチョウザメ保護のための枠組みにようやく合意した。チョウザメの年間漁獲量は、一九七〇年代の二万二〇〇〇トンから、九〇年代後半には一〇〇〇トンに激減しているのだ。[10]ふつうなら三〇年生存し、七〇〇キロ近くまで成長するクロマグロの数は、一九七〇年から九〇年の二〇年間に、九四パーセント減った。ノルウェー水域の総漁獲量は何とか維持されているが、その内訳を見ると、価値の高い魚類が姿を消すにつれて、それほど価値の高くない商業用の魚が増えていることがわかる（図6―8）。

ノルウェーでは、一〇年にわたって漁獲を凍結したことで、ニシンやタラの魚群が回復しつつある。ノルウェーは、漁業ができない漁民への補償金を支払うことができたため、漁獲凍結が有効だったのである。

一方、EUの直面している状況はより困難である。EUでは、一隻当たりの漁獲量ではなく、漁船の数自体を減らすことで、EU水域での漁獲量を減らそうとした。しかし、EUは収入を失う漁民への補償金を十分に支払うことができないため、漁船はアフリカ沖などへ出て行き、EU水域外で漁業

図6−8　クロマグロの個体数の減少

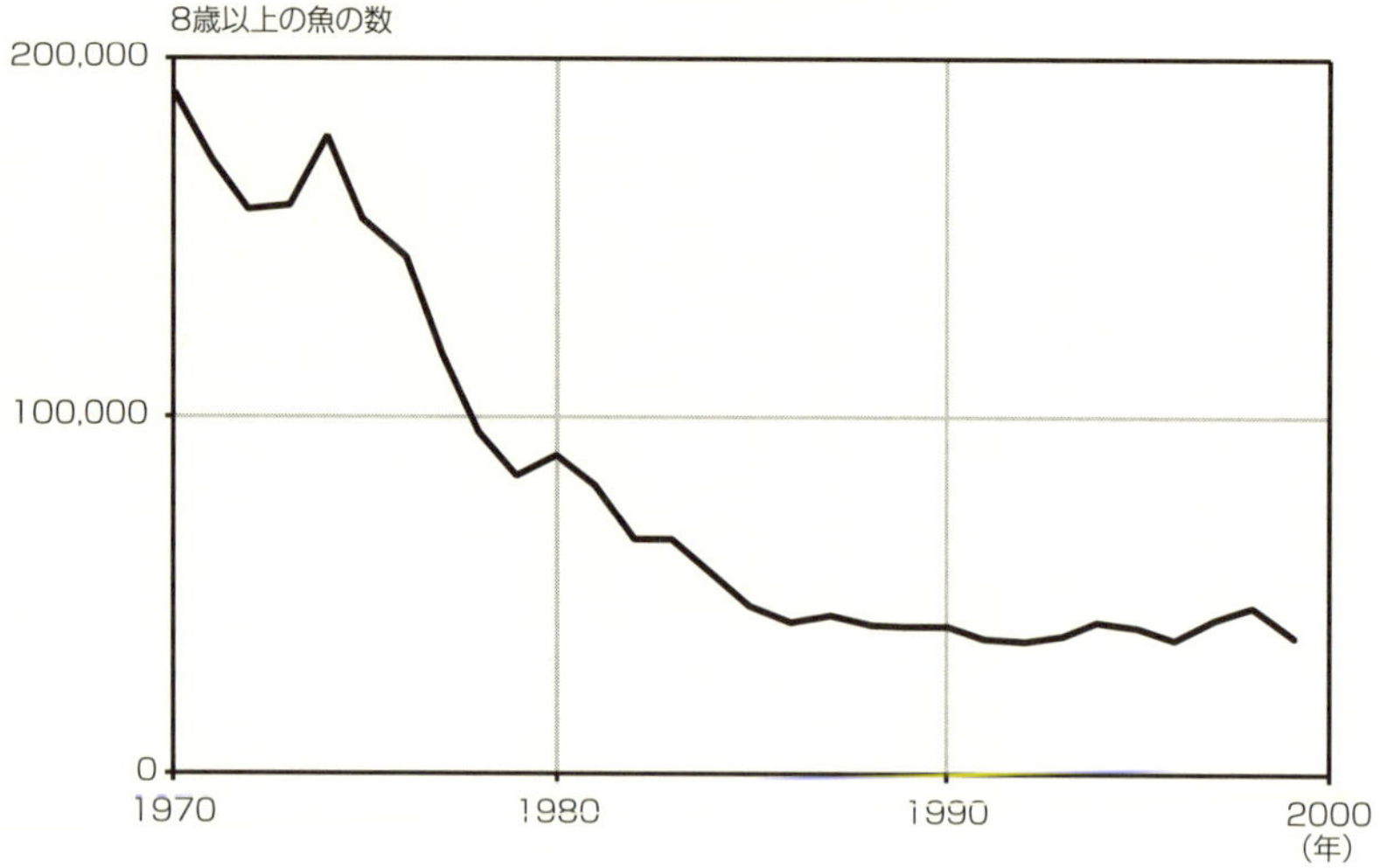

西大西洋のクロマグロ（8歳以上）の個体数は、過去30年間に80％も減少している。この魚は価値が高いので、いまでも漁獲行為が続いている。
（出所：ICCAT）

を行うようになった。発展途上国の海域で乱獲をし、地元の人々から貴重な雇用やタンパク資源を取り上げる結果になっている。EUの政策は、地球規模では建設的な効果を発揮していない。これらのことから見ても、世界の漁場が地球の限界に強くぶつかっているのは、ほぼ間違いがない。

世界の漁業界は、一九九〇年までは、比較的自由で、活気のある市場を享受していた。一方で、その技術も驚くほど発展している。冷凍加工船のおかげで、その日の水揚げをすぐに持ち帰らなくても、遠くの漁場に長期間とどまれるようになった。レーダーやソナー、衛星を使って探査することで、漁船はより効率よく魚群の居場所に行くことができる。約五〇キロにも及ぶ流し網によって、深海でも経済的に大規模に漁業ができる。その結果、持続可能な限界を超えて魚を獲っている漁場が増えている。そこで使われている技術は、魚を保護したり、魚群を増やそうとするものではなく、最後の一尾まで捕まえようとする技術なのだ（図6―8）。

多くの人たちは直感的に、「これでは魚のストックの乱獲につながる」とわかっている。それにもかかわらず市場は、魚をめぐって競争している人々に、海洋魚のような共有資源を乱獲させないための修正を促すフィードバック機能をまったく果たしていない。それどころか、市場は、一番乗りして多くの魚を獲った者に積極的に報酬を与えているのだ[11]。市場が価格上昇という形で不足のシグナルを出しても、豊かな人々は喜んでその値段で買おうとするだろう。一九九〇年代初め、東京の寿司市場でのクロマグロには、キロ当たり二〇〇ドルという値段がついたほどである[12]。ストックホルムでも、二〇〇二年に、かつては貧しい人々の常食だったタラに、キロ当たり一七〇ドルという信じられない高値がついた[13]。皮肉なことに、魚の数が減るにつれて、こうした高値がつくと、生産者はますます獲ろうと懸命になる。しかし、価格が上がると、需要の伸びは鈍化する。そして、魚は、悲しいことに、食糧として最も必要としている人々ではなく、お金を払える人々の元へ届けられるのだ。

資源を壊滅させようと夢中になっている市場の当事者たちは、まったくもって合理的な行動をしている。システムのなかでのそれぞれの立場から見える報酬や制約を考えれば、まったく妥当なことをしているのだ。問題は、人にあるのではなく、「システム」にある。再生速度の遅い共有資源を規制のない市場システムが管理しているとしたら、行き過ぎと共有資源の破壊を避けることはできない。

捕鯨産業とは「鯨の保全に関心を寄せる機関」のように考えているかもしれないが、実際には、できるだけ高い投資収益をあげようとする莫大な資本だと考えたほうがよいだろう。一〇年間で鯨を絶滅させても一五パーセントの利益をあげるか、持続可能な漁獲高で一〇パーセントしか利益をあげられないかとなれば、一〇年で絶滅させるほうを選ぶだろう。その後は、また別の資源に資本を移し、それを根こそぎにするのだ(14)。

資源を守るには、何らかの政治的な制約が必須だが、それはなかなか難しい。規制も、必ずしもうまくいくとは限らない。最近の調査によると、再生可能な資源を一〇〇パーセント私有している場所（つまり、「共有地の悲劇」が起こりえない場所）でも、乱獲が起きる傾向があるという(15)。行き過ぎが起こるのは、ストックの推定値、漁獲量、成長率といった資源基盤に関する情報が不確かで、雑音が混ざっており、従来型の管理の意思決定の方法に合っていないからにすぎない。この典型的な結果が、漁獲資本への過剰投資と資源の乱獲である。

これまでの市場や技術のために、世界の海洋漁場は崩壊ぎりぎりのところに追い詰められている。その状況で、市場や技術を促進することが漁場を健全な状態に戻すための解決策だとは思えない。限界という概念を欠いたまま使われるとき、市場も技術も、行き過ぎを生む手段となってしまう。しかし、限界の範囲内で、規制的な制度のもとで使うことができれば、市場や技術開発の力は、何世代にもわたって持続できる豊かな漁獲を世界の漁業業界にもたらすことができるだろう。

地球上では、人口、資本、資源消費、汚染などが幾何級数的に成長している。そして、失業や貧困といった問題から、地位や権力、自己受容への欲求など、人間にとって切実な問題を解決しようとすることが、この幾何級数的成長に油を注いでいる。

幾何級数的成長は、どんなものであっても、ある決まった限界をあっという間に超えてしまう。ある限界を押し戻したとしても、幾何級数的成長は、すぐに別の限界に突き当たる。

限界からのフィードバックに遅れがあるので、世界経済システムは、その持続可能な水準を行き過ぎてしまう傾向がある。実際に、世界経済にとって重要な供給源や吸収源の多くで、すでに行き過ぎが起こっている。

技術や市場は、依存する情報は不完全で、遅れを伴う形で機能する。したがって、経済が行き過ぎてしまう傾向をさらに増長する可能性がある。

技術や市場は通常、社会のなかでも最も力のある部分の役に立つ。その主な目標が成長であれば、できるだけ長く成長をもたらすことになる。あるいは、公平であることや持続可能であることを第一の目標とするなら、その目標のために役立つだろう。

ひとたび人口や経済が地球の物理的限界を行き過ぎてしまったら、引き返す道は二つしかない。不足が加速し、危機が起きて、意に反して崩壊するか、それとも、社会が意図的に選択することで、エコロジカル・フットプリントを計画的に減らしていくか、である。

次章では、技術の進歩だけではなく、成長を抑制するという選択を、社会が意図的に行った場合に何が起こるかを見てみよう。

第7章

持続可能なシステムへ 思考と行動をどう変えるか

定常状態では、環境資源に対する需要は少なくなり、人間の道徳的資源への需要が高まる。

――ハーマン・デイリー　一九七一年

資源の消費や汚染の排出が持続可能な限界を超えてしまった、というシグナルに対して、人間社会がとりうる対応は、三つある。一つは、そのシグナルを否定し、隠し、混乱させる方法だ。これにはさまざまなやり方がある。「限界なんて心配する必要はない。市場や技術が自動的にどんな問題でも解決してくれるのだから」と主張する人もいれば、「しっかりした研究結果が出るまでは、行き過ぎを減らす取り組みに着手すべきではない」と言う人もいる。また、自分たちの行き過ぎのツケを、遠くにいる人々や将来世代に押しつけようとする人もいる。たとえば、こんな具合だ。

- 煙突を高くする。そうすれば、大気汚染はより遠くまで風に運ばれていき、そこで誰かほかの人がその空気を吸うはめになる。
- 有害な化学物質や核廃棄物を、どこか遠くの場所へ運んでいって捨てる。
- 現在の雇用を守り、負債を払うために必要だからと、魚を乱獲し、森林資源を過剰に伐採し、実際には、雇用や負債返済の究極の基盤である自然のストックを減らしている。
- 資源不足が原因で事業が不振に陥った資源採掘産業に対して補助金を出す。
- すでに発見されている資源を非効率な方法で使いながら、さらに多くの資源を探し求める。
- 土地の生産力の低下を、施肥量の増加で補う。
- 恣意的な判断や補助金によって、価格を低く抑える。すると、不足があっても価格は上昇しない。
- コストが高すぎる資源の利用を確保するために、軍事力やそれを背景にした脅しを使う。

このような対応は、過剰なエコロジカル・フットプリントから生じる問題を解決するどころか、問題をさらに悪化させてしまう。

第二の対応方法は、技術的な解決策や経済措置によって、限界からの圧力を緩和しようとするものだ。たとえば、次のようなことが可能である。

- 自動車の走行距離一キロ当たり、または発電一キロワット時当たりの汚染の排出量を減らす。
- 資源の利用効率を上げ、資源をリサイクルし、再生不可能な資源の代わりに再生可能な資源を使うようにする。
- 汚水処理や治水、土壌形成など、かつて自然が果たしていた機能の代わりを、エネルギーや人的資源、労働力を用いて行う。

こうした方策はすぐにとるべきものだ。このような取り組みによって、環境効率が上がり、当面の圧力が和らぎ、貴重な時間を稼ぐことができる。しかし、だからといって、圧力の原因を根絶することにはならない。たとえ、走行距離当たりの汚染が減ったとしても、走行距離自体が増えたとしたら、あるいは、汚水処理能力を増強しても、汚水の量そのものが増えたら、問題を先送りすることはできても、解決にはならないのである。

第三の対応方法は、根本的な原因に取り組むことである。一歩下がって、「現在の構造では、人間の社会経済システムは、管理不能で、限界を超えており、崩壊に向かっている」ことを認め、システムの構造そのものを変えることを考えるのだ。

「構造を変える」という言い方は、人々を不安にさせるかもしれない。革命家が、為政者を権力の座から引きずりおろしたり、爆弾を投げ込んだりするときに、よく使う言葉だからだ。「構造を変える」と聞くと、古い建物を壊して新しい建物を建てるなど、「物理的」な構造を変えることだと思う人もいるかもしれない。あるいは、権力構造や序列、指揮命令系統を変えることだと解釈する向きもあるかもしれない。このようなニュアンスがあるがゆえに、「構造を変える」ことは、難しく、危険で、経済力や政治力を有する人たちにとっては脅威に思われる。

しかし、システム思考で言う「構造を変える」とは、人を追放したり、物を壊したり、官僚主義を解体することとは何ら関係ない。実際、このようなことを、構造を本当に変えることなしに行っても、結局は、新しい建物や新しい組織で、別の人たちが同じ目標を追求してお金や時間を使うことになる。結局、これまでと同じ結果を生み出すことになるのだ。

システム思考で「構造を変える」というのは、システムのなかの「フィードバック構造」「情報のつながり」を変えることである。つまり、システムのなかの当事者が、活動する際に用いるデータの内容とタイミング、行動を促進したり制約したりする目標やインセンティブ、代償、フィードバックなどを変えることだ。人、組織、物理的構造はまったく同じでも、もしシステムの当事者がそうすべきだという理由を理解し、そして、変える自由やインセンティブまで持っているのなら、まったく異なる行動をとることができる。そうやって新しい情報構造を持ったシステムは、そのうち、その社会構造や物理的構造をも変えていくだろう。新しい法規制や新しい組織、新しい技術、新しい技術を持った人々、新しい種類の機械や建物を生み出していくかもしれない。そうした変革は、中央から指示する必要はなく、自発的に、自然に、漸進的に、わくわくする形で進み、楽しいものであろう。

システム構造が新しくなれば、広範な変化が同時に展開していく。既得権益を持つ人々が重要な情報を無視したり、ゆがめたり、制限したりすることを防ぐため以外は、誰かが犠牲を払ったり、意思に反して強制されることはないだろう。人間の歴史には、これまでにも構造的な変革が何度か起こったが、最も意味深い例は、農業革命と産業革命だろう。どちらの革命も、「食べ物を栽培しよう」「エネルギーを使おう」「仕事を組織化しよう」という新しい「アイデア」から始まった。実際、次章で見るように、この過去の革命が成功したからこそ、世界は次の革命――「持続可能性革命」――が必要としているのだ。

新しいやり方で自らを再構築するシステムの進化的なダイナミクスを、ワールド3で示すことはできない。しかし、ワールド3を用いて、社会が「行き過ぎから引き返し、物質的成長を際限なく求めるより、満足のいく持続可能な目標を追求しよう」と決意したときに見られるであろう変化のうち、簡単なものをいくつか試すことはできる。

前章では、ワールド3モデルを使って、世界が「構造的な」変化ではなく、「量的」な変化をしたらどうなるかを見た。モデルの限界を引き上げたり、遅れを短縮したり、技術的な反応をより早くしたりより強力にしたり、衰退のループを弱めに設定したりしてみた。もし、こうした構造的な特徴がすべて存在しないと仮定すれば、つまり、限界も遅れも衰退ループもないという設定であれば、行き過ぎて崩壊する行動パターンはまったく出てこなかっただろう（シナリオ0の「限界をなくせば、無限に成長する」のシミュレーションのように）。しかし、実際には、限界や遅れ、衰退は、地球の物理的な性質なのである。われわれ人間は、その性質を弱めたり強めたり、技術を用いて操作したり、ライフスタイルを変えることで適応することはできる。しかし、まったくなくしてしまうことはできないのだ。

行き過ぎの構造的な原因のなかでも、人間の力でなんとかできる最たるものを、第6章のシミュレーションでは変えなかった。それは、人口と物理的資本を幾何級数的に成長させている正のフィードバック・ループの原動力でもある。つまり、人々にいまの人口を置き換える出生水準よりも多くの子どもを生もうと思わせる規範、目標、期待、圧力、インセンティブ、代償などである。それらは信念や生活習慣に深く根づいている。それがあるがために、お金よりも自然資源が無駄使いされ、所得や富は不公正に分配され、人々は自分のことを「消費者」や「生産者」であると考えるようになる。そして、社会的地位を物質やお金の蓄財と結びつけて考え、より多く与えることや足るを知ることより、より多くを得ることが目標になってしまうのである。

本章では、世界システムの幾何級数的成長をもたらしている、こうした正のフィードバック・ループを変えてみる。「行き過ぎの状況からどうすれば引き返すことができるか」を考えるために、新しい見方を取り入れる。つまり、限界を変えることを目指す技術ではなく、成長を推し進めている目標や野心に注意を向ける。まず、前章で試した技術的な変化を入れずに、このような正のフィードバックの変化だけがあった場合を見てみる。その後、両方の変化がいっしょに起こった場合を見てみよう。

人口増加のシミュレーションで考える

二〇〇二年以降、世界中のすべての夫婦が、これ以上人口が増加したら、自分や子どもたちの生活の豊かさにどんな影響が出てくるかを理解したとしよう。また、子どもの数が何人であっても、すべての人々が社会で受け入れられ、尊敬され、物質的に保障され、年をとっても世話をしてもらえるとしよう。さらに、適切な栄養や住居、保健サービス、教育で、すべての子どもを育てることが社会の目標として共有されたとしよう。その結果、すべての夫婦が、子どもの数を平均二人に制限することにし、その目標を実現するための避妊技術も問題なく手に入るとしよう。

こうした変化によって、子どもにかかわる「費用」「利点」の認識が変わり、時間枠が広がり、社会全体の豊かさにもいくらか関心を寄せることになり、新たな力や選択、責任が生まれるだろう。世界の豊かな国々では、すでに出生率が人口置き換え率と同じかそれ以下になってきているが、それに相当するような（しかし同じではない）システムの再構築が行われることになる。これは考えられない変化ではない。先進国に暮らす約一〇億人がかなり以前に行った子どもの数に関する選択を、世界中の人々が採り入れると仮定することになる。

ワールド3で、その点だけを変え、ほかはすべて同じに設定した結果が、図7—1のシナリオ7である。

このシナリオをつくるために、シミュレーション上の二〇〇二年以降、望ましい子どもの数を平均二人と定め、避妊技術は一〇〇パーセントの効果を発揮すると仮定した。その結果、モデル世界の人口増加は鈍化するが、年齢別人口構成による勢いから、人口は二〇四〇年に七五億人でピークに達する。このピーク時人口は、シナリオ2の最大人口よりも五億人少ない。つまり、二〇〇二年に地球規模で効果的な二人っ子政策が導入されたことで、ピーク時人口が一〇パーセント弱減ったことになる。もっとも、説明を追加すると、たとえこの政策がなくても、モデル世界の人々の生活水準が高まる結果、二一世紀初めには、どちらにしても子どもの数を二人に減らす生活水準に急速に近づき、そこでは、避妊効果も一〇〇パーセント近いのであるが。

そうはいっても、ピーク時人口の減少は、良い影響を与える。人口増加が緩やかであるため、一人当たりの消費財、一人当たりの食糧、期待寿命はどれも、シナリオ2より高い。二〇四〇年の人口ピーク時には、シナリオ2に比べて、一人当たりの消費財の生産は一〇パーセント、一人当たりの食糧は二〇パーセント多く、期待寿命は約一〇パーセント長い。これは、人口が少ないために、消費やサービスのニーズを満たすのに必要な投資が少なくてすみ、そのために、工業資本をさらに成長させるために多くの投資がまわせるからである。その結果、工業生産は、シナリオ2よりも、早く高い水準

図7−1　シナリオ7——世界が2002年から人口を安定させるという目標を採り入れた場合

地球の状況

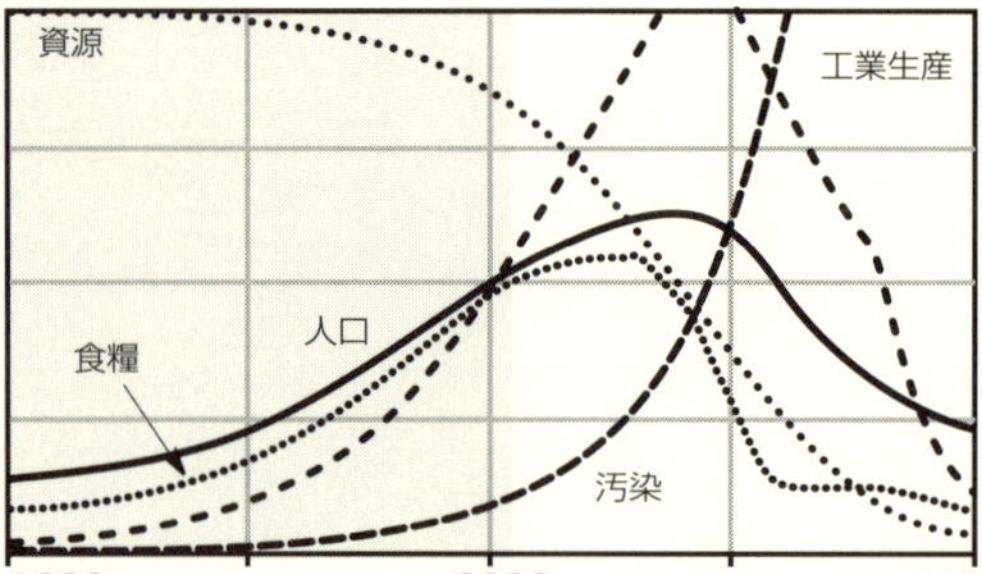

物質的な生活水準

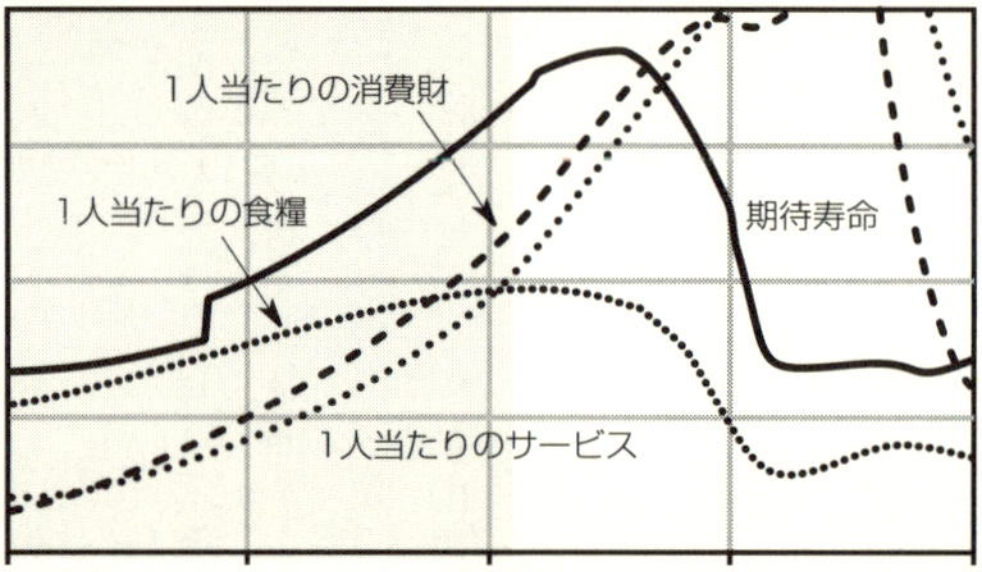

生活の豊かさとエコロジカル・フットプリント

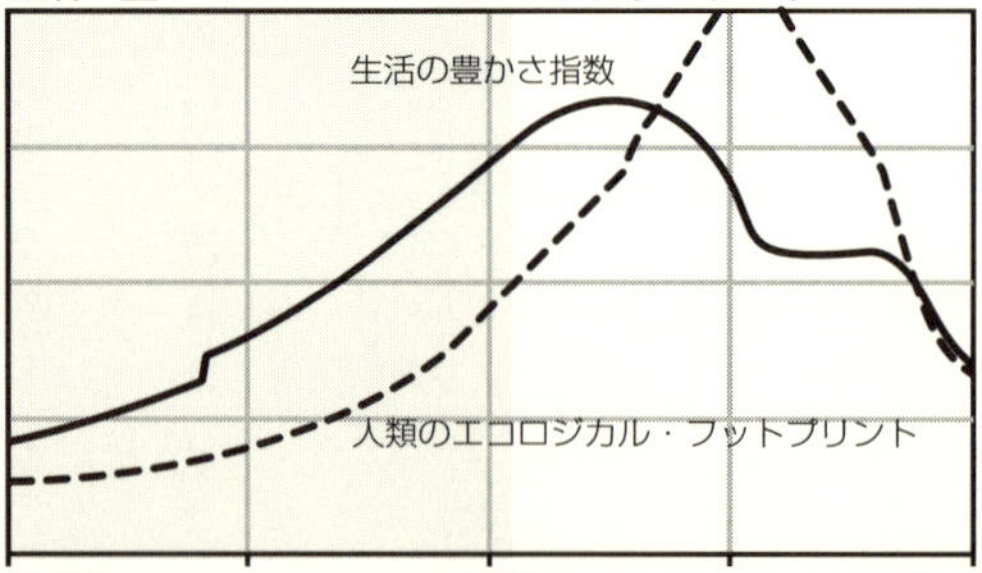

このシナリオでは、2002年からすべての夫婦が子どもの数を2人に制限することに決め、効果的な避妊技術が使えるものと仮定する。年齢別人口構成の勢いがあるため、人口はもう一世代の間、成長を続ける。しかし、人口増加がより緩やかであることから、工業生産の増加は速くなる。そして、シナリオ2と同じように、汚染の上昇に対処するコストによって、成長が止まる。

へと増えていく。二〇四〇年に、一人当たりの工業生産は、二〇〇〇年の約二倍に達する。シミュレーション世界の人々は、今世紀初期に比べてかなり豊かになっており、二〇一〇年から二〇三〇年にかけては、多くの人々が比較的高い豊かな生活水準を実現している「黄金時代」を迎える。

しかし、工業生産は、二〇四〇年にピークに達すると、シナリオ2と同じ速度で減少していく。その理由もシナリオ2と同じである。つまり、資本設備が大きくなると、排出する汚染が増え、農業生産に悪影響を与える。そうすると、食糧生産を維持するために、農業分野に資本を振り向けなくてはならなくなる。そしてのちに、二〇五〇年を過ぎると、汚染レベルが非常に高まるので、人間の期待寿命は短くなりはじめる。一言で言えば、このモデル世界が経験するのは、「汚染危機」である。高い汚染レベルが、土地を毒し、食糧不足を引き起こすのだ。

したがって、シナリオ7のモデル世界で仮定されている限界と技術では、物質的な欲望の追求に何の制約もない状況では、七五億人の人口ですら維持できないことがわかる。たとえ、世界人口を安定させても、それだけでは崩壊を避けることはできないのだ。資本の成長が続くことは、人口増加と同様、持続可能ではないのである。人口にしても資本にしても、野放し状態で増加していくのなら、エコロジカル・フットプリントは地球の扶養力を超えてしまうということだ。

では、もし、世界の人々が子どもの数だけではなく、自分たちの求める物質的な生活の質も制限しようと決めたら？　十分だが過剰ではない生活水準を目指そうとしたら？　ここで仮定している構造的な変化は、子どもの数を減らしたいという望みに比べると、目には見えにくいが、決して初めて聞く話ではないだろう。(1) ほとんどすべての宗教の教典でも、このような変化を勧めている。これは、物質的な世界や政治の世界での変化ではなく、人々の頭の切り替えなのだ。つまり、目標は何か、人生での自分の目的をどう理解するかを変えるということである。世界の人々が、永遠に増え続ける生産

図7−2　シナリオ8——世界が2002年から人口と工業生産を安定させるという目標を採り入れた場合

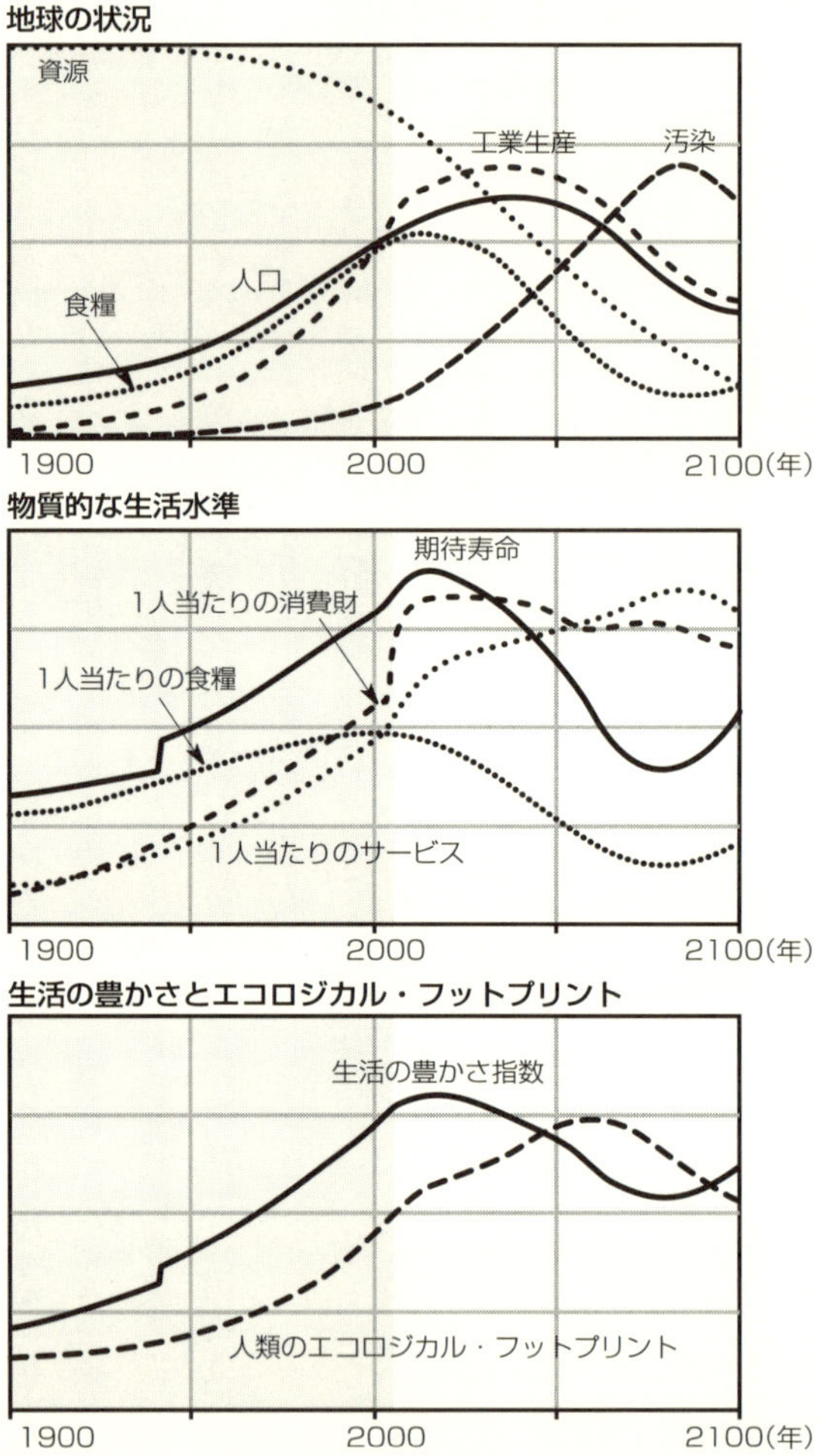

望ましい家族の規模を子ども2人に決め、1人当たりの工業生産の目標を固定すると、シナリオ7で2020〜40年の間続いたかなり高い生活の豊かさを享受する「黄金時代」を幾分延長することができる。しかし、しだいに汚染が農業資源に圧力をかけるようになり、1人当たりの食糧生産は減少し、最終的には期待寿命や人口も低下する。

や永遠に蓄積しつづける物質的な富以外の目標を持って、社会的地位を確立し、満足を得、やりがいを見出すということである。

図7―2のシナリオ8では、望ましい家族の規模は子ども二人で、完璧な避妊ができるという設定は同じだが、今度は何をもって「十分」とするかの定義も入っている。このモデル世界は、「すべての人に対して」一人当たりの工業生産を、二〇〇〇年の世界平均より約一〇パーセント高めに設定すると決めたのだ。現実的に言えば、これは貧しい人たちにとっては非常に大きな前進であり、豊かな人たちにとっては、消費パターンを大きく変えることになる。このモデル世界ではさらに、この生産をより少ない投資で得ると仮定している。資本設備が最低でも二五パーセント長持ちする設計を選ぶからだ。工業資本の平均寿命は一四年から一八年に、サービス資本は二〇年から二五年に、農業投入物は二年から二・五年に伸びるという仮定である。

シミュレーションの結果からわかるように、こうした変化によって、二〇〇二年直後の一〇年間に、一人当たりの消費財やサービスはかなり増える。実際に、工業の成長を抑えなかった一つ前のシミュレーションよりも早く、高い水準に達する。資本の寿命が長くなったため、資本の増強や減耗の補填に必要な投資が減る。投資にまわすべき工業生産が少なくてすむため、ただちに消費にまわせる生産が増えるためである。その結果、二〇一〇年から二〇四〇年にかけて、このモデル社会では、贅沢ではないが適切に暮らせる物質的な生活水準を「すべての人に対して」提供できる。

しかし、この社会もこのままずっと安定しているわけではない。エコロジカル・フットプリントが持続可能なレベルを超えているので、二〇四〇年を過ぎると、長期的な減退を強いられることになる。シナリオ8の世界は、二〇一〇年から二〇四〇年までのほぼ三〇年間、適切な生活水準で七〇億人以上の人を支えることができる。一人当たりの消費財やサービスは、二〇〇〇年時点より五〇パーセントほど高くなる。しかし、食糧生産は、二〇一〇年という早い時期にピークに達し、その後は、汚染のストレスによって減っていく。汚染は、何十年もの間、増え続ける。食糧生産の落ち込みを少しでも遅らせようと、農業への投資が増えていく。当面は、その投資資本を調達することはできる。工業をさらに成長させるためには資本が使われていないからだ。しかし、その重荷はしだいに工業部門の能力を超えるほど大きくなり、減退が起こる。

このシミュレーション社会は、望ましい物質的な生活水準に到達し、ほぼ三〇年にわたってその水準を維持できる。しかしその間、環境や土壌は着実に劣化している。システムがすでにその限界を超えてしまったあとに、消費を制限し、子どもの数を制限し、社会規範を取り入れても、それだけでは持続可能な社会を保証することはできないのだ。シナリオ8の世界が持続可能であり続けるためには、成長を抑制する以上の何かが必要である。そのエコロジカル・フットプリントを、地球環境の扶養力の限度以下に下げなくてはならない。つまり、適切な技術の進歩をともに進めることで、社会の再構築を支える必要があるのだ。

環境への負荷を減らす成長の抑制と技術の改善

図7―3のシナリオ9では、シナリオ8と同じように、モデルの世界は二〇〇二年から、平均的な家族の規模を子ども二人にすると決め、避妊の効果は一〇〇パーセントであり、物質生産に対しても適度な限界を設ける。さらに、二〇〇二年から、第6章のシナリオ6で試した技術を開発し、投資し、採用しはじめることにする。資源の利用効率を上げ、工業生産単位当たりの汚染排出を減らし、土壌の浸食を抑え、一人当たりの食糧が望ましいレベルに達するまで土地の収穫率を向上させる技術であ

図7−3　シナリオ9——世界が2002年から人口と工業生産を安定させるという目標を採り入れ、かつ、汚染、資源、農業に関する技術を加えた場合

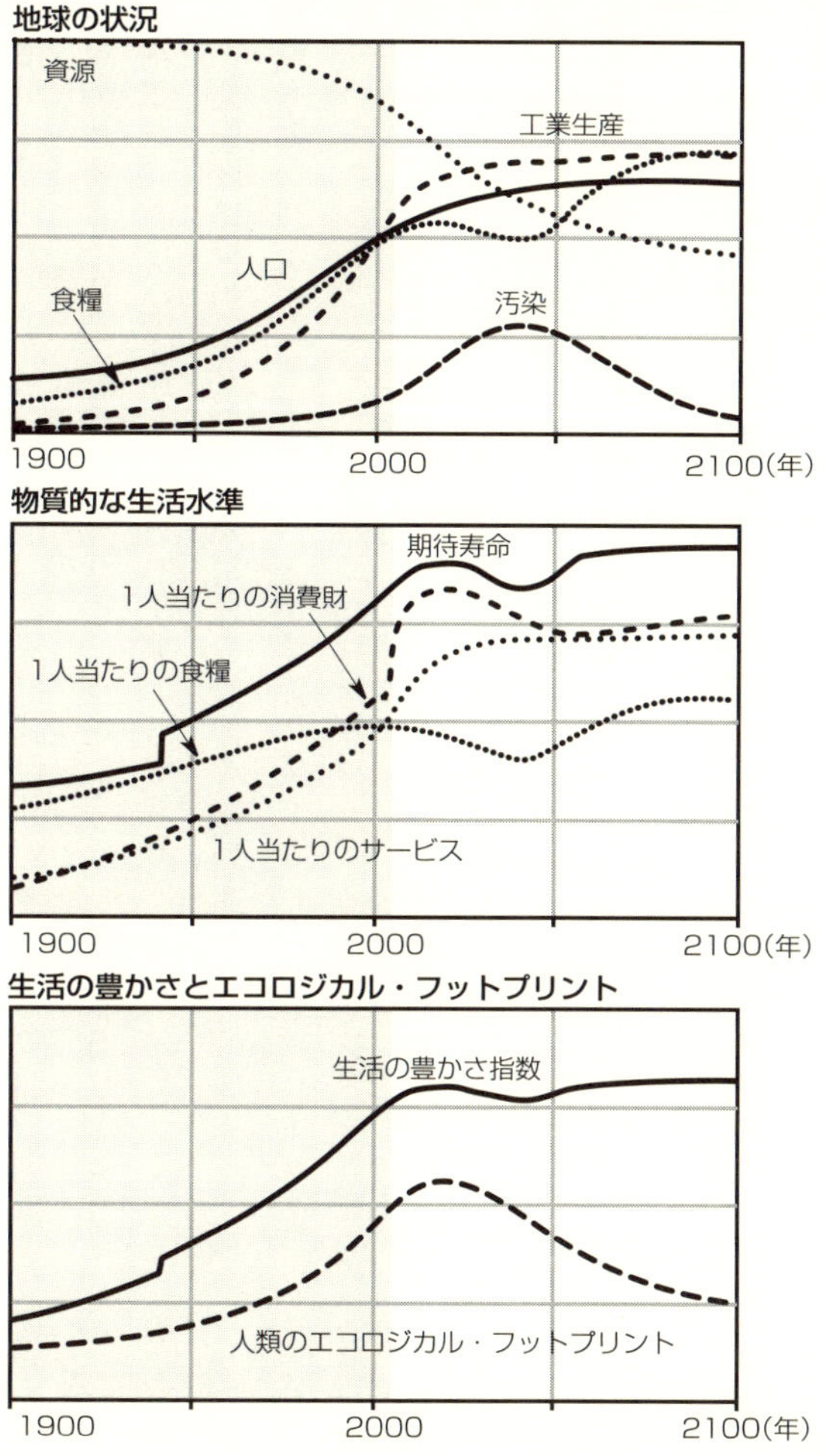

人口と工業生産は、シナリオ8のシミュレーションと同じように制限し、加えて、汚染を除去し、資源を保全し、土地の収穫率を改善し、土壌浸食軽減の技術を実施する。その結果、社会は持続可能になる。80億人近い人々が、高い生活水準を保ち、継続的にエコロジカル・フットプリントを減らしながら暮らしている。

る。

シナリオ6での設定と同じく、シナリオ9でも、これらの技術は、開発されてから効果を発揮するまで二〇年の遅れがあり、資本コストが必要であると仮定している。シナリオ6では、急激に成長する社会が直面するさまざまな危機に同時に対応しながら、技術を手に入れ、導入するだけの資本がなかった。しかし、シナリオ9の社会は、より抑制が利いている。人口増加はより緩やかであり、さらなる成長を加速するための資本や、悪化の一途をたどる一連の問題に対処するために資本を投下する必要がないので、新しい技術を全面的にサポートできる。一〇〇年にわたって、着実に技術を導入した結果、工業生産単位当たりの再生不可能な資源の消費量は八〇パーセント減り、生産単位当たりの汚染排出量も九〇パーセント下がる。工業生産の成長が抑制されているので、この削減分は、さらなる成長にまわされることなく、人類のエコロジカル・フットプリントを実質的に削減していく。

一方、土地の収穫率は着実に上昇していくが、二一世紀前半に汚染が増えると、やや後退する。これは、二〇世紀末あたりの汚染排出の影響が遅れて出てくるためである（「現実の世界」ではおそらく、地球温暖化の開始が遅れて影響が出る例になるだろう）。しかし、二〇四〇年までには、より技術が進歩するおかげで、汚染の蓄積は再び減っていく。土地の収穫率は回復し、その世紀の残りの間は、緩やかに上昇する。

シナリオ9では、人口は八〇億人弱でピークに達し、その八〇億人は、その世紀の間じゅう、望ましい物質的生活水準を保つことができる。期待寿命は、食糧生産が若干落ち込む時期にやや下がるものの、高い水準にある。一人当たりのサービスは、二〇〇〇年に比べて五〇パーセント増大する。二一世紀末には、すべての人に対して十分な食べ物が供給され、汚染は、取り返しのつかない害をもたらす前にピークに達し、減っていく。再生不可能な資源の減少は非常にゆっくりなので、二一〇〇年になっても、当初の賦存量の五〇パーセント近くがまだ残っている。

シナリオ9の社会は、二〇二〇年以前に、環境への負荷の総量を減らし始める。その時点から、人類のエコロジカル・フットプリントが実際に減っていく。一方、再生不可能な資源の採掘速度は、二〇一〇年以降に減少する。土地の浸食は二〇〇二年直後から減り、残留性汚染物質の排出は一〇年後にピークを迎える。このモデル世界は、自らをその限界の範囲内に戻し、手のつけられない崩壊を避け、生活水準を維持し、均衡にきわめて近い状態で安定している。このシナリオ9が描く世界こそ、持続可能な社会なのだ。地球システムは均衡状態に達したのである。

「均衡」という言葉は、システム思考で使われるときには、正のフィードバック・ループと負のフィードバック・ループのバランスがとれており、システムの主なストック——この場合は、人口、資本、土地、土地の生産力、再生不可能な資源、汚染——がかなり安定している、という意味である。人口や経済が静止または停滞しているという意味ではない。川の水は絶えず流れていても、川の流量そのものはほぼ一定であるのと同じく、全体のフローがほぼ一定である、ということだ。シナリオ9のような「均衡社会」では、生まれる人もいれば死ぬ人もいる。新しい工場や道路、建物、機械が建設され、一方で、古いものは解体され、リサイクルされている。技術の進歩に伴い、一人当たりの物質生産のフローは、その形を変え、多様化し、質が向上していることは間違いないだろう。

川の流量が平均流量のあたりで増減するように、均衡状態にある社会も変化する。意図的に選んで変わる場合もあるし、思いがけない機会や不測の災害などによって変わる場合もあるだろう。川の汚染負荷が減ると、川の自浄作用が働き、より豊かで多様な水生環境が生まれるように、持続可能な社会も自らの汚染を浄化し、新しい知識を得、生産工程の効率を上げ、技術を向上し、管理能力を改善し、より公正な分配をし、学び、進化することができるだろう。成長への圧力が緩和され、ゆっくりと変わっていくことで、決定事項の影響について十分に理解し、振り返り、選択する時間があれば、社会はここに挙げたことをすべて実践するだろうと考えている。

入手可能な地球システムについての情報を見るかぎり、シナリオ9に示した持続可能な社会は実際に実現できるとわれわれは考えている。人口は八〇億人弱で、すべての人を快適に支えるだけの消費財やサービスが十分にある。多大な努力をもって、土地や土壌を守り、汚染を減らしており、再生不可能な資源を効率よく使うための技術を絶えず改善し、採り入れている。物理的な成長は鈍化し、最後には止まるうえ、技術がすぐに機能し、エコロジカル・フットプリントを持続可能なレベルまで下げることができるため、ほかの問題を解決するための時間、資本、能力がある。

この世界は可能なばかりでなく、望ましい世界だと考える。これまでのシミュレーションが描き出すような、「成長を続けるが、いくつもの危機に直面して、やがて止まってしまう」世界よりも、ずっと魅力的であることは間違いない。しかし、ワールド3モデルが生み出す持続可能な結果は、シナリオ9だけだというわけではない。システムの限界内で、さまざまなトレードオフや選択がある。食糧を増やす代わりに工業生産を減らすことも可能であるし、その逆もありうる。人口は多いが一人当たりのエコロジカル・フットプリントは小さい場合もあれば、エコロジカル・フットプリントは大きいが人口は少ない、ということもありうる。しかし、はっきりとわかっていることが一つある。持続可能な均衡状態への移行開始が一年遅れるごとに、移行後に残されたトレードオフや選択は魅力的なものではなくなっていく、ということだ。シナリオ9をつくり出した政策に二〇年前に着手したと仮定することで、このことをグラフの形で示すことができる。

二〇年という時間がもたらす違い

次のシミュレーションで、「シナリオ9での持続可能な政策（望ましい家族の規模は子ども二人で、適度な物質的生活水準、資源効率向上と汚染除去技術の進歩）に世界が着手するのが、二〇〇二年ではなく一九八二年だったら？　二〇年間でどのような違いが出てくるだろうか？」を見てみよう。

図7―4のシナリオ10は、シナリオ9と条件はまったく同じだが、唯一の違いは、変化を起こし始める時期を、二〇〇二年ではなく一九八二年にしてあることである。持続可能な社会への動きを二〇年早く始めることで、より安全で豊かな世界をより早く生み出すことができ、農業分野の調整問題も少なくてすむ。このシナリオでは、人口は八〇億人近くではなく、約六〇億人で頭打ちになる。汚染は二〇年早く、ずっと低いレベルでピークに達し、シナリオ9に比べて、それほど農業の妨げにならない。期待寿命は八〇歳を超え、高い水準で保たれる。二一世紀末時点でも、多くの持続不可能な資源が残っており、それを発見し、採掘するための努力は少なくてすむ。期待寿命、人口一人当たりの食糧、一人当たりのサービス、一人当たりの消費財はすべて、シナリオ9よりも高い水準になる。

シナリオ10の世界の人々は、問題なくその生活の質を保ち、技術の改善を支えることができる。その社会には、より心地よい環境とより多くの資源、より大きな自由がある。シナリオ9の社会に比べ、限界ははるか遠くにあり、ぎりぎりのところにいるわけではない。かつて、このような未来が可能だったかもしれないのだ。しかし、一九八二年の国際社会は、その機会をつかまなかった。

われわれは、ワールド3を使って、本書に掲載した一一のシナリオ以外にも、さまざまなシナリオをつくってみた。人口や物質経済を持続可能な水準に引き戻せるかもしれないさまざまな政策変更を

図7−4　シナリオ10――シナリオ9の持続可能な社会をつくる政策を20年前の1982年に導入した場合

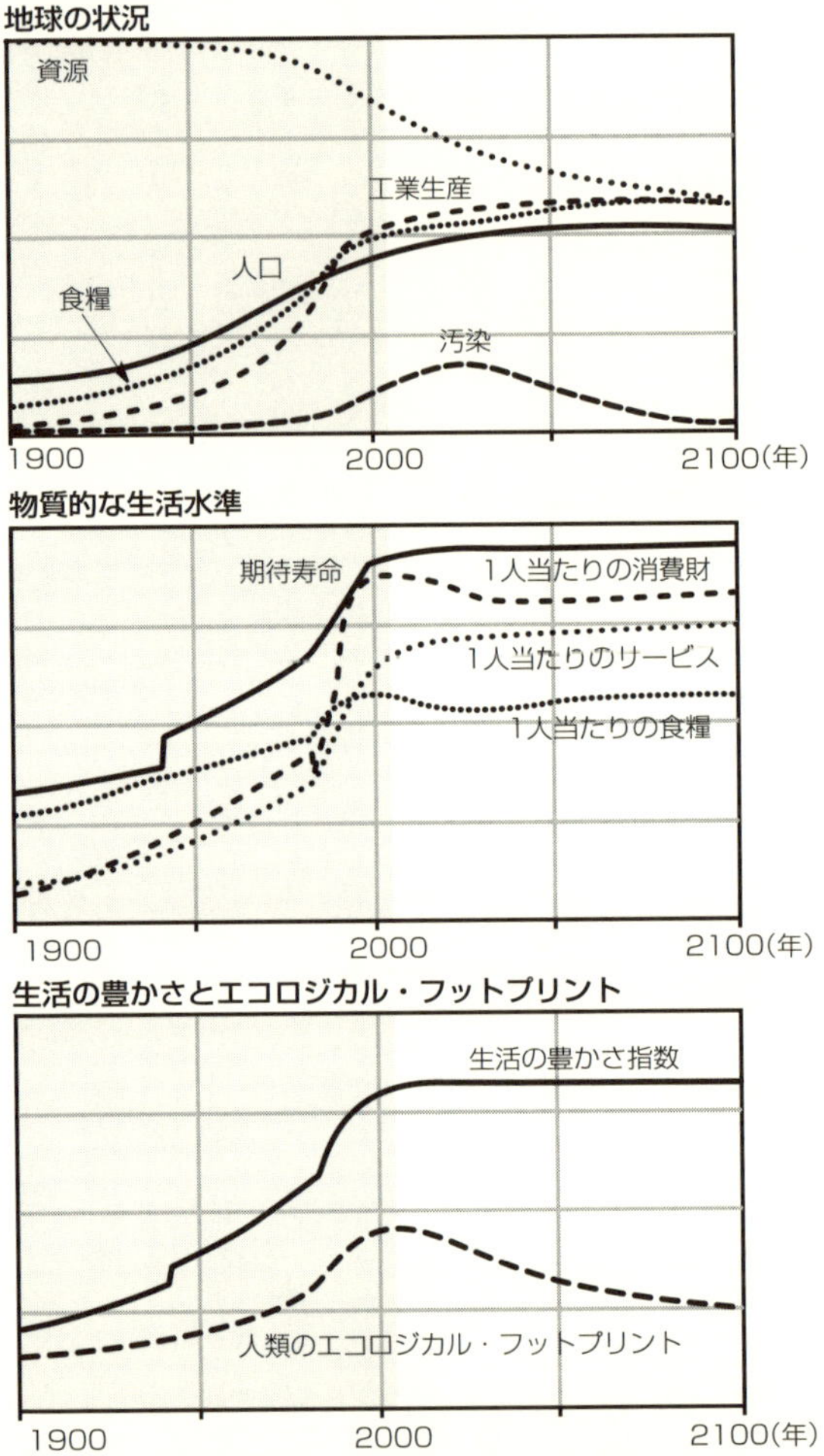

このシミュレーションでは、シナリオ9に盛り込んだすべての変化を反映するが、2002年ではなく1982年にその政策が実行されたと仮定する。20年早く持続可能な社会へ向かって動き出すことによって、最終的な人口は少なく、汚染も少なく、持続不可能な資源の残存量は多く、すべての人がやや高めの平均的生活の豊かさを享受できる。

考え、その影響を探ってみた。言うまでもなく、モデルは単純化されており、省略しているものもたくさんあるので、どのシミュレーションでも、そこに出てくる詳細な数字には意味はない。しかし、さまざまなシミュレーションを行った結果、妥当かつ重要であるとわれわれが考える全般的な教訓が二つある。

一つは、根本的な変化の着手を延ばせば延ばすほど、人類の長期的な未来に残された選択肢が減るという実感である。人口増加の緩和や生産資本ストックの安定化を先送りにすればするほど、人口は増え、消費される資源は増え、汚染レベルは高まり、劣化する土地が増え、食糧やサービス、消費財など、人々を支えるのに必要な絶対的なフローが大きくなる。ニーズは大きく、問題も大きく、そして、対応能力は小さくなってしまう。

これがよくわかるのは、シナリオ9の政策を二〇〇二年ではなく、二〇年後に実行した場合のシミュレーションである。もはや手遅れで、衰退が避けられないことがわかる。変化を起こすのが二〇年遅れることで、人口はシナリオ9よりもずっと早く八〇億人に達する。工業生産も、シナリオ9よりもずっと高い水準に達する。その分、工業活動が増え、かつ、汚染除去技術の実施も二〇年遅れることから、「汚染の危機」が生じる。汚染によって土地の収穫率が下がり、一人当たりの食糧が減り、期待寿命が短くなり、人口も減少する。持続可能な社会へ向かう動きが二〇年遅れることで、モデル世界の選択肢は減り、波乱に満ちた道を進むことになり、最終的にはうまくいかなくなってしまう。かつてはそれで十分だった政策が、もはやそれでは足りなくなってしまうのだ。

持続可能な物質消費のレベル

さまざまなシミュレーションをするなかで得たわれわれの二つ目の洞察は、地球システムに依存する消費が多すぎても失敗する、ということである。われわれは、シナリオ9とまったく同じ仮定をし、たった一つだけ条件を変えて、シミュレーションを行った。一人当たりの望ましい工業生産を二倍にしたのだ。このモデル世界も、二〇〇二年には人口と経済の勢いを弱め始め、同じ資源効率改善技術と汚染除去技術を使い始める。しかし、今回は、すべての改善技術をもってしても、結果として生じる七〇億人以上の人口に対し、モデル世界が設定する一人当たりの工業生産の目標を支えることはできない。

一人当たりの工業生産は、二〇二〇年後の短い期間、目標に達する。ピークは二〇三〇年ごろで、その後ゆっくりと減っていく。一人当たりの食糧は、同じころ、ピークに達した後急減する。より高い物質的な目標を支え、環境への害を補うために必要な資本があまりにも増えてしまうからだ。シミュレーション上の二〇五〇年には、このより野心的な世界に提供できる一人当たりの食糧や工業生産のフローは、控えめな目標で充足感を得ようとするシナリオ9の世界よりも、ずっと低いレベルになってしまう。

このシミュレーションから、七五億人の「現実の世界」が維持できる生活の質についての信頼できる推定値が得られるだろうか？　もちろんそれは無理である。このモデルの数値や仮定は、それほど信頼できるものではない。三〇～五〇年後の地球について、間違いなく正確に語れるモデルは一つもないだろう。実際には、シナリオ9よりも多くの人口を、より高い生活水準で支えられるかもしれない。逆に、ワールド3の仮定は、戦争もなければ、紛争も汚職も過ちもないという、楽観的なものであることを考えれば、実際にはシナリオ9に示した消費水準は、持続可能な形では支えられないかもしれない。

言ってみれば、ワールド3は、建築家のスケッチのようなものだ。重要な変数の相互関係を示すものなのだ。それによって私たちは、どんな未来に暮らしたいかを考えることができる。しかし、その移行をつくり出すうえで起こってくる複雑な政治的・心理的・個人的な問題については、何の詳細もわからない。もし、その詳細を計画に入れようとするのなら、われわれにはない専門知識が必要になるだろう。そして、実験、謙虚さ、過ちについての情報に寛大であること、進みながら進路を調整しようとする姿勢が求められるだろう。

われわれは、シミュレーションから、「いますぐに持続可能な政策を実施すれば、魅力的な未来がやってくるし、一方、一〇年か二〇年遅れると、世界は失敗する定めなのだ」と言おうとしているわけではない。

しかし、「遅れることで、最終的に持続可能な形で享受できる豊かさの水準は下がっていく」ということは言えると思っている。

われわれはシナリオをもとに、「消費目標が今日と同水準、もしくは一〇パーセントまたは二〇パーセント高いなら持続可能であり、一方、消費目標が二倍だったら破局しかない」と言いたいわけではない。

しかし、「持続可能なシステムは、今日の世界に住む多くの人たちにとって魅力的な消費水準を提供できるだろう」ことは結論付けられる。そして同時に、六〇～八〇億人の人口に対して、無限またはきわめて高い水準の物質消費を持続可能な形で提供することはできないのである。

ワールド3は、持続可能な水準の上限を見出し、そこで生きようとする人間世界を微調整するためには、使えない。それほど精密な数値を出せるモデルは現在存在していないし、おそらくこれからも出現しないだろう。それに、人類のエコロジカル・フットプリントをぎりぎりまで大きくしようというのは、危険な政策である。実際の成長の物理的限界は、変動的で不確かなものであるうえ、われわれが限界に気づき、対応できるのも、いつも遅れが生じたあとだからだ。つねに最大限の物理的可能性に達しようと努力しつづけるのではなく、地球の推定される限界の範囲内で満足できる生活を安全に送れるようになるほうが危険がなく、ほかの理由からいっても、おそらく望ましいだろう。

ワールド3は、相互に関連し、非線型で、反応に遅れがあり、限界のあるシステムの行動パターンを探るためのものである。未来に対する正確な予測を出したり、詳細な行動計画を紡ぎ出すためのものではない。しかし、本章で示したシミュレーションから、われわれには確かだと思われる一般的な結論が出てくる（世の中ではまったくそういう話はされていないが）。もし次のような情報が広く知られ、受け入れられているとしたら、意思決定や投資の割り当て、報道されるニュースや法律の議論がどれほど違ってくるか、考えてみてほしい。

- 人口や工業生産を減らさずに、地球規模で持続可能な社会へ移行することは、おそらく可能である。
- しかし、持続可能な社会へ移行するには、人類のエコロジカル・フットプリントの削減を積極的に決断する必要がある。つまり、家族の規模を小さくし、工業の成長の目標を下げ、地球の資源をより効率的に使おうと、一人ひとりが決めることが必要なのである。
- 持続可能な社会はさまざまなやり方で構築できる。人口、生活水準、技術への投資をどうするか、工業財、サービス、食糧、その他の物質的なニーズのあいだでどう配分するかについても、選択肢はたくさんある。世界各地がすべて同じ選択をする必要はないが、選択自体はすぐに行う必要がある。

- 地球が支えることのできる人口と、支えることのできる一人当たりの物質水準のあいだには、避けがたいトレードオフがある。正確なトレードオフの数値はわからないし、技術や知識、人間の対応能力、地球の維持システムの変化に伴って、変わっていくだろう。しかし、それでも、トレードオフの普遍的な意味は同じである。つまり、「人が多いほど、一人当たりの持続可能な物質スループットは小さくなり、一人当たりのエコロジカル・フットプリントも小さくなる」のである。
- 世界経済がそのエコロジカル・フットプリントを減らし、持続可能な社会へ向けて動き出すのに時間がかかればかかるほど、最終的に支えられる人口や物質水準は低くなる。同時に、遅れは崩壊を意味する。
- 社会が人口や物質的な生活水準の目標を高く掲げるほど、限界を行き過ぎ、衰退作用が始まる危険性が高まる。

われわれのコンピュータ・モデルやメンタルモデル、データの知識、「現実の世界」の経験からも、限界の枠内に少しずつ戻り、持続可能な社会へ向かう目標を設定するのに、ぐずぐずしていられる時間がないことがわかる。エコロジカル・フットプリントの削減と持続可能な社会への移行を遅らせることは、最善の場合でも、将来世代へ残す選択肢を減らすことになり、最悪の場合には、あっという間に崩壊に至ることになる。

また、ぐずぐずしている理由もない。持続可能性は多くの人にとって新しい考え方であり、理解しにくいと思っている人も多い。しかし世界中で、持続可能な世界を想像し、実現しようと取り組み始めている人たちもたくさんいる。このような人たちは、持続可能な社会とは、嫌々ではなく喜びに満ち、我慢ではなくわくわくする冒険心で動いていく世界だと思っている。持続可能な世界は、われわれがいま生きているこの世界よりも、ずっとすばらしい世界でありうるのだ。

持続可能な社会をどうつくるか

「持続可能性」は、さまざまな形で定義できる。最も簡潔な定義は、「持続可能な社会とは、世代を超えて持続できる社会である。その社会を維持している物理的・社会的システムを損なわないだけの先見性と柔軟性、知恵を備えた社会」である。

一九八七年、環境と開発に関する世界委員会（ＷＣＥＤ）が、持続可能性の定義を印象深い言葉にまとめた。

持続可能な社会とは「将来の世代が、そのニーズを満たすための能力を損なうことなく、現世代のニーズを満たす」社会である。(2)

システム思考の見地から言うと、持続可能な社会とは、人口と資本の幾何級数的な成長をもたらす正のフィードバックを抑制する情報や制度などのメカニズムが備わっている社会である。つまり、技術変革や社会的決定にきちんと裏付けられた形で人口や資本の水準を変化（熟考のうえ、管理された形で）させないかぎり、または変化させるまでは、出生率は死亡率にほぼ等しく、投資率は資本の減耗率にほぼ等しい状態である。社会的に持続可能であるためには、すべての人に適切な物質的な生活水準を保障し、公平に分配されるように、人口と資本と技術の組み合わせを考えなくてはならない。また、物質的にかつエネルギー的に持続可能であるためには、経済のスループットは、ハーマン・デイリーの三条件を満たさなくてはならない[3]。

●再生可能な資源の消費ペースは、その再生ペースを上回ってはならない。
●再生不可能な資源の消費ペースは、それに代わりうる持続可能な再生可能な資源が開発されるペースを上回ってはならない。
●汚染排出のペースは、環境の吸収能力を上回ってはならない。

持続可能なエコロジカル・フットプリントを有するそのような社会は、ほとんど想像もできないほど、われわれがいま暮らしている社会とは異なるものになるだろう。二一世紀初めのメンタルモデルには、「貧困が絶えない」「急激な物質的成長と、どんな犠牲を払っても成長しつづけようとする断固たる努力」といった強力なイメージが刷り込まれている。無茶な成長やじりじりするような停滞のイメージで頭がいっぱいなので、私たちの意識は、「目的を持ち、充足し公正で、持続可能な社会」の姿を描くことができない。持続可能な社会がどのようなもので「ありうるか」を詳しく考える前に、まずどのようなもので「ある必要はないか」から考えてみよう。

持続可能性とは、「ゼロ成長」を意味するものではない。成長に固執する社会は、成長に関する疑問はどんなものでも忌み嫌って避けようとするが、成長について問うことが、成長を否定することとは限らない。ローマ・クラブの創始者であるアウレリオ・ペッチェイが一九七七年に指摘しているように、それは、ある単純すぎる言い方を、別の単純すぎる表現に言い換えているにすぎない。

成長神話の粉砕に手を貸した人々はすべて、神聖なる成長の忠実な擁護者たちに嘲笑され、比喩的な意味で処刑され、人前を引き回され、肢体を四つ裂きにされた。なかには、ゼロ成長を提唱したとして『成長の限界』を糾弾する者もいる。そういった人々は明らかに、ローマ・クラブに関しても、あるいは成長に関しても、何ら理解していない。ゼロ成長という概念はあまりにも素朴すぎ──そういう意味では無限の成長と同じである──、あまりにも不明確であるため、現に動いているダイナミックな社会のなかで、「ゼロ成長」を論じることは概念的にも無意味である。[4]

持続可能な社会は、物理的な拡大ではなく、質的な向上に関心を寄せるだろう。物理的成長を、永久の至上命令としてではなく、よく考えたうえでの道具として用いるだろう。「成長賛成」でも「成長反対」でもなく、「どんな成長なのか」「何のための成長なのか」を区別するようになるだろう。行き過ぎを正し、限界の枠内に戻り、自然コストと社会コストをすべて勘定に入れると、実際に生み出している価値以上にコストがかかっていることを知り、それをやめるために、理性的に意図的なマイナス成長すら考えるかもしれない。

持続可能な社会では、どのようなものであれ、何かを増加したり成長させるという提案が出されれば、決断を下す前には、「その成長は何のためか」「誰が利益を得るのか」「どんなコストが生じるのか」「どれくらいの期間続くのか」「地球の供給源や吸収源で対応できるのか」を問うことになるだろう。そうした社会は、価値観と地球の限界に関する最善の知識を用いて、持続可能性を高め、社会の重要な目標に資する成長だけを選ぶことになるだろう。そして、ひとたび物理的成長がその目的を達すれば、社会はその追求をやめるだろう。

持続可能な社会は、現在の不公正な分配パターンを永遠に決定付けてしまうものではない。貧しい人たちを永遠に貧困に閉じ込めることは、もちろんない。貧困を永続させることは、二つの理由で持続可能ではないからだ。第一に、貧しい人たちが我慢しないだろうし、すべきではない。第二に、人口の一部を貧困にとどめた状態では、極端に強制的な手法をとるか、死亡率を上げるかしないかぎり、人口を安定化できないからである。以上のように、実際的な理由からも道徳的な意味からも、持続可能な社会は、すべての人に充足と保証を提供するものでなくてはならない。いまの世界から持続可能な社会へ到達するために、残された成長の可能性——まだ利用できる資源と排出できる汚染の余地と、豊かな人たちの効率改善と控えめなライフスタイルへの転換によって生じる余地——は、当然ながら、そしてできれば喜んで、それを最も必要としている人々に割り当てられるべきであろう。

持続可能な状態とは、現在の社会システムが成長を妨げられたときに体験するような、意気消沈し、停滞し、失業や破産にあふれる社会ではない。持続可能な社会と現在の経済不況の違いは、言ってみれば、ブレーキを踏んで意図的に自動車を止めるのか、レンガの壁に衝突して止めるのかの違いである。現在の経済は行き過ぎると、あっという間に予期せぬ形で方向を転換してしまうので、人々も企業も、再訓練、再配置、再調整をする間がない。一方、意図的に持続可能性へ移行していく場合は、十分に前もって警告を出しながら、ゆっくりと進むので、人々も企業も、新しい経済における自分の居場所を見つけることができる。

持続可能な社会が、技術的・文化的に遅れている必要もない。不安や強欲さから解放された世界には、人間の創造力が発揮できる大きな可能性があるだろう。社会も環境も成長のために高い代償を払う必要がないので、技術も文化も花開くだろう。地球の限界と折り合いをつける経済という考え方を真剣に取り上げた最初の（そしておそらく最後の）経済学者の一人であるジョン・スチュアート・ミルは、彼の言う「定常状態」で、進化し向上していく社会を支えることができると考えていた。一五〇年以上前に、彼はこのように書いている。

私は、資本と富の定常状態を、保守的な政治経済学者たちの多くが示すようなあからさまな嫌悪感を持って見ることはできない。むしろそうした状態は、総じて、現在の状況を大きく改善するものだと考えたい。実を言うと私は、先へ先へと進もうとして苦闘することが人間の常態であり、互いを踏みにじり、ぶつかり合い、押し退け、足を踏みつけあうことが人類の最も望ましい天性であると考えている人たちが提唱する生活の理想というものに、魅力を感じていない。資本と人口の定常状態が、人類の向上の停止を意味するものでないことは、ほとんど言うまでもないだろう。それどころか、これまで以上にあらゆる種類の精神文化を興隆させ、道徳的にも社会的にも進歩の機会が与えられるだろう。生活水準を向上させる余裕も増え、実際に向上される可能性もいっそう高まるだろう(5)。

持続可能な世界は、人口にしろ生産にしろ、さまざまなものが病的に膠着した、がんじがらめの世界である必要はない。現在のメンタルモデルの前提のなかで、最も奇妙なものは、節度ある世界とは、中央集権的な政府統制型の世界に違いない、という考え方だ。持続可能な社会にとって、そのような統制は可能ではないし、望ましくもないし、必要でもない(システム思考の観点から言えば、旧ソ連が十分に示しているように、それには深刻な欠陥がある)。

持続可能な世界にも、あらゆる人間文化がそうであるように、ルール、法律、基準、許容範囲、社会的合意、社会的制約などがもちろん必要である。持続可能な社会のルールには、現在人々が慣れ親しんでいるルールとは異なるものもあるだろう。そして、オゾン層に関する国際協定や温室効果ガスに関する交渉など、必要な統制の一部はすでに始まっている。しかし、どんな実行可能な社会的ルールもそうであるが、持続可能性のためのルールは、自由を奪うためのものではなく、自由をつくり出すか、守るために設けられる。銀行強盗を禁止するのは、強盗の自由を奪うことによって、ほかの人たちがみな安全に預金し、引き出す自由を確保するためだ。再生可能な資源の濫用や危険な汚染物質の排出を禁ずることも、同じ意味で、重要な自由を守るためなのである。

それほど大きく想像力を働かせなくても、どれくらいの最小限の社会的構造——コストや結果や制裁に関する新しい情報を運ぶフィードバック・ループ——があれば、進化し、創造力を発揮し、変化でき、そして、限界ぎりぎりか限界を超えてしまった世界では許されないような大きな自由を提供できるか、を考えることができよう。このような新しいルールのなかで最も重要なものの一つは、経済理論にも合致するものだ。市場システムの「外部費用を内部化する」ための知識と規制を組み合わせるもので、それによって製品の価格はその製品をつくるためのすべてのコスト（あらゆる環境・社会への悪影響も含む）を反映するようになる。これは何十年も前から、あらゆる経済学の教科書が（空しく）「必要だ」と書いている方策である。このルールがあれば、投資や購入の方向が自動的に定まってくるので、人々はお金を払う段に決めたことを、後になって、実際の物質的な価値や社会的な価値がわかってから後悔するという状況を避けることができる。

なかにはその定義からいって、再生不可能な資源を使うことは持続可能ではないから、持続可能な社会だったら、再生不可能な資源の使用をやめなくてはならない、と考える人もいる。これは、「持続可能」の意味を、あまりにも厳格に解釈した考え方である。たしかに、持続可能な社会は現在の世界よりももっとよく考えて、地球の地殻から取り出す再生不可能な資源を、効率よく使うことになるだろう。また、適正な価格をつけることで、将来世代に残す分が増えるだろう。しかし、先に定義した持続可能性の基準を満たしているかぎり、つまり、自然の吸収源をあふれさせず、持続可能な代替資源を開発するかぎり、使ってはならないという理由は何もないのである。

持続可能な社会が画一的である必要もない。自然界と同じように人間社会でも、多様性は持続可能性の要因でもあり、結果でもある。持続可能な社会を考えてきた多くの人が、地方分権的であり、それぞれの地域社会は地元にある資源に依存し、国際貿易にはあまり依存していない世界を思い浮かべている。そういった世界では、それぞれの地域社会が、他の地域社会や地球全体の存続を脅かさないように境界が設定されていて、文化的な多様性や自律性、自由、自己決定は、減るどころか大きくなっているだろう。

また、持続可能な社会は民主的でないとか、つまらないとか、意欲をかき立てられないと考える理由もない。軍拡競争や無限の蓄財など、今日人々を魅了し、消耗しているゲームのなかには、おそらくもはや可能ではなくなり、尊敬もされず、魅力を失うものもあるだろう。しかし、そこにはそれ以外のゲームもあれば、挑戦すべき課題も、解決すべき問題もある。人々が自分の力量を示し、お互いの役に立ち、能力を試し、良い生活を生きる方法がある。それはおそらく、今日可能な生活よりもずっと満足のいく生活なのではないだろうか。

以上が、持続可能な社会が「〜ではない」という長いリストだ。このリストを書き出しながら、その対比として、持続可能な社会として考えられる姿についても、われわれの思いを示してきた。しかし、そのような社会の詳細は、コンピュータ・モデル開発者の小グループが考え出すものではない。何十億人のアイデアやビジョン、才能が必要なのだ。

本書で述べてきた世界システムの構造的分析から、われわれが提供できるのは、どのようなシステムであっても持続可能性へ向かって再構築していく際に指針となる、いくつかの簡潔な要点である。それを次に列挙しよう。各項目は、家庭でも、地域社会でも、企業、国、そして世界全体でも、あらゆるレベルで、そして何百というやり方で実行できる。これらの指針を、自分の生活や文化、政治システムや経済システムのなかで、どのように実行するかをよく知っている人もいるだろう。最終的にはすべての段階を進んでいく必要があるが、そのような方向へ向けての第一歩は、どんな歩みであっても、持続可能性への一歩なのだ。

●「計画づくりの視野を広げる」――現在の選択肢から選ぶ際に、単に今日の市場や明日の選挙の結果だけではなく、その長期的なコストや便益についてじっくり考えること。メディアや市場に対して、あるいは選挙の際に、私たちが何十年にもわたって取り組まなくてはならない問題について問い質し、それを重視し、つねに責任を持つように、必要なインセンティブや手段、手順を開発すること。

●「シグナルを改善する」――人々の実際の暮らし向きと人間活動の世界の生態系への実影響について、より学び、モニタリングすること[6]。環境や社会の状況についても、経済状況と同じくらい、つねにかつ迅速に、政府や一般の人々に知らせること。経済的な価格に、環境コストや社会コストを含めること。コストと便益、スループットと豊かさ、自然資本の劣化と所得を混同しないよう、GDPなどの経済指標をつくり直すこと。

●「対応時間を短縮する」――環境や社会に圧力がかかっていることを示すシグナルを積極的に探すこと。問題が起きたとき（可能であれば、問題が表れる前に予測する）どうするかを前もって決めておき、効果的な行動がとれるよう制度や技術を設定しておく。柔軟性と創造力を育て、批判的思考ができるように、物理的システムや社会システムを再設計できるよう、教育を行うこと。コンピュータのモデリングはここでの手助けにはなるが、同様に重要なのは、システム思考についての一般の人々への教育であろう。

- 「再生不可能な資源の消費を最小限にする」――化石燃料や化石地下水、鉱物は、最大限に効率よく使い、可能な場合はリサイクルし（燃料はリサイクルできないが、鉱物や水はできる）、あくまで、持続可能な資源へ意図的に移行する一環として使うべきである。
- 「再生可能な資源の衰退作用を防止する」――土壌や地表水、再補給可能な地下水の生産力、そして森林や魚類、狩猟鳥獣類などを含む、あらゆる生きとし生けるものを守り、できるかぎり回復し、高めなくてはならない。こうした資源を採取する場合は、自己再生可能なペースを上回ってはならない。そのためには、その再生速度についての情報と、過剰利用に対する厳しい社会的制裁や強力な経済的インセンティブが必要である。
- 「あらゆる資源を最大限に効率よく用いる」――所与のエコロジカル・フットプリントの範囲内で達成できる人間の生活の豊かさが高まるほど、限界の枠内にとどまりながら生活の質をいっそう向上することができる。大幅な効率改善は、技術的に可能であるとともに、経済的にも好ましい[7]。崩壊を引き起こすことなく、現在の世界人口と経済を限界の範囲内に戻すには、効率改善が不可欠である。
- 「人口と物理的資本の幾何級数的成長を減速させ、最終的には止める」――ここまでの六項目が追求できる範囲には限りがある。したがって、この最後の項目が最も重要である。そのためには、制度や根本的な考え方、そして社会を変えることが必要だ。持続可能な望ましい人口と工業生産の水準を定めなければならない。また「成長」ではなく「発展」という考え方で目標を明確化する必要がある。素朴だが深く求められているのは、単なる物理的拡大や蓄積ではなく、人間の存在目的についてのより深い真に満足できるビジョンである。

この最後の持続可能な社会への重要な一歩については、成長に傾倒する文化の根底にある切迫した問題——貧困、失業、満たされていない非物質的ニーズ——を認めることによって、さらに述べることができる。現在の成長の構造では、成長してもこのような問題はまったく解決されないか、きわめて緩慢かつ非効率的にしか解決されない。しかしながら、より効果的な解決策が出てくるまでは、社会はこの成長依存症を捨てないであろう。人々にはどうしても希望が必要だからだ。成長は誤った希望かもしれない。それでも、まったく希望がないよりはましなのだ。

希望を取り戻し、きわめて現実的な問題を解決するために、この三つの問題に対するまったく新しい考え方が必要である。

● 「貧困」——共有という言葉は、政治的な話し合いの場では禁句である。おそらく、本当の意味で共有しようとしたら、誰にとっても「足りない」ということが起こるのではないかという、根深い恐怖心があるからだろう。貧困根絶のための新しい取り組み方を構築するうえで助けとなる概念は、「充足」と「連帯」である。われわれはみな、この行き過ぎの状態のなかにあるのだ。上手にコントロールできれば、すべての人に十分足るだけのものがある。うまくできなければ、誰も——どんなに豊かな人でも——行き過ぎの結果から逃れることはできない。

● 「失業」——人間には、自らを試し、鍛えるために、自らの基本的欲求を満たす責任を果たすために、また、自分の参加に満足を得るために、社会の責任ある一員として受け入れられるために、働くことが必要である。このニーズを、満たさずに放っておいてはならないし、品位を落とすような仕事や有害な仕事で満たしてはならない。同時に、雇用を生存の必要条件としてはならない。ここでは創造力を働かせて、誰かが他人のために雇用を「つくり出す」という狭量な考え方や、労働者は単に削減すべきコストであるという、さらに狭い考え方を超えていく必要がある。必要なのは、あらゆる人々がつくり出す貢献を活用し、支え、仕事や余暇、経済的生産を公正に共有し、一時的にまたは永続的に働けないという理由で人々を見捨てることのない経済システムである。

● 「満たされていない非物質的ニーズ」——人々が必要なのは大型の自動車ではなく、賞賛や尊敬である。いつも新しい服をとっかえひっかえ着ることではなく、ほかの人たちから魅力的だと思われているという感覚や、ワクワクする気持ちや変化、美しさを求めているのだ。人々に必要なのは、電子機器が提供するような娯楽ではなく、自分の頭や感情を満たしてくれる興味深い何かである。ほかにも、多くの例を挙げることができよう。アイデンティティやコミュニティ、自尊心、挑戦、愛、喜びといった、物質に対するニーズではない現実のニーズを、物質で満たそうとすると、満たされることのない熱望に対して的はずれの解決策を際限なく求める状況となる。社会が、こうした物質では満たせない人間のニーズを認め、明確にし、物質によらずに満たす方法を見出せるようになれば、必要な物質やエネルギーのスループットはずっと少なくてすみ、より大きな充実感を提供できるだろう。

では、実際に、こうした問題にどのように立ち向かえばよいのだろうか？　世界はどうすれば、こうした問題を解決する「システム」を展開できるのだろうか？　まさに創造力と選択の出番である。現在に生きる世代は、そのエコロジカル・フットプリントを地球の限界以下に戻すだけではなく、同時に、自らの内的世界と外的世界を再構築することを求められているのだ。これは、生活のあらゆる分野に及び、人間のあらゆる種類の才能を必要とする。技術革新や企業革新が必要であるとともに、地域や社会、政治、芸術、精神面での革新も求められる。五〇年前、ルイス・マンフォードは、この課題の大きさを指摘し、これこそ人間ならではの仕事であり、あらゆる人の「人間性」を試し、はぐくむ課題であると述べた。

拡大の時代は、いままさに均衡の時代に道を譲ろうとしている。この均衡を達成することは、今後数世紀にわたる事業となるだろう。新しい時代のテーマは武器と人でもなく、機械と人でもない。生命の復活、機械的なものから有機的なものへの移行、そして、あらゆる人間的な努力を意味する究極的な意味での人格の再建がテーマとなる。修養、人間性の賦与、協力、共生――これらが新しい世界をとりまく文化のスローガンとなる。変化は生活のあらゆる分野に現れる。企業の組織や都市計画、地域開発、世界資源の交換といった分野のみならず、教育の使命や科学の方法にも影響を与える。(8)

工業世界を次の段階へ進化させなくてはならない、ということは、決して恐ろしいことではない。むしろ、大きなチャンスなのだ。このチャンスをつかみ、いかに持続可能で公正に機能させるかだけではなく、本当に望ましい世界にするかは、リーダーシップ、倫理、ビジョン、勇気しだいである。それは、コンピュータ・モデルの特性ではなく、人間の心や魂の特性なのだ。人間の特性について語るために、ここでこの章を閉じなければならない。コンピュータのスイッチを切り、データやシナリオを片づけ、次の第8章は、心や直感から得た洞察をもって結びの章としよう。

第8章

いま、私たちができること 持続可能性への5つのツール

まだ希望の残光がある。絶望に負けてしまわないよう、注意しなくてはならない。

――エドアルド・サウマ　一九九三年

われわれは、三〇年以上にわたって、持続可能性について書き、語り、取り組んできた。うれしいことに、世界の各地で、それぞれの社会で、それぞれのやり方で、それぞれの才能を用いて、持続可能な社会へ向かって活動している何千人もの仲間と出会ってきた。公式の組織の枠組みのなかで活動したり、政治指導者の話を聞いたりするときには、苛立ちを覚えることがよくあるが、個人とともに活動するときには、いつも勇気づけられる。

どこを見ても、地球のことやほかの人のこと、子どもや孫の世代の生活の豊かさのことを気にかけている人々がいる。自分のまわりに見られる人間の不幸や環境の質の低下に気づいていて、これまでと同じような「もっと成長を！」という政策で、物事は改善するのだろうか？と疑問を感じているのだ。このような人々の多くは、「世界は間違った方向に進んでいるのではないだろうか。大変な事態に陥らないようにするためには、何か大きな変化が必要なのではないか」と、薄々であっても感じている。こうした人々は、「自分が取り組むことで何かが前向きに変わる」と確信できるなら、その必要な変化を起こすために進んで努力するだろう。こう自問するのだ。「自分には何ができるのだろうか？　政府には何ができるのだろうか？　企業には？　学校や宗教、メディアには、何ができるのだろうか？　市民や生産者、消費者、親には、何ができるのか？」

答えはたくさんあるだろう。しかし、こうした問いから生まれるさまざまな実験的な取り組みのほうが、どんなに具体的な答えよりも重要である。「地球を救うためにあなたにできる五〇の簡単な方法」がある。燃費のよい自動車を買うということ、飲み終えたびんや缶をリサイクルすること、意識を持って選挙で投票すること――もしあなたが、自動車やびんや缶や選挙の恩恵を受けられる世界に住んでいれば、であるが。また、それほど簡単ではない方法もある。自分らしい質素で美しいライフスタイルを実践すること。子どもは多くとも二人までにすること。（エネルギー効率の向上を促し、再生可能エネルギーの開発を促進するために）化石エネルギーの値段を高くするよう求めること。貧困から抜け出そうとする一家を、愛とパートナーシップを持って手助けすること。自分自身の「正しい生計の立て方」を見つけること。一片の土地をよく手入れすること。人々を抑圧したり、地球を好き勝手に使おうとするシステムに、できるだけ反対すること。自ら選挙に立候補すること、などである。

このような行動はどれも役に立つだろう。そして、言うまでもなく、それだけでは十分ではない。持続可能でありながら人々が充足し公正な社会にするためには、構造的な変革が必要なのだ。革命が必要なのである。フランス革命のような政治的な革命ではなく、農業革命や産業革命のような、より深い意味での革命である。リサイクルも大切ではあるが、それだけでは革命をもたらすことはできない。

それでは、何があればそのような革命をもたらすことができるのだろうか？　その答えを求めるためには、まず、歴史家が再現できる範囲ではあるが、人間文化における最初の二つの大革命の理解を試みよう。

農業革命と産業革命の歴史に学ぶ

一万年ほど前、人類の人口は、数千年にわたって増え続けたのちに、（当時としては）膨大な約一〇〇〇万人に達した。当時の人々は、移動しながら狩猟採集民族として暮らしていたが、場所によっては、人口が増えすぎ、かつてはまわりに豊富にあった植物や獲物が不足しはじめた。野生資源の減少という問題に対応するために、当時の人々は二種類の行動をとった。一つは、それまで以上に移動するという方だ。この方法をとった人々は、アフリカや中東といった先祖代々の土地を離れ、獲物の豊かなほかの場所で暮らすようになった。

一方、動物を飼いならし、植物を栽培し、「一カ所に定住する」ことを始めた人々もいた。これはまったく新しい考え方だった。単に定住するということによって、この最初の農民たちは、予想もしなかったやり方で、地球の表面を変え、人間の考え方や社会の形を変えたのである。

この定住によって、はじめて「土地を所有する」ことに意味が生まれた。背中にすべての所持品を背負わなくてもすむようになったので、人々は物を蓄積するようになり、ほかの人よりもたくさんの物を蓄積する人々が出てきた。富、地位、相続財産、交易、お金、権力という概念が生まれた。やがて、他人の生産した余剰な食糧で暮らせる人々が出てきた。そのような人々は、ほかのことをせずに道具だけをつくる職人になったり、音楽家、筆記者、司祭、兵士、運動選手、あるいは王となった。こうして、良くも悪くも、ギルドやオーケストラ、図書館、寺院、軍隊、試合、王朝、そして都市が誕生したのだった。

そこから脈々と流れる歴史のはるか先にいるわれわれは、農業革命を大きな前進であったと考えている。しかし当時はおそらく、この革命には、良い面もあるが悪い面もあっただろう。多くの人類学者は、「別に農耕生活がより良い生き方だったわけではなく、増加する人口に対応するために必要な生き方だったのだ」と考えている。定住した農耕民は、狩猟採集民に比べると、ヘクタール当たりの土地から得られる食糧は増えたものの、栄養価は低く、種類も少なく、そのうえ生産するために必要な労力はずっと大きかった。農耕民は、遊牧民にはなかったような形で、天候や疾病、害虫、外部からの侵略、台頭しつつある支配階級からの抑圧などに左右されるようになった。また、定住者たちは、自分たちの出した廃棄物からも逃れられないことになり、人類としてはじめての慢性的な汚染を経験することになった。

それでも、野生生物の不足という事態に対する対応として、農業は大成功だった。その結果、さらに人口が増えた。何世紀かの間に、約一〇〇〇万人だった人口が、一七五〇年にはおよそ八億人に達するほど大きく増えたのである。この人口増加によって、新たな不足が生まれる。とくに土地とエネルギーが足りなくなったのだ。こうして新しい革命が必要になった。

産業革命はイギリスで始まった。消えゆく木の代わりに、豊富な石炭を使い始めたのだ。石炭を使うことによって、土地を掘り起こし、炭坑をつくり、水を汲み上げ、輸送し、制御下で燃焼するという、実際上の問題が出てきたが、このような問題は、ほどなく解決され、その結果、鉱山や精製所のまわりに労働力が集中した。この過程で、技術と商業は、人間社会における特別な地位に引き上げられることになる——宗教や倫理の上に置かれたのである。

再び、誰もが想像していなかったような形で、すべてのものが変化した。土地ではなく、機械が主要な生産手段となり、封建主義に代わって、資本主義と、資本主義に異議を唱えて生まれた共産主義が出現する。いたるところに、道路や鉄道、工場、煙突が見られるようになり、都市は膨れ上がった。このときの変化もやはり、良くもあり悪くもありというものであっただろう。工場での労働は農場での労働以上に厳しく、屈辱的なものであった。新しい工場周辺の大気や水は、言語を絶するほど汚くなった。それでもほとんどの工業労働者の生活水準は、農民をはるかに下回っていた。しかし、工場での仕事はあっても、耕す農地はなかったのだ。

いまを生きるわれわれが、産業革命がどれほど深く人間の考え方を変えたのかを理解するのは難しい。なぜなら、われわれはその変えられた考え方の枠組みで考えているからだ。一九八八年に、歴史家であるロナルド・ウースターは、産業主義の哲学的な影響について、おそらくその後継者や実践家と同じくらい適切な言葉で述べている。

資本家たちは、技術が地球を支配することによって、より公正で合理的、効率的で生産的な生活がすべての人にいきわたると約束した。……しかし彼らは単に、因襲的な階級制度や共同体などの束縛から個々の企業を解放したにすぎなかった。人間による束縛であれ地球による束縛であれ、とにかく解き放つのが彼らのやり方だった。それは、他の人間や地球に対して、単刀直入に、精力的に、そして無遠慮に接することを教えるものだった。……人々は絶えず金もうけの観点から物事を考えなければならなくなった。土地も、自然資源も、自らの労働力さえも、身の回りのものはすべて、市場で利益を生む可能性のある商品と見なすようになった。その商品を、外部からの規制や介入を受けることなく生産し、売買する権利を要求しなければならなくなった。……欲求が増し、市場が広がるにつれ、人間と他の自然との結びつきは、あからさまな道具主義に姿を変えてしまった。(1)

そのあからさまな道具主義から、信じられないほど生産性が高まり、その満足のレベルはさまざまとはいえ、いまでは六〇億人——農業革命以前の人口の六〇〇倍以上——を支える世界が生まれた。広範囲に及ぶ市場と膨れ上がる需要によって、極地から熱帯、山頂から海底にいたるまで、どんどん環境が搾取されている。産業革命は成功した。しかし、最初はうまくいっていた狩猟採集生活に不足が広がって、次に農業革命が成功したように、産業革命の成功によって、結局新しい不足が生じた。足りなくなったのは、単に獲物や土地、燃料や金属だけではなく、地球環境の扶養力の総量でもある。人類のエコロジカル・フットプリントは、再び、持続可能な線を超えてしまった。成功したことで、次の革命が必要になってきたのである。

次なる革命――持続可能性革命の必然性

紀元前六〇〇〇年ころの農民に、今日のアイオワ州のトウモロコシ畑や大豆畑を予測することはできなかったように、また、一八〇〇年のイギリスの炭坑夫が、トヨタの自動組み立てラインを想像できなかったように、いまの時点で、持続可能性革命がどのような世界を生み出すかは誰にも語れない。これまでの大きな革命と同様に、来るべき持続可能性革命も、地球や人間のアイデンティティ、制度や文化の基盤を変えることになるだろう。その歩みはすでに始まっているものの、これまでの革命と同じく、全面的に展開するには何世紀もかかるだろう。

もちろん、どうすればこのような革命を起こせるか、誰も知らない。「地球規模でのパラダイム・シフトを起こすには、次の二〇の段階を踏みなさい」というようなチェックリストはない。過去の大革命と同様に、今回の革命も、計画や指図ができるものではない。政府からの指令リストやコンピュータ・モデル開発者の言葉に従って展開するようなものでもない。持続可能性革命は有機的な革命になるだろう。何十億もの人々のビジョンや洞察、実験や行動から生まれるものであって、決して一人の人間や特定のグループに負担を押しつけるものではない。誰かの功績になるものではないが、誰もが貢献できる。

われわれは、自分たちが受けてきたシステム思考のトレーニングと世界で行ってきた活動から、複雑なシステムには、ここで議論しているような大きな革命に密接につながる二つの特性があると確信している。

第一に、変革の鍵を握っているのは情報である。といっても、必ずしももっと多くの情報やより良い統計、より大きなデータベース、インターネットのサイトが必要だというわけではない（もちろん、そのすべてが役割を担っているだろうが）。ここで言っているのは、「重要で、切実で、選ばれた、力のある、タイムリーで正確な」情報が、新しい方法で、新しい受け手に流れ、新しい内容を届け、新しいルールや目標を示す、ということである（ルールと目標は、それ自体情報である）。情報の流れが変わると、どのようなシステムであっても、異なった行動パターンを示すようになる。たとえば、グラスノスチ政策を見ればよくわかる。ソビエト連邦でそれまで長らく閉じられていた情報のチャネルを開放しただけで、誰も予期せぬほど、東欧の急速な変革が起こったのだ。古いシステムは、情報を厳しく統制することで維持されていた。その統制がなくなったことで、システム全体の再構築は始まったのである（混乱に満ちた予測不能なものであるが、避けることはできなかった）。

第二に、システムは、その情報の流れを変えること、とくにルールや目標の変化に、強く抵抗する、ということだ。既存のシステムから利益を得ている人々が、そのような変化に強硬に反対するのは当然といえば当然だろう。確立された政治的、経済的、宗教的な派閥は、そのシステムの許容するルール以外のルールに従おうとしたり、異なるゴールを達成しようとする個人や小グループの試みを、ほぼ全面的に抑えることができるだろう。新しいことを考え、行おうとする革新者は、無視され、まともに相手にされず、笑いものにされ、地位が上がることもなければ、手段や資金を与えられたりその主張を取り上げられることもないだろう。比喩的な意味でも実際上も、弾圧され消されてしまうのである。

しかし、革新者だけが、新しい情報やルール、目標の必要性を感じ、その必要性を伝え、試すことによってシステムを変革する変化を起こすことができる。「世界を変えようと決意を固めた個人からなる小さなグループの力を決して否定してはならない。実際、その力だけがこれまで世界を変えてきたのだ」というマーガレット・ミードの言葉に、この重要な点が明晰に示されている。

われわれは、消費を期待し、熱心に勧め、奨励するシステムのなかで、節度ある物質生活を送るのは難しい、ということを苦労して学んできた。しかし、節度ある暮らしに向かって長い道のりを進んでいくことはできる。エネルギー効率の悪い製品をつくっている経済のなかで、エネルギーを効率よく使うことは容易ではないが、より効率的な物事のやり方を探したり、必要があればつくり出すことができる。そうするなかで、ほかの人もそのようなやり方を使えるようにしてあげられるだろう。

何よりも、古い情報にしか耳を貸さない構造になっているシステムに、新しい情報を提示するのは難しいことである。「もっと成長することの価値は?」と人前で疑問を唱えたり、あるいは成長と発展を区別しようとするだけでも、ここで言わんとしていることがわかるだろう。既存の体制に挑むには、勇気と明晰さが必要だ。しかし、それは可能である。

どうすれば、もともと変革に抵抗するシステムを、平和的に再構築していけるのだろうか? その模索のなかで、われわれはさまざまな手段を試してきた。明らかなものは、本書のいたるところに登場している——合理的分析、データ収集、システム思考、コンピュータによるモデリング、そして、選び抜いたできうるかぎり明晰な言葉である。このようなツールは、科学や経済の分野で訓練を受けた人なら誰でも自然に手にとれるだろう。これらは、リサイクルと同様に、役に立ち、必要なものであるが、それだけでは十分ではない。

それではどのようなツールなら十分なのか? それはわれわれにもわからない。しかし、われわれが「役に立つ」と思ったほかの五つのツールを説明することはできる。その説明をもって本書を締めくくろうと思う。最初にこの五つを挙げ、論じたのは、一九九二年に刊行された『限界を超えて』である。それ以降の経験からわれわれは、この五つのツールは任意に選択するものというより、長期的な繁栄を望むすべての社会になくてはならない重要な特徴であると確信を強めた。この五つをこの結びの章でもう一度示すが、これは持続可能性へ向かって進んでいくための「唯一の」方法としてではなく、いくつもある方法の「一部」として、挙げるものである。

一九九二年に、われわれはこう書いた。「われわれは、この五つを論じることに少なからずためらいを感じる。それはその使い方に熟練していないためであり、科学者の口やワードプロセッサーからは出にくい言葉を要求されるからである。冷笑的な世間では、マジメに受け取るには『非科学的』すぎると考えられている」。

われわれがこれほど慎重に取り上げようとしたツールとは、何であろうか？

その五つとは、ビジョンを描くこと、ネットワークをつくること、真実を語ること、学ぶこと、そして慈しむことである。

どれほどの規模の変化が必要かを考えれば、頼りないリストに見えるかもしれない。しかし、このそれぞれは、正のフィードバック・ループの網のなかに存在している。したがって、最初は少人数の人々でもこのツールをねばり強くコツコツと使っているうちに、大きな変化が生まれる可能性がある――もしかしたら、現行のシステムに挑み、革命をもたらす助けにもなるかもしれない。

一九九二年にわれわれは、「これら五つの言葉が、世界の情報の流れのなかで、誠実に、言い訳がましくなく、もっと頻繁に使われるようになれば、持続可能な社会への移行を助けることになるだろう」と書いた。しかし、われわれ自身、言い訳がましく書いていた。多くの人々がどう受け取るかを知っていたからだ。

自分たちの文明の将来が危機に瀕しているときに、このような「非科学的な」ツールに頼ることに不安を感じる人が多い。とくに、どうしたら自分やほかの人のなかにそれを呼び起こせるのかもわかっていないからだ。そこで、われわれは、そのようなツールを却下し、リサイクルや排出量取引、野生保護区など、必要だが十分ではない——しかし少なくとも、どうすればよいかを知っている——持続可能性革命の一部分に話題を転じてしまう。

しかしここでは、その使い方もよくわかっていないツールについて、話そうと思う。なぜなら、人類はこのツールをすぐに使いこなせるようにならなくてはならないからだ。

ビジョンを描くこと

ビジョンを描くとは、想像することである。何を本当に望んでいるのかを、まずは全般的に、そしてしだいに細かいところまで思い描いていくことだ。思い描くのは、あくまでも「自分が本当に望むこと」であって、人からそう望むようにと教えられたことでも、それで我慢することに慣れてきたことでもない。ビジョンを描くことは、「本当にできるのだろうか」という思いや、不信、過去の落胆という制約を外し、この上なく高尚で心がうきうきする、自分の大事な夢に思いをめぐらせることである。

とくに若い人たちのなかには、熱心にビジョンづくりに取り組み、楽々とこなす人もいる。逆に、ビジョンづくりは怖くて苦痛を伴うという人もいる。「可能な世界」がこうこうと輝くことによって、「現実の世界」が耐えがたくなるからだ。なかには、自分のビジョンを決して認めない人もいる。実際的ではないとか、「非現実的」と思われることを恐れているのだ。そういった人たちにとって本書を読むのは苦痛かもしれない。また、これまでの経験にあまりに打ち砕かれてしまって、「どんなビジョンだって実行するのは不可能だ」としか言えない人もいる。それはそれでかまわない。懐疑的な人も必要なのだ。懐疑的な見方があってこそ、節度あるビジョンが描けるのだ。

懐疑的な人のために断っておくが、われわれは、ビジョンがあれば何だって実現できると信じているわけではない。行動を伴わないビジョンは役に立たない。しかし、ビジョンを欠いた行動では、方向性もなければ力もない。指針を示し、やる気を出させるために、ビジョンは必要不可欠である。それ以上に大切なことは、ビジョンが幅広く共有され、しっかりと見えていれば、「新たなシステムをつくり出す」ことができるということだ。

われわれは文字どおり、そう考えている。空間、時間、物質、エネルギーといった限界の枠内で、ビジョンを持った人間の思いが、単に新しい情報や新しいフィードバック・ループ、新しい行動パターン、新しい知識、新しい技術をもたらすばかりでなく、新しい制度や新しい物理的構造を生み出し、人間のなかに新しい力を芽生えさせるのだ。ラルフ・ウォルド・エマーソンは一五〇年前に、この深遠なる真実に気づいていた。

国も個人も、己のその時々の道徳的状態や思考形態に応じた物質的装具で、身の回りを固めるものだ。あらゆる真理が、あらゆる錯誤が、あるいは一人の人間の一つひとつの考えが、いかに社会や家、都市、言語、儀式、新聞といった着物をまとっているかを見たまえ。今日の思想を見るがいい。個々の抽象概念が、コミュニティのなかで、いかに立派な装具をまとっていることか。そして、材木が、煉瓦が、石灰が、石が、瞬く間に、多くの人の心のなかに君臨するおおもとの思考（マスターアイデア）に従った、便利な形に変えられる。

となれば、当然のことながら、人間のなかでいちばん変わらないものが、彼の状況を変えることになる。最も拡大されていない思考が、他人に対する最もありのままの感情が、外部のものに最も衝撃的な変化をもたらすことになる。[2]

その姿を広く描き出すまでは、持続可能な世界を一〇〇パーセント実現することはできないだろう。しかも、ビジョンは、多くの人々が築きあげてはじめて、完全なものとなり、人を動かさずにはいられないものになる。ほかの人たちにも参加してもらえるように、われわれがこれなら住んでみたいと思う——これで手を打とうというものではなく——持続可能な社会を思い描いたときに、何が見えるかをいくつか挙げてみよう。これが決定的なリストではないことは言うまでもない。一人ひとりが自分でもつくり出し、広げていってほしいという思いからリストアップするのである。

- 持続可能性、効率、充足、公正さ、美しさ、コミュニティが最も重要な社会的価値として置かれていること。
- すべての人が物質的に充足し、安全が確保されている。したがって、社会の規範と個人の選択によって、出生率は低く、人口が安定していること。
- 人間を卑しめるのではなく高める仕事。誰でもどのような状況下にあっても、十分な供給を受けることを保証する一方、人々が社会のために最善の貢献をし、その報いを受けられるというインセンティブを提供していること。
- 誠実で尊敬に値し、知的で、謙虚で、自分のポストを守ることより職務を全うすることに、選挙に勝つことよりも社会に資することに関心を寄せる指導者。
- 目的ではなく、手段としての経済。繁栄のために環境に奉仕させる経済ではなく、環境の繁栄のために奉仕する経済。
- 効率のよい再生可能なエネルギーシステム。
- 効率のよい循環型の物質システム。
- 排出や廃棄物を最小限に抑える技術設計。技術や自然が処理できない汚染や廃棄物をつくり出さないという社会的合意。
- 土壌を育て、養分の回復や害虫防除に自然のメカニズムを使い、汚染されていない食べ物を豊かに生産する再生型農業。
- 人間の文化と生態系が調和して共存し、多様な生態系が保全されている。したがって、自然にも文化にも豊かな多様性がある。人間が多様性を理解し感謝している。
- 柔軟性があり、社会的にも技術的にも革新が行われ、知的な挑戦がある。科学が繁栄し、人間の知識はつねに拡がっている。
- 個人の教育の重要な部分として、システム全体をより理解すること。
- 経済力、政治的影響力、科学的専門性の分散化。
- 短期的・長期的な思慮のバランスがとれた政治構造。将来世代のために政治圧力を行使できるなんらかの方法。
- 市民にも政府にも、非暴力的に紛争を解決する高度な技能があること。
- 世界の多様性を反映すると同時に、適切で正確でタイムリーで偏っていない知的な情報で、各文化をつなぐマスメディア。情報は歴史的文脈やシステム全体の枠組みのなかで提示される。
- 物質的なものの蓄積を伴わない生きる理由と、自分をよしとする理由。

ネットワークをつくること

われわれにネットワークがなかったら、仕事はできなかった。われわれの属しているネットワークはほとんど、非公式なものだ。予算はあったとしても少なく、世界的な組織として名を連ねているものはほとんどない(3)。目にはほとんど見えないが、そのような小さなネットワークの効果は決して小さなものではない。非公式のネットワークは、公式の組織と同じ方法で情報を伝えるが、より効果的であることが多い。このような非公式のネットワークは、新しい情報が自然に生まれる場所であり、そこから新しいシステム構造が発展する可能性がある(4)。

われわれのネットワークには、きわめて地域的なものもあれば、国際的なものもある。メールなどを介する電子的なネットワークもあれば、参加者が毎日顔を突き合わせるネットワークもある。どのような形態であっても、ネットワークを構成しているのは、人生のある側面についての関心を共有する人々である。連絡を取り合い、データや手法、アイデアや励ましを送り、お互いを好きで尊敬し、支え合っている人たちなのだ。ネットワークの何よりも重要な目的の一つは、そのメンバーに、「自分一人ではない」ということを思い起こさせることである。

ネットワークは階層的なものではない。対等な人々がつながっている網の目だ。それは、力や義務、物質的なインセンティブや社会的契約によってではなく、共有されている価値観や、一人ではできないこともみんなでやればできる、という認識でつながっているのだ。

有機的な害虫防除の手法を共有している農業従事者のネットワークがある。環境ジャーナリストのネットワーク、「グリーン」な建築家、コンピュータ・モデル設計者、ゲームデザイナー、土地信託、消費者共同組合などのネットワークもある。共通の目的を持った人々が出会うにつれ、何十万というネットワークが生まれてきた。なかには多忙を極め、重要なネットワークになり、事務所や予算を持つ公式な組織に発展するものもあるが、大部分のネットワークは、必要に応じて発生し、消滅していく。ウェブの到来は間違いなく、ネットワークの形成と維持を促進し、加速させてきている。

地元レベルでも地球規模のレベルでも、持続可能性に熱心に取り組んでいるネットワークは、地球の限界の枠内に自らをとどめながら地域の生態系と調和を保つ持続可能な社会をつくり出すためにとりわけ必要である。われわれの地域は読者の地域と異なるため、地域のネットワークについて言えることはあまりない。ただ、地域ネットワークの一つの役割は、産業革命以来ほとんど失われてしまったコミュニティの感覚と場所とのつながりをもう一度つくり出すことであろう。

地球規模のネットワークについて言えば、それが真に地球規模であることを望む。国際的な情報の流れに参加する手段は、生産手段と同じぐらい、分配がきわめて偏っている。アフリカ全土にある電話の数よりも、東京という一都市にある電話の数のほうが多いといわれている。コンピュータやファクス機、航空路線の接続、国際会議への招待についていえば、なおさらに違いない。しかしここでも、人間の発明の才のすばらしさのおかげで、ウェブや安価なアクセス用装置という驚くべき解決策が提供されているようである。

アフリカやその他の地域では、コンピュータやウェブへのアクセスより先に対応すべきニーズがたくさんある、という議論もあるだろう。しかし、われわれはそうは思わない。恵まれていない人々の声が届かないかぎり、そのような人々のニーズを効果的に伝えることはできないし、世界も彼らの貢献を活かすことはできない。物質やエネルギーの効率を大きく引き上げた技術のなかには、通信設備の設計もいくつか入っている。誰もが持続可能なエコロジカル・フットプリントの範囲内で、地域レベルでも地球規模でもネットワークをつくる機会を得ることができる。「デジタル・デバイド」の溝を埋めなくてはならない。

持続可能性革命のどこかの部分に関心を抱いたら、同じ関心を持つ人々のネットワークを探したり、つくることができるだろう。ネットワークがあれば、どこで情報が得られるか、どのような出版物やツールがあるのか、行政の支援や助成を得るにはどこへ行けばよいか、誰が具体的な課題の手助けをしてくれるかなどがわかるだろう。適切なネットワークなら、あなたが学ぶうえで役立つだけではなく、あなたが学んだことをほかの人に伝えていくこともできるだろう。

真実を語ること

われわれが、ほかの人以上に真実について確かなことを知っているわけではない。しかし、真実でないことは、聞いたときにわかることが多い。こうした虚偽は、意図的で、話し手も聞き手も嘘だとわかっている場合が多い。人を操作しよう、懐柔しよう、そそのかそう、実行を遅らせよう、利己的な行為を正当化しよう、権力を手に入れたり守ったりしよう、耳障りな現実を否定しよう、と真実ではないことを言うのである。

嘘は情報の流れをゆがめる。情報の流れが嘘によってゆがんだり途切れたりすると、システムはきちんと機能できなくなる。システム思考のなかでも最も重要な教義の一つは、情報はゆがめたり、遅らせたり、隔離してはならない、ということである。その理由は、本書で明らかにしてきたつもりだ。「人類のすべてが危機にさらされている。われわれ一人ひとりが、これから先、あえて真実のみを、そして真実のすべてを語ろうとしなければならない。しかもそれをいますぐ迅速に実行しなければ」

と、バックミンスター・フラーは語っている。[5] あなたが、街角で、職場で、仲間に対して、誰かに話をするときはつねに、とくに子どもに対して話をするときには、嘘に立ち向かい、真実を断言するよう、努力することができる。物をたくさん持っているからといって、良い人になれるわけではない、と言うことができる。金持ちがもっと金持ちになることが貧しい人を救うことになるのだろうか？という疑問を呈することができる。誤った情報に立ち向かえば立ち向かうほど、われわれの社会は、より自分たちでなんとかできるものになる。

成長の限界を論じる際に、しばしば出くわすありがちな偏見や単純化、言葉の罠、よくある虚偽などを挙げておこう。人間経済とその有限の地球との関係を明確に考えるためには、こうしたものは指摘し、避けるべきであると考えている。

誤：未来に関する警告は、破滅の予言である。
正：未来に関する警告は、別の道を進めという勧告である。

誤：環境とは、贅沢品か、他と競合するニーズか、または余裕ができたときに買う商品である。
正：環境とは、あらゆる命とすべての経済の源である。世論調査を見れば、人々は健全な環境が得られるならもっとお金を払うつもりがあることがわかる。

誤：変化とは犠牲であって、避けるべきである。
正：変化とは挑戦であり、必要なものである。

誤：成長を止めると、貧しい人々は貧困に閉じ込められてしまう。
正：貧しい人たちを貧困に閉じ込めているのは、豊かな人たちの強欲さと無関心である。豊かな人たちは、貧しい人たちへの態度を変えなくてはならない。そして、貧しい人たちのニーズを満たせるほどの成長というものもあるだろう。

誤：すべての人の物質的水準を、最富裕国のレベルに高めるべきである。
正：すべての人の物質消費レベルを、現在豊かな人たちが享受しているレベルに引き上げることは不可能である。すべての人の基本的な物質的ニーズは満たされるべきである。それ以上のニーズは、すべての人にとって持続可能なエコロジカル・フットプリントの枠内で可能なときにだけ、満たされるべきである。

誤：成長はすべて、良いことである。疑問の余地も、区別したり調べたりする必要もない。
誤：成長はすべて悪である。
正：必要なのは、成長ではなく発展である。発展のために物理的な拡大が必要であるなら、それは実際のコストをすべて計算に入れたうえで、公正で、手ごろで、持続可能なものでなくてはならない。

誤：技術はあらゆる問題を解決する。
誤：技術は、問題をつくり出すばかりである。
正：エコロジカル・フットプリントを減らし、効率を改善し、資源を増やし、シグナルを改善し、物質的貧困を終わらせる技術を促進する必要がある。

正：われわれは人間として、自分たちの問題にアプローチすべきであり、技術の進歩だけに頼るべきではない。

誤：市場システムは自動的に、われわれの望む未来をもたらしてくれる。

正：われわれは、どのような未来を望むのかを自分たちで決めなくてはならない。それから、その未来を実現するために、市場システムをはじめ、多くの組織的な仕組みを使うことができる。

誤：すべての問題の原因は産業にある。もしくは、産業がすべての問題を解決してくれる。

誤：すべての問題の原因は政府にある。もしくは、政府がすべての問題を解決してくれる。

誤：すべての問題の原因は環境問題にかかわる人たちにある。もしくは、環境問題にかかわる人たちがすべての問題を解決してくれる。

誤：すべての問題の原因はその他の特定集団（たとえば経済学者）にある。もしくは、特定集団がすべての問題を解決してくれる。

正：あらゆる人々や機関が、大きなシステム構造のなかで、それぞれの役割を果たしている。行き過ぎる構造になっているシステムでは、あらゆる当事者が、意図的にもしくは無意識のうちに、その行き過ぎに加担している。持続可能性に向かう構造になっているシステムでは、産業も政府も、環境問題にかかわる人々も、そしてとくに経済学者が、持続可能性を実現するうえで重要な役割を果たすことになるだろう。

誤：根っからの悲観主義。
誤：中身のない楽天主義。
正：現在の成功と失敗について、そして未来の可能性と障害について、真実を語る決意。
正：何よりもより良い未来へのビジョンをしっかり見据えつつ、現在の苦痛を認め、耐える勇気。

誤：ワールド3モデル（あるいは他のどんなモデルでも）は、正しいか間違っているかのどちらかだ。
正：われわれの頭の中にあるものも含め、すべてのモデルは、少しは正しいが、かなり単純すぎ、ほとんどは間違っている。モデルを検証し、どこが正しく、どこが間違っているかを学びながら進むにはどうすべきか？　モデル設計者同士が話すときに、懐疑と尊敬のバランスをどうとればよいのか？　互いを相手に「正しいか間違っているか」というゲームをやめて、現実の世界に照らしあわせてモデルの正誤を検証する方法をどう設計すればよいか？

最後に出てきた、モデルを選別し、検証するという課題から、「学ぶこと」という次のテーマにつながる。

学ぶこと

いくらビジョンを描いても、ネットワークをつくっても、真実を語っても、もしそれが行動のための情報でなかったら役に立たない。持続可能な世界をつくり出すために「行う」べきことはたくさんある。新しい農法を実践しなくてはならない。新しいビジネスを始め、古いビジネスはそのエコロジカル・フットプリントを減らすように、再構築しなくてはならない。土地を回復し、公園を守り、エネルギーシステムを転換し、国際条約をつくる必要がある。通すべき法律と、廃止すべき法律がある。子どもたちに教えなくてはならないし、大人にもやはり教えなくてはならない。映画を製作し、音楽を演奏し、本を出版し、ウェブサイトを立ち上げ、カウンセリングを行い、グループを指導し、補助金を廃止し、持続可能性指標を開発し、あらゆるコストを含めるように価格を変える必要がある。

こうしたことを行ううえで、それぞれが自分に最も適した役割を見出すだろう。われわれは、自分以外の誰かについて、その具体的な役割を指示するつもりはない。しかし、提案したいことがある。「何をやるにしても、謙虚な気持ちでやること。不変の方針としてではなく、実験として行うこと。どのような行動をとるにしても、その行動から学ぶこと」である。

人間の無知は、ほとんどの人が認めている以上に根深いものである。とくに、かつてないほど、地球経済は一つの統合されたものになりつつあり、恐ろしいほど入り組んだ地球の限界にぶつかりつつある。そして、まったく新しい考え方が必要だというのに、誰も十分にはわかっていない。したがって、どれほど権威があるように見せかけていても、この状況を理解している指導者は一人もいない。どのような政策であっても、世界全体に一律に押しつけてはならない。そして、受け入れられないリスクは避けなくてはならない。

学ぶとは、ゆっくり進み、物事を試し、その行動がもたらす影響に関する情報を集めようとすることである。そこには、その行動がうまくいっていないという、必ずしもうれしくない重要な情報も入っている。誰もが、間違いを犯し、その間違いについて真実を語り、そして先に進んでいくことによって学ぶのだ。また、学ぶこととは、元気に勇気を持って新しい道を探ることであり、ほかの人々がほかの道を探求していることに心を開き、もしその別の道のほうがよりまっすぐに目標につながっていると思えば、自ら進む道を切り替えることである。

世界の指導者たちは、学ぶという習慣も学ぶ自由も失ってしまった。どういうわけか、政治制度の展開の過程で、有権者は指導者がすべての答えを持っていると期待するようになり、ほんの一握りの人を指導者に任命し、指導者が不愉快な解決策を提案すれば、すぐに引きずり落とす仕組みになっている。このゆがんだシステムでは、人々の指導力も、指導者の学習能力も育たない。

このことについて、真実を語る時だ。世界の指導者は、ほかの人以上に、持続可能な社会を実現する方法を知っているわけではない。それどころか、その必要性にさえ気づいていない指導者もたくさんいる。持続可能性革命を起こすには、家庭から地域社会、国から世界のさまざまなレベルで、一人ひとりがどこかのレベルで学習するリーダーとして活動することが必要である。そして、指導者が不確実性を認め、誠実な実験を行い、過ちを認められるようにすることによって、われわれ一人ひとりが指導者を支えなくてはならない。

誰であっても、忍耐と寛容がなければ、自由に学ぶことはできない。しかし、行き過ぎている状況下では、忍耐や寛容さにかけられる時間はそう残ってはいない。一見対極に見える切迫と忍耐、責任と寛容のバランスを正しくとるために必要なのは、思いやり、謙虚さ、明晰な頭脳、誠実さ、そして——最も難しい言葉であり、あらゆる資源のなかでも最も欠乏しているように思われる——愛である。

慈しむこと

産業文化のなかで、愛については、その最もロマンチックでありふれた意味を除いては、語ることは許されていない。兄弟や姉妹のように愛し、人類全体を愛し、自然やわれわれを慈しんでくれる地球を愛する力を持ちましょう、と呼びかける人がいたら、まじめに受け止めてもらえず、あざ笑われてしまうだろう。楽観主義者と悲観主義者の最大の違いは、「人類は愛を基盤に、力を合わせて事を成すことができるか？」という問いへの答えに出るだろう。組織的に個人主義や競争心を煽り、短期的なことばかりに注目する社会では、悲観主義者が大多数を占めている。

個人主義や近視眼的視野は、現在の社会システムの最大の問題であり、持続不可能な社会の最大の原因であるとわれわれは考えている。それよりも、力を合わせて解決しようとする動きに、愛や思いやりが制度として埋め込まれているほうが、より良い選択肢である。このような人間の優れた資質を信じることも、論じることも、育てることもしない文化は、持てる選択肢が悲しいほど制限されてしまう。「人間性はどの程度の質の社会なら許容できるか？　社会はどの程度の質の人間性であれば許容できるのか？」と、心理学者のアブラハム・マズローは問うた[6]。

持続可能性革命は、何にもまして人間性の最も悪い部分ではなく、最も良い部分を表し、育てることができる社会的変革でなければならない。その必要性と機会に気づいている人も多い。たとえば、一九三二年に、ジョン・メイナード・ケインズは、このように書いている。

欠乏や貧困の問題、そして階級や国の間の経済紛争は、不必要で一時的な、恐るべき混乱に他ならない。組織を設けて活用すれば、現在、われわれの道徳的エネルギーや物質的エネルギーを吸い上げている経済問題を、二次的な重要性しかもたない問題に軽減できるだけの資源と技術を西側世界は持っているのである。……経済問題が本来の目立たぬ存在になる日は、そう遠くはない。そうなれば、われわれの心や頭は、本当の問題、すなわち生命、人間関係、創造、ふるまい、宗教といった問題に占められるようになるだろう[7]。

産業界の偉大なリーダーであり、成長と限界、経済と環境、資源とガバナンスといった問題について書き続けていたアウレリオ・ペッチェイはつねに、その論考を、世界の問題に対する答えは「新しいヒューマニズム」から始まると締めくくっている。一九八一年、彼は次のように、この考え方を表している。

われわれの時代にふさわしいヒューマニズムによって、これまで手をつけてはならないと考えられていた原理や規範であっても、もはや適用できないもの、目的に沿わなくなったものは、新たなものに置き換えるか転換しなければならない。また、われわれの内面的なバランスを整え直すための新たな価値体系と、生活の空虚さを埋める新しい精神的、倫理的、哲学的、社会的、政治的、美的、芸術的モチベーションの出現が促されなければならない。さらに、われわれの持つ愛、友情、理解、結束、犠牲心、陽気さを回復させ、それらの素質をもって他の生命形態や世界中の兄弟姉妹とのつながりを密接にすれば、それだけ得るものも多いということを理解しなくてはならない(8)。

ルールも目標も、情報の流れも、人間の資質を抑える方向につくられているシステムのなかで、愛や友情、寛容さ、理解、結束を実践するのは容易ではない。しかし、われわれはやってみるし、皆さんにもぜひやってほしい。変わりゆく世界の難しさに対峙するときには、自分自身に対してもほかの人に対しても、忍耐強くいてほしい。避けがたい抵抗を理解し、共感してほしい。私たち一人ひとりの中に、ある種の抵抗や持続不可能なやり方にしがみつきたい気持ちがあるのだ。自分の中にも誰の中にもある、人間としての最高の才能を見出し、信じること。周囲の冷笑的な声にも耳を傾け、その冷笑的な考えを信じて疑わない人に同情すること。しかし、自分自身では信じてはならない。

地球規模のパートナーシップ精神を持って行わないかぎり、人類は持続可能なレベルまで人類のエコロジカル・フットプリントを減らすという冒険に勝利を収めることはできない。人々が自分自身もほかの人たちも、一つに統合された国際社会の一部であると見なすようにならないかぎり、崩壊は避けられない。そのためには、思いやりの気持ちが必要だ。それも、同じ時代に自分のまわりにいる人たちだけではなく、遠くに暮らす人々や将来世代への思いやりが必要なのである。人類は、「未来世代に生き生きとした地球を残す」という考えを大事にするようにならなくてはならない。

われわれは本書で、資源効率の向上から思いやりまで、さまざまなことを提唱してきたが、そのなかには、実際に実現できるものがあるのだろうか？　世界は実際にその限界の範囲内に戻り、崩壊を避けられるのだろうか？　人類のエコロジカル・フットプリントを減らすのは、間に合うのだろうか？　地球規模でのビジョンや技術、自由、地域社会、責任、洞察力、お金、規律、そして愛は十分にあるのだろうか？

本書で投げかけてきた仮説的な質問のなかでも、ここに挙げた質問は、最も答えにくいものである――答えられるふりをする人は多いだろうが。本書を著したわれわれ三人のあいだですら、考え方が違うのだ。十分な情報を与えられておらず、決まりきった日々を機嫌よく過ごしている人々、とくに世界の指導者たちは、そんな疑問は関係すらない、と言うだろう。「意味のある限界など存在しない」と。情報を得ている人たちの多くも、世間のおきまりの陽気さのすぐ下に潜む根深い冷笑主義に感染している。このような人たちは、「もうすでに深刻な問題があり、これからさらに悪い問題が出てくるだろう。そして、そのような問題を解決できる可能性などない」と言うだろう。

言うまでもなく、この答えのいずれも、そのメンタルモデルに基づくものだ。真実は何かといえば、

「誰にもわからない」ということなのだ。

われわれは本書のなかで、世界は運命の決まっている未来に直面しているのではなく、選択を目の前にしているのだと、繰り返し述べてきた。選択とは、どのメンタルモデルを選ぶかであり、選んだモデルによって、もちろん生まれるシナリオも違ってくる。一つのメンタルモデルでは、「この世界には、実際上の目的にとって、いかなる限界もない」とする。このメタルモデルを選択すると、相変わらず採掘事業を奨励することになり、経済は限界をさらに超えることになる。その結果は、崩壊である。

別のメンタルモデルは、限界は現実のもので、すぐそこに迫っているが、時間は足りず、人間は節度を守ることも、責任や思いやりを持つこともできないと言う。少なくとも、間に合う形では無理だと言うのだ。これは、自己達成型モデルである。もし世界の人々がこのモデルを信じることを選択すれば、言ったとおりになるだろう。その結果は、やはり崩壊である。

第三のメンタルモデルは、限界は現実のもので、すぐそこに迫っており、われわれの現在のフットプリントが限界を超えてしまっている場合もある。しかし、ぐずぐずしている時間はないが、ぎりぎりまだ間に合う。人類のエコロジカル・フットプリントを計画して減らす——大多数の人たちにとってより良い世界へ向けての持続可能性革命——のにちょうど足りるだけのエネルギー、物質、資金、環境の回復力、人間の美徳がある、というものだ。

この第三のシナリオも、誤っているかもしれない。だが、世界の現状に関するデータから地球規模のコンピュータ・モデルまで、われわれが見てきたものから、このモデルがひょっとすると正しいかもしれないことがわかる。正しいのか、間違っているのか——確実に知るには、試してみるしかないのだ。

付章1　ワールド3からワールド3-03への変換

本書に示したシナリオを準備するために、コンピュータ・モデル、ワールド3―91を改良したバージョンを使った。

ワールド3は、最初の『成長の限界』で用いるためにつくられたもので、これについてはわれわれの技術解説書に詳細に説明されている。[1]このモデルは当初、ダイナモ（DYNAMO）と呼ばれるコンピュータ・シミュレーション言語で書かれていたが、一九九〇年に、新しい言語であるステラ（STELLA）がわれわれの分析に最適のツールを提供していたため、一九九二年の『限界を超えて』のシナリオ準備には、ワールド3モデルをダイナモからステラに置き換え、新しいバージョン「ワールド3―91」に改良した。その際の変更については、『成長を超えて』の付章に説明されている。[2]

本書のシナリオを準備する際に、ワールド3―91を若干改良することが有用であることがわかったため、モデル「ワールド3―03」とした。このモデルは、CD―ROM[3]で入手できるが、ワールド3―91からワールド3―03へ変換するにあたっての変更箇所についてまとめておこう。技術のコストを計算するうえで、三点変更した箇所がある。一つは、求められる家族の規模が、工業生産の成長に反応する度合いを強めてある。二つ目は、モデルの行動パターンには影響を与えるものではなく、その行動パターンを理解しやすくするためのものであるが、次に示す。

●三つの分野における新しい技術の資本コストの決定要因を変更した。資本コストは、資源、汚染、農業分野において、入手可能な技術ではなく、実行された技術によって決定されなくてはならない。
●人口分野のルックアップ表を変更し、望ましい家族の規模を一人当たりの工業生産の高いレベルにより強く反応するようにした。
●平均的な地球市民の豊かさの指標として、生活の豊かさ指数という新しい変数を追加した。この指標の定義は、付章2に記載されている。
●地球上への人間の環境負荷合計の指標として、「人類のエコロジカル・フットプリント」という新しい変数を追加した。この指標の定義は、付章2に掲載されている。
●読み取りを簡略化するため、人口の目盛りを変更した。
●一九〇〇〜二一〇〇年の生活の豊かさ指数および人類のエコロジカル・フットプリントの行動パターンを示すグラフを新しく定義した。

読者の理解の一助として、新しい構造のステラのフロー・ダイアグラムを示し、本書のシナリオに用いた目盛りについて説明しよう。ワールド3—03のすべてのステラの方程式リストなどの情報は、CD—ROMにて提供されている。

ワールド3—03の新しい構造

図A（三六八ページ）に示すのは、土地の収穫率に関する技術を例とした、ステラの新しい技術方程式のフローチャートである。この方程式は資源および汚染の分野でも同じ形となる。

モデルの変数である食糧比率（一人当たりの食糧／一人当たりの必要最低限の食糧）が望ましいレベル以下になると、ワールド3は土地収穫率を向上させるための技術を開発しはじめる。同様に、一人当たりの工業生産に必要な資源が望ましいレベルを超えて上がった場合、および生産単位当たりで発生する汚染が望ましいレベルを超えた場合にも、同じ方程式が起動される。

生活の豊かさ指数に関するステラのフローチャートを図Bに示している。この基本論理は、付章2に説明がある。

人類のエコロジカル・フットプリントのステラのフローチャートを図Cに示している。この基本論理は、付章2に説明されている。

ワールド3―03のシナリオの値域

ワールド3―03が作成した一一のシナリオの変数の値は、本書の各シナリオに示された三つのグラフに示されている。こうしたグラフの縦軸には、目盛りは入っていない。各シナリオの変数の正確な値を、それほど重要だと考えていないからである。ただし、シミュレーションにより技術的な関心を持っている読者のために、その値域を示した（グラフ1～3）。一一の変数は、かなり異なった尺度で描かれているが、各変数の尺度は一一のシナリオを通じて一貫している。

図A

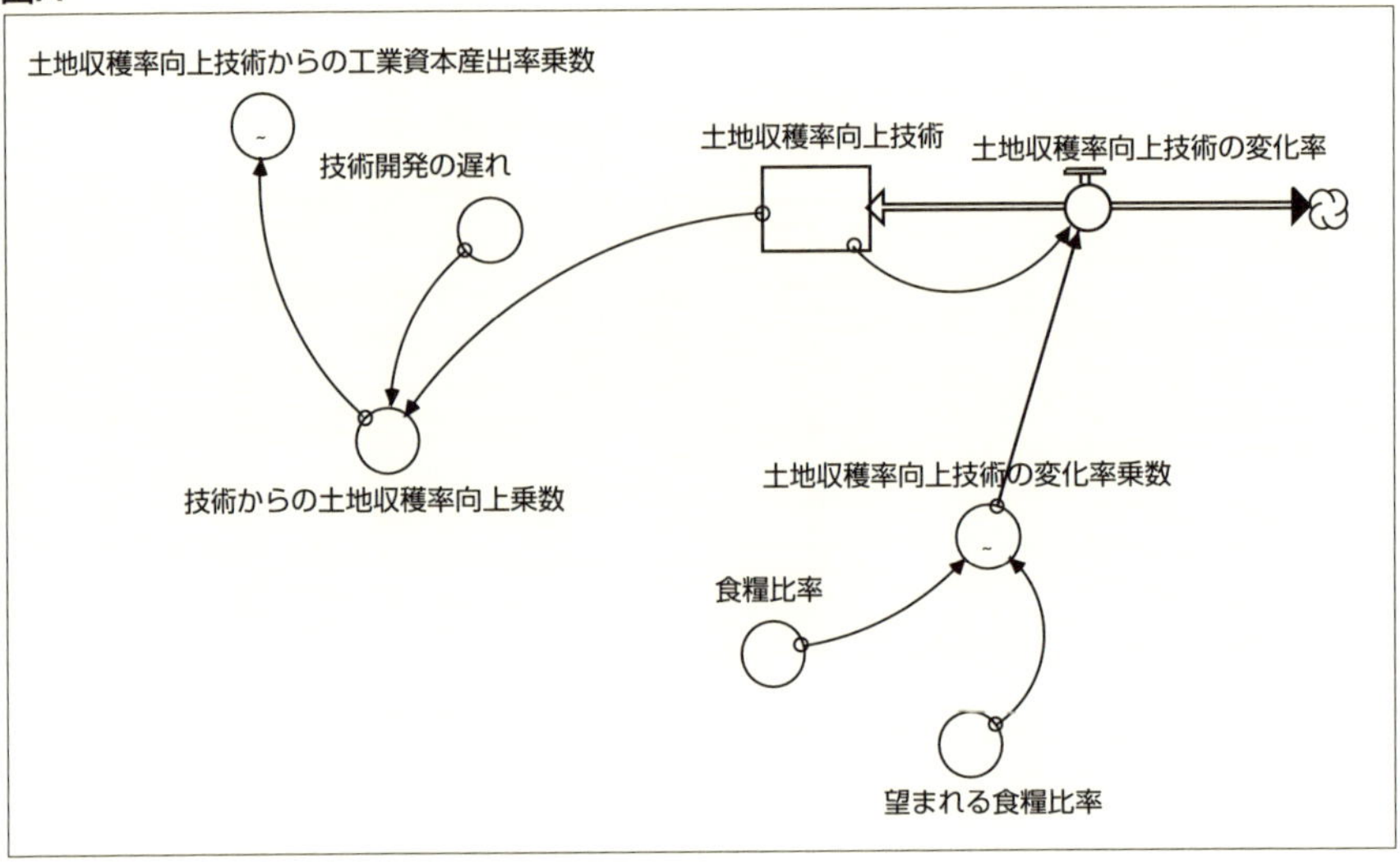

土地収穫率向上技術からの工業資本産出率乗数
技術開発の遅れ
土地収穫率向上技術
土地収穫率向上技術の変化率
技術からの土地収穫率向上乗数
土地収穫率向上技術の変化率乗数
食糧比率
望まれる食糧比率

図B

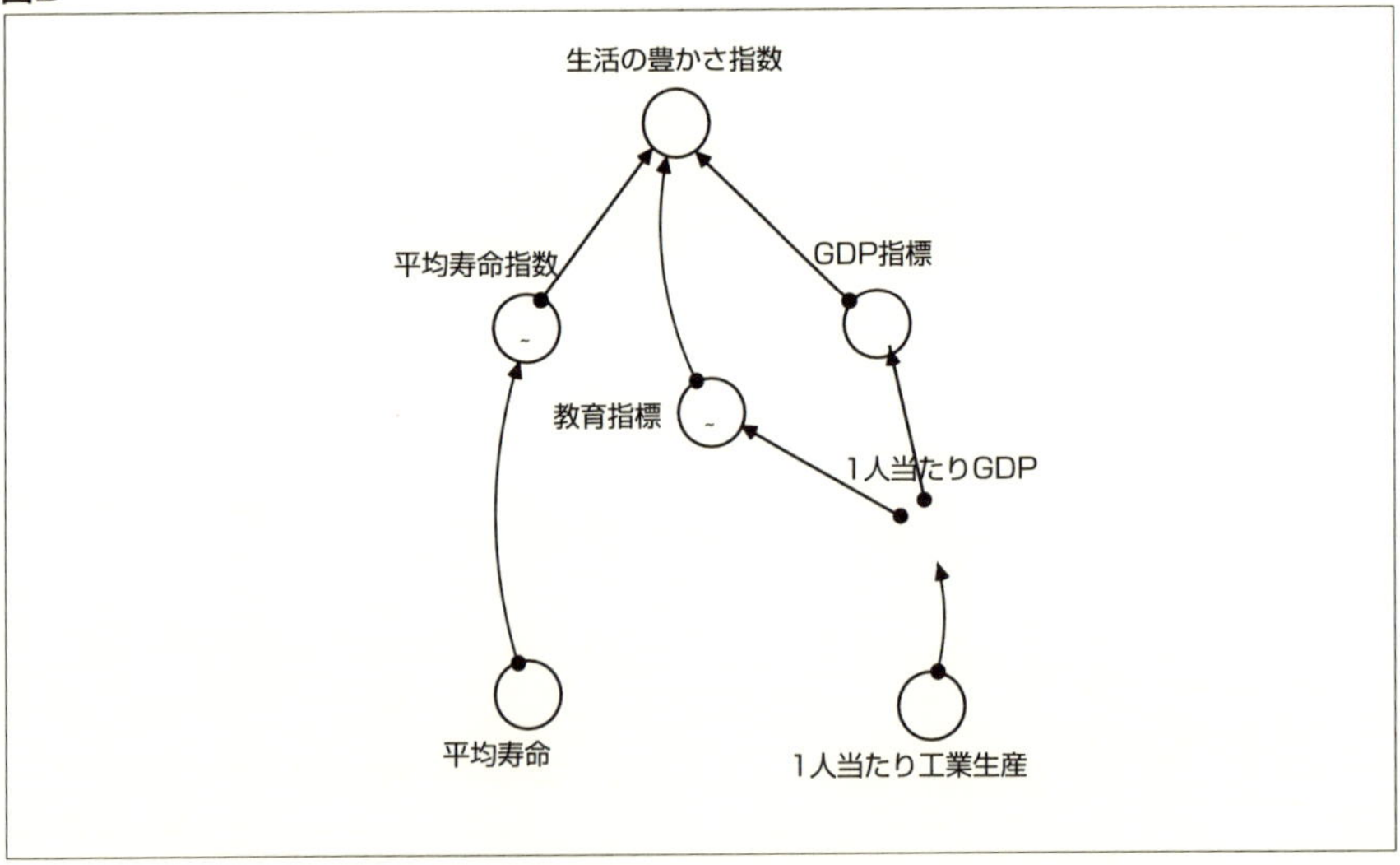

生活の豊かさ指数
平均寿命指数
GDP指標
教育指標
1人当たりGDP
平均寿命
1人当たり工業生産

図C

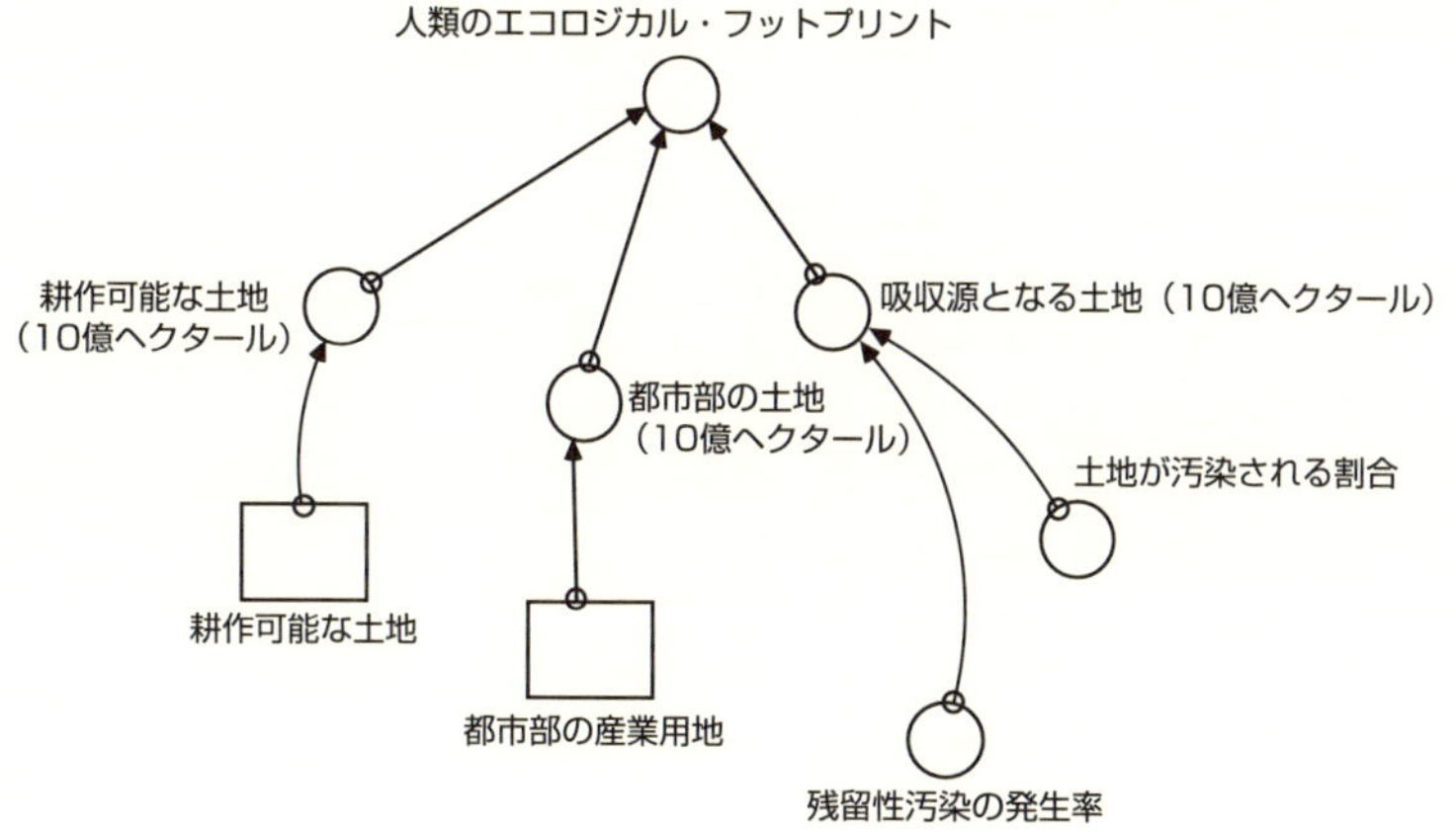

グラフ1——地球の状況

変数	低値	高値
人口	0	12×10^{9}
食糧総生産	0	6×10^{12}
工業総生産	0	4×10^{12}
残留性汚染の指数	0	40
再生不可能な資源	0	2×10^{12}

グラフ2——物質的な生活水準

変数	低値	高値
1人当たりの食糧	0	1,000
1人当たりの消費財	0	250
1人当たりのサービス	0	1,000
期待寿命	0	90

グラフ3——生活の豊かさとエコロジカル・フットプリント

変数	低値	高値
生活の豊かさ指数	0	1
人類のエコジカル・フットプリント	0	4

付章2　生活の豊かさ指数と人類のエコロジカル・フットプリント

背景

地球上の人類の未来について語るとき、「生活の豊かさ」と「人類のエコロジカル・フットプリント」という二つの概念を定義すると役立つだろう。この二つはそれぞれ、広い意味で平均的な地球市民の生活の質を表すものであり、物質的な要素と物質以外の要素、および地球の資源基盤と生態系に対して人類が与えている環境影響の合計を示すものである。

この二つの概念は、原則としては理解しやすいが、正確に定義するのは難しい。また、時系列データとして入手できるものが限られているため、これらを表す数式の作成時には、かなり近似値を使わざるをえなかった。しかし、全般的にいうと、生活の豊かさは、誰もがほかの人の満足を下げることなく個人としての自分の満足を増やすときに増大する。人類のエコロジカル・フットプリントは、資源採掘、汚染排出、土壌浸食、生態系破壊が、自然に対するほかの人間からの影響を同時に減らすことなく起こるときに、増大する。

この二つの概念の使い方を示すために、本書のなかで追求した理想を、以下のように言い換えてみよう。それは「生活の豊かさ」を増大する一方で、「エコロジカル・フットプリント」を最小限にする――少なくとも、生態系をきわめて長期的に地球の維持できるもの、つまり、地球の扶養力以下にしておく――ことである。

多くの分析専門家が、かなりの時間と労力を費やして、実用的な生活の豊かさ指数やエコロジカル・フットプリントの指標をつくろうとしてきた。一人当たりのGDPは、豊かさを簡単に測るものとして使われることが多い――かなり足りないところがあるのだが。ワールド2というワールド3の一代前のシミュレーション・モデルには、よく議論されていた「生活の質指標」が入っている。[1]これは、混雑、食糧・汚染・物質消費という四つの原因が与える生活の豊かさへの影響を考慮に入れるものである。代替案を考えた結果、われわれは、次に説明する指標を選んだ。ワールド3の数学モデルに適するよう、定量的な指標を選び、しかも、独自の指標を定義するのではなく、すでに存在しており、より一般的に受け入れられている指標を使うことにした。

UNDPの人間開発指標

人間の生活の豊かさを測るものとしてわれわれは、人間開発指標（HDI）を選んだ。国連開発計画（UNDP）が長年にわたって、多くの国を対象に測定してきたものだ。HDIは毎年、人間開発報告として公表されている。[2]二〇〇一年の報告書で、UNDPはHIDをこのように定義している。

HDIは、人間の開発の概括指標であり、人間の開発における三つの基本次元で、国の平均的な到達度を測るものである。

●長く健康な生活。誕生時の平均寿命で測られる。

●知識。成人の識字率（三分の二の重み）と、小・中・高校・高等教育の進学率（三分の一の重み）の組み合わせで測られる。

●適切な生活水準。一人当たりのＧＤＰで測られる（ＰＰＰ／ドル　購買力パリティ　米ドル）[3]。

ＵＮＤＰでは、この三つの指標（寿命指標・教育指標・ＧＤＰ指標）を数学的に平均したものとして、ＨＤＩを計算している。

平均寿命と教育の指標は、平均寿命、識字率、進学率とともに、直線的に増加する。ＧＤＰ指標も、一人当たりのＧＤＰが増加するときに増加する。しかし、この場合、ＵＮＤＰでは一人当たりのＧＤＰが一九九九年の旧東欧諸国のレベルを超えると、その増加幅が大きく減少すると仮定している[4]。

ワールド3における生活の豊かさ指数

ワールド3における人間の豊かさの測定値として、生活の豊かさ指数（ＨＷＩ）という変数を公式化した。これは、ワールド3モデルでの変数のみを使って可能な範囲において、ＵＮＤＰのＨＤＩの近似値である。その結果としてのステラのフロー・ダイアグラムは、付章1に示されており、詳細な方程式は「ワールド3―03　ＣＤ―ＲＯＭ」に含まれている。

ワールド3の生活の豊かさ指数は、寿命、教育、ＧＤＰの指標を合計し、三で割ったものである。

その結果得られるＨＷＩは、一九〇〇年の約〇・二から二〇〇〇年には〇・七へ上昇している。最もうまくいくシナリオでは、二〇五〇年ごろに最大値の〇・八に近づく。これら三つの数値は、一九九九年のＨＤＩでいうと、それぞれシエラレオネ、イラン、バルト共和国に相当する。

われわれの一九九九年のＨＷＩの数値は、その年にＵＮＤＰが計算した実際のＨＤＩにきわめて近い数値で、世界の平均として〇・七一であった。[5]

マーティス・ワクナゲルのエコロジカル・フットプリント

「人類のエコロジカル・フットプリント」を測るために、われわれは一九九〇年代にマーティス・ワクナゲルらが開発したエコロジカル・フットプリント（ＥＦ）を用いた。彼らは、多くの国のエコロジカル・フットプリントを計算しており、[6]各国のエコロジカル・フットプリントの経年変化を見せるため、時系列的に示している場合もある。彼らの研究のなかでも本書の目的のためにきわめて重要なのは、一九六一～九九年までの地球の人口と、その発展に関して計算したエコロジカル・フットプリントである。[7]世界自然基金（ＷＷＦ）は、世界の多くの国のエコロジカル・フットプリントを発表している。[8]

ワクナゲルらは、エコロジカル・フットプリントを、現在の暮らしを維持するために必要な土地面積として、ヘクタールで示している。まず、人々（国、地域、世界）があるライフスタイルを維持するために必要な農作地、放牧地、林地、漁場および建物の建っている土地の総計を計算する。また、そのグループの人々が使う化石燃料から排出される二酸化炭素を吸収するために必要な土地も加える。こうしたさまざまな種類の土地は、平均的な生物学的生産力を持つ土地面積に変換され、「平均ヘクタール」の数値を、その土地の生物学的な生産力（その土地がバイオマスを生み出す能力）に比例したものとなるよう、倍率を用いて計算する。ワクナゲルらは、この枠組みを拡大して、排出物（その他の気体や有害物質）を中性化するために必要な土地や淡水利用のために必要な土地も含めたいと考えているが、これまでのところはまだ、意味のあるやり方では成功していない。一片の土地の生物学的生産力は、用いられる技術によって変わってくる。したがって、肥料を増やせば、エコロジカル・フットプリントは減る（肥料の生産から排出される二酸化炭素を吸収するための土地が、収穫率向上によって節約できる土地を上回る場合を除く）。技術はつねに変化しているので、ワクナゲルらの計算での土地の生産力も同じく、そのときに使われている「平均的な技術」とペースを合わせるようになっている[9]。

したがって、エコロジカル・フットプリントは、人類が食糧や繊維のために使う土地を増やしたり、二酸化炭素の排出を増やすと増大する。また、二酸化炭素の排出が森林によって吸収されない（代わりに大気に蓄積する）としても、二酸化炭素が大気中に排出されないよう、それを吸収するために必要な面積としてエコロジカル・フットプリントは増大する。こうして、温室効果ガスの蓄積がエコロジカル・フットプリントを減らすよう、人間の行動パターンを強制的に変えるまでは、行き過ぎが起こる可能性がある。

ワールド3における人類のエコロジカル・フットプリント

ワールド３モデルにおいて人類のエコロジカル・フットプリントを測るために、われわれは人類のエコロジカル・フットプリント（ＨＥＦ）と呼ぶ指数をつくった。ＨＥＦは、ワールド３モデルの限られた数の変数の制約のなかで可能なかぎり、ワクナゲルらのエコロジカル・フットプリントの近似値となっている。その結果としてのステラのフロー・ダイアグラムは、付章1に示されており、そして詳細情報は、「ワールド3―03 CD―ROM」にて入手できる。

ワールド3の人類のエコロジカル・フットプリントは、三つの要素の合計である。まず、農業で穀物生産に使われる耕作可能な土地、二つ目に、都市―工業―交通輸送、およびインフラのために使われる都市の土地、三つ目に、汚染物質の排出を中性化するために必要な汚染吸収のための土地である。これは、残留性汚染の発生率に比例するよう、仮定されている。土地面積はすべて、一〇億ヘクタールの単位で計算される。

HEFは、一九七〇年が一という形で標準化され、その結果としての指数は、一九〇〇年の〇・五から二〇〇〇年の一・七六まで、幅がある。また、行き過ぎて崩壊するパターンを示すシナリオでは、短期間であるが、まったく持続可能ではない三以上という値にも達する。うまくいくシナリオの多くでは、二一世紀のほとんどの間、HEFを二以下にとどめておけることがわかる。HEFの持続可能なレベルは、おそらく一・一あたりであろう。これは一九八〇年ごろに通過してきた水準である。

3　同書, 240.

4　HDIの計算の詳細については、同書, 239-240.

5　UNDP, *Human Development Report 2000* (New York and Oxford: Oxford University Press, 2000), 144.

6　Mathis Wackernagel et al., "National Natural Capital Accounting with the Ecological Footprint Concept," *Ecological Economics 29* (1999): 375-390.

7　Mathis Wackernagel et al., "Tracking the Ecological Overshoot of the Human Economy," *Proceedings of the Academy of Science 99*, no. 14 (Washington, DC, 2002): 9266-9271. また本書の「著者の序文」図1を参照。

8　World Wide Fund for Nature, *Living Planet Report 2002* (Gland, Switzerland: WWF, 2002).

9　エコロジカル・フットプリントの計算の詳細は同書, 30.

3　著者が知っており、その関心領域にあるネットワークの例は、Balaton Group (www.unh.edu/ipssr/Balaton.html), Northeast Organic Farming Association (NOFA), Center for a New American Dream (CNAD; www.newdream.org), Greenlist (www.peacestore.us/Public/Greenlist), Greenclips (www.greenclips.com), Northern Forest Alliance (www.northernforestalliance.org), Land Trust Alliance (www.lta.org), International Simulation and Gaming Association (ISAGA; www.isaga.info), and Leadership for Environment and Development (LEAD)など。

4　そのような仲介的なステップは、持続可能な開発に取り組んでいる地方自治体（現在450）の国際的連合であるICLEIに見ることができる。www.iclei.org

5　R. Buckminster Fuller, *Critical Path* (New York: St. Martin's Press, 1981).

6　Abraham Maslow, *The Farthest Reaches of Human Nature* (New York: Viking Press, 1971).

7　J. M. Keynes, foreword to *Essays in Persuasion* (New York: Harcourt Brace, 1932).

8　Aurelio Peccei, *One Hundred Pages for the Future* (New York: Pergamon Press, 1981), 184-185.

付章1　ワールド3からワールド3-03への変換

1　Dennis L. Meadows et al., *Dynamics of Growth in a Finite World* (Cambridge, MA: Wright-Allen Press, 1974).

2　Donella H. Meadows, Dennis L. Meadows, and Jorgen Randers, *Beyond the Limits*, (Post Mills, VT: Chelsea Green Publishing Company, 1992).

3　注文に関する情報は次を参照。 www.chelseagreen.com

付章2　生活の豊かさ指数と人類のエコロジカル・フットプリント

1　Jay W. Forrester, *World Dynamics* (Cambridge, MA: Wright-Allen Press, 1971).

2　United Nations Development Program, *Human Development Report 2001* (New York and Oxford: Oxford University Press, 2001).

第7章　持続可能なシステムへ 思考と行動をどう変えるか

1　次を参照。Duane Elgin, *Voluntary Simplicity*, 改訂版 (New York: Quill, 1998)。また次も参照。Joe Dominguez and Vicki Robin, *Your Money or Your Life: Transforming Your Relationship with Money and Achieving Financial Independence* (New York: Penguin USA, 1999).

2　World Commission on Environment and Development, *Our Common Future* (Oxford: Oxford University Press, 1987). 〔邦訳『地球の未来を守るために』福武書店〕

3　Herman Daly は、望ましい持続可能な状態を維持するために、どのような経済制度であれば機能しうるかを考えはじめた一握りの人々の一人であり、思考を刺激するような市場と規制手段の組み合わせを考えついている。たとえば次を参照。Herman Daly, "Institutions for a Steady-State Economy," in *Steady State Economics* (Washington, DC: Island Press, 1991).

4　Aurelio Peccei, *The Human Quality* (New York: Pergamon Press, 1977), 85.

5　John Stuart Mill, *Principles of Political Economy*, (London: John W Parker, West Strand, 1848).

6　World Wide Fund for Nature International, Gland, Switzerland, が2年に1度出しているWWF *Living Planet Report* が好例である。地球の生物多様性と国のエコロジカル・フットプリントの動向に関するデータを提供している。

7　次を参照。Paul Hawken, Amory Lovins, and L. Hunter Lovins, *Natural Capitalism* (Boston: Back Bay Books, 2000).〔邦訳『自然資本の経済』日本経済新聞社〕

8　Lewis Mumford, *The Condition of Man* (New York: Harcourt Brace Jovanovich, 1944), 398-399.

第8章　いま、私たちができること 持続可能性へ5つのツール

1　Donald Worster, editor, *The Ends of the Earth* (Cambridge: Cambridge University Press, 1988), 11-12.

2　Ralph Waldo Emersonが ボストンで1838年3月に行った「戦争」に関する講演。*Emerson's Complete Works*, vol. 11 (Boston: Houghton Mifflin, 1887), 177に採録。

4 その仮定は1970年に行った。当時、われわれはそうした技術をシミュレーション上の1975年に、不連続のステップとして組み込んだ。実際の1990年までに、その技術のなかには構造的に世界経済に組み込まれはじめたものもあったため、ワールド3の数字にいくつか恒久的な調整を行った。たとえば、単位工業生産当たりの資源消費量を大きく減らした。こうした数字の変更については、Donella H. Meadows, Dennis L. Meadows, and Jorgen Randers, *Beyond the Limits* (Post Mills, VT: Chelsea Green Publishing Company, 1992)〔邦訳『限界を超えて』ダイヤモンド社〕の付章に詳細に説明されている。

5 この「適応型技術」の方程式は、1970年代初期にすでに、*Limits to Growth* studyの技術報告書に用いていた。次を参照。Dennis L. Meadows et al., *Dynamics of Growth in a Finite World* (Cambridge, MA: Wright-Allen Press, 1974), 525-537.

6 Lester Brown et al., *Vital Signs 2000* (New York: W. W. Norton, 2000), 53.〔邦訳『地球環境データブック』家の光協会〕

7 Brown et al., *Vital Signs 2000*, 41.〔邦訳『地球環境データブック』家の光協会〕

8 United Nations Food and Agriculture Organization, "The State of World Fisheries and Aquaculture 2002," www.fao.org/docrep/005/y7300e/y7300e00.htm

9 Lester Brown, *Eco-Economy* (New York: W. W. Norton, 2001), 51-55.〔邦訳『エコ・エコノミー』家の光協会〕

10 Fact sheets of the World Wide Fund for Nature Endangered Seas Campaign, 2003, www.panda.org/campaigns/marine/sturgeon

11 この現象の古典的な分析は Garrett Hardin's "The Tragedy of the Commons," *Science*, 162(1968):1243-1248.

12 *Audubon* (September-October 1991), 34.

13 *Dagens Naeringsliv* (Norwegain business journal), Oslo (December 9, 2002), 10.

14 Japanese journalist to Paul Ehrlich, in *Animal Extinctions: What Everyone Should Know*, edited by R. J. Hoage (Washington, DC: Smithsonian Institution Press, 1985), 163.

15 Erling Moxness, "Not Only the Tragedy of the Commons: Misperceptions of Feedback and Policies for Sustainable Development," *System Dynamics Review* 16, no. 4 (Winter 2000): 325-348.

21 F. A. Vogelsberg, "An Industry Perspective: Lessons Learned and the Cost of the CFC Phaseout," International Conference on Ozone Protection Technologies, Washington, DC, October 1996に提出された論文。

22 Richard A. Kerr, "Deep Chill Triggers Record Ozone Hole," *Science 282* (October 16, 1998): 391.

23 WMO, "Scientific Assessment," xiv and xv.

24 World Resources Institute, *World Resources 1998-99* (New York: Oxford University Press, 1998), 178. 〔邦訳『世界の資源と環境〈1998 - 99〉』中央法規出版〕。次も参照。Tim Beardsley, "Hot Coolants," *Scientific American*, July 1998, 32.

25 Mario J. Molina, "Stratospheric Ozone: Current Concerns," Symposium on Global Environmental Chemistry — Challenges and Initiatives, 198th National Meeting of the American Chemical Society, September 10-15, 1989, Miami Beach, Florida に提出された論文。

26 The Industrial Coalition for Ozone Layer Protection, 1440 New York Avenue NW, Suite 300, Washington, DC 20005.

27 WMO, "Scientific Assessment," xxxix.

第6章　技術と市場は 行き過ぎに対応できるのか

1 しかし、もし技術の進歩が十分に速く、その結果の新技術が瞬時に実行されると仮定すれば、エコロジカル・フットプリントの増大にかかわるすべての問題は解決できるというのも、もちろん正しい。第4章のシナリオ0"インフィニティ・イン、インフィニティ・アウト"で、そのような進歩を達成するための変化を述べている。

2 市場には、それ自体の行き過ぎや戻り過ぎがあり、われわれは多くのその他の文脈ではモデル化している。しかし、単純化するために、ワールド3には短期的な価格の不安定さは含めていない。短期的な価格の変動は、数十年にわたる地球の変化には強い関連を持っていない。

3 自然を道具に使っての統制というこの箇所は、これまで書かれた技術に関するエッセイのなかでも最も卓越したものの一つである。C. S. Lewis, "The Abolition of Man"からとった。Herman Daly, *Toward a Steady-State Economy* (San Francisco: Freeman Press, 1973)にあったもの。

賞した。

10 Richard E. Benedick, *Ozone Diplomacy* (Cambridge, MA: Harvard University Press, 1991), 12に引用されている。

11 J. C. Farman, B. G. Gardiner, and J. D. Shanklin, "Large Losses of Total Ozone in Antarctica Reveal Seasonal ClO/NO_2 Interaction," *Nature 315* (1985): 207.

12 科学者が低いオゾン測定値を見ていたのに、「見えて」いなかった期間についてよく説明しているのは、Paul Brodeur, *Annals of Chemistry*, 71.

13 J. G. Anderson, W. H. Brune, and M. J. Proffitt, "Ozone Destruction by Chlorine Radicals within the Antarctic Vortex: The Spatial and Temporal Evolution of ClO-O_3 Anticorrelation Based on in Situ ER-2 Data," *Journal of Geophysical Research 94* (August 30, 1989): 11, 474.

14 Mario J. Molina, "The Antarctic Ozone Hole," Oceanus 31 (Summer 1988).

15 デュポン社は、1980年にロナルド・レーガンがアメリカ大統領に選出されたときに、CFC代替物の研究をやめた。

16 政治的な過程についてはアメリカの交渉団代表であったRichard Benedickが、次の文献で明白かつ全面的に説明している。R. E. Benedick, *Ozone Diplomacy: New Directions in Safeguarding the Planet*, 2nd ed. (Cambridge, MA, and London: Harvard University Press, 1998).

17 同書, 215.

18 United Nations Environment Program, "Synthesis of the Reports of the Scientific Assessment Panel and Technology and Economic Assessment Panel on the Impact of HCFC and Methyl Bromide Emissions," Nairobi, March 1995, section 4.

19 World Meteorological Organization, "Scientific Assessment of Ozone Depletion: 2002," *Global Ozone Research and Monitoring Project Report 47*. 次のサイトで入手可能。www.unep.org/ozone

20 そのときまでに、この情報を集めたUNEPは、都市によって報告の質に差があるため、総合的な時系列データの作成をやめていた。次を参照。"Production and Consumption of Ozone Depleting Substances under the Montreal Protocol 1989-2000" (Nairobi: UNEP, 2002). 次のサイトで入手可能。www.unep.ch/ozone/ 生産の統計は、表1、2、18以降にある。

第5章　オゾン層の物語に学ぶ 限界を超えてから引き返す知恵

1　土地殺菌剤の臭化メチル、洗浄溶剤の四塩化炭素、消火に使われるハロンなど、さまざまな塩素含有化学物質や臭素含有化学物質には、成層圏オゾン層を劣化させる力がある。しかし、最大の脅威はCFCと呼ばれるフッ素、水素、塩素からなるグループである。研究の大部分はCFCを対象としており、また国際的な抑制の取り組みのほとんどもCFCをめぐるものである。したがって、これらに焦点を当てて紹介する。

2　Arjun Makhijani, Annie Makhijani, and Amanda Bickel, *Saving Our Skins: Technical Potential and Policies for the Elimination of Ozone-Depleting Chlorine Compounds* (Washington, DC: Environmental Policy Institute and the Institute for Energy and Environmental Research, September 1988), 83. 次から入手できる。Environmental Policy Institute, 218 O Street SE, Washington, DC 20003.

3　同書, 77.

4　B. K. Armstrong and A. Kricker, "Epidemiology of Sun Exposure and Skin *Cancer,*" *Cancer Surveys 26* (1996): 133-153.

5　たとえば次を参照。Robin Russell Jones, "Ozone Depletion and Cancer Risk," *Lancet* (August 22, 1987), 443; "Skin Cancer in Australia," *Medical Journal of Australia* (May 1, 1989); Alan Atwood, "The Great Cover-up," *Time* (Australia), 27 February 1989; Medwin M. Mintzis, "Skin Cancer: The Price for a Depleted Ozone Layer," *EPA Journal* (December 1986).

6　Osmund Holm-Hansen, E. W. Heibling, and Dan Lubin, "Ultraviolet Radiation in Antarctica: Inhibition of Primary Production," *Photochemistry and Photobiology 58*, no. 4 (1993): 567-570.

7　A. H. Teramura and J. H. Sullivan, "How Increased Solar Ultraviolet-B Radiation May Impact Agricultural Productivity," in *Coping with Climate Change* (Washington, DC: Climate Institute, 1989), 203.

8　Richard S. Stolarski and Ralph J. Cicerone, "Stratospheric Chlorine: A Possible Sink for Ozone," *Canadian Journal of Chemistry* 52 (1974): 1610.

9　Mario J. Molina and F. Sherwood Rowland, "Stratospheric Sink for Chlorofluoromethanes: Chlorine Atomic Catalysed Destruction of Ozone," *Nature 249* (1974): 810. この研究に対し、Molina とRowlandは1995年にノーベル化学賞を受

10 内分泌かく乱物質をめぐる物語を包括的に語ったものとしてよく知られているのはTheo Colborn, Dianne Dumanoski, and John P. Myers, *Our Stolen Future* (New York: Dutton, 1996)。〔邦訳『奪われし未来』翔泳社〕。同書には、このテーマに関して次々と出される科学的文献への何百もの参照箇所も載っている。

11 ソ連がPCBの製造をやめたのは1990年になってからであった。

12 J. M. Marquenie and P. J. H. Reijnders, "Global Impact of PCBs with Special Reference to the Arctic," Proceedings of the 8th International Congress of Comite Arctique Internationale, Oslo, September 18-22, 1989 (Lillestrom, Norway: NILU).

13 A. Larson, "Pesticides in Washington State's Ground Water, A Summary Report, 1988-1995," Report 96-303, Washington State Pesticide Monitoring Program, January 1996.

14 次を参照。"New Cause of Concern on Global Warming," *New York Times*, February 12, 1991.

15 W. M. Stigliani, "Chemical Time Bombs," *Options* (Laxenburg, Austria: International Institute of Applied Systems Analysis, September 1991), 9.

16 第5章で説明しているオゾン層破壊や第3章の気候変動に関する交渉や研究に加えて、International Council of Scientific Unions (ICSU) と the World Meteorological Organization (WMO)の主催で、「地球の変化」に関する大規模な国際研究プログラムがあり、次のものが含まれている。International Geosphere-Biosphere Program (IGBP), the World Climate Research Program (WCRP), and the International Human Dimensions Program (IHDP). また、U.S. Global Change Research Program など、国レベル、地域レベルの取り組みも数多くある。

17 「1人当たりの消費財」は、工業生産のうち、自動車、電気製品、衣服などの消費財に振り向けられた部分を表し、総生産高の約40%である。食糧、サービス、投資は含まれておらず、これらは別途計算される。モデルでは、消費財、工業生産、サービスは、実際の物理的なものを表すが、ドルで測られる。経済データに使われている尺度がそれしかないためである。当初のモデルでは、1968年ドルに換算していた。われわれの主な関心は絶対的なものではなく、相対的な生活の豊かさの尺度であるため、変更する理由はなかったが、何十年後の人々にとっては1968年ドル（2000年ドルの4倍以上）での数値ではわかりにくいため、本書の議論は相対的な経済的用語に限定している。

2　このアプローチの一例が次に提供されている。Wolfgang Lutz, editor, *The Future Population of the World: What Can We Assume Today?* 改訂版 (London: Earthscan, 1996).

3　CD には、ワールド3のSTELLA© のフロー・ダイヤグラム、シナリオ1のモデルすべて、本書に掲載した11のシナリオすべての詳細を再現し、調べてみることのできるインターフェイスが含まれている。注文等の情報は次を参照。www.chelseagreen.com

4　「扶養力」という概念は、もともとは比較的単純な「人口－資源」システムについて定義されていた。たとえば、ある一定の放牧地で、土地を劣化させずに維持できる牛や羊の数について説明するときに用いられていた。人間の人口に関しては、「扶養力」という言葉は、ずっと複雑であり、普遍的に受け入れられている定義があるわけではない。人口に関して複雑になるのは、人間はさまざまな種類の資源を環境から取り出し、さまざまな種類の廃棄物を生成するうえ、人間の環境への影響は、さまざまな技術や制度、ライフスタイルなどによって左右されるからである。あるシステムが持続可能であると考えられるために、最低どのくらいの期間、持続すべきかに関しては意見の相違がある。また、人間以外の生物種の要求に対して、どのように配分するかについての合意があるわけでもない。いずれにしても、扶養力というのは動的な概念である。天候、技術の進歩、消費パターン、気候、その他の要因とともに、つねに変化している。本書では、地球の全体的な生産力を劣化させずに長期間——少なくとも何十年も——地球上で一般的な状況で支えることのできる人間の数を示すため、この用語を大まかな意味で使っている。次を参照。Joel E. Cohen, *How Many People Can the Earth Support?* (New York: W. W. Norton, 1995).

5　未来を考えるうえでこの分類が有用であると考える著者もいる。たとえば次を参照。William R. Caton, Overshoot: *The Ecological Basis of Revolutionary Change* (Chicago: University of Illinois Press, 1982), 251-254.

6　M. Wackernagel et al., "Ecological Footprints of Nations: How Much Nature Do They Use? How Much Nature Do They Have?" (Xalapa, Mexico: Centro de Estudios para la Sustentabilidad [Center for Sustainability Studies], March 10, 1997).

7　初期の再生不可能な資源の賦存量をこの量の半分であると仮定しているのは、シナリオ0と1だけである。

8　これらの化学物質が209種類あり、すべてビフェニルと呼ばれる分子の2つつながったベンゼン環のさまざまな場所に塩素原子を追加することでつくり出せる。人間が合成したものであり、通常は自然のなかに見出されない。

9　Sören Jensen, *New Scientist 32* (1966): 612.

90　WWF, *Living Planet Report 1999* (Gland, Switzerland: WWF, 1999), 8.

91　R. T. Watson et al., *Climate Change 2001: Synthesis Report, Intergovernmental Panel on Climate Change* (Geneva, Switzerland: IPCC, 2001). 多くの例示とともに、次でも入手可能。www.ipcc.ch

92　懐疑論者の気候やその他の環境問題に対する見方を華やかに提示するものとして、次を参照。Lomborg, *Environmentalist.*

93　次のきわめて情報に富んだウェブサイトを参照のこと。Climatic Research Unit at the University of East Anglia, Norwich, UK, www.cru.uea.ac.uk

94　たとえば次を参照。"Global Warming. Stormy Weather," *Time,* November 13, 2000, 35-40. ヨーロッパの2050年までの地域の天候予測も載っている。

95　Watson et al., *Climate Change 2001*.

96　こうしたデータは、南極の氷床近くから掘り出されたコアから得たもの。極地の氷は数千年をかけて何層にも堆積したもので、各層に細かい空気の泡が閉じ込められており、有史前から保存された状態となっている。アイソトープ（同位元素）の分析によって、コア層の年代が特定でき、過去の気温を知るうえでの手がかりとなる。気泡を直接分析することで、二酸化炭素やメタンの濃度もわかる。

97　Committee on Abrupt Climate Change, *Abrupt Climate Change-Inevitable Surprises* (Washington, DC: National Academy Press, 2002), 1.

98　これらの有望な方法を詳細に探求したものがErnst von Weizsäcker, Amory Lovins, and L. Hunter Lovins, *Factor Four: Doubling Wealth, Halving Resource Use* (London: Earthscan, 1997).〔邦訳『ファクター4　豊かさを2倍に、資源消費を半分に』財団法人省エネルギーセンター〕

99　UNEP, *Global Environmental Outlook 2000* (London: Earthscan, 1999).

100　この公式は、Amory Lovinsが最初に提示したものに手を加えた。

第4章　成長のダイナミクスを知る ワールド3の特徴

1　Isaac Asimov, *Prelude to Foundation* (New York: Doubleday, 1988), 10.

77 ノルウェーのリサイクル企業Tomra ASA (www.tomra.no)のAleksander Mortensen からの私信。2001年、世界の一次アルミニウム生産量は、約2100万トンであった。加えて、約220万トンのアルミ屑が回収されている(www.world-aluminum.org/iai/stats/index.asp)。
飲料容器に関する情報の出所はwww.canadean.com
リサイクルに関しては、www.container-recycling.org

78 WRI, *Resource Flows: The Material Basis of Industrial Economies* (Washington, DC: WRI, 1997)は4つの産業経済における物質集約度の減少に関するまとめを提供している。

79 さまざまな国における廃棄物の産出の概括は、次を参照。OECD, *Environmental Data: Compendium 1999* (Paris: OECD ,1999).

80 Earl Cook, "Limits to Exploitation of Nonrenewable Resources," *Science 20* (February 1976).

81 International Institute for Environment and Development and World Business Council for Sustainable Development, *Breaking New Ground: Mining, Minerals, and Sustainable Development* (London: Earthscan, 2002), 83.

82 アメリカ、日本、イギリス、フランス、イタリア、カナダ。

83 この前の部分の情報の出所はUrs Weber, "The Miracle of the Rhine," *UNESCO Courier* (June 2000)と次のウェブサイトのデータベース。International Commission for the Protection of the Rhine, www.iksr.org

84 Bjørn Lomborg, *The Skeptical Environmentalist: Measuring the Real State of the World* (Cambridge: Cambridge University Press, 2001), 203.

85 同書, 167-176.

86 同書, 205.

87 WCED, *Our Common Future*, 224. 〔邦訳『地球の未来を守るために』福武書店〕

88 Intergovernmental Panel on Climate Change議長の Robert T. Watsonは、IPCC Third Assessment Report (Climate Change 2001) の主な結論を Sixth Conference of Parties to the United Nations Framework Convention on Climate Change, July 19, 2001に提出。次のサイトで入手できる。www.ipcc.ch

89 D. H. Meadows et al., *Limits to Growth* (New York: Universe Books, 1972), 79. 〔邦訳『成長の限界』ダイヤモンド社〕

千万年もかけて生産しているのは自然なのであって、人間は「生産」しているわけではなく、採取、採掘、収穫、汲み上げ、採鉱、または取り出しているのである。したがって、本書では「可採」という言葉を使っている。

67　発見、採掘、汲み上げ、輸送、精製のための資本プラントも燃料を燃焼させるのはもちろんである。もし他の限界がないとしたら、化石燃料の究極の限界が訪れるのは、その燃料を取り出すために必要なエネルギーが、その燃料に含まれるエネルギーを超えたときであろう。次を参照。Charles A. S. Hall and Cutler J. Cleveland, "Petroleum Drilling and Production in the United States: Yield per Effort and Net Energy Analysis," *Science 211* (February 6, 1981): 576.

68　この情報と、この話題に関して引用したデータのほとんどは、Amory Lovins and the Rocky Mountain Instituteから得た。輸送、鉱業、建物等のエネルギー効率の選択肢に関する詳細な情報は、次を参照。*Scientific American 263*, no. 3 (September 1990).

69　UNDP, *Human Development Indicators 2003.*
http://hdr.undp.org/reports/global/2003/indicator/index.html

70　現在の人間の化石燃料の総消費量は、約5テラワット（10億キロワット）の電力の流れに相当する。太陽から地表への一定のエネルギーの流れは8万テラワット。

71　Lester Brown et al., *Vital Signs 2000* (New York: W. W. Norton, 2000), 58.〔邦訳『地球環境データブック』家の光協会〕。いずれの数字も1998年ドル換算。

72　American Wind Energy Association, "Record Growth for Global Wind Power in 2002" (Washington, DC: AWEA, March 3, 2002), 1.

73　Peter Bijur, Global Energy Address to the 17th Congress of the World Energy Council, Houston, September 14, 1998.

74　最も有望な貯蔵メカニズムは、太陽エネルギーで発電された電気によって水の分子を分解して得られる水素かもしれない。水素は、将来の自動車の動力源の答えであるかもしれない。レビューについては、次を参照。chapter 5 in Brown, *Eco-Economy.*〔邦訳『エコ・エコノミー』家の光協会〕

75　こうした可能性の体系的な考察は次を参照。John E. Tilton, editor, *World Metal Demand* (Washington, DC: Resources for the Future, 1990).

76　Organization for Economic Cooperation and Development, *Sustainable Development: Critical Issues* (Paris: OECD, 2001), 278.

Post, April 21, 1998, A4.

55 Don Hinrichson, "Coral Reefs in Crisis," *Bioscience*, October 1997.

56 たとえば次を参照。"Extinction: Are Ecologists Crying Wolf?" *Science 253* (August 16, 1991): 736. 同号に掲載されている他の記事にも、生態学者の深刻な懸念が表明されている。

57 Species Survival Commission, 2000 IUCN Red List of Threatened Species (Gland, Switzerland: International Union for the Conservation of Nature, 2000), Brown, "Water Deficits," 69に引用されているとおり。

58 Constance Holden, "Red Alert for Plants," *Science 280* (April 17, 1998): 385.

59 SSC, IUCN Red List, 1.

60 WWF, *Living Planet Report 2002*.

61 "World Scientists' Warning to Humanity," December 1992. 102名のノーベル賞受賞者を含む1600人以上の科学者が署名した。Union of Concerned Scientists, 26 Church Street, Cambridge, MA 02238. から入手できる。

62 商用エネルギーとは、市場で販売されるエネルギーのこと。木材、糞、その他のバイオマスを個人で使うために集めている人々の使うエネルギーは含まない。非商用エネルギー源はほとんどが持続可能なものだが、必ずしも持続可能なやり方で用いられているとは限らない。非商用エネルギーは、エネルギーの総消費量の約7%を占める。WRI, *World Resources 1998-99*, 332.

63 U.S. Energy Information Administration, *International Energy Outlook 2003*, table A1, "World Total Energy Consumption by Region, Reference Case, 1990-2025 (Quadrillion BTU)," www.eia.doe.gov/oiaf/ieo/

64 International Energy Agency, *World Energy Outlook 2002* (Vienna: IEA, 2002), www.worldenergyoutlook.org/weo/pubs/weo2002/weo2002.asp. より長期的なシナリオは、World Energy Council, "Global Energy Scenarios to 2050 and Beyond," 1999, www.worldenergy.org/wec-geis/edc/を参照。

65 Bent Sørensen, "Long-Term Scenarios for Global Energy Demand and Supply," Energy & Environment Group, Roskilde University, January 1999.

66 地面から化石燃料を取り出す過程を「生産」と呼ぶのは誤解を招きやすい。こうした燃料を何

42 Dirk Bryant, Daniel Nielsen, and Laura Tangley, *The Last Frontier Forests: Ecosystems and Economies on the Edge* (Washington, DC: WRI, 1997), 1, 9, 12.

43 この推計の出所はUNEP's World Conservation Monitoring Center in the UK (www.unep-wcmc.org/forest/world)。 IUCN Conservation Categories I-VIの森林を含み、世界平均である。温帯および寒帯（北方林）で保護されている部分は、熱帯林（南方林）とはほぼ同じ。もともとの森林被覆——人間が伐採する前の森林面積——に対する割合として計算する場合は、そのパーセンテージを半分にしなくてはならない。

44 次を参照。Nels Johnson and Bruce Cabarle, "Surviving the Cut: Natural Forest Management in the Humid Tropics" (Washington, DC: WRI, 1993).

45 WCFSD, *Our Forests*, 48.

46 FAO, Provisional Outlook for Global Forest Products Consumption, Production, and Trade to 2010 (Rome: FAO, 1997).

47 Janet N. Abramovitz and Ashley T. Mattoon, "Reorienting the Forest Products Economy," in Brown et al., *State of the World 1999*, 73. 〔邦訳『地球白書』ダイヤモンド社〕

48 Brown et al., *State of the World 1999*, 65. 〔邦訳『地球白書』ダイヤモンド社〕

49 Abramovitz and Mattoon, "Forest Products," 64.

50 *World Resources 1998-99: Environmental change and human health* (Washington, DC, World Resources Institute, 1998).

51 このリストは次をもとに改作。Gretchen C. Daily, editor, *Nature's Services: Societal Dependence on Natural Ecosystems* (Washington, DC: Island Press, 1997), 3-4.

52 次を参照。Robert Costanza et al., "The Value of the World's Ecosystem Services and Natural Capital," *Nature 387* (1997): 253-260. Costanza らは自然が提供しているサービスの価値を（控えめに）年33兆ドルと推定した。このときの世界中の経済産出高は年18兆ドル。

53 Robert M. May, "How Many Species Inhabit the Earth?" *Scientific American*, October 1992, 42.

54 Joby Warrick, "Mass Extinction Underway, Majority of Biologists Say," *Washington*

30 この限界は、さらにダム建設をすることで引き上げることができ、おそらく引き上げられるだろう。しかし、最もアクセスしやすい大型のダム立地はほぼ開発済みである。ダムに対しては、農地や住宅地、野生生命への影響に反対する反動が強くなっている。World Commission on Dams (www.dams.org) の *Dams and Development: A New Framework for Decision-Making* (London: Earthscan, 2000)という最終報告書を参照のこと。

31 WRI, *World Resources 1998-99*, 188. 〔邦訳『世界の資源と環境〈1998 - 99〉』中央法規出版〕

32 Gleick, *Water*, 14.

33 同書, 1-2.

34 United Nations Development Program, *Human Development Report 1998* (New York: Oxford University Press, 1998), 210.

35 Gleick, *Water*, 2.

36 UN Comprehensive Assessment of the Freshwater Resources of the World, 1997.

37 これらを含め、多くの例がSandra Postel, *Pillar of Sand: Can the Irrigation Miracle Last*? (New York: W. W. Norton, 1999)に載っている。

38 Lester R. Brown, "Water Deficits Growing in Many Countries," *Eco-Economy Update* (Washington, DC: Earth Policy Institute, August 6, 2002), 2-3.

39 いくつかの事例について、次を参照。Malin Falkenmark, "Fresh Waters as a Factor in Strategic Policy and Action," in *Global Resources and International Conflict*, Arthur H. Westing編集 (Oxford: Oxford University Press, 1986).

40 次の例や数字の出所はPostel, Pillar, and from Paul Hawken, Amory Lovins, and Hunter Lovins, *Natural Capital* (New York: Little, Brown, 1999), chapter 11. 〔邦訳『自然資本の経済』日本経済新聞社〕

41 世界の森林面積に関しては、著者によって大きく異なる数値が使われている。これは、「森林」とは何かという定義がさまざまにあること、そして、主なデータ源であるFAOが2000年の評価で、その定義を変更したことによる。ここでは、新しいFAOの数値を用いており、出所はForest Resource Assessment (FRA) (Rome: FAO, 2000).
www.fao.org/forestry/index.jsp

19 Cassman, Ruttan, and Loomis による引用は、Charles C. Mann, "Crop Scientists Seek a New Revolution," *Science 283* (January 15, 1999): 310.から。

20 これらの要因すべてと、その将来の農業への影響の可能性について、卓越したレビューは次を参照。Rosamond Naylor, "Energy and Resource Constraints on Intensive Agricultural Production," *Annual Reviews of Energy and Environment 21* (1996): 99-123.

21 Janet McConnaughey, "Scientists Seek Ways to Bring Marine Life Back to World's "Dead Zones," *Los Angeles Times*, August 8, 1999.

22 たとえば次を参照。Michael J. Dover and Lee M. Talbot, *To Feed the Earth: Agro-Ecology for Sustainable Development* (Washington, DC: WRI, 1987).

23 「有機農法」「低投入農法」「エコロジカル農法」に関する文献は膨大な数ある。世界で出されている文献の例は、次のウェブサイトを参照。the International Federation of Organic Agricultural Movements at www.ifoam.org/

24 David Tilman, "The Greening of the Green Revolution," *Nature 396* (November 19, 1998): 211. 以下も参照。 L. E. Drinkwater, P. Wagoner, and M. Sarrantonio, "Legume-Based Cropping Systems Have Reduced Carbon and Nitrogen Losses," *Nature 396* (November 19, 1998): 262.

25 *FoodReview* No. 24-1. (Washington, DC : Food and Rural Economics Division, US Department of Agriculture, July 2001).

26 以下を参照。H. Meadows, "Poor Monsanto," in *Whole Earth Review*, Summer 1999, 104.

27 Sandra Postel, Gretchen C. Daily, and Paul R. Ehrlich, "Human Appropriation of Renewable Fresh Water," *Science 271* (February 9 1996):785-788. 図3-5に用いた数値の出所はこの刊行物である。

28 人工貯水池の総容量は約5500立方キロメートルだが、そのうち実際に持続可能な流量として利用できるのは、その半分強にすぎない。

29 1996年の世界の海水脱塩容量は、年6.5立方キロメートルで、人間が利用するあらゆる水の約0.1%。脱塩は、きわめて資本とエネルギー集約的な造水方法である。脱塩容量上位10カ国中7カ国は、ペルシャ湾諸国。この地域は、他の淡水源はあまりないが、再生不可能な化石燃料エネルギーは安価である。Peter H. Gleick, *The World's Water 1998-99* (Washington, DC: Island Press, 1999), 30.

Paul Harrison, *Land, Food, and People* (Rome: FAO, 1984)である。この16倍という数字は、きわめて楽観的な仮定に基づいており、低い水準の収穫率からスタートする発展途上国のみに当てはまる。FAOは先進国の土地については同様の調査を行っていない。

11 Sara J. Scherr, "Soil Degradation: A Threat to Developing-Country Food Security by 2020?" *IFPRI Discussion Paper 27* (Washington, DC: IFPRI, February 1999), 45.

12 海から得られる食糧は、土地から得られる食糧以上に制限されており、その利用は持続可能な限界を超えていることが明白でさえある。養殖、酵母菌による発酵など、土地を基盤としない食糧を生産するという未来的な計画は、主要な食糧供給源としてはごく限られたものにしかならないだろう。そのために必要なエネルギーや資本、そこから排出される汚染が主な理由である。主に土地の上で太陽エネルギーを用いての光合成から生産される食糧でなければ、現在の食糧システムより持続可能なものではなくなってしまう。少なくともこれまでのところ、遺伝子組み換え作物は、収穫率を向上するためというよりはむしろ、工学の農業投入物を減らすために、害虫や除草剤への耐性のために開発されているようである。

13 地球規模の土壌喪失の研究の卓越した要約は、次を参照。"Soil Degradation."

14 United Nations Environment Program, "Farming Systems Principles for Improved Food Production and the Control of Soil Degradation in the Arid, Semi-Arid, and Humid Tropics," International Crops Research Institute for the Semi-Arid Tropics, Hyderabad, India, 1986.と共催での専門家会議の会議録。

15 B. G. Rosanov, V. Targulian, and D. S. Orlov, "Soils," in *The Earth as Transformed by Human Action: Global and Regional Changes in the Biosphere Over the Past 30 Years*, edited by B. L. Turner et al. (Cambridge: Cambridge University Press, 1990). 次も参照。Brown, *Eco-Economy*, 62-68.〔邦訳『エコ・エコノミー』家の光協会〕

16 L. R. Oldeman, "The Global Extent of Soil Degradation," in *Soil Resilience and Sustainable Land Use*, D. J. Greenland and T. Szaboles編集 (Wallingford, UK: Commonwealth Agricultural Bureau International, 1994).

17 この段落の数値はすべて、次から引用。Gary Gardner, "Shrinking Fields: Cropland Loss in a World of Eight Billion," *Worldwatch Paper 131* (Washington, DC: Worldwatch Institute, 1996).

18 WRI, *World Resources 1998-99*, 157.〔邦訳『世界の資源と環境〈1998 - 99〉』中央法規出版〕。1945年から90年にかけての土壌劣化により、世界の食糧産出高は17%減少したと推計されている。

協会〕

第3章　地球の再生が不可能になる 供給源と吸収源の危機

1 Herman Daly, "Toward Some Operational Principles of Sustainable Development," *Ecological Economics 2* (1990): 1-6. Herman Daly, *Beyond Growth* (Boston: Beacon Press, 1996). の導入部分にある詳述を参照のこと。

2 最も切迫した地球の限界を漏らさず体系的に最近レビューしたものとして、次を参照。Lester Brown, *Eco-Economy* (New York: W. W. Norton, 2001), chapters 2 and 3. 〔邦訳『エコ・エコノミー』家の光協会〕。地球の物理的な限界に関する広範なレビューとデータについては、次を参照。World Resources Institute, *World Resources 2000-2001: People and Ecosystems: The Fraying Web of Life* (Oxford: Elsevier Science Ltd., 2002), part 2, "Data Tables."

3 持続可能性への移行を助け、加速するためのさらなる方法が体系的に提示されている。Brown, *Eco-Economy*, chapters 4-12. 〔邦訳『エコ・エコノミー』家の光協会〕

4 Lester R. Brown, "Feeding Nine Billion," は以下より。Lester R. Brown et al., *State of the World 1999* (New York: W. W. Norton, 1999), 118. 〔邦訳『地球白書』ダイヤモンド社〕

5 1人当たり年230キログラム（506ポンド）の穀物が最低限必要であると仮定し、われわれが計算した。

6 WRI, *World Resources 1998-99*, 155.〔邦訳『世界の資源と環境〈1998 - 99〉』中央法規出版〕

7 United Nations Food and Agriculture Organization, *The Sixth World Food Survey* (Rome: FAO, 1996).

8 P. Pinstrup-Anderson, R. Pandya-Lorch, and M. W. Rosengrant, 1997, *The World Food Situation: Recent Developments, Emerging Issues, and Long-Term Prospects* (Washington, DC: International Food Policy Research Institute, 1997).

9 Lester R. Brown, Michael Renner, and Brian Halweil, *Vital Signs 1999* (New York: W. W. Norton, 1999), 146. 〔邦訳『地球データブック』ダイヤモンド社〕

10 G. M. Higgins et al., *Potential Population Supporting Capacities of Lands in the Developing World* (Rome: FAO, 1982). この専門的研究を一般向けにまとめた報告書が

Local Environment," *Scientific American*, February 1995, 40; Bryant Robery, Shea O. Rutstein, and Leo Morris, "The Fertility Decline in Developing Countries," *Scientific American*, December 1993, 60; and Griffith Feeney, "Fertility Decline in East Asia," *Science 266* (December 2, 1994), 1518.

10 詳細については Donella H. Meadows, "Population Sector," in D. L. Meadows et al., *Dynamics of Growth in a Finite World* (Cambridge, MA: Wright-Allen Press, 1974). を参照のこと。

11 1970年代初めに卓越した地質学者であるM. King Hubbertから聞いた次の話が、この混乱をよく物語っているだろう。第二次世界大戦中、日本軍がゴムの世界的産地であるマレー半島に侵攻しそうだということを知ったイギリス軍は、多大な努力を費やして、見つけられるかぎりのすべてのゴムをインドの安全な備蓄場所へと移送した。日本軍がやってきたとき、イギリス軍は、戦争が終わるまでの間、タイヤやその他重要なゴム製品を供給できるだけの（と彼らは期待した）ゴムをぎりぎりインドに集めることができた。しかし、ある夜、ゴムの備蓄場所が火事になり、全燃してしまった。「だいじょうぶさ」その知らせを受け取ったイギリスの経済学者たちは言った。「保険がかけてあるから」

12 William W. Behrens III, Dennis L. Meadows, and Peter M. Milling, "Capital Sector," in *Dynamics of Growth in a Finite World.* を参照のこと。

13 John C. Ryan and Alan Thein Durning, Stuff: *The Secret Lives of Everyday Things* (Seattle: Northwest Environment Watch, 1997), 46.

14 World Bank, *World Development Indicators —2001* (Washington, DC: World Bank, 2001), 4.

15 United Nations Development Program, *Human Development Report 1998* (New York and Oxford: Oxford University Press, 1998), 29.

16 同書, 2.

17 たとえば次を参照。 Peter Senge, *The Fifth Discipline* (New York: Doubleday, 1990), 385-386.〔邦訳『最強組織の法則』徳間書店〕

18 意識的に変更しないかぎり、世界の現在の分配パターンを仮定することによって、暗黙のうちに「成功者がさらに成功する」ループをモデリングしている。

19 Lester R. Brown, Gary Gardner, and Brian Halweil, "Beyond Malthus: Sixteen Dimensions of the Population Problem," *Worldwatch Paper 143* (Washington, DC: Worldwatch Institute, September 1998).〔邦訳『環境ビックバンへの知的戦略』家の光

4　U Thant, 1969.

5　"World Scientists' Warning to Humanity," December 1992. こちらから入手可。Union of Concerned Scientists, 26 Church Street, Cambridge, MA 02238. また、ウェブでも入手できる。 www.ucsusa.org/ucs/about/page.cfm?pageID=1009

6　"Making Sustainable Commitments: An Environmental Strategy for the World Bank" (discussion draft) (Washington, DC: World Bank, April 17, 2001), xii.

7　World Commission on Environment and Development, *Our Common Future* (Oxford: Oxford University Press, 1987), 8. 〔邦訳『地球の未来を守るために』福武書店〕

第2章　経済に埋め込まれた 幾何級数的成長の原動力

1　この練習問題は、Linda Booth-Sweeney and Dennis Meadows, *The Systems Thinking Playbook*, vol. 3 (Durham, NH: University of New Hampshire, 2001), 36-48より引用。

2　このなぞなぞを教えてくれたのは Robert Lattes である。

3　この近似は、利息が頻繁な複利を繰り返す場合のみ、倍増期間に対する有用な値を提供する。たとえば、1日ごとに100%成長する場合、その成長するものが1時間ごとに4.17%増えるなら、倍増期間は0.71日（17時間）となる。しかし、この増加が1日に1度しか起こらないとすると、次のピーナツ実験が示すように、倍増期間は1日となる。

4　World Bank, *The Little Data Book 2001* (Washington, DC: World Bank, 2001), 164.

5　Population Reference Bureau, *1998 World Population Data Sheet*.

6　United Nations Population Division, *1998 Revision: World Population Estimates and Projections* (New York: United Nations Department of Economic and Social Affairs, 1998).

7　PRB, *1998 Data Sheet*.

8　国民総所得（GNI）は、国内総生産（GDP）にその国の海外からの所得を足したもの。GDP は、その国のなかでの財やサービスの生産の貨幣価値。

9　たとえば、以下などを参照のこと。Partha S. Dasgupta, "Population, Poverty and the

5　World Commission on Environment and Development, *Our Common Future* (Oxford: Oxford University Press, 1987).〔邦訳『地球の未来を守るために』福武書店〕。この委員会は、委員長を務めたノルウェーの元首相Gro Harlem Brundtlandの名をとって、ブルントラント委員会として知られている。『成長の限界』では「持続可能性」ではなく「均衡」という言葉を用いていた。

6　The World Bank, *World Bank Atlas-2003*, Washington, DC, 2003, 64-65.

7　Mathis Wackernagel et al.,"Tracking the ecological overshoot of the human economy," *Proceedings of the Academy of Science 99*, no.4:9266-9271, Washington, DC, 2002. 次のウェブでも入手可。
www.pnas.org/cgi/doi/10.1073/pnas.142033699

8　『成長の限界』の数値については、次を参照のこと。Meadows et al., *The Dynamics of Growth in a Finite World*, 501 と 57。この数値は、Lester Brown et al., *Vital Signs 2000* (New York: W. W. Norton, 2000), 99.〔邦訳『地球環境データブック』家の光協会〕に報告されている実際の数値と合っている。

9　『成長の限界』の数値については、次を参照のこと。Meadows et al., *The Dynamics of Growth in a Finite World*, 501 と 264。この数値は、1972年から2000年に67%の増加を示しており、Brown, *Vital Signs 2000*, 35.〔邦訳『地球環境データブック』家の光協会〕に報告されている世界の穀物生産量の63%増加とほぼ合っている。

第1章　地球を破滅に導く 人類の「行き過ぎ」

1　M. Wackernagel et al.,"Ecological Footprints of Nations: How Much Nature Do They Use? How Much Nature Do They Have?" (Xalapa, Mexico: Centro de Estudios para la Sustentabilidad [Center for Sustainability Studies], March 10, 1997). Mathis Wackernagel et al.,"Tracking the Ecological Overshoot of the Human Economy," *Proceedings of the Academy of Science 99*, no.14 (Washington, DC, 2002): 9266-9271も参照のこと。また、ウェブでも入手可。
www.pnas.org/cgi/doi/10.1073/pnas.142033699

2　World Wide Fund for Nature, *Living Planet Report 2002* (Gland, Switzerland: WWF, 2002).

3　この比較には、純粋な仮説世界を示している2つのシナリオ（シナリオ0とシナリオ10）以外のすべてのシナリオが入っている。

原注

序文

1　Donella H. Meadows, Dennis L. Meadows, Jorgen Randers, and William W. Behrens III, *The Limits to Growth* (New York: Universe Books, 1972).〔邦訳『成長の限界』ダイヤモンド社〕
この他に専門書が2冊ある。Dennis L. Meadows et al., *The Dynamics of Growth in a Finite World* (Cambridge, MA: Wright-Allen Press, 1974) と Dennis L. Meadows and Donella H. Meadows, *Toward Global Equilibrium* (Cambridge, MA: Wright-Allen Press, 1973). 最初の本はコンピュータ・モデルのワールド3の完全なドキュメントで、2冊目は13章と補足研究、地球モデルへの入力情報としてつくられたサブモデルからなっている。両書とも発売元は現在Pegasus Communications, One Moody Street, Waltham, MA 02453-5339 (www.pegasuscom.com)である。

2　Donella H. Meadows, Dennis L. Meadows, and Jorgen Randers, *Beyond the Limits* (Post Mills, VT: Chelsea Green Publishing Company, 1992).〔邦訳『限界を超えて』ダイヤモンド社〕

3　ワールド3以前に、ワールド1とワールド2があった。ワールド1は、地球のさまざまな傾向と問題のあいだの相互関係を知りたいというローマ・クラブの求めに応えて、マサチューセッツ工科大学（MIT）の Jay Forrester 教授が最初に考え出した原型モデルである。ワールド2は同教授の文書化された最終的なモデルで、詳しくは Jay W. Forrester, *World Dynamics* (Cambridge, MA: Wright-Allen Press, 1971)に書かれている。同書は現在 Pegasus Communicationsが販売している。ワールド3はワールド2を発展させたもので、主にその構造をさらに精密にし、定量的データベースを拡張したもの。したがって、ワールド3モデルと、そこに採り入れられているシステム・ダイナミクスのモデリング方法の知的な意味での生みの父は Forrester 教授である。

4　国連環境開発会議の報告書*World Summit on Sustainable Development*, United Nations,A/CONF.199/20, New York, 2002を参照のこと（ウェブでも入手可。www.un.org)。ここには、2015年までにきれいな水や衛生にアクセスできない人の数を半減する、2010年までに地球規模での生物多様性の喪失を減らす、2015年までに地球の漁場を最大の持続可能な漁獲量まで回復させる等、合意された目標が実施計画に盛り込まれている。こうしたコミットメントに反映されている関心のレベルにもかかわらず、この国連環境開発会議ではあまり進捗が見られなかったというNGOもある。10年前にリオ・デジャネイロで開催された地球サミットでのコミットメントを撤回するケースもあった。

◎や

◎ら

◎な

◎は

◎ま

◎た

◎さ

◎か

◆———索引

◎あ

「バラトン・グループの合宿に招待したいと思いますが、参加の意思はありますか?」というメールをいただいた二〇〇二年の春、本書の著者のひとりであるデニス・メドウズ氏とのつながりができました。氏とドネラ・メドウズさんが立ち上げたバラトン・グループは、不思議なインフォーマルなグループで、オフィスも事務局もありません。毎年秋に、ハンガリーのバラトン湖畔の小さなホテルで、二十数カ国からの約五〇人のメンバーで約一週間、朝から夜まで、その年のテーマに沿って勉強し、議論し、各自で共同プロジェクトを考えて実行していくという合宿を行っています。私に声をかけてくれたのは二一年目の第二一回でした。

バラトン合宿での唯一のルールは、「自室にはこもらないこと。ありとあらゆる時間を、メンバーとの会話に充てること」。さすがに全員とじっくり話すことはできませんが、以来毎年参加させていただくなかで、いくつもの興味深いコラボレーションの可能性を探ることができ、『カサンドラのジレンマ』(アラン・アトキソン著、PHP研究所刊)の翻訳や、この本の著者で、バラトン・グループの中心メンバーのひとりであるアラン氏を日本に招聘して、欧米での体験に基づいた持続可能な開発をテーマにした講演会を開催することなどにつながっています。

参加して二年目、二〇〇三年の合宿で、デニスが『成長の限界』の三〇年後の本の準備を進めていることを知りました。日本や世界の多くの人と同じように、私も『成長の限界』に大きな影響を受けました。この本を読んで、目の前がぱっと開けるような思いをしたことをいまでもよく覚えています。

その本が新しく出る！　これは日本でも読んでもらいたい！

私がそう伝えると、デニスは「ぜひ、やってくれる？」という返事をくれました。帰国後、前書の出版元であるダイヤモンド社に企画書を出し、両者のやりとりを手伝いながら、「仕事しながら勉強できる」翻訳者の役得を味わいつつ、こうして実現したことをとてもうれしく思っています。

私を『成長の限界』に惹きつけ、バラトン・グループに惹きつけている大きな魅力の一つが「システム思考」です。本書そのものがシステム思考に基づいて書かれていますが、端的には、「資源を壊滅させようと夢中になっている市場の当事者たちは、まったく合理的な行動をしている。システムのなかでのそれぞれの立場から見える報酬や制約を考えれば、まったく妥当なことをしているのだ。問題は、人にあるのではなく、『システム』にある」という箇所を読むとよくわかります。

誰も環境や地球を破壊しようと思っているわけではない。多くの人は常識的な範囲で活動している。それなのに、問題が起こっているとしたら、人が悪いのではなく、悪意なく行動しても問題を起こすようになっている「しくみ」が問題なのだ。そのシステムを変えなくては問題解決にはならない、という考え方です。私にとって、とても腑に落ちる考え方なのです。そして本書にも簡単にふれられているように、「システムを変えるにはどうしたらよいか」の研究が行われ、世界各地からの事例もあります。

バラトン・グループはもともとシステム・ダイナミクスの専門家の参加が多かったという背景もあり、各国からの参加者の共通言語は「英語とシステム思考」だと思うほど、自然にシステム思考のアプローチをとります。課題があると、本書にも出てくる矢印のたくさんついた図（causal loop diagram）を書き始めます。すると、各自の問題のとらえ方がわかります（けっこう違っているものなのです）。そして、「誰が悪い」「〜したらよかったのに」という話ではなく、「どうしたらシステムをよい方向に変えられるか?」という建設的な議論ができます。

日本では世界に誇れるほど、各分野で、環境問題への取り組みが盛んです。日本人が自ら「日本は遅れている」と言う人もいますし、たしかに遅れている分野もありますが、通訳・環境ジャーナリストという仕事や海外の人々とのやりとりを通じて、私は「日本の活動はすごいなあ!」と思っています(そして、言葉の壁でその活動が世界に伝わっていないことを残念に思い、日本の環境活動を英語で世界に発信するNGOジャパン・フォー・サステナビリティを仲間と立ち上げ、多くの方々と一緒に活動しています)。

講演や取材を通して、各地の地域や企業、行政などに属しながら「このままではいけない。何とか変えていかなくては」という思いで活動されている方々に出会う一方、環境問題への関心の有無にかかわらず、「どう生きたら本当に幸せになれるのだろう」という個人のビジョンづくりや自分マネジメントへのニーズが世の中で高まっていることを感じ、セミナーやコースを提供するようになりました。個人のレベルでも、組織や地域のレベルでも、「変えたい」「変えよう」という意思や願いを強く感じます。

実際に「自分を変え、まわりを変えていく人」のことをchange agent(変化の担い手)と呼びますが、日本での環境活動を「一部の人がやっている」という状態から「社会のうねり」にしていくためにも、そして、一人ひとりが本当に納得できる人生を生きるためにも、change agentのための考え方やトレーニング、方法論やツールを提供していきたい、と思っています。バラトン・グループ自体がそのような意識を持っているため、日本に紹介したい考え方や広げたいツールがたくさんあります。システム思考はその一つです。いまデニスたちと相談しながら、システム思考を広く使ってもらうための日本語でのセミナーやワークショップなどを考えています。人や自分や状況を責めるのではなく、問題解決に注力するための役に立つと思っています。

さて、システム思考を日本で広く使ってもらえるようにしたい、という夢のほかに、私にはもう三つ、夢があります。

一つは、著者のおひとりであるヨルゲンさんとお会いしてお話ししてみたい、ということです。まだ面識がなくて、とても残念なのです。

もう一つは、本書の完成をたのしみにしつつ、刊行を見ることなく突然亡くなったドネラ・メドウズさんのスピリットを多くの人に伝えたい、ということです。残念ながら私はお会いできませんでしたが、バラトン・グループを通じて、ドネラさんの薫陶を受けているような気がします。

システム・ダイナミクスの研究者であるとともに、環境ジャーナリストでもあったドネラさんは、「厳しいことでもしっかりと、しかし、誰にでもわかるように、人間的な温かさを持って伝える」ことにかけては、右に並ぶ者はいないとみな口を揃えます。ドネラさんの遺されたシンプルで温かいエッセイなどを読むと、どんな問題があっても私たちはなんとかやっていけるはずだ、と希望が持てる気がします。ぜひドネラさんの思いやメッセージを広く日本に伝え、各地で活動している方々の支えとエネルギーにしてもらいたい。そう思って、準備を進めているところです。

もう一つの夢は、デニスとフランスのペタング大会に出場することです。ペタングというのは、フランスでは数百万人が夢中になっているというメジャーなスポーツだそうですが、ふたり一チームで、重い硬球を投げて転がし、的にできるだけ近くに寄せる技を競います。

デニスは、バラトン合宿にこのペタングセットを持参しては、休み時間にペタング場で興じているのですが、ある日、人が足りなかったらしく、「ジュンコ、いっしょに組んでやらないか」と誘ってくれました。「やったこと、ないのだけど」と言ったのですが、「簡単だから」と促されてやってみたところ、ビギナーズ・ラックとはこのことで、私は何度も自分のボールを的にぴったりと添わせることができ、そのたびにデニスは大喜び。我がチームは大勝しました。デニスは終わると握手を求めてきて「この調子だったら、僕らはフランスの大会に出られるかもしれない！」とにこにこ。

というわけで、デニスたちが一〇年後に本シリーズの四作目を出すまでに、私のほうは「システム思考を日本でふつうに誰もが使っている考え方にする」「ヨルゲンさんにお会いしている」「ドネラさんの希望のメッセージを広く日本に伝える」「ペタング大会に出場する」ことを目指しています！

最後になりましたが、「編集者と翻訳者」というより、「大事なメッセージをどう伝えるか」をいっしょに考えるチームメートとして本書の準備を進めてくださったダイヤモンド社の石田哲哉氏、原書を読んだうえで初訳すべてに目を通し、貴重なコメントを寄せてくださった小田理一郎氏に感謝します。デニスは、細かい質問にも根気よく丁寧に答えてくれ、バラトン・メンバーをはじめいろいろな方々が励まし、支えてくれました。よい仲間に恵まれて本書を出すことができ、本当に幸せです。

枝廣淳子

[著者]

ドネラ・H・メドウズ（Donell H. Meadows）

ダートマス大学環境研究プログラム助教授として、コンピュータモデルを使って社会、環境、エネルギー、農業などのシステムを研究した。2002年逝去。

デニス・L・メドウズ（Dennis L. Meadows）

1970年、ローマクラブより「成長の限界プロジェクト」のディレクターを委嘱される。ダートマス大学で資源および政策策定に関する研究と教育に従事した後、ニューハンプシャー大学教授。国際システム・ダイナミクス学会、国際シミュレーション／ゲーム協会会長を歴任。現在、インタラクティブ・ラーニング研究所にてコンサルティングに携わる。

ヨルゲン・ランダース（Jorgen　Randers）

MIT助教授（システムダイナミクス）時代に「成長の限界」執筆に加わった後、母国ノルウェーでノルウェー経営大学院学長に就任。

[訳者]

枝廣淳子（Junko　Edahiro）

㈲イーズ（http://www.es-inc.jp）代表。東京大学大学院教育心理学専攻修士課程修了。フリーランスの同時通訳者、翻訳者、環境ジャーナリストとして、環境関係の国際会議、セミナーでの通訳、翻訳出版、執筆、講演活動に携わる。2002年に、日本の環境情報を英語で世界に発信するNGO、「ジャパン・フォー・サステナビリティー（JFS）」を立ち上げ、共同代表を務める。主な著書に『いまの地球、ぼくらの未来』『朝2時起きで、なんでもできる』、訳書に『デーリー先生の話し方コーチング』『カサンドラのジレンマ』ほか多数。

成長の限界　人類の選択

2005年 3月10日　第1刷発行

著　者――ドネラ・H・メドウズ／デニス・L・メドウズ／ヨルゲン・ランダース
訳　者――枝廣淳子
発行所――ダイヤモンド社
〒150-8409　東京都渋谷区神宮前6-12-17
http://www.diamond.co.jp/
電話／03・5778・7232（編集）　03・5778・7240（販売）
装丁――――藤崎登
製作進行――ダイヤモンド・グラフィック社
印刷――――勇進印刷（本文）・新藤（カバー）
製本――――石毛製本所
編集担当――石田哲哉（ishida@diamond.co.jp）

ISBN 4-478-87105-1

Printed in Japan